VTJ
旧約聖書注解

列王記上 17章
～ 列王記下 2章

山我哲雄◉著

Vetus Testamentum Japonicum

日本キリスト教団出版局

「VTJ 旧約聖書注解」の刊行にあたって

　大小 39 の書からなる旧約聖書の成立はキリスト教よりも古い。そこに
は歴史書があり、預言書があり、詩歌があって、多様性に富む。と同時に、
古代イスラエルの民の間に育まれた確乎とした唯一神信仰がその全体を貫
いている。

　旧約聖書を残した古代イスラエルの民は、古代西アジア文明世界の辺境
に歴史を刻んだ一弱小民族にすぎなかった。南の大国エジプトと両河地域
に興亡するアッシリア、バビロニア、ペルシアなどの帝国とのはざまで、
彼らは翻弄され続けた。その後も、ときにエジプトのプトレマイオス朝の、
ときにシリアのセレウコス朝の支配下におかれた。古代西アジア文明史か
らみれば、古代イスラエルは、政治・経済面はおろか、物質文化という面
においても、見るべきものを何ひとつもたなかった。ところが、彼らがま
とめあげた旧約聖書は、後のユダヤ教の基礎となり、そこからキリスト教
が誕生し、イスラム教にまで多大な影響を及ぼしたのである。人類の精神
史に旧約聖書が果たした役割は計り知れない。

　旧約聖書とは、いうまでもなく、新約聖書の存在を前提にしたキリス
ト教側からの呼称である。旧約聖書のヘブライ語（一部アラム語）原典を
伝えたユダヤ教徒はこれをミクラー（miqrā'）もしくはタナハ（TaNaKh）
と呼びならわす。前者は「朗読すべきもの」というほどの意味、後者はトー
ラー「律法」、ネビイーム「預言者たち」、ケトゥビーム「諸書」の冒頭
の子音を並べ（TNK）、これに補助母音を付した造語である。ヘブライ語
聖書はこの順序で構成されている。「律法」は創世記から申命記までの五
つの書、「預言者たち」とはヨシュア記から列王記下にいたる「前の預言
者たち」（但し、ルツ記は除く）と、イザヤ書からマラキ書にいたる「後の

預言者たち」（但し、哀歌とダニエル書は除く）を指す。残りの書は「諸書」として一括された。

　キリスト教会はこのユダヤ教の聖書を自らの聖書として受容した。これをイエス・キリストを預言し、証しする神の言葉として受けとめたのである。ルカ福音書には、復活したイエスの言葉として「わたしについてモーセの律法と預言者たちと詩編に書かれたことはすべて成就する」と伝えられる（ルカ 24:44）。「詩編」は「諸書」を代表する。

　新約聖書における旧約聖書の引用は、おおむね、「七十人訳」と呼ばれる旧約聖書のギリシア語訳から採られている。古代キリスト教会ではギリシア語訳の旧約聖書がひろく用いられた。中世期にはラテン語版が標準とされた。それらは配列においてヘブライ語聖書と異なる。今日のキリスト教会で用いられる翻訳聖書はラテン語版の配列を踏襲する。そこにはヘブライ語聖書にない書も含まれる（新共同訳聖書の「旧約聖書続編」）。

　このように、旧約聖書には、一方に、ユダヤ教が伝えたヘブライ語聖書の伝統があり、他方に、キリスト教会の伝統がある。しかし、19 世紀に近代の学問的方法に立つ聖書学が確立してからは、旧約聖書学はヘブライ語原典を研究の中心に据えるようになった。「七十人訳」をはじめとする古代訳聖書は補助手段として用い、ヘブライ語原典をいかに正確に理解するか、ということに重点がおかれてきた。ヘブライ語原典を正確に理解するといっても、語彙研究から思想研究まで、いくつもの段階が存在する。

　第一は、聖書ヘブライ語の本文研究。ここでは、語形・語根を確認し、同一ないし類似の表現を関連文書中にたずね、語句の意味を確定することが基本となる。ヘブライ語原典には語彙や文法の点で不明な箇所が少なくないのである。その点では、古代訳との対照作業も重要であれば、古くからのユダヤ人学者の貢献もある。加えて、楔形文字資料をはじめとする、19 世紀中葉以降に発見された文書に基づく、比較セム語研究の成果も無視できない。

　第二は、歴史的、文化史的研究。ヘブライ語聖書の背後には古代西アジアの文明・文化が控え、各文書はそれぞれに時代史的背景をもつ。そうした歴史的、文化史的背景は、19 世紀後半から急速に発達してきた古代オ

リエント学によって明らかにされつつある。また、パレスティナにおける遺跡の発掘調査は、旧約聖書時代の日常生活に大きな光を当ててくれる。

第三は、文献学的研究自体の展開である。聖書文献学は、各文書・各単元の文学形態を見定め、それらが語り伝えられた経緯を見据えようとした。一定の文学形態をもつ文書や単元はどのような場で語られ、それらがどのように伝承されたのか、と問うたのである。最近では、各文書がまとめられ、編集されて、今日のような形態をとるまでの経緯を見きわめようとする。それに加え、各単元の文学構造の共時的分析も行われるようになった。

第四に、こうした研究が積み重ねられると共に、当該文書や単元にこめられた思想と信仰にも関心が注がれる。旧約聖書が人類精神史に及ぼした影響力の秘密もそこにあった。思想と信仰を考察するには、少なくとも二つの視点がある。ひとつは、当該文書や単元にこめられた思想や信仰がどのような特色を示し、それが旧約聖書のなかでどのような位置を占めるのか、という視点。もうひとつは、それが後のキリスト教（またユダヤ教）の思想と信仰にどのように関わるのか、という視点である。このような思想と信仰の考察は研究者自身の思想的・信仰的立場と無関係ではありえない。

旧約聖書学はこれまでも、これらすべての段階で、夥しい研究を蓄積してきた。学問的であろうとする「VTJ 旧約聖書注解」には、これらの研究成果が生かされる。そのために、姉妹版である新約聖書注解シリーズ（NTJ）と同じ形式をとることにした。

はじめに、単元ごとに本文の【翻訳】が掲げられる。そこには、上記第一の研究が生かされる。続く【形態／構造／背景】は、第二、第三の研究成果を踏まえた記述になるだろう。【注解】では、節ごとの翻訳説明に加えて、各節の伝承や編集に関する議論も加味される。【解説／考察】には、注解者による思想と信仰の理解が披瀝されるだろう。内容は高度、記述は平易であることを心がける。

このような本注解シリーズが、現代の北東アジアという文化的脈絡のなかで、人類の精神史に多大な影響を及ぼしてきた旧約聖書の思想と信仰の、

ひいては旧約聖書を正典とするキリスト教信仰とその共同体の新たな可能
性を探るよすがのひとつになれば、と願っている。

2017 年 11 月
「VTJ 旧約聖書注解」監修者
　　　　　月本　昭男（立教大学名誉教授、上智大学名誉教授）
　　　　　山我　哲雄（北星学園大学名誉教授）
　　　　　大島　　力（青山学院大学名誉教授）
　　　　　小友　　聡（東京神学大学名誉教授）

凡　例

1、　本書が引用する『列王記』のテキストの翻訳は、断りがない限りすべて著者の私訳である。それ以外の聖書文書からの引用は、新共同訳を参考にした場合がある。

2、　注解部分の【翻訳】における各種記号については以下の通り。
　　・訳文中の記号
　　　訳文中の〈　　〉の囲みは、底本（BHS）の読みを何らかの理由で変更したことを示す。当該箇所の訳注をも参照。
　　　訳文中の〔　　〕の囲みは、本文を理解しやすくするための訳者による補いである。原文の人称代名詞を固有名詞に置き換えた部分も含む。
　　・注解部分の【翻訳】における、下線等について
　　　本注解第 1 巻（『VTJ 旧約聖書注解　列王記上 1 〜 11 章』）「緒論」（27–33 頁）で詳述したように、本注解は、通説に従い、列王記はより大きい枠組みの「申命記史書」（ヨシュア記─列王記）の一環として成立したことを前提にする。さらに、その申命記史書は、王国時代末期のヨシヤ王時代前後（前 7 世紀末）に「第一の申命記史家たち」により最初の形態が成立し、その後、ユダ王国の滅亡とバビロン捕囚という新しい事態を踏まえた「第二の申命記史家たち」によって増補改訂を加えられたとする、二重編集説の立場に立つ。
　　　また、本巻においては、列王記上 17-18 章に関し、より古い元来独立して存在していた諸伝承をまとめ、「旱魃の文脈」を構成した、申命記史家たち以前の編集者の存在を想定する。
　　　以上のことに対応して、翻訳に当たっては目安として、テキストを以下のように区別する。

凡
例

下線のない部分
申命記史家たち以前から存在していた伝承や資料に由来すると判断
される部分。

破線の下線
列王記上 17–18 章において、「旱魃の文脈」を構成した、申命記史
家たち以前の編集者によると判断される部分。

単線の下線
ユダ王国とダビデ王朝が存続していた王国時代末期、おそらくはヨ
シヤ王の祭儀改革に関連していた「第一の申命記史家たち」の手に
よると判断される部分。

二重下線
ユダ王国が滅び、エルサレム神殿も破壊された捕囚時代の「第二の
申命記史家たち」の手によると判断される部分。

【　　】の囲み
本文中に点在する、申命記史家たちよりも後の付加と判断される部
分。

3、　参考文献は、注解本文中で（著者名　出版年：該当頁［必要と判断され
る場合］）を略記し、巻末の「参考文献」に詳細な書誌情報を掲載した。

4、　辞書・事典類、雑誌、シリーズ類等の略号は「参考文献」の冒頭に示
した。

VTJ 旧約聖書注解

列王記上 17 章
〜列王記下 2 章
（エリヤ物語）

目 次

「VTJ 旧約聖書注解」の刊行にあたって　　3
凡 例　　7

注 解

エリヤ物語（王上 17 章〜王下 2 章）へのまえがき　　14

4. エリヤ物語（上 17:1– 下 2:25）　　16

(1) 預言者エリヤの登場（上 17:1–24）　　16

(2) エリヤの帰還とオバデヤとの出会い（上 18:1–16）　　56

(3) カルメル山上での対決（上 18:17–40）　　74

トピック
1　旧約聖書の一神教的神観について　　106
2　捕囚時代以降におけるバアル崇拝批判（?）　　110

(4) 旱魃の終わり（上 18:41–46）　　113

トピック
3　芸術作品におけるエリヤ──特にコエーリョの『第五の山』と
メンデルスゾーンのオラトリオ『エリヤ』（作品 70）について
　　123

(5) ホレブ山でのエリヤ（上 19:1–18）　　130

トピック
4　いわゆる「エリヤの洞窟」について　　180
5　エリヤの任務放棄と更迭?　列王記上 19 章の解釈をめぐって
　　182

目次

(6) エリシャの召命（上 19:19–21）　　190

(7) 対アラム戦争（その一）（上 20:1–43）　　199

(8) ナボトの葡萄園事件（上 21:1–29）　　248

(9) 対アラム戦争（その二）（上 22:1–40）　　297

(10) ユダの王ヨシャファト（上 22:41–51）　　347

(11) イスラエルの王アハズヤ（上 22:52– 下 1:18）　　358

　　　トピック
　　　6　2人のアハズヤ（？）、2人のヨラム（？）　　380

(12) エリヤの昇天とエリシャによるエリヤの「霊」の継承（下 2:1–18）

　　　　　　　　　　　　　　　　　　　　　　　　　　　　385

(13) エリシャの最初の二つの奇跡（下 2:19–25）　　409

イスラエル王国王名表　　420

巻末地図　　421

参考文献　　423

装丁　　熊谷博人

第 II 部

エリヤ物語
（上 17:1– 下 2:25）

エリヤ物語（王上17章〜王下2章）へのまえがき

　ここから一連のエリヤ物語群が始まり、列王記下2章でのエリヤの生きたままの昇天まで続く。この大文脈（王上17:1–王下2:18）では、多くはもともと独立して伝えられていたと考えられるさまざまなエリヤ物語が集められ（次の表の上段、A, B, C, D, E）、特に後半の部分では、それらがエリヤとは直接関わりのない他の伝承や記事（次の表の下段、F, G）と噛み合わされている。

（A）列王記上 17:1 　エリヤによる旱魃の予告
　　（B¹）列王記上 17:2–7 　ケリト川でのエリヤ
　　（B²）列王記上 17:8–16 　エリヤとサレプタのやもめ
　　（B³）列王記上 17:17–24 　エリヤ、死んだ子供を蘇らせる
　　（B⁴）列王記上 18:1–16 　エリヤとオバドヤ
　　（B⁵）列王記上 18:17–40 　カルメル山上での対決
（A'）列王記上 18:41–46 　旱魃の終わり

　　（C）列王記上 19:1–18 　ホレブでのエリヤ

（D）列王記上 19:19–21 　エリヤによるエリシャの召命
　　　　（F¹）列王記上 20:1–43 　イスラエルとアラムの戦い（1）
　　（E¹）列王記上 21:1–29 　ナボトの葡萄園
　　　　（F²）列王記上 22:1–40 　イスラエルとアラムの戦い（2）
　　　　（G¹）列王記上 22:41–51 　ユダ王ヨシャファトの治世
　　　　（G²）列王記上 22:52–54 　イスラエル王アハズヤの治世
　　（E²）列王記下 1:1–18 　エリヤとアハズヤ
（D'）列王記下 2:1–18 　エリヤの昇天とエリシャによる後継

　なお、最近では、エリヤ物語群の多くは元来の申命記史書には含まれてはおらず、申命記史家たちよりも後になってから二次的に申命記史書に挿入されたとする見方も提唱されているが（Stipp 1987, 1999; Rofé 1988a;

McKenzie 1991, 2019; Blum 1997; S. Otto 2001; Römer 2005〔邦訳：レーマー『申命記史書』〕；Albertz 2006)、本注解では基本的に、申命記史家たち以前にすでに成立していたエリヤ物語群が、申命記史家たち自身の手によって彼らの歴史書（申命記史書）に取り入れられたという、従来からの多数説に従う（Noth 1943〔邦訳：ノート『旧約聖書の歴史文学』〕；Fohrer 1968; Steck 1968; Dietrich 1972; White 1997; Beck 1999; Campbell/O'Brien 2000; Lehnart 2003; Thiel 2019）。エリヤ物語の付加が申命記史家たち以降であれば、時代的には捕囚時代末期か捕囚後のペルシア時代以降（前6世紀末－前5世紀）ということになるが、明らかに北王国起源のエリヤ物語群が、捕囚地やペルシア支配下のユダヤでそれほど遅い時代に至るまで、ほぼ元の形のままで独立した形で伝えられていた（どこで？ 誰によって？ 何のために？）という事態が想像し難いからである。

　他方で、本注解は、最初の申命記史家たちの活動を王国時代末期のヨシヤ王時代前後（前7世紀後半）に置く立場をとる（第1巻「緒論」31–33頁参照）。これは、アッシリア帝国によるイスラエル北王国滅亡（前722年）後の、およそ100年後に当たる。エリヤ物語群や、同じく北王国を舞台とする預言者物語であるエリシャ物語群などは、列王記における北王国の歴史の記述のもととなった北王国の年代記的伝承や、さらには創世記のヤコブ物語やヨセフ物語の原形、北王国を舞台とする士師記の英雄たちの物語、預言者ホセアの言葉などと共に、アッシリアの侵攻から逃れてユダの地に下った旧北王国系の難民たちによって南王国に伝えられたものと思われる。それらの難民たちの数世代後の子孫たちにとっても、それらの物語はまだ十分、「我らの物語」であり得たであろう。ことによると、ヨシヤ王時代前後のユダの宮廷に仕える書記たちであったと思われる（第1巻「緒論」32–33頁参照）申命記史家たちの中には、そのような旧北王国的背景を持った人々の子孫も含まれていたのかもしれない。

4. エリヤ物語（上 17:1– 下 2:25）

(1)預言者エリヤの登場（上 17:1-24）

【翻訳】

エリヤによる旱魃の予告

17 章

¹ ギレアドの住人たちの一人である ᵃ ティシュベ人エリヤは、アハブに言った。「私がみ前にお仕えする ᵇ イスラエルの神、ヤハウェのお命〔にかけて誓う〕。これから数年間、露も降雨も決してないであろう、〔私の〕口から〔出る〕私の言葉 ᶜ によらなければ」。

ケリト川でのエリヤ

¹⁷:² ヤハウェの言葉が彼に臨んで、言った。³「ここから立ち去り、東に向かい、ヨルダン〔川〕の向こう側に ᵈ あるケリト川のほとりで身を隠しなさい。⁴ あなたはその川から〔水を〕飲みなさい。わたしはカラスたちにそこであなたを養うように命じておいた ᵉ」。⁵ そこで、彼は立ち去り、ヤハウェの言葉通りに行った。〔すなわち、〕彼は立ち去り、ヨルダン〔川〕の向こう側に ᵈ あるケリト川のほとりに住んだ。⁶ すると、カラスたちが毎朝パンと肉を、また夕暮れにもパンと肉を彼のもとに運んで来るのであった ᶠ。彼はその川から〔水を〕飲んだ。⁷ しかし、何日かすると ᵍ、その川は涸れてしまった。この地に雨がなかったからである。

エリヤとサレプタのやもめ

¹⁷:⁸ すると、ヤハウェの言葉が彼に臨んで、言った。⁹「立ち上がり、シドンに属するサレプタに行って、あなたはそこに住みなさい。見よ、わたしはそこで一人のやもめ女 ʰ にあなたを養うように命じておいた ᵉ」。¹⁰〔そこで、〕彼は

16

立ち上がり、サレプタに行った。町の入口まで彼が来ると、見よ、そこで一人のやもめ女[h]が薪を拾い集めているところであった[i]。そこで、彼は彼女に呼びかけて、言った。「どうか、私のために、器に水を少し入れて持って来て、私に飲ませてください」。[11]彼女が取りに行こうとすると、彼は彼女に呼びかけて、言った。「どうか、私のために、パンを一切れあなたの手で取って来てください」。[12]すると、彼女は言った。「あなたの神、ヤハウェのお命〔にかけて誓います〕。私には焼いたものなど何もありません。ただ、壺の中に手のひら一杯分の小麦粉と、甕の中に油が少しあるだけです。ご覧ください。私は2本〔ほど〕の薪を拾い集めているところ[i]ですが、これから帰って私自身と私の息子のためにそれで調理するつもりです。私たちがそれを食べてしまえば、〔あとは〕死ぬだけです」。[13]すると、エリヤは彼女に言った。「恐れることはありません。行って、あなたの言葉通りにしなさい。ただ、まず[j]、私のためにそこから小さなケーキを一つ作り、私のところに持って来なさい。その後で[j]、あなた自身とあなたの息子のために〔同じように〕しなさい。[14]なぜなら、イスラエルの神、ヤハウェがこう言われたからです。

『壺の小麦[k]は決して尽きることがなく、油の甕は決して空になることがない。ヤハウェがこの土地の面に雨を降らせる日〔が来る〕まで』。

[15]彼女は行って、エリヤの言葉通りにした。すると、〈彼女も彼も〉[l]、また彼女の家族[m]も、毎日食べ〔ることができ〕た。[16]すなわち、壺の小麦[k]は決して尽きることがなく、油の甕は決して空になることがなかったのである。エリヤを通じて告げられたヤハウェの言葉の通りである[n]。

やもめの子供を蘇らせる

[17:17]これらの事が〔起こった〕後のことである。この家の女主人であるその女の息子が病気になった。彼の病気はどんどん悪化していき[o]、ついには彼は息を引き取った[p]。[18]彼女はエリヤに言った。「あなたは私と何の関わりがあるのですか、神の人よ。あなたが〔そもそも〕私のところに来られたのは、私の罪責を発覚させて[q]、私の息子を死なせるためだったのですね」。[19]すると、彼は彼女に言った。「あなたの息子を私に渡しなさい」。彼は〔その子を〕[r]彼女のふところから取り上げると、自分が住んでいた階上の部屋に彼を運び上げ、自分の寝台の上に彼を寝かせた。[20]そして彼はヤハウェに呼びかけて、言った。

「わが神、ヤハウェよ。私が彼女のもとに寄留しているこのやもめにまで、あなたは災いを下され、彼女の息子を死なせられたのですか」。[21] 彼は３度にわたってその子に身を重ねた[s]。そして、彼はヤハウェに呼びかけて、言った。「わが神、ヤハウェよ。どうか、この子の命を彼の中に戻してください」。[22] すると、ヤハウェはエリヤの声を聞き入れた。その子の命は彼の中に戻り、彼は生き返った[t]。[23] エリヤはその子を連れて、階上の部屋から家に降りて来た。そして彼は〔その子を〕[u] 彼の母親に渡した。エリヤは言った。「見なさい、あなたの息子は生きている」。[24] すると、その女はエリヤに言った。「たった今、私には分かりました。あなたが神の人であること、また、あなたの口にあるヤハウェの言葉が真実であることが」。

- *a*: 原文は文字通りには、「ギレアドの住民たちからの（ミッ・トーシャーベー　ギルアード）」。
- *b*: 原文は文字通りには、「私がそのみ前に立つ」。「〜の前に立つ」は「〜に仕える／奉仕する」を意味する成句。申 10:8; 18:7 等参照。
- *c*: 原文（レ・フィー　デバーリー）は文字通りには、「私の言葉の口による」。
- *d*: 原文は文字通りには、「前に」。注解本文を参照。5 節でも同様。
- *e*: 動詞の形は完了形。9 節でも同様。
- *f*: 動詞の形は分詞形（メビーイーム）で、一回的な出来事ではなく、継続的に繰り返される行為を表す。
- *g*: 原文（ミッ・ケーツ　ヤーミーム）は文字通りには、「日々の終わりから」。ただし、この文脈では、終末論的な意味合いはない。
- *h*: 原語（イッシャー　アルマーナー）は、「寡婦の女」という二重表現。10 節でも同様。なお、20 節では「アルマーナー」単独。
- *i*: 動詞の形は分詞形（メコシェシェト）で、継続的な行為を表す。12 節でも同様。
- *j*: 原文では、「まず／最初に（バー・リーショーナー）」の語と「後で（バー・アハローナー）」の語が対比的に用いられている。
- *k*: 原文（カド　ハッ・ケマハ）は文字通りには、「小麦の壺」。16 節でも同様。
- *l*: ケレー（マソラ学者の読み替え指示）や七十人訳に従う。ケティーブ（底本の子音字テキスト）では、「彼も彼女も」。注解本文を参照。

m: 原語（ベーターハ）は文字通りには、「彼女の家」。

n: 原文は文字通りには、「エリヤの手でかれが告げた YHWH の言葉の通りである」。

o: 原文は文字通りには、「非常に強くなっていき」。

p: 原文は文字通りには、「彼の中には息（ネシャーマー）が残っていなかった」。

q: 原文（レ・ハズキール）は文字通りには、「思い出させるため」。

r: 原文では、「彼を」。

s: 原文は文字通りには、「その子の上で身を伸ばした」。

t: 原文（ワッイェヒー）は文字通りには、「彼は生きた」。

u: 原文では、「彼を」。

【形態／構造／背景】

　列王記上 17 章からは、預言者エリヤを主人公とする一連の物語が始まる。この章から列王記下 2 章までを占めるエリヤ物語の長大な文脈の中でも、列王記上 17–18 章は、それ自体で一つのほぼ自己完結したまとまりをなしている。すなわち、この単元の冒頭でまず、エリヤの言葉により旱魃の到来が予告され（王上 17:1）、これが物語上の緊張を喚起する。この緊張は、この単元の最後の部分（王上 18:41–46）で雨が再来し、旱魃が終わることによって解消される。

　旱魃に関わるこの二つの記述（王上 17:1; 18:41–46）を両側の枠として、その間に、起源を異にすると思われるさまざまなエピソードが挟み込まれているが、そのほとんどは、すでに申命記史家たち以前の段階で、一続きの文脈（便宜上、「旱魃の文脈」と呼ぶ）にまとめられていたものと考えられる（Fohrer 1968:31–43; Steck 1968:9–19, 29; Hentschel 1984:104–105; Würthwein 1984:211–220〔邦訳 451–460 頁〕; Beck 1999:95–116; Lehnart 2003:273–280; Thiel 2019:23–24）。この旱魃の文脈の中で、現在の形の列王記上 17 章と 18 章には、それぞれ三つのエピソード（王上 17:2–7, 8–16, 17–24; 王上 18:2b–16, 17–40; 41–46）が取り入れられているが、それらのうちいくつかは、もともとは旱魃の主題とは直接関連していなかったように見える。しかし、今ある物語の形では、（王上 17:17–24 を除き）「旱魃の

文脈」の構成者やその後の申命記史家たちの手により、随所に巧みに旱魃に関わるさまざまなモチーフが挿入され、それらのエピソードと旱魃の文脈との有機的な関連付けが行われている。

この大きな単元（王上 17–18 章）の中心にしてクライマックスをなすのは、明らかに、「カルメル山上での対決」の場面（王上 18:17–40）であり、そこではヤハウェとバアルのどちらが真の力ある神であるかが、ある「実験」によって試される。旧約聖書なので当然といえば当然のことではあるが、この「実験」の結果、ヤハウェの大いなる力とバアルの無力さが実証され、それまで「どっちつかずに迷っていた」（王上 18:21）イスラエルの民が、「ヤハウェこそ神」と信仰告白する（王上 18:39）。これが物語上の大きな転換点となる。このような構成により、言葉に出しては言われないものの、旱魃と飢饉が実はアハブとその「父の家」（オムリ王朝）の罪（王上 18:18 参照）に対するヤハウェの神罰であり、民の回心とヤハウェへの信仰告白が初めて旱魃の終わりと雨の回帰（すなわちヤハウェの赦し）を可能にしたのだ、という印象が惹起されるような仕組みになっている。このような意図に基づく物語群の配列は、おそらくは申命記史家たちに先駆ける「旱魃の文脈」ですでに一定程度実現されており、その印象が、申命記史家たちによる、アハブの罪深さを強調する治世導入定式の先置（王上 16:29–33）によってさらに強められる形になっている。

エリヤ物語の多くは、この預言者的人物のさまざまな超人的な神通力を示す奇跡物語であるが、現在の形では少なからぬ箇所で、申命記史家たちの手による神学的な「改訂」により、もとの伝承にあった霊能者の特殊な能力そのものに対する驚嘆に満ちた好奇心が後退し、そのような超自然的な力も究極的にはヤハウェに由来するのであり、エリヤはあくまでその命令に忠実に従っただけなのだ、という神中心的な「神学化」が行われていることが確認できる（王上 14:4–6 におけるシロ人アヒヤの千里眼的能力についての注解［第 2 巻 152 頁］をも参照）。

列王記上 17 章は、旱魃の到来を予告する冒頭の 1 節を一つの独立した場面と見なすと、全体が次のような四つの場面から構成されている。編集史的考察の結果を先取りして示すなら、破線による下線は申命記史家以前

の「旱魃の文脈」の構成者による編集句と判断される部分、実線による下線は申命記史家たち自身による編集句と判断される部分である。下線のない部分は、より古い、独立した伝承に基づくと推測される部分である。

（Ⅰ）1節　エリヤによる旱魃の予告

（Ⅱ）2–7節　ケリト川でのエリヤ
　　（a）ヤハウェの言葉の生起（2節）
　　（b）ケリト川に行けとのヤハウェの命令（3–4a節）
　　（c）カラスたちへの養いの指示（4b節）
　　（d）命令の実行（5a節）
　　（e）カラスたちによるエリヤの養い（5b–6節）
　　（f）川、涸れる（7節）（次の段落への転換）

（Ⅲ）8–16節　エリヤとサレプタのやもめ
　　（a）ヤハウェの言葉の生起（8節）
　　（b）サレプタに行けとのヤハウェの命令（9a節）
　　（c）やもめへの養いの指示（9b節）
　　（d）命令の実行（10a節）
　　（e）サレプタのやもめとの出会い（10b–15a節）
　　（f）エリヤの養い（15b–16節）

（Ⅳ）17–24節　やもめの死んだ子供を甦らせる
　　（a）子供の死（17節）
　　（b）母親の非難（18節）　　　　　　　　エリヤと母親
　　（c）エリヤ、子供の遺体を受け取る（19節）
　　（d）エリヤ、ヤハウェに祈る（20節）
　　（e）エリヤ、子供に身を重ねる（21a節）　エリヤとヤハウェ
　　（f）エリヤ、ヤハウェに祈る（21b節）
　　（g）ヤハウェによる聞き届け（22a節）
　　（h）子供の蘇生（22b節）

（i）母子の再会（23 節）　　　　　　　　エリヤと母親

（j）母親のエリヤへの信頼の告白（24 節）

　特にこの章の前半をなす二つのエピソード（王上 17:2–7, 8–16）では、もともと相互に関係なく独立して存在していた二つの伝承（6 節、10–16 節）が、編集者の手により、同じ構造の導入文（「ヤハウェの言葉」の生起→移動の命令→エリヤの「養い」についての第三者への指示→エリヤによる命令の実行）を付されることによって相互に並行化され（Dietrich 1972:122–125; Smend 1975b:528–530; Timm 1982:55–57; Beck 1999:103–106; Lehnart 2003:199–205; Knauf 2019:130; Thiel 2019:33)、「エリヤの養い」という共通テーマのもとにまとめられている。

	ケリト川の畔にて（2–6 節）	サレプタにて（8–16 節）
ヤハウェの言葉の生起	2 節	8 節
ヤハウェによる移動の命令	3 節（ケリト川へ）	9a 節（サレプタへ）
エリヤへ「養い」の指示	4 節（カラスたち）	9b 節（やもめ）
エリヤによる命令の実行	5 節（ケリト川へ）	10a 節（サレプタへ）
「養い」の実現	6 節（カラスたち）	(10b) 15b–16 節（やもめ）

　これに対し、この章の第三の部分をなす子供の蘇生の物語は（王上 17:17–24）、旱魃の文脈との関連性が薄く、先行する部分との繋がりもあまりよくないので、後から付け加えられた可能性もある。ただし、これについても、申命記史家たち以後の遅い時代の編集史的な加筆（Würthwein 1984:222–223〔邦訳 472–474 頁〕; Rofé 1988:132–135; Beck 1999:116–118; Lehnart 2003:205–213, 290–291）と考える必要は必ずしもなく、申命記史家以前の伝承史的段階における二次的付加と見ることも十分可能である（Campbell/O'Brien 2000:392–393; Thiel 2019:65–69)。

　なお、この第三の部分は、それ自体として、次のような見事な左右対称の集中構造をなしており、著者の技巧的な手腕が発揮されている（Schmitt 1977:469–461; Cohn 1982:336; Long 1984:185–186; Nelson 1987:111〔邦訳 176–177 頁〕; Walsh 1996:230–231; Glover 2006:454; Begerau 2008:83; Heller

2018:57; Knauf 2019:133; McKenzie 2019:98 等の見方を多少修正）。

まえがき：子供の病気と死（17 節）

　（a）母親のエリヤへの非難（18 節）（「神の人」）

　　（b）エリヤ、母親に声をかける（19a 節）

　　　（c）エリヤ、子供を母親から受け取る（19bα 節）

　　　　（d）エリヤ、二階に上る（19bβ 節）

　　　　　（e）エリヤ、ヤハウェに祈る（20 節）

　　　　　　　（f）エリヤ、子供に３度、身を重ねる（21a 節）

　　　　　（e'）エリヤ、ヤハウェに祈る（21b 節）

　　　　　子供、生き返る（22 節）

　　　　（d'）エリヤ、二階から降りる（23aα 節）

　　　（c'）エリヤ、子供を母親に渡す（23aβ 節）

　　（b'）エリヤ、母親に声をかける（23b 節）

　（a'）母親のエリヤへの賛辞（24 節）（「神の人」）

　列王記上 17–18 章では、「ヤハウェの言葉（デバル　YHWH）」への言及が繰り返され（王上 17:2, 8, 16, 24; 18:1, 31, 36）、さらにはエリヤ自身の「言葉」（王上 17:1, 15）や、やもめの「言葉」への言及も加わり、「言葉（ダーバール）」の語が全体をテーマ的に統一するキーワードとしての役割を果たしている（Smend 1975b:528–530; Walsh 1996:234; Cogan 2001:430）。また、特に 17 章では、旱魃や病気という死活にかかわる状況を背景として、生と死が全体を貫くテーマになっており（Nelson 1987:107–108, 113–114〔邦訳 172–173, 180–182 頁〕; Hauser 1990:21–22; Walsh 1996:233–234; Crüsemann 1997:38; Fretheim 1999:94, 98–100; Schmid 2000:474; Wray Beal 2014:235–236; Stulac 2021:50）、宣誓定式である「ヤハウェのお命（ハイ　YHWH）」（1, 12 節）、「養わせる（カルケル）」（4, 9 節）、「飲む（シャーター）」（4, 6, 10 節）、「食べる（アーカル）」（12, 15 節）、「息を引き取る」ないし「死ぬ」、「死なせる」（12, 17–18, 20 節）、「命（ネフェシュ）」（20–21 節）、「生きる（ハーヤー）」（22–23 節）など、生死に関わる語が数多く用いられている。

【注解】

1節　エリヤによる旱魃の予告

　前述のように、私訳における破線による下線は、旱魃の文脈（王上17:1–18:46）を構成した、申命記史家たち以前の編集者の編集句であることを示す。

　ここで何の前置きもなく、唐突に「**エリヤ**」が登場する。「エリヤ」（ヘブライ語では「エリヤフ」）という名は「ヤハウェはわが神」を意味し、正統的なヤハウェ信仰の代弁者として活躍するこの人物にいかにもふさわしく（王下 18:39 における民の信仰告白の言葉をも参照）、まさに「名実一体」、「名は体を表す」と言える。しかし、だからといって、エリヤという人物像がヤハウェ信仰を擁護する物語のためにわざわざ創作された架空の人物像であると邪推する必要はない。名付け親（両親？）のヤハウェへの敬虔な信仰を表現するものと、素直に受け止めておけばよいであろう（Smend 1975a:196–197; Jones 1984b:303; Beck 1999:159; Cogan 2001:425; Thiel 2019:34）。

　エリヤの出身地とされる「**ティシュベ**」については、「ギレアド」、すなわちヨルダン川東岸地方中部（創 31:21–25 参照）にあるらしいこと以外は不明であり、正確な位置も同定できない。エリヤの属性として彼が「ティシュベ人」であることに言及される場合（王上 21:17, 28; 王下 1:3, 8; 9:36）以外、旧約聖書正典で他にこの地名に言及されることもない。後のキリスト教の伝承では、ヨルダン川に東側から流れ込むヤボク川沿いのペヌエル（王上 12:25 と同所への注解を参照）の北方約 12 キロメートルにあるエル・イスティブがエリヤの故郷ティシュベと見なされ（ABD 6:577–578; NIDB 5:607）、ビザンツ時代にはこの地の近くにエリヤを記念するチャペル「マール・エルヤース（聖エリヤ）」が建てられた（Beck 1999:161; Cogan 2001:425; McKenzie 2019:86; Knauf 2019:157; Thiel 2019:36）が、あくまで伝説的な同定であり、旧約聖書の時代にまで遡る遺構は同地では発見されていない。

　いずれにせよ、ヨルダン東岸地方は、エルサレムやサマリアなどの王国時代の中心部から遠く離れた辺境の地であり、そのような地には、アハブ

とイゼベルによりバアル崇拝が大いに振興された時代であっても純粋なヤハウェ信仰が保たれていた、ということなのであろう。そのエリヤが面と向かって直接「**アハブに言った**」というのであるから、エリヤはヨルダン東岸地方（ギレアド）からわざわざヨルダン川を渡って王都サマリアにまで出て来て、旱魃の到来を王に予告したということになる。

　なお、エリヤの素性を説明する一句（ミッ・トーシャーベー　ギルアード）はやや不自然であり、「**ギレアドの住人たちの一人**」という訳（訳注 a 参照。Gray 1977:377; Cogan 2001:424; Sweeney 2007:207; Wray Beal 2014:227–228; Knauf 2019:77, 178–179）はあくまで一つの推読にすぎない。七十人訳では「ギレアドのティシュベ出身のティシュベ人（テスビテース）」であるが、これでは同語反復的になってしまう。エリヤが「ギレアドの住人」であることが特記されているのは、少なくとも後代には、エリヤの出身地ティシュベとほぼ同音のギリシア語の「ティスベ」というガリラヤ地方の地名が知られており（トビ 1:2）、それと区別するためなのかもしれない（Timm 1982:54; Lehnart 2003:192; Thiel 2019:35）。もしそうであれば、この語がかなり遅い時代の補語という可能性も出てくる（McKenzie 2019:86）。

　「住人」と訳した「トーシャブ」の語は、「寄留者（ゲール）」などと同様、異民族起源の滞在者を意味する場合がある（創 23:4; 出 12:45; レビ 25:23, 35, 40, 47; 民 35:15; 詩 39:13 等参照）。立派なヤハウェ系の名を持ち、後にイスラエルの民のヤハウェ信仰からの変節を批判するエリヤが、よりによって異民族出身であった（可能性として、Wyatt 2012:446–447）とは到底思われないが、ことによるとエリヤは（ガリラヤの？）ティシュベの出身だが、何らかの事情でギレアド地方に「寄留」していたのかもしれない。

　エリヤが語りかけた相手であるはずの「アハブ」は、いきなり名前だけで言わば呼び捨てで言及され、彼がイスラエルの王であるといった背景も何ら説明されていない（王上 21:1, 18 等参照。なお、旱魃の文脈［王上 17–18 章］では、アハブは常に「アハブ」と呼び捨てにされており、「イスラエルの王」等の肩書で呼ばれることはない）。エリヤがアハブの前に登場するに至る事情についても何ら説明されず、（3 節に「ここから（ミッ・ゼ）」とあり、特定の場所が前提にされているにも拘わらず）エリヤとアハブが出

会った場所がどこかさえも明記されていない。出来事の舞台としては、当然、首都であり、王居でもあったサマリアが前提とされていよう（王上16:29, 32; 21:18 参照）。

　この段落のこのようなあまりに唐突な始まり方から見て、実はもともとの「旱魃の文脈」にはエリヤやアハブの素性紹介をも含むもっと詳しい導入文があったのだが、本文破損か、直前にアハブの罪についての申命記史家たちの詳しい記述（王上 16:29–34）が置かれたので、文章が切り詰められ、断片的な文だけが不完全な形で残されたのかもしれない（Burney 1903:210; Fohrer 1968:32–33; Steck 1968:9; Würthwein 1984:205, 211〔邦訳 457, 459–460 頁〕; Dietrich 2000:56; Cogan 2001:431; Thiel 2019:24, 33–34）。もとの文脈では、ヤハウェの命令により、エリヤがアハブの前に現れ、旱魃の到来を予告することになっていた、とも考えられる（王上 18:1 参照）。

　「私がみ前にお仕えする」ヤハウェという表現（訳注 b 参照）については、列王記上 18:15; 19:11; 列王記下 3:14; 5:16 をも参照。神ヤハウェと主人公である預言者的人物との特別な関係を表現する、エリヤとエリシャの物語に特徴的な用語法である。宣誓などの際に用いられる**「ヤハウェのお命（ハイ　YHWH）」**という定型句については、列王記上 1:29 と同所への注解（第 1 巻 73–74 頁）を参照。ここでは、これから予告することが必ず成就するという断言として用いられている。なおこの宣誓定式は、「旱魃の文脈」ではよく用いられ（王上 17:1, 12; 18:10, 15）、この文脈を構成した申命記史家たち以前の編集者の用語法の特徴の一つと言える。（エリヤとエリシャの物語では、他に、王上 22:14; 王下 2:2, 4, 6 をも参照）。

　ここではまず、エリヤ自身の口から出る彼の**「言葉（ダーバール）によらなければ（キー　イム）」**、数年間にわたって**「露も降雨も決してない（イム）」**ことが端的にエリヤによって宣言される。

　このエリヤの宣言の内容の検討に入る前に、1 節にはヘブライ語の前置詞「イム」の重要な特殊用例が二つ見られるので、蛇足を覚悟で、ヘブライ語学習者のために、参考までに文法的な説明を付記しておく。

　第一に、ヘブライ語の前置詞「イム」は、通常は「もし〜なら」という条件文の従属節を構成するが、宣誓、約束、断言などの文脈では、「決して〜しない」という強い否定文的な意味を持つことがある（Ges–K §149;

HALOT 1:60; DCH 1:304. 創 21:23; サム上 19:6; 28:10; サム下 11:11; 王上 18:10; 王下 2:4, 6; 4:30; 5:16; 詩 89:36 等参照)。これは、「もし、私が～するようなことがあれば、私はどんな罰でも受けてよい」という条件付きの自己呪詛的な宣誓の言葉（サム上 3:17; 14:44; 20:13; 25:22; サム下 3:9, 35; 19:14; 王上 2:23［同所への注解［第 1 巻 107 頁］を参照］; 19:2; 20:10; 王下 6:31 等参照）から、帰結文が省略され、「私が～するようなことは決してない」という意味あいになったものと考えられる。これに否定詞（ロー）を付けて「イム　ロー」とすれば、二重否定となって逆に「必ず～する」という強い肯定の意味になる（王上 20:23, 25; イザ 5:9; ヨブ 1:11 等参照）。

　第二に、否定文的な記述の後で、前置詞「イム」が理由を説明する前置詞「キー」と一緒に「キー　イム」の形で用いられると、否定文の内容を補完したり（「A ではなく、むしろ B」）、例外的な事態（「～なしには」、「～を除いては」）を述べる意味になる（HALOT 1:61; DCH 1:306. 創 15:4; 32:29; 王上 18:18; 王下 5:15 等参照）。それゆえここでは、エリヤの「言葉によらなければ（キー　イム）」、露も降雨も「決してない（イム）」と訳されているわけである。なお、この二つの文法的現象は、12 節におけるサレプタのやもめの言葉にも（「ヤハウェの命」による誓いの表現を含めて）同じ形で出てくる。

　「露も降雨も決してない」とは、当然ながら過酷な旱魃の到来を意味し、それは国土に深刻な飢饉をもたらす。ここでは「降雨（マータール）」という、7 節、14 節に出る「雨（ゲシェム）」とは別の語が用いられている（王上 18:1 参照）。「露（タル）と降雨」の組み合わせは他でも見られる成句的なもので（申 32:2; サム下 1:21; ヨブ 38:28 等参照）、おそらくはあらゆる種類の水気を総合的に表す。パレスチナでは乾季の夏（5 ～ 9 月頃）には降雨はほとんどないが、朝晩に露くらいは降り、雨のない時期の貴重な水気の補完となっている（創 27:28; 申 33:28; 士 6:36–40; 箴 3:20）。したがって、それさえないということは、旱魃の厳しさを表す（創 27:39 参照）。当然ながら、もともと降水量の少ないパレスチナでの旱魃は、住民たちに破壊的な苦難をもたらす。

　旱魃が到来する理由については、直接的には何も語られていない。しかし、旧約聖書では一般に、飢饉や旱魃がイスラエルの罪に対する神の裁き

として言及されることが多い（レビ 26:19–20; 申 11:17; 28:22–24; サム下 21:1; 24:13; アモ 4:7–8; エレ 14 章等参照。ただし、いつもそうであるとは限らないが。創 12:10; 26:1; 41:54; ルツ 1:1; 王下 8:1 等参照）。しかも、列王記上 18:18 には、「バアルに従う」アハブと彼の「父の家」に対するエリヤの非難の言葉がある（同所への注解を参照）ので、前述のように、おそらくは申命記史家たち以前の「旱魃の文脈」の段階でもすでに、アハブとその王朝の宗教的な悪行がこの旱魃の真の原因であることが暗黙裡に前提にされていたものと思われる。さらに申命記史家たちの段階になると、直前にアハブの悪行とそれに対するヤハウェの「怒り」についての言及を含む治世導入定式（王上 16:30–33）が置かれることにより、旱魃がアハブの罪に対するヤハウェの神罰であるという印象がますます強められた（Beck 1999:115; Pruin 2006:265; Dhramraj 2011:9–10）。このことは、現在の文脈では、アハブがバアル崇拝を振興したり、アシェラを造ったことによって「イスラエルの神、ヤハウェ」を怒らせたという記述（王上 16:32–33）と、1 節の「イスラエルの神ヤハウェ」の命（ハイ）にかけた誓いの言葉がほとんど相前後して並んでいることからしても明白である。

　そもそもフェニキアやカナンでは、バアルは雨を降らせる嵐や雷の神であり、豊穣のもたらし手と信じられていた（ホセ 2:7 参照。なお、第 2 巻 276–279 頁の「トピック」をも参照）。しかし、アハブがそのような神の崇拝を導入、振興したが故に、逆に、ヤハウェが雨も露も降らせないようにした、ということになる。ここには、自然界を支配する真の神が誰なのかという、エリヤ物語の中心主題（王上 18 章参照）がすでに暗示されている。すなわち、これ以降の物語はある意味で、雨の有無をコントロールするのが、ヤハウェであってバアルではないことを実証する意味を持っているのである（Long 1984:183; DeVries 1985:216; Provan 1995:132–133; Fritz 1996:163; Crüsemann 1997:31; Fretheim 1999:94, 96–99; Brueggemann 2000:209; Schmid 2000:461; Albertz 2006:119; Pruin 2006:264; Walsh 2006:94; Sweeney 2007:209–210; Wray Beal 2014:230; McKenzie 2019:92–94, 103; Thiel 2019:42; Lamb 2021:224）。

　エリヤの発言では、この旱魃は「〔私の〕口から〔出る〕私の言葉によらなければ」（訳注 c 参照）終わらないとされている。ここで問題となるのは、

ここで言う「私の言葉（デバーリー）」とは誰の言葉か、ということである。うっかりすると、ヤハウェの言葉と誤読する可能性もあるが、ここには通常の使者定式（「ヤハウェはこう言われた」、14節参照）も言葉の生起定式（「ヤハウェの言葉が誰々に臨んだ」、2節、8節参照）も用いられておらず、1節は文法的に見て、ヤハウェの言葉の引用ではない。ここでヤハウェは、言わばエリヤの宣誓の有効性を保証する証人として引き合いに出されているにすぎない。したがって、ここで意味されているのは明らかにエリヤ自身の言葉であり、それが飢饉を終わらせ、降雨を呼ぶ力を帯びていることが前提とされている。それが旱魃を終わらせる力を持つなら、当然ながら、旱魃を招来するのもエリヤ自身の言葉であることが前提とされていよう。おそらく元来の「旱魃の文脈」では、そのような巨怪とも言える凄まじい超自然的な力を持つ預言者エリヤの言葉に関心が持たれていたのであろう（Heller 2018:47–49）。

　このような神通力を持つ超人的な人物のイメージは、この物語を受け取った申命記史家たちにとって、おそらくやや行き過ぎ的な、取り扱いに困惑するものであったろう。彼らにとって、エリヤはあくまで預言者的人物であり、預言者的人物は当然ながらヤハウェの代弁者であって、ヤハウェに従属する存在でなくてはならない。そこで申命記史家たちは、1節ではもとの「旱魃の文脈」における旱魃を終わらせるエリヤの言葉についての言及をそのまま残したが、後に編集技巧を尽くして、この「超人エリヤ」のイメージに神学的軌道修正を加えることになる。すなわち、エリヤの「口にある」のも、究極的には当然ヤハウェの言葉であるはずである（24節、「あなたの口にあるヤハウェの言葉」参照）。申命記史家たちにとっては、雨を降らせる主体もあくまでヤハウェ自身でなくてはならない（王上17:14b「ヤハウェが……雨を降らせる」；18:1b「わたしは降雨をもたらそう」参照）。おそらく、内容的には必ずしも必要のない1節の「私がみ前にお仕えするヤハウェ」という関係詞節も、申命記史家たちの一人が、エリヤのヤハウェへの従属性を強調するために、エリシャ物語（王下 3:14; 5:16）から取ってここに二次的に挿入したのかもしれない。

　現在の文脈で奇妙なのは、実際に雨の回帰が描かれる列王記上 18:41–46 では、旱魃が終わることにエリヤ自身の「言葉」が関与したように描

かれてはいないことである。もちろん、そこでもエリヤの発言はある。しかしそれは、かすかな雨の音によって降雨の到来を予告すること（王上18:41）、アハブに対して豪雨に備えるよう助言すること（王上18:44b）に関わるにすぎない。むしろエリヤは、極度の精神集中によって雨を招き寄せているように見える（王上18:42）。後者は、「旱魃の文脈」における力ある言葉を語るエリヤのイメージよりもさらに古い、呪術的な雨降らし師としてのエリヤのイメージであろうか（王上18:41-46への注解を参照）。

旱魃は「**これから数年間**」（原文は「年」を意味する「シャーナー」の語の複数形）続くとされるが、列王記上18:1によればそれはほぼ3年間（サム下21:1参照）である（ルカ4:25およびヤコ5:17では「3年6か月」ないし「3年半」）。同所の「3年目」ということを3年目の始めという意味に取れば、正味は丸々2年間とちょっと、ということか。なお、旱魃の来襲自体については、列王記上18:2bまで報告されないが、現在の文脈では、続く二つのエピソードでも旱魃という暗黙裡の状況が巧みな効果をもたらしている。3年間とは、後続する三つのエピソードが展開する期間ということになろう。

2–7節　ケリト川でのエリヤ

ヤハウェの命令により、エリヤはヨルダン川東岸の小川のほとりに身を隠す。彼はその川の水を飲むが、ヤハウェはカラスたちにパンと肉を運ばせ、飢饉の中でエリヤを養う。

6節　カラスたちによるエリヤの養い

伝承中で比較的古いと思われる要素から、先に取り上げる。ここには、ギレアドの地に住んでいた不思議な隠者（最初からエリヤと同定されていたとは限らない。2–7節に一度も「エリヤ」の名前が出てこないことに注意！）についての地方的な古い伝承が取り入れられているように思われる。すなわち、その人物は人里離れた場所に隠遁していて、ワディの水を飲んで暮らし、カラスたちが毎日朝夕、彼のために食糧を運んだというのである（6節）。いずれも本来ならあり得ないことである。そのような特異な生き方をしている隠者は、東洋流に言ってみれば、ある種の「仙人」である。

「ケリト川」（5b 節）がどこにあるのかは不明であるが、用いられた用語（ナハル）から見て、それがヨルダン川にか、あるいはその支流に流れ込む、「ワディ」の一つであることはほぼ間違いない。ベト・シャンの南南東約 12 キロメートルで東側からヨルダン川に流れ入るワディ・ヤービスと同定する見方もあるが、確かではない。R と L の音を区別しない日本語のカタカナで書くと同じようになってしまうが、ヘブライ語には「川」を表す言葉で発音を異にする、二つのよく似た単語がある。「ヘー」と「レーシュ」を用いた「ナーハール（נהר）」の語は通常、（チグリスやユーフラテスを含む）一年を通して常に水が流れている本格的な河川（ドイツ語では Strom）を意味するが（創 2:10; 15:18; 王上 5:1, 14:15; 詩 74:15; 137:1; ダニ 10:4; 等参照）、「ヘート」と「ラメド」を用いた「ナハル（נחל）」の語の方は、雨季（10 月頃から 4 月頃まで）にだけ水が流れる比較的小さな季節河川（ドイツ語では Bach）、いわゆる「ワディ」を表すことが多い（サム下 15:23; 王上 15:13; 王下 3:16–17 等参照）。ワディは夏の乾季には水のない涸れ谷となる（ヨブ 6:15–20 参照）。ここで用いられているのは、後者の語である。しかも、ワディはしばしば流れを変えるので、ケリト川が現在同定不能なことも怪しむに足りない。したがって、ワディの水に頼って暮らすということは、通常なら不可能とは言わないものの、非常に不安定な事態である。ましてや旱魃ともなれば、ワディの水は真っ先に涸れる。ところがこの人物は、**「その川から〔水を〕飲んだ」**という（6b 節）。ここにはこの人物にまつわる超自然的な要素、ないし彼の持つ神通力のようなものが示唆されている。彼のもとでは、――旱魃の時にさえも！――一年を通じてワディに水が流れているのである。なお、ケリト川の位置については、訳注 d にも記したように、原文で文字通りには「ヨルダン」の「前（アル・ベネー）」と書かれている。「向こう側」と訳したが、この表現は「東側」をも意味し得る（民 21:11; 王上 11:7; 代上 5:10 参照）。いずれにせよ、現在の文脈によれば、サマリアのあるヨルダン川西岸から見て、ヨルダン川を渡った対岸のことが考えられているのであろう。したがって、エリヤはヨルダン川東岸のギレアド地方の自分の故郷（近く）に戻ったことになる（Schmid 2000:462; Cogan 2001:426; Sweeney 2007:212）。当然、それはアハブの実効支配する領域の外部ということに

なる。いずれにせよ、ここでは通常は人の寄りつかない、カラスたちのみが辿りつけるような隔絶した場所が考えられている。

「**カラスたち**」（原文は「オーレビーム」で複数形）が彼に食糧を運んだ（6a 節）というのも、この隠者の超自然的な力を示唆する。カラスは穢れた鳥の一つであり（レビ 11:15; 申 14:14）、貪欲で常に自分たち自身や自分たちの雛たちのために餌を探しまわる鳥として知られていた（ヨブ 38:41; 詩 147:9; 箴 30:17）。それが人間のためにせっせと食物を運ぶなどということは、常識的にはあり得ない。ところがこの人物については、カラスたちがそのようにしたというのである。なお、エリヤの養い手を「カラスたち（オーレビーム）」から「アラブ人たち（アラビーム）」（！）に読み替えようという提案（Gray 1977:378–379）は、この物語の面白みのツボである奇跡的要素を台無しにしてしまう、悪しき合理化、非神話化の典型であり、到底受け入れられない（Fohrer 1968:9; Timm 1982:55; Jones 1984b:304; Cogan 2000:426–427; Lehnart 2003:198; McKenzie 2019:86, 99; Thiel 2019:18 等における批判の「十字砲火」を参照）。

なお、この人物は毎日「**朝**」と「**夕暮れ**」に「**パン**」だけでなく「**肉**」も食べることができたというのであるから、およそ質素で禁欲的な暮らしとは言い難い（Würthwein 1984:212〔邦訳 454 頁〕; Nelson 1987:109〔邦訳 174 頁〕; Walsh 1996:233; Fritz 1996:214; Fretheim 1999:97; Schmid 2000:463; Knauf 2019:86, 130; Thiel 2019:51）。古代イスラエルで一般人が肉にありつくことができたのは、祭礼に際しての犠牲祭儀の機会ぐらいのものであった。なお、七十人訳ではより控え目で、カラスたちは、「朝にはパンを、夕暮れには肉を彼のもとに運んだ」とされている。後者は出エジプト記 16:8, 12 を顧慮したものかもしれない（McKenzie 2019:87; Thiel 2019:51）。

2 節　ヤハウェの言葉の生起

ただし前述のように、現在の形でのこの章では、このような隠者の不可思議な力についての古い伝承が、編集者（おそらくは申命記史家の一人）の神学的関心から特徴的な変更を加えられ、その意味を大きく変えられている。すなわち編集者は、6 節の伝承の直前の 2–5a 節に「**ヤハウェの言葉**」

のモチーフを導入し、このような超自然的な飲み食いは、隠者自身の神通力や超能力によるのではなく、あくまでヤハウェの意志と命令によるのであり、エリヤはそれに忠実に従っただけだ（5a 節の「ヤハウェの言葉通りに行った」参照）、と解釈されるようになったのであろう（Fohrer 1968:53–54; Dietrich 1972:123–124; Smend 1975b:528–529; Timm 1982:57; Jones 1984b:304–305; Würthwein 1984:212–213〔邦訳 454–455 頁〕; Beck 1999:103; Lehnart 2003:197–199）。イニシアチブはあくまでヤハウェにある。カラスたちがエリヤを養うのも、ヤハウェの摂理によるのである（4b 節の「そこであなたを養うように命じておいた」は、完了形！ 訳注 e 参照）。このような、預言者的人物自身の超自然的な力からヤハウェの力への神中心的な関心の移行は、ヤロブアムの息子の死についてのシロ人アヒヤの物語にも観察できたものである（王上 14:5–6 への注解〔第 2 巻 152 頁〕を参照）。

　なお、「**ヤハウェの言葉が**（誰かに）**臨**」むという「言葉の生起定式（Wortereignisformel）」は、申命記史家たちが好んで用いるもので（サム上 15:10; サム下 7:4; 24:11; 王上 6:11; 12:22; 13:20; 16:1, 7; 18:1; 21:17 等参照）、預言書ではエレミヤ書（37 回）とエゼキエル書（47 回！）に多く出る（Dietrich 1972:71–72; Knauf 2019:127–129）。列王記上 17–18 章では、この定式が各場面を構造化する役割をも果たしている（王上 17:2, 8; 18:1）。

3–4 節　ケリト川に行けとの命令

　3 節でヤハウェがエリヤに、ケリト川のほとりで「**身を隠しなさい**」（動詞「サータル」の再帰〔ニファル〕形。自分自身を「隠す」）と命じる理由は、この箇所自体には明記されていない。「旱魃の文脈」の中で見れば、不吉な預言をしたエリヤに対するアハブ王の迫害や捜索を避けさせるためということであろう。なにしろ、「〔私の〕口から〔出る〕私の言葉によらなければ」（1b 節、訳注 c 参照）旱魃は終わらないというのであるから、アハブ王が、無理にでも旱魃を終わらせる言葉を吐かせようとして、エリヤを探しまわるのは当然であろう（王上 18:10 参照）。少なくとも「旱魃の文脈」では、エリヤとアハブが緊張関係にあるように描かれている（王上 18:9–14, 17–18 参照）。

5節　命令の実行

5節の前半では編集者により、エリヤが「**ヤハウェの言葉通りに行った**」ことが強調的に確認される（5a節）。前述のように、編集者である申命記史家たちにとっては、エリヤはあくまでヤハウェの命令に忠実に従ったにすぎないのである。なおこの節では、「**彼は立ち去り**」と訳した原文「ワッイェーレク」（文字通りには「そして彼は行った」）の語が、「（彼は）ヤハウェの言葉通りにした」という文章の前後で重複しているが、編集者の手により「ヤハウェの言葉通りに行った」の語が二次的に挿入されたために生じた「文脈再取（Wiederaufnahme）」の現象であろう（Dietrich 1972:123; Smend 1975b:532; Lehnart 2003:198）。

これに対し、後半（5b節）はより古い伝承に基づく記述であろうが、そこではエリヤがケリト川のほとりに「**住んだ（ワッイェーシェブ）**」ことが語られるのみで、3節におけるヤハウェの命令とは異なり、「身を隠す」ことについて触れられていないことは特徴的である。古い伝承では、仙人的な隠者は「身を隠す」ためにケリト川のほとりにまで逃げて行ったのではなく、あくまで俗世から離れてそこに「住んだ」にすぎないのである。

7節　ケリト川、涸れる

7節の「**何日かすると、その川は涸れてしまった。この地に雨がなかったからである**」の一句は、次の段落への橋渡しをする（おそらくは「旱魃の文脈」の構成者による）編集句であり（Würthwein 1984:212〔邦訳442頁〕; Beck 1999:104; Lehnart 2003:198; Thiel 2019:51–52）、サレプタへのエリヤの移動を動機づける役割を果たしているが、現在の旱魃の文脈の中で読めば、旱魃が拡大、激化しているという意味に解釈できよう。旱魃に直撃されたイスラエル本土（王上18:2b以下参照）とは異なり、当初はまだ川に水の流れていたヨルダン川東岸の僻地にも、ついに旱魃の被害が及んできたのである。ただし、この注記は、直前に描かれた超自然的な養いの逸話とは内容的にやや緊張関係にある。カラスたちによる養いは続いていたが、川の水が涸れて飲み水がなくなってしまったので、もはやそこにはいられなくなった、ということなのであろうか。現在ある列王記上17章の文脈の中で読めば、旱魃はエリヤの「言葉」（1節）によって引き起こされた

わけであるから、そのエリヤの言葉の結果がエリヤ自身をも直撃する、という皮肉な帰結を生んだことにもなる（Hauser 1990:13; Heller 2018:51; Schmid 2000:464）。

8–16節　エリヤとサレプタのやもめ

この段落の主題は、直前の段落と同じく、エリヤの養いということである。しかも、ここでもまた、それは極めて予想外の、通常ならあり得ない仕方で実現する。すなわち一人の「やもめ女」が彼を養うというのである。なお「やもめ女」という訳語は、「馬から落ちて落馬した」式の二重表現であるが、訳注 h にも示したように、原文そのものが「イッシャー　アルマーナー（やもめの女）」という二重表現になっている。「アルマーナー」の語は女性名詞であり、日本語流の「男やもめ」という表現はヘブライ語ではあり得ない。

10–15a節　サレプタのやもめとの出会い（元来の伝承）

ここでもまた、古い伝承要素と思われる部分の方から先に取り上げる。やもめ、すなわち夫に先立たれた寡婦は、土地を持たない寄留者や父のいない孤児同様、社会の中で最も弱く貧しい存在であり、常に社会の保護を必要とした（出 22:21; 申 10:18; 14:29; 16:11, 14; 24:17–21; 26:12; 27:19; ヨブ 22:9; 24:3, 21; 31:16; イザ 1:17; エレ 7:6; 22:3 等参照）。それゆえ、そのような状況にある女性には、通常なら「食客」を「扶養」する余裕など到底ないはずである。しかもそのやもめは、明らかにイスラエル人ではない異邦人である。現在のレバノンにあったフェニキア人の都市国家「シドン」については、列王記上 16:31 への注解を参照。同所によれば、シドンは王妃イゼベルの出身地であった。「サレプタ」はその南西 13 キロメートルに位置する地中海の海岸に面した港町で、現代のレバノンのサラファンドと同定されている（ABD 6:1041; NIDB 5:956–957; Aharoni 1967:385）。シドン「に属する（アシェル　レ）」とされているので、当時この町は、都市国家シドンの支配下にあったのであろう。したがって、ここでもエリヤは、アハブの支配領域の外部に出ていることになる。しかもそこは、よりによってアハブの王妃イゼベルの出身地、かつバアル崇拝の中心地でもあるシド

ンに属する土地であった。エリヤは言わば、バアルの本拠に乗り込んで行くことになる（Fensham 1980:233–234; Ottosson 1984:193; Nelson 1987:109〔邦訳175頁〕; Smelik 1990:240–241; Provan 1995:133; Crüsemann 1997:35; Schmid 2000:465; Cogan 2001:432; Sweeney 2007:212–213; Dharamraj 2011:13; Wray Beal 2014:232–233; Knauf 2019:184; McKenzie 2019:94）。ちなみに、旧約聖書におけるサレプタへの言及は、この章以外ではオバデヤ書20節のみである。

　ここにも、古い伝承が取り入れられていると思われる。ただし、その伝承では、本来の主題はエリヤの養いということよりも、貧しさのゆえに死に瀕したやもめとその息子をエリヤ（あるいは匿名の霊能者）が奇跡的な力で救う、ということであったらしい。すなわち、旅人である主人公が、たまたま出会ったやもめに食べ物を乞うと（11節）、彼女自身、貧しさの故に食べていくことができず、息子と共に飢え死にするのを待つばかりであった（12–13節）。もとの伝承では、おそらくは旱魃というモチーフは前提にされておらず、やもめの困窮はもっぱら極度の貧しさによるとされていたのかもしれない（Würthwein 1984:105〔邦訳455頁〕; Beck 1999:104; Pruin 2006:266）。そこで主人公が、「壺の小麦は決して尽きることがなく、油の甕は決して空になることがない」という呪文を唱えると、その通りになり、やもめの一家は無尽蔵の食糧を享受するようになった、ということが物語られていたのであろう。したがって、もともとは、小麦の壺と油の甕についての決定的な言葉（14節）は、主人公（エリヤ）自身の言葉だったのであり、この物語は貧しい者を救った奇跡行為者の超人的な力を強調するものであったと考えられる（Würthwein 1984:212–213〔邦訳455–456頁〕; Beck 1999:104–106; Lehnart 2003:202–205）。

　もとの伝承で、主人公（エリヤ）がなぜ、わざわざフェニキアのサレプタまで出かけて行ったのかは、もはや不明である。しかし、申命記史家以前の「旱魃の文脈」の段階では、前述のように、この移動は旱魃の激化ということに関連するものとして意味づけられている。すなわち、エリヤがサレプタに移動するのは、「雨がなかった」結果、ケリト川が「涸れてしまった」からなのである（7節）。

8–9節　ヤハウェの言葉の生起と移動の命令

　編集者（おそらくは申命記史家の一人）はここでもまた、直前の段落（2–5a節）におけると同様、神学的な介入を行って物語の意味を大きく変えている。すなわち、ここでも「言葉の生起定式」とともに「**ヤハウェの言葉**」のモチーフが導入され（8節）、すべてが神の意志と摂理に基づくものと理解されるようになった（9b節「**一人のやもめ女にあなたを養うように命じておいた**」、完了形〔！〕）。ただし、やもめ自身はそのようなヤハウェの「命令」について何も知らずにいるように見えるのだが……）。すなわち、エリヤのサレプタへの移動は、もはや「旱魃の文脈」におけるようにケリト川の水が涸れたことに対処するための窮余の策ではなく、あくまで「ヤハウェの言葉」に対する無条件的な服従行為と解されるようになったのである。

　同時に、このような編集操作によって、前述のように、二つの段落の並行性（21–22頁参照）がより緊密になった。すなわち、旱魃という状況を前提に、エリヤの養いのモチーフがここにも導入され、同時に、暗黙裡にだが、やもめの困窮が単なる貧しさによるだけではなく、旱魃という災厄の結果とも解釈されるようになった。旱魃は、イスラエルだけでなく、フェニキアにも及んでいたことになる。前述のように、サレプタの属するシドンはアハブの王妃イゼベルの故郷であるとともに、彼女の神バアルの本拠でもある。嵐と雨の神であるはずのバアルが、自分の本拠で飢饉に対して無力でなすすべもない状況にある。ヤハウェはよりによってそこにエリヤを赴かせ、そこでも摩訶不思議な仕方でエリヤを養うことによって、自らの力を示すのである。

10–15a節　エリヤとやもめの対話（伝承と編集）

　古い伝承の段階に戻ろう。10–11節では、サレプタにやって来たエリヤが、薪を集めているやもめに出会う。なお、原文では10節の「**やもめ女（イッシャー　アルマーナー）**」（訳注h参照）の語は無冠詞であり、これが彼女についての最初の言及であることを示唆している。古い伝承では、現在の文脈で直前にあるヤハウェによる彼女へのあらかじめの言及（9節）が明らかに前提とされていないのである。

エリヤはそのやもめにまず一杯の「水（マイム）」を所望し、「**彼女が取りに行こうとすると**」、後ろから彼女を呼び止めて改めてさらに「**パン（レヘム）**」を求めたという。ここでは進行がやや不自然であるし（翻訳ではよく「パンも」とされるが〔新共同訳参照〕、原文には「も」に当たる語はない！）、後続する物語の中では、水はまったく何の役割も演じておらず、もっぱら食べ物のことだけが問題になる（12–16節）。したがって、水への言及は、もとの伝承にはなく、このエピソードを旱魃の文脈により緊密に結びつけようとする編集者（おそらくは「旱魃の文脈」の構成者）の付加であろう（Würthwein 1984:206, 212〔邦訳 442, 450頁〕；Beck 1999:70, 105–106; Lehnart 2003:201）。水の所望がパンのそれに先行することも、飢饉の文脈を前提にすれば、「渇きは飢えを凌駕する」（Thiel 2019:55）ということで理解できる。なお、エリヤによる水の所望の言葉の前後に、「**彼は彼女に呼びかけて、言った（ワッイクラー　エレーハー　ワッヨーマル）**」という文章が二重に記されていること（10節、11節）も、水の所望の言葉が二次的に挿入されたことを裏付ける。いわゆる「文脈再取（Wiederaufnahme）」のための繰り返しである。

エリヤの（パンの）求めに応えて、やもめは「**私には焼いたものなど何もありません**」と自分の窮乏ぶりを訴える（12節）。彼女に残されたのは、自分と息子の最後の食事を作るためのわずかな「小麦粉（ケマハ）」と「油（シェメン）」だけであり、「**それを食べてしまえば、〔あとは〕死ぬだけ**」という状況にまで追い込まれているのである。ここでは、ヤハウェがこのやもめにあらかじめエリヤを養うように「命じておいた」（9b節）ことなど、明らかに前提にされていない。やもめにとって、事態はそれどころではないのである。

なお、フェニキア人のやもめが「**あなたの神、ヤハウェのお命〔にかけて誓います〕**」（12節）という極めてイスラエル的な定型句（1節への注解を参照）を口に出すのは唐突であるが、もとの物語では、必ずしも外国が舞台であることが前提にされていなかったのかもしれない。ただし現在の形では、ヤハウェが「あなたの神」とされるなど、文脈に巧みに合わせられていて、著者の単なる筆の滑りの結果とは思われない。「旱魃の文脈」の構成者の手が加わっていると推測される（1節参照）。内容的に見れば、服装

や方言などでエリヤが「ヤハウェの民」イスラエルに属する者であること
を彼女が察知した、ということなのであろう（Schmid 2000:466; Thiel
2019:55）。もちろん、この表現は、彼女がすでにヤハウェ崇拝者であるこ
とを必ずしも意味しない。エリヤがイスラエル人であることを見定めての、
せいぜい社交辞令的なものと解すべきであろう（Walsh 1996:229; McKenzie
2019:95）。列王記では、イスラエル人に対して好意的な外国人が、ヤハウ
ェの名を引き合いに出すのは珍しいことではない（王上 5:21; 10:9 参照）。

　なお、12 節のやもめのエリヤに対するする言葉では、前述のように、
「ヤハウェの命（ハイ　YHWH）」にかけての誓いに続いて、（原文では）
「ありません（イム）」＋「〜以外には（キー　イム）」という、1 節に見ら
れた特徴的な表現（26–27 頁参照）がここでも繰り返されている。これが
「旱魃の文脈」の編集者による技巧的な並行化であるとすれば、古い伝承
でのもともとの文言は、より単純な否定文（例えば、「ロー　エシュ　リー」、
もしくは「エーン　リー」）であった可能性が考えられてよい。また、やも
めの言葉で、集めている薪（原語は文字通りには「木々（エーツィーム）」）
が「**2 本**（シェナイム）」とされているのは一見して奇妙にも思われるが、
正確な数量というより、「2 〜 3 本の」、「少量の」といったほどの（英語
で言えば a couple of =a few）少ない数量を漠然と表す概数の意味であろう
（Gray 1977:379; Cogan 2001:424; McKenzie 2019:89; Thiel 2019:19）。

　これに対し、エリヤは、「**恐れることはありません**（アル　ティーレイー）」
と安堵させるような言葉をやもめに掛け、「**あなたの言葉通りにしなさい**」
と命じる（13a 節）。もちろん、自分と自分の息子のために小麦粉と油で
「**調理**」しなさい（12 節）ということであり、それを食べた後で死んでし
まいなさい、ということではない。なお、12–13 節のヘブライ語本文（マ
ソラ本文）では、「**息子**」の語が単数形（ベン）であるが、七十人訳では
「**子供たち**（テクナ）」と複数形であり、やもめには複数の子供たちがいた
ように読める。注解者の一部は、後者の読みの方が元来のものであり、ヘ
ブライ語本文の読みは、続く第 3 のエピソード（17–24 節）で一人の息子
の生死が問題になるので、それに合わせて二次的に単数形に修正されたと
説明する（Hentschel 1984:106–107; Würthwein 1984:206, 212〔邦訳 455, 475
頁〕; DeVries 1985:211, 213; Knauf 2019:131; McKenzie 2019:85, 89）。

ただし、エリヤは単にやもめを安堵させ、食べものを作るように勧めるだけではない。彼は、あたかも彼女の窮状を無視するかのように、その前にまず、「**ケーキ**」(「ウッガー」。おそらくは、11節の「パンを一切れ」よりも贅沢な注文である)を作って自分のもとに持って来るように要求する(13b節)。なお、13節の「**そこから**」(ケーキを作る)は、残ったわずかな小麦と油を材料にして、ということであろう。しかもエリヤは、やもめは自分と子供の食べる分も乏しいのに、「**まず**(バー・リーショーナー)」エリヤのためにそれを作り、「**その後で**(バー・アハローナー)」やもめ自身と彼女の息子の分も作るように命じる(訳注j参照)。しかも原文では、このエリヤの指示は、希求文(〜してください)ではなく、あくまで命令文(〜しなさい)であり、10–11節とは異なり、嘆願的な「どうか(ナー)」の語も用いられてはいない。かなり強い表現である。見知らぬ異邦人来訪者のこの無作法で厚かましくも聞こえる要求は、このやもめにとってある種の試練であり、大いに当惑を感じさせるものであったろう。

ただし、エリヤは死活的な窮地に追い込まれているやもめに、決して理不尽な要求を突き付けただけではない。彼は同時に、俄かには信じがたい内容ではあるが、希望を与えるような一つの約束を彼女に語る。「**壺の小麦**(訳注k参照)**は決して尽きることがなく、油の甕は決して空になることがない**」(14aβ節)。重要なのは、この約束の冒頭に、理由を示す接続詞「キー」(「なぜなら〜だからである」)が置かれていることである。この約束は、やもめがなぜエリヤの言葉に従い、最後に残ったなけなしの食材を使い、小さなケーキを調理してエリヤのところに持って来るべきなのか、を説明する理由、根拠なのである。

現在ある文脈では、この約束の言葉の直前に「**イスラエルの神、ヤハウェがこう言われた**」という使者定式が置かれており(14aα節)、約束があくまでヤハウェの言葉であり、無尽蔵の小麦と油の奇跡を引き起こすのもヤハウェであるかのように読めるようになっているが、前述のように古い伝承では、この約束はあくまでエリヤ自身の言葉であったと思われる。

結局のところ、彼女は、「**エリヤの言葉通りにした**」(15節)。彼女は、エリヤの約束の言葉を信頼したのである。結果として与えられる奇跡的な無尽蔵の小麦と油は、そのような彼女の振る舞いへの報奨でもあるという

ことになる。

15b–16 節　養いの実現

　繰り返し述べてきたように、古い伝承では、14aβ 節の約束の言葉は、もともとは主人公の霊能者（エリヤ）自身の言葉であったと考えられる。編集者（おそらくは申命記史家の一人）は、元来の物語のこのクライマックスの部分を囲い込むかのように、14aα 節に使者定式（「イスラエルの神、ヤハウェがこう言われた」）を挿入し、また、結びの 16b 節に「**エリヤを通じて語られたヤハウェの言葉の通りである**」（訳注 *n* 参照）という言葉の成就定式（王上 13:26; 14:18; 15:29; 16:12, 34; 22:38; 王下 1:17; 4:44; 7:16; 9:26; 10:17; 14:25; 23:16; 24:2 等参照）を加筆することによって、本来はエリヤ自身の言葉であった救いの約束をヤハウェの言葉に変えた（Dietrich 1972:124–125; Smend 1975b:528–530; Würthwein 1984:212–213〔邦訳 456–457 頁〕; Beck 1999:104–106; Lehnart 2003:202–205）。これにより、同時にエリヤは、自分自身の力ある言葉で神通力を発揮する霊能者から、ヤハウェの言葉を取り次ぐ「預言者」に変えられたのである。ここでもまた、預言者的人物の力からヤハウェの力への神中心的な関心の移行が観察できる。

　使者定式でヤハウェの言葉の引用とされているにも拘わらず、「ヤハウェ」に 3 人称で言及する 14 節の最後の句（「**ヤハウェがこの土地の面に雨を降らせる日〔が来る〕まで**」）も、14aβ 節の約束の言葉の前後にヤハウェの言葉への言及を付け加えた申命記史家の一人による付加か、さらに後代の加筆であろう。そこでは、枠組をなす旱魃のモチーフとのより緊密な結び付けが図られている（王上 17:1; 18:1 参照）。同時に、1 節での表現とは異なり、雨のもたらし手が（エリヤではなく）ヤハウェであると神学的な「修正」が施されている点も注目される（1 節への注解参照）。

　小麦も油も尽きないという——現在の文脈ではヤハウェの——約束は、その通りに実現する（15b 節）。15b 節は文章が多少不自然である。訳注 *1* に記したように、ケティーブ（ヘブライ語底本の子音字テキスト）では「彼（フー）」、「彼女（ヒー）」、「彼女の家族（ベーターハ）」の順であるが、冒頭の動詞は女性形なので、ケレー（マソラ学者による読み替え指示）に従い「**彼女**」、「**彼**」、「**彼女の家族**」の順とした。その場合の「彼女の家族」（訳

注 *m* 参照）が彼女の息子（12 節）のことだとすれば、二番目の「彼」はエリヤだということになる。これも、「エリヤの養い」のモチーフとの結び付けを強めようとする、編集者による二次的付加かもしれない。すなわち、やもめにエリヤを養わせるというヤハウェの約束（9b 節）は、このような不思議な仕方で成就したのである。もとの伝承では、エリヤは窮地にあるやもめとその息子を奇跡的な仕方で「養う」側であった。しかし現在の文脈では、エリヤは逆にやもめのもとで「養われる」側になった。そしてその資源を奇跡的な仕方で提供するのは、――もはやエリヤ自身ではなく（！）――あくまでヤハウェなのである。

　ちなみに七十人訳では、15 節で食べることができたとされる三者の三番目は「（彼女の）家（族）」ではなく、12–13 節同様、「（彼女の）子供たち（テクナ）」である。もとの文言では、「彼女の家（族）」ではなく、「彼女の息子（ベナーハ）」であった可能性もある（BHS の脚注参照）。一部の注解者は、もともとあった「彼女の息子」の文言が、次のエピソードの冒頭で息子の母親が「家の女主人（バアラト　ハッ・バイト）」と呼ばれていることを踏まえ、そのための伏線として「彼女の家（ベーターハ）」に二次的に変えられたと解する（Walsh 1996:230; Lehnart 2003:205; Thiel 2019:20–21）。

　なお、この物語とよく似たエピソードが、エリシャ物語中の列王記下 4:1–7 にある。すなわち、「預言者たちの子ら」の一人である夫に先立たれたやもめが、借金のかたとして息子たちを債務奴隷に取られそうになるが、エリシャがありったけの器を集めて容器から油を注ぐように指示すると、油はすべての器に満ち、やもめはそれを売って負債を支払い、生活もしていけるようになった、という物語である。窮乏したやもめの状況と、無尽蔵の油というモチーフが、この箇所のエリヤのエピソードと共通しているので、――後述する列王記上 17:17–24 のエピソードの場合とも関連させて――エリシャの物語を雛型としてこの箇所のエピソードが物語の「エリヤ・バージョン」として二次的に構成されたと考える研究者も少なくない（Fohrer 1968:35–36; Schmitt 1972:157; White 1997:14–15; Blum 1997:279; Pruin 2006:267–268; McKenzie 2019:99–100; Kauf 2019:131）。ただし、両者の間の違いも小さくはない。エリシャのエピソードでは、奇跡

の対象は油だけであり、やもめはそれを売って生計を立てるのに対し、エリヤのエピソードでは小麦粉と油でパンを作って、やもめとその家族自身が食べていくことが問題になっているからである。後述するように、明らかに列王記下 4:18–37 を原型として列王記上 17:17–24 の子供の蘇生の物語が作られたと考えられるのとは異なり、列王記上 17:8–16 が列王記下 4:1–7 に直接文書的に依存している（すなわち、前者がテキストとして後者を直接踏まえており、「底本」として応用している）とまでは断定できない（Stipp 1987:457; Beck 1999:106; Thiel 2019:28–30）。両者の関係は、共通の原伝承が、別々にエリヤとエリシャの物語に応用されたというような、間接的で伝承史的なものである可能性もある。ただし、よく似た物語がエリシャ伝説中にあり、しかもそのすぐ後にエリシャによる子供の蘇生の物語（王下 4:18–37）が置かれていたことがきっかけになって、エリヤについても同じような子供の蘇生の物語（王上 17:17–24）が作られたという可能性は、真剣に検討されてよかろう。

　列王記上 17:8–16 と列王記下 4:1–7 を比較した場合、後者においては「神の人」エリシャ自身の言葉が油の奇跡を引き起こし、神についてはまったく触れられないのに対し、前者においては、注解本文で明らかにしたように、エリヤの役割がヤハウェの言葉に従属化されており、「神中心的」な修正が施されていることから見て、エリヤの物語の方が神学的に発展していることは明白である。

　ちなみに、ルカ福音書 4:23–24 では、「預言者は、自分の故郷では歓迎されない」の名句に関連して、このサレプタのやもめについてのエピソードが、シリア人の将軍ナアマンについてのそれ（王下 5 章）と並んで、異邦人への救いの実例として引用されている。

17–24 節　やもめの子供を甦らせる

　第三の奇跡物語は、必ずしも旱魃という状況を前提としておらず、また、先行する部分との繋がりも円滑ではない。例えば、直前の段落の飢え死にしそうなほど貧しいサレプタのやもめと、この段落で二階建ての邸宅（富裕な階級であることを示唆する）を持ち、「この家の女主人（バアラー）」（17 節）と呼ばれている女性が、もともと同一人物であったとは考えにくい

（Schmitt 1977:454; Hentschel 1984:107; Würthwein 1984:222〔邦訳 473 頁〕; Fritz 1996:165; Lehnart 2003:208–209; Wray Beal 2014:233; Thiel 2019:65–66）。しかも、エリヤは彼女の家の「階上の部屋」に寄宿していたというのである。したがって、このエピソードはもともと旱魃の文脈とは独立して存在していたか、旱魃の文脈に二次的に付け加えられたものである可能性が高いと考えられる。

このことに関連して注目に値するのは、前述のように、同じような子供の蘇生のエピソードが「神の人」エリシャについても伝えられていることである（王下 4:18–37）。両者を比較すると、偶然とは思われない共通性が多数観察される（王下 4:18–37 への注解をも参照）。物語としてはエリシャのエピソードの方が発展しており、より詳しく長大であるが、他方で「神の人」自身の超能力についての関心を中心とした元来の奇跡物語の性格がより強く保たれているのに対し、このエリヤの物語の方では、少なくとも現在ある形の文脈では、エリヤのヤハウェへの祈りやヤハウェによるその聞き届けという要素が強調され（20 節、21b 節、22a 節）、直前にあるサレプタのやもめの物語（8–16 節）の場合と同様、子供の蘇生をもあくまでヤハウェの力によるものとする、より神中心的な「神学化」がなされている点が目を引く。このエピソードの場合には、おそらくエリシャによる子供の蘇生の物語が直接踏まえられており、それを換骨奪胎して新しいエリヤの物　語が作られたのであろう（Fohrer 1968:34–36; Schmitt 1972:153–154; Schmitt 1977:454–455; Fensham 1980:228; Stipp 1987:451–458; 1999:58–70; Rofé 1988:133–134; Smelik 1990:239; White 1994:14–15; Blum 1997:278–281; Beck 1999:116–118; Otto 2001:179–183; Lehnart 2003:205–212; Pruin 2006:268; McKenzie 2019:101–102; Knauf 2019:194）。

このような想定を支えるものとして、以下のような傍証を挙げることができる。

（1）前述したように、エリシャ版の子供の蘇生の物語（王下 4:8–37）の直前にも、貧窮した「預言者たちの子ら」のやもめの一人をエリシャが無尽蔵の油で救う物語（王下 4:1–7）が置かれており、エリヤの物語とエリシャ物語では、二つのよく似た物語が同じ順序で並行していることになる。これは偶然とは思われない。ただし、これまた前述したように、二つの子

供の蘇生の物語の場合とは異なり、二つのやもめの養いの物語（王上17:8–16; 王下4:1–7）の間には、直接的な文書的依存関係を推測させるほどの共通性は認められない。むしろ、サレプタのやもめのエピソード（王上17:8–16）は、独立した古い伝承に基づくと考えられる。したがって、エリヤ物語のサレプタのやもめのエピソードがエリシャ物語中の「預言者たちの子ら」のやもめのエピソード（王下4:1–7）とよく似ていたので、エリシャ物語でそれに続いていた子供の蘇生のエピソードを参考に、それに対応するエリヤ物語が作られ、エリヤ物語に付け加えられたと考えることができる（Beck 1999:106, 116–118; Thiel 2019:28–30, 67–68）。

　（2）エリシャ物語では、無尽蔵の油のエピソードは「預言者たちの子ら」の貧しいやもめ（王下4:1）を主人公とするが、それに続く子供の蘇生の物語では夫のいる（！）シュネムの「裕福な婦人」（王下4:8）が主人公であり、まったく異なる2人の女性に関わる物語である。ところが、エリヤ物語では二つのエピソードが同一の「サレプタのやもめ」に関わるものとされたため、飢え死にしそうなやもめが階上の部屋を持つ邸宅を所有する「女主人」であるという、前述のような不整合が生じている。このことは、エリヤ物語の方が二次的であることを示唆する。

　（3）エリヤが「神の人（イーシュ　ハー・エロヒーム）」の称号で呼ばれるのは、この箇所（王上17:18, 24）と列王記下1:9–13の二箇所だけであるが、後者の箇所もエリヤ物語の文脈では二次的なものと判断される部分であり（該当箇所への注解参照）、しかもそこでもまた、エリヤは危険な神通力の持ち主として、極めて「エリシャ的」（王下2:23–24参照）な姿で描かれている。これに対し、「神の人」の称号は、エリシャ物語では頻用される（王下4:7–42; 5:8–20; 6:6–15; 7:2–19; 8:2–11; 13:19等参照）。

　エリシャ物語に基づいてエリヤによる子供の蘇生の物語が構成されたとすれば、その理由は、これがエリシャの奇跡物語の中でも、死んだ子供の蘇生という、極めて「奇跡度」の高いものであり、かつエリシャの奇跡物語として代表的で有名なものだったからであろう（王下8:4–5をも参照）。他方で、何と言ってもエリヤは、エリシャの先任者であり師匠のはずである（王上19:16, 21参照）。それゆえ、エリヤ伝承の担い手たちは、自分たちの預言者的ヒーローであるエリヤにも当然同じことができたこと（ある

いは、物語の内容を比較すれば、エリヤの方がさらに優れていたこと）を示したかったのであろう。このことは、エリヤ伝承の担い手のサークルとエリシャ伝承の担い手のサークルがある程度交差していたことと、それにも拘わらず、両者の間に微妙な緊張・競合関係があったことを示唆している。なお、この子供の蘇生の物語が「旱魃の文脈」に加えられたのは、あくまで申命記史家たち以前の段階だったと考えられる。後述するように、現在の形では申命記史家たちによると思われる神学的改訂が加えられているからである。

17 節　子供の死

　17 節冒頭の「これらの事が〔起こった〕後のことである」という文章は、起源の異なる二つの伝承をゆるやかに繋ぐ際の典型的な編集句である（創22:1, 20; 39:7; 40:1; 48:1; ヨシュ 24:29; 王上 21:1 等参照）。「この家の女主人（バアラー）」の子供が「病気になった」原因や、病気の種類は不明である。いずれにせよ、その病気は「どんどん悪化していき」、子供はついには危篤状態に陥った。「息を引き取った」と訳された表現（訳注 p 参照）が、本当に死亡そのものを意味しているかどうかは微妙である（Gray 1977:382–382; Jones 1984b:307–308; Rofé 1988:134; Sweeney 2007:215; Wray Beal 2014:233–234; Knauf 2019:189; Thiel 2019:70）。もしそれが「ほとんど死にそうになった」という意味であれば、この物語は蘇りを主題とするのではなく、瀕死の子供の奇跡的な回復の物語ということになる。その場合でも、いずれにせよ、その子供がそのままではやがて死ぬのが確実なことが前提とされている（18, 20 節）。現在よく用いられる用語で言えば、「心肺停止」といったところであろう。

　なお、現在の文脈で読めば、この女主人が直前のエピソードのサレプタのやもめと同一視されるので、子供の死の悲惨さと不条理さの印象がより強化されることになる。すなわち、母子は奇跡により飢え死にを免れたばかりなのに、今度は病気で子供が死んでしまうのである。

18 節　母親の非難

　「女主人」である母親は、感情的になって、子供の死をエリヤの来訪の

せいにする。これでは、ほとんど理不尽な八つ当たりである。最愛の息子の突然の死でパニック状態になり、冷静な判断ができなくなってしまっていたのかもしれない。極端な悲嘆が、周囲の者への攻撃衝動に転化することは稀ではない。「**あなたは私と何の関わりがあるのですか**」（文字通りには、「あなたと私に何があるのですか（マー　リー　ワー・ラーク）」）とは、不当な干渉や働きかけを非難したり、退けようとするときの定型句（士 11:12; サム下 16:10; 19:23; 王下 3:13）。彼女は、自分の子供の死が、彼女の家にエリヤが寄宿していることと何らかの仕方で関連していると邪推したのである。なお、「**あなたが〔そもそも〕私のところに来られたのは、私の罪責を発覚させて、私の息子を死なせるためだったのですね**」という女主人の言葉は、直前にある疑問詞（マー）を使った疑問文に引きずられてしばしば疑問文に訳されるが（口語訳、新改訳、新共同訳、岩波訳、JBS 共同訳参照）、原文では通常の平叙文である。この方が、より攻撃的で、彼女の絶望とやり場のない怒りをよく表現するように思われる。

　彼女はすでに、エリヤが「**神の人**（イーシュ　ハー・エロヒーム）」（この表現については第 2 巻 76–77, 109 頁参照）、すなわち常人にない超自然的な力を持つ霊能者であることは知っている。それは同時に、一般人には理解できぬ、不気味で危険な力を帯びた存在にも感じられるのである（王下 1:9–13, 2:23–25 参照）。なお、前述のように、エリヤが「神の人」と呼ばれるのは、この文脈（18 節、24 節）と列王記下 1:9–13 においてのみである。

　同時に女主人は、自分の子供の急死が彼女自身の「罪責（アヴォーン）」に由来するとも考えている。災いや苦難が罪への罰であるという、応報主義的な発想である（詩 38:2–9; 41:5–10 等の他、何よりも、ヨブの友人たちの論理を参照。ヨブ 4:7–8; 5:17–18; 8:3–4 等参照）。ただし、それがどのような罪への責任であるのかは明らかでない。いずれにせよ、それは隠されていたずっと以前の罪であろう。罪を犯さない人間はいない（王上 8:46 参照）。おそらくこの婦人も過去に何らかの罪を犯し、自責と悔恨の念に駆られつつもそれを隠してこれまで生きてきたのであろう。しかし、息子が突然病死してしまった今、彼女はその不幸を自分がかつて犯した罪と結び付けた。そして「神の人」の存在がその罪を「発覚させ」、罰としての子供の死を招いた、と彼女は考えたのである。

なお、訳注 q にも記したように、「罪責を発覚させ」と訳した原文には、「思い出す」という意味の動詞「ザーカル」の使役（ヒフィル）形「ハズキール」が用いられている。文字通りには、罪責を「想起させる、思い出させる」という意味であるが、彼女自身が自分の罪について思い出すというよりも、神のもとで彼女の罪が覚えられる（詩 79:8; 109:14; イザ 64:8; エレ 14:10; 31:34［否定形！］; ホセ 8:13; 9:9; エゼ 21:28–29; 29:16 参照）ということであろう（Schmitt 1977:463–454; Würthwein 1984:206〔邦訳 443 頁〕; Nelson 1987:111〔邦訳 177 頁〕; Provan 1995:135; Albertz 2006:123; McKenzie 2019:96; Thiel 2019:73）。神のもとでの「想起」とは、もちろん神が忘れてしまっていたということではなく、神が改めて特定の事態に心を留める、注意を向ける、ということである（創 8:1; 9:15–16; 出 2:24; 6:5 等参照）。

19 節　エリヤ、子供の遺体を受け取る

彼女の誤解を晴らし、自分が子供の死に関わりがないことを証明するために、エリヤは子供を蘇生さそうとする。もちろん、罪なくして死んだ子供への同情ということもあったのであろう。彼が自分の住んでいた「**階上の部屋（アリッヤー）**」に子供を「**運び上げ**」る（19b 節）のは、決定的な奇跡を行う場面を誰にも見られないようにするためであろう（王下 4:33 参照。なお、創 2:21; 15:12 等をも参照）。「階上の部屋」とは、通常の家屋の平屋根の上に別の部屋をしつらえたもので、通常は王宮などの豪華な建物に見られた（士 3:20–25; サム下 19:1; 王下 1:2; 23:12; エレ 22:13–14 等参照）。なお、エリヤを滞在させていた「女主人」が「階上の部屋」のある家に住んでいたことは、ここで初めて明らかになるが、前述のように、このことは彼女が餓死するほど困窮したやもめであったとする、直前の 8–14 節の物語とは辻褄が合わない。これに対し、並行伝承であるエリシャとシュネムの裕福な婦人の物語（王下 4:1–37）では、「階上の部屋」はストーリー上の不可欠の道具立てとして同所の文脈に有機的に根付いている（特に王下 4:10 を参照）。「階上の部屋」のモチーフは明らかにエリシャの物語から転用されたものであり、エリヤによる子供の蘇生の物語がエリシャについての同様の伝承に直接的に依存していることの裏付けの一つとなる（43 頁参照）。

21a節　エリヤ、子供に身を重ねる

彼が3度にわたって、「**その子に身を重ねた**」とは、身体の各部分をぴったりと重ね合わせるということ（王下4:34参照）。こうすれば、エリヤの身体に宿る超自然的な命の力が衰えた身体ないし遺体に「伝導」されると考えられているのであろう。これは、言わば接触呪術の発想（Gray 1977:382; Jones 1984b:308; Albertz 2006:125; Thiel 2019:76）である（王下13:21参照）。なお、同じ（ような）行為の「**3度**（シャーローシュ　ペアミーム）」の繰り返しは、エリヤの物語でしばしば強調される（王上18:33–35; 19:11–12; 王下1:9–16; 2:2–14）。それ以外でも、旧約聖書では、なぜか同じ（ような）行為が3回繰り返され、3度目に決定的な事態が生じるというケースがよく見られる（創8:8–12; 出4:1–9; サム上3:2–18; 19:20–24; 王下1:9–14; 2:2–8等参照）。「3度目の正直」ということか。

20、21b節　エリヤ、ヤハウェに祈る

古い伝承では、疑いもなく、21a節のエリヤの呪術的動作が子供を蘇生させると考えられていた。しかし、編集者（おそらくは申命記史家の一人）は、その前後にエリヤのヤハウェへの嘆き（20節「**このやもめにまで、あなたは災いを下され、彼女の息子を死なせられたのですか**」）と祈り（21b節「**どうか、この子の命**（ネフェシュ）**を彼の中に戻してください**」）を書き加え、さらにヤハウェが「エリヤの声を聞き入れた」（22a節）ことを確認することで、子供の蘇生がエリヤ自身に内在する超自然的な力によるのではなく、あくまでエリヤの嘆願に応えるヤハウェの力によるものであることを強調する。前の二つの段落（2–6節、8–16節）におけると同様、ここにもまた、預言者的人物の神通力から神の力への関心の移行が確認できる。編集者である申命記史家たち特有の神中心主義である。

エリヤのヤハウェに対する二つの語りかけのうち、第一の言葉（20節）は、やもめの自分に対する善意と厚遇を強調（「**私が彼女のもとに寄留しているこのやもめ**」）したうえで、彼女が自分に語った非難の言葉（18b節）をそのままヤハウェに取り次ぐもの（ただし、こちらの方は疑問文）で、エリヤはいわば人間から神への媒介者としての預言者の役割を果たしている。

同時に、そこにはやもめへの共感、同情と、出来事の不条理さへのエリヤ自身の憤りの感情も込められている。その際に、やもめ自身が語った自分の罪責と因果応報に関する言葉が慎重に回避されていることは特徴的である。エリヤ自身は、彼女の応報論的解釈に同意していないのであろう。

なお、この編集者による20節においてのみ、「女主人（バアラー）」と「やもめ（アルマーナー）」が同一視されていることに注意すべきであろう。もちろん、このエピソードを直前のサレプタのやもめのエピソード（8–16節）とより有機的に結びつけるためである。このやもめに「まで」（「ガム」、文字通りには「〜にもまた」）という小辞にも、飢饉で多くの人々が苦しみにあっているという、現在の「旱魃の文脈」が前提にされている（Thiel 2019:74）。

これに対し、呪術的動作の後の「どうか、この子の命を彼の中に戻してください」という祈り（21b 節）は、やもめ自身が何ら語らなかったものであり、おそらく彼女が念頭に置きさえしなかった事態を嘆願するものである。ここでエリヤは、正真正銘の「代禱者」として行動している。

22 節　子供の蘇生

すると、「**ヤハウェはエリヤの声を聞き入れた**」（22a 節）。人間の祈りや嘆願を聞き届ける神については、創世記 19:21（ロト）、30:6（ラケル）、民 21:3（イスラエル）、申命記 9:19; 10:10（モーセ）、ヨシュア記 10:14（ヨシュア）、士師記 13:9（マノア）の場合等を参照。また、願いを聞き届けてほしいという神への嘆願については、列王記上 8:30–52 等を参照。その結果、「**その子の命は彼の中に戻り、彼は生き返った（ワッ・イェヒー）**」（22b 節）。これは、旧約聖書中、最初の死者の甦りについての記述である。

23 節　母子の再会

エリヤは生き返った子供を連れて降りて来る。生き返った子供を連れての下降の動作は、死んだ子供を抱えて二階へ上る 19b 節の上昇の動作に逆対応する。女主人の元に戻ったエリヤは、生き返った子供を彼の母親に渡し、「**見なさい、あなたの息子は生きている（ハイ）**」と告げる。見事なハッピーエンドである。

24節　母親のエリヤへの信頼の告白

　母親は感嘆の声を挙げ、エリヤへの信頼を告白する。彼女は、エリヤが「**神の人**」であることはもともと知っていたはずである（18節参照）。しかし、それが真の意味で何を意味するのかを、彼女は「**たった今（アッターゼ）**」、初めて悟ったのである。それは、災いと神罰をもたらす危険で超自然的な力を帯びた不気味な存在ではなく、命と救いをもたらす神の力を体現する存在なのである。

　最後の「**あなたの口にあるヤハウェの言葉が真実である**」という、母親によるエリヤへの信頼の告白は、編集者である申命記史家たちの一人の付加であろう。申命記史家たちにとって「ヤハウェの言葉（デバル YHWH）」こそは、前述のように、この章全体を一つにまとめる包括的なキーワードだからである（2節、8節参照）。実際にはエリヤは、子供の蘇生に関連しては、19節の「あなたの息子を私に渡しなさい」と、23節の「見なさい、あなたの子供は生きている」の二言以外、彼女に何も語っていない（20–21節の上階の部屋でのエリヤの祈りの言葉を、下の部屋にいるはずの彼女が聞いていたはずはない！）。それにも拘わらず、母親はあたかもエリヤの口にある「ヤハウェの言葉」が彼女の息子を蘇生させたかのように語っているように見える。

　しかし、この最後の一句は、子供の蘇生という出来事に直接関わるというよりも、むしろこの章全体に関わっていると見るべきかもしれない。その場合、ここで言う「ヤハウェの言葉」は、14節の無尽蔵の小麦粉と油の約束の言葉や、さらには1節の旱魃を終わらせるエリヤの「口」から出る「言葉」にも関わってくる。この章全体は、旱魃に関わるエリヤの「口」から出る「私の言葉」で始まった。それは、あたかもエリヤ自身の「言葉」に旱魃を招き寄せる超自然的な力があるかのような印象を与えかねないような記述であった。編集者は、章の最後のこの一句を通じて、エリヤの口から出る言葉も究極的には「ヤハウェの言葉」であることを強調し、ここでも全体を神中心的な見方へと修正しようとしたのであろう。同時に、この言葉の付加により、エリヤはここでもまた、奇跡行為者から神の言葉の伝え手としての「預言者」に変えられているのである（15–16節

への注解を参照）。

「真実」と訳した「エメト」の語は、「確かである」、「堅牢である」を意味する動詞「アーマン」を語源とし、基本的には言説等が（偽りや誤りでなく）事実と一致するという意味で「真」であることを意味するが（創42:16; 申13:15; 17:4; 22:20; 王上10:6; 22:16 等参照）、さらには事実との一致が必ずしも明らかではない場合でも、事柄（ヨシュ2:12; コヘ12:10 等参照）や人格（出18:21; ネヘ7:2; 箴14:25）や神とその言葉など（サム下7:28; 詩19:10; 119:142, 151, 160; 132:11; 145:6）が確実で信頼できる、といった意味を持つ。ちなみに、「確かである」、「その通りである」を意味する「アーメン」の語（第1巻）も、同じ語根「アーマン」の派生語である。

なお、原文で「デベル　YHWH　ベ・フィーカー　エメト」という、動詞を欠いた名詞文の短い文章では、「エメト」を名詞的ないし形容（動）詞的な述語ととって、エリヤが語る「ヤハウェの言葉」の信頼できる確実性を指す（「（あなたの口にある）ヤハウェの言葉は真実です」）とも解せるが、「エメト」を副詞的にとって、ヤハウェの言葉を語る者としてのエリヤの信頼度を示すもの（「（ヤハウェの言葉が）本当にあなたの口にあります」）と解することも可能である。私訳では、あくまで「ヤハウェの言葉」に関わる言葉と解し、前者に近い意味に訳したが、後者の意味に解せば、一連の出来事によって、ヤハウェの代弁者としてのエリヤの地位が確証された、という意味になるであろう。

もしこの母親がサレプタのやもめ（本章8–16節）と同一人物であるとすれば、異邦人の女性が、「神の人」としてのエリヤの役割と、その背後にある「ヤハウェの言葉」への信頼の意を表明したことになる。この婦人は、12節でも「ヤハウェのお命（ハイ）」を引き合いに出して誓いを立てた。しかし、それはイスラエル人であるエリヤに対しての社交辞令以上の意味を持つものではなかった（12節への注解を参照）。ところが、今や、自分の死んだ息子の甦りという決定的な奇跡を体験し、彼女の中にエリヤとその神に対する本当の意味での信頼感が目覚めたことは間違いないように見える。したがって、この婦人の発言は、ほとんど異邦人による信仰告白に当たると言っても過言ではない（ヨシュ2:11におけるラハブ、ルツ1:16におけるルツ、王下5:15におけるアラム人ナアマンの発言をも参照）。

もちろん、ナアマンの場合（王下 5:17–18）とは異なり、この婦人の場合には、その後の彼女の信仰のあり方について何も記されていないので、ここで「回心」や「改宗」という言葉を用いるには慎重であるべきであろう。しかし、この物語を通じて、イスラエルの領域外で、しかも異邦人に対しても、神の救いの業がなされうること、そしてその救いを当事者の異邦人自身が認識し、イスラエルの神ヤハウェと彼の言葉の伝え手への信頼を表明したことが明らかにされている。その意味で、ルカ 4:25–27 で異邦人の救いに関連して、サレプタのやもめとナアマンの例が並べられていることは、やはり当を得たことであると言えよう。

　現在の列王記の文脈の中で見ると、このサレプタのやもめは、直前に紹介されたアハブの王妃イゼベル（王上 16:31）の反対像のような役割を果たしていると見ることもできる（Smelik 1990:241–243; Blum 1997:282; Schmid 2000:475; Pruin 2006:22–23, 265–266）。やもめの住んでいる町サレプタはフェニキアのシドンに属するが（8 節）、シドンはイゼベルの出身地でもある。イゼベルはイスラエルに来て王妃という社会の頂点に立ち、王にも等しい権勢を振るう（王上 21:7–11）が、やもめはフェニキアに留まり、社会の底辺で困窮の生活を送っている。イゼベルはイスラエルでヤハウェの預言者たちを殺し（王上 18:4, 13）、エリヤをも殺すことを自分の神々に誓うが（王上 19:2）、やもめはバアル崇拝の土地でイスラエルの神ヤハウェの「命」によって誓い（12 節）、エリヤの口にあるヤハウェの言葉への信頼を告白する（24 節）。イゼベルはイスラエルで――しかも飢饉時に（！）――450 人ものバアルの預言者（と 400 人ものアシェラの預言者）を養う（王上 18:19）が、サレプタのやもめはフェニキアで 1 人のヤハウェの預言者を養う（9, 15 節）。そのやもめは、エリヤによって自分も自分の息子も死から救われ（15–16 節）、死んだ息子さえ甦らされるが（22–24 節）、イゼベルの方はエリヤの預言（王上 21:21–24; 王下 1:16）の成就により、2 人の息子を次々と失い（王下 1:17; 9:24）、最後は自分自身も殺されることになる（王下 9:33–37）。エリシャのバージョン（王下 4 章）とは異なり、エリヤのこの物語が「シドンに属するサレプタ」に舞台設定されていることは、単なる偶然とは思えない。

【解説／考察】

　釈義を通じて繰り返し指摘してきたように、この章では、もともと起源を異にし、相互に独立して伝えられていた三つの伝承が、おそらくは申命記史家たち以前の段階で、一つの「旱魃の文脈」にまとめられた。しかし、この文脈中で三つの伝承は、ただ前後に無関係に並べられているのではなく、元来の多様性を保ちながらも、すでに有機的な意味連関を獲得している。何よりもまず、これらの三つのエピソードは、旱魃の予告（1節）という緊張の中で、いずれも死への直面と命の維持というテーマに深く関わっている。しかもその生と死に関わる内容は、漸進的にエスカレートしていく。すなわち、ケリト川でのエリヤの場合には、まだ僻地における一般的な飲食物の供給ということが問題であった。次のサレプタのエピソードでは、窮乏と絶望の中で確実視された餓死がどう克服されるかが問題になっている。そして最後のエピソードは、すでに現実となった死がどのように撤回され、命が死に勝利するかが物語られる。

　これに並行して、三つのエピソードにおけるエリヤの果たす役割も、次第に変化している。すなわち、第一のエピソードではエリヤはまったく受け身であり、一方的な仕方で奇跡的に飲み物や食べ物を授けられる側であった。第二のエピソードでは、エリヤは餓死に瀕したやもめとその息子を奇跡的な仕方で能動的に養うことによって、自分自身も養われることになった。第三のエピソードでは、彼は何ら受けることなく、一方的に女主人の息子を死から再生させる。

　古い物語では、いずれの場合にも、命の維持は主人公である霊能者（「旱魃の文脈」ではすでにエリヤ）自身の神秘的な力、ないし神通力に帰されていたらしい。彼は年に一時期しか水が流れないはずのワディから常に水を飲め、カラスたちが彼のために豪勢な食糧を運び、餓死寸前の貧しいやもめの母子に無尽蔵の粉と油を与えることができ、病気で死んだ子供を蘇らせることができる。カリスマ性を持った宗教的人物に、超自然的な能力や奇跡が帰されることは、古今東西を通して変わらない。そのような奇跡的な力への生き生きとした関心や、そのようなことが起きてほしいという宗教的願望は、新約聖書においては、飢えた者たちのために食糧を増やし

（マコ 6:30–44; 8:1–10）、死者を蘇らせる（マコ 5:35–43; ルカ 7:11–17; ヨハ 11:38–44）イエスの姿に受け継がれている。イエスが行ったとされる奇跡の多くも、やはり命の維持や死の克服に関わるものであった。この意味で、間聖書的に見れば、旧約聖書のエリヤやエリシャの奇跡物語は、予型論的にイエスの奇跡を指し示す役割を果たしているとも言えるであろう。他方で、伝統史的、モチーフ史的に見れば、新約聖書では、イエスというカリスマ的存在が、旧約聖書のエリヤやエリシャ以来の慣れ親しまれた「神の人」の雛型で把握され、かつ描かれているとも言えるであろう。いずれにせよ、両者の類似性や符合は、決して偶然の産物ではないのである。

　この部分を編集した申命記史家たちは、彼以前にあった霊能者（ないしエリヤ）自身の超自然的な力への関心を相対化させ、いわば物語を「脱呪術化」して、その背後にヤハウェの力があることを強調した。エリヤはあくまで、「ヤハウェの言葉」に従い、それを告知する「預言者」にすぎないのである。その結果、これらの物語は神中心化され、死の脅威（1 節）に対抗して命の側に立つ神を証言するものとなった。呪術的な関心に対するこの批判的な精神は、「誘惑する者」の挑戦を撥ねつけ、「見世物的」な奇跡を行うことを拒否するイエスの姿勢に引き継がれている（マタ 4:1–11; ルカ 4:1–13; 23:8–9）。

　少なくとも現在の文脈で見れば、やもめが無尽蔵の粉と油を与えられるのも、死んだ息子を生き返らせてもらうのも、フェニキアであった。異郷の地――しかもおそらくはバアル崇拝の本拠である異教の地――で異邦人の女に、ヤハウェの言葉が語られ（14 節）、救いが行われる。しかも、その異邦人の女自身が、「ヤハウェのお命」によって誓い（12 節）、ヤハウェの言葉への信頼を告白する（24 節）。それゆえ、これらの物語は、旧約聖書の中にあって、突出した普遍主義を感じさせるテキストの一つになっている。ヤハウェの力は、イスラエルの境界を超えて、異邦人にも働くのである。新約聖書によれば、異邦人に対するイエスの最初の救いの奇跡の一つが行われたのがフェニキアであったとされるのも（マコ 7:24–30; マタ 15:21–28）あながち偶然ではないかもしれない。

⑵エリヤの帰還とオバドヤとの出会い（上 18:1–16）

【翻訳】

エリヤの帰還

18 章

¹ 多くの日々が過ぎた。ヤハウェの言葉が 3 年目にエリヤに臨んで、言った。「行って、アハブに対して姿を現しなさい ^a。そうすれば、わたしはこの土地の面に降雨をもたらそう ^b」。^{2a}〔そこで、〕エリヤは出かけて行った。アハブに対して姿を現す ^a ために。

アハブとオバドヤ

^{18:2b} サマリアを厳しい飢饉が襲っていた。³ アハブは宮廷長オバドヤを呼び寄せた。オバドヤは、ヤハウェを大いに畏れる者で、⁴ かつてイゼベルがヤハウェの預言者たちを切り殺したときに、オバドヤは 100 人の預言者たちを連れ、彼らを 50 人ずつ例の洞穴 ^c に匿い、パンと水で彼らを養い続けた ^d。⁵ アハブはオバドヤに言った。「この地ですべての水の出る泉とすべての川に行ってみてほしい。ことによると、私たちは草を見つけて、馬やらばを生かしておくことができ、家畜の一部を切り殺さずにすむかもしれない」。⁶ 彼らはこの地を手分けして巡ることにした。〔すなわち、〕アハブは自分一人だけで一方の道を行き、オバドヤも自分一人だけでもう一方の道を行った。

エリヤとオバドヤ

^{18:7} オバドヤが道の上にいると、見よ、エリヤが彼に向かって〔近づいて来るではないか〕。〔オバドヤ〕^e は彼を認めると、ひれ伏して顔を地に着け ^f、言った。「あなたが私のご主人様、エリヤ様なのですか」。⁸ すると、〔エリヤ〕^g は彼に言った。「私です。行って、あなたの主君に言いなさい。『ご覧なさい、エリヤ〔はここ〕です』、と」。

⁹ すると、〔オバドヤ〕^h は言った。「いったい私がどんな罪を犯したというので、あなたはあなたのこの僕をアハブの手に渡して、私を死なそうとなさるのですか。¹⁰ あなたの神、ヤハウェのお命〔にかけて誓います〕。私の主君があなた

を探すために、〔人を〕遣わさなかった国民や王国はないのです。彼らが『〔こ
こには〕いない』と言えば、彼はその王国や国民に、あなたが見つからなか
ったことをいつも ⁱ誓わせたほどです。

【¹¹〔それなのに、〕あなたは今、こうおっしゃる。『行って、あなたの主君に
言いなさい。ご覧なさい、エリヤ〔はここ〕です』、などと。¹²ᵃ もし、私があ
なたのもとから去ってしまえば、すぐにヤハウェの霊があなたを運び上げて、
私の知らないところへ〔連れて行ってしまうでしょう〕。もし、私がアハブのも
とに来て報告しても、彼があなたを見つけられなければ、彼は私を殺害するで
しょう。】

¹²ᵇ あなたのこの僕は、私がまだ幼いころからヤハウェを畏れてきたのです。
¹³ 私のご主人様には、イゼベルがヤハウェの預言者たちを殺害したとき、私
がしたことが伝えられていないのですか。私はヤハウェの預言者たちのうちの
100 人を、それぞれ 50 人と 50 人に分けて例の洞穴 ᶜに匿い、パンと水で
彼らを養ったのです。¹⁴〔それなのに、〕あなたは今、こうおっしゃる。『行っ
て、あなたの主君に言いなさい。ご覧なさい、エリヤ〔はここ〕です』、などと。
彼は私を殺害するでしょう」。¹⁵ すると、エリヤは言った。「私がみ前にお仕え
する ʲ万軍のヤハウェのお命〔にかけて誓います〕。まことに今日、私は〔アハ
ブ〕 ᵏに対して姿を現します ᵃ」。

アハブ、エリヤに会いに行く

¹⁸:¹⁶ そこでオバドヤは、アハブに会うために出かけて行った。彼が彼に報告
したので、アハブはエリヤに会うために出かけて行った。

> *a*: 原文は「見る（ラーアー）」の受動形（ニファル）で、文字通りには「（姿
> を）見られる」。2 節、15 節でも同様。ここではしかも、命令形（「見られな
> さい（ヘーラーエー）」）。
>
> *b*: 原文は文字通りには、「与えよう」。なお、原文には、強い意志を表す「ヘ
> ー」の一文字が付されている。
>
> *c*: マソラ本文では、「洞穴（メアーラー）」の語に定冠詞が付いており、既知の
> 特定の洞穴のことが語られているように読める。13 節でも同様。
>
> *d*: 動詞の形（接続詞ワウ＋完了形）は、一回的行為ではなく、持続的な行為、

57

ないし繰り返し行われる行為を表す。13節では、形が異なる。

e: 原文には主語がなく、動詞が男性3人称単数形（「彼が彼を認めると」）。文脈から、オバドヤが主語と解する。

f: 原文は文字通りには、「自分の顔の上に倒れる（ナーファル　アル・パーナーウ）」という面白い表現。

g: 原文には主語がなく、動詞が男性3人称単数形（「彼は……言った」）。文脈から、エリヤが主語と解する。

h: 原文には主語がなく、動詞が男性3人称単数形（「彼は……言った」）。文脈から、オバドヤが主語と解する。

i: 動詞の形（接続詞ワウ＋完了形）は、一回的行為ではなく、持続的な行為、ないし繰り返し行われる行為を表す。

j: 列王記上17:1への訳注*b*を参照。

k: 原文では「彼」。1, 2節参照。

【形態／構造／背景】

列王記上18章全体は、大きく見て次の三つの場面から構成されている。

（ⅰ）1–16節　エリヤの帰還とオバドヤとの出会い
（ⅱ）17–40節　カルメル山上での対決
（ⅲ）41–46節　旱魃の終わり

この章は極めて長大なので、本注解では、これらの三つの部分に分けて扱うことにする。

最初に、列王記上18章全体を鳥瞰すると、この章を構成するこれらの三つの部分のうち、第一の場面（1–16節）と第三の場面（41–46節）では引き続き、（王上17:1以来の）旱魃の状況が前提になっており、それがいかに終わるかが中心的なテーマとなっている。また、この二つの場面では、アハブ王がエリヤの相手役として重要な役割を果たしている。したがって、両者は列王記上17章に見られた「旱魃の文脈」の続きと見なすことができる。これに対し、中央に挟まる第二の場面であるカルメル山上での対決

の部分（17–40 節）では、旱魃の状況は必ずしも前提にされていないように見え、イスラエルの民に対し、ヤハウェに従うかバアルに従うかの決断が求められる。そこではエリヤとイスラエルの民、ないしは「バアルの預言者たち」が対決するが、アハブは——経過句的な最初の場面（17–20 節）を除き——まったく何の役割も演じず、場面に不在であるかのようにさえ見える。内容的にも、第一の場面と第三の場面は繋がっているように見える。したがって、もともと独立して存在していたカルメル山上での対決の場面が、編集者（たち）の手により旱魃の文脈に取り入れられた可能性が考えられてよい（Fohrer 1968:14, 36, 43; Steck 1968:8, 12, 18–19, 81–82; Timm 1982; Jones 1984b:309–310; Thiel 2019:95–98）。その際に、第三の場面を正確に理解するための若干の要素が脱落したのかもしれない。

　ここで問題になるのは、旱魃の文脈へのカルメル山での対決の場面の挿入が、すでに申命記史家たちの編集以前に（すなわち「旱魃の文脈」の段階で）行われていたのか（Steck 1968; 81–82; Gray 1977:384; Jones 1984b:311–312; Long 1984:190; Hentschel 1984:111–115; Cogan 2001:446; Lehnart 2003:235, 239, 275; Thiel 2019:111–113）、それとも申命記史家たち自身によって初めて行われたのか（Würthwein 1984:211, 215–220〔邦訳453, 460–468 頁〕）ということである。もちろん、それが申命記史家たち以後に付加されたという第三の可能性（McKenzie 1991:81–87; 2019:127–137; Beck 1999:80–87; Otto 2001:171–179; Albertz 2006:73–74, 115; Knauf 2019:122–123）も、理論的には考えられる。本注解では、第一の立場から釈義を行う。個別的釈義を通じて明らかにされるように、この章のさまざまな箇所では、明らかに申命記史家たち以前のものと判断される伝承素材に対して、申命記史家たちの手によると思われる二次的な編集作業が加えられているように思われるからである。

　列王記上 18 章の第一の場面をより詳しく見ると、最初にヤハウェのエリヤに対する「行って、……アハブに対して姿を現しなさい」という命令があり（1 節）、その実行として、まずエリヤの出発が語られるが（2a 節）、エリヤとアハブの出会いはようやく 17 節になって描かれ、その間に、アハブの「宮廷長」オバドヤが登場する段落（2–16 節）が挿入された形に

59

なっている。

> (a)　ヤハウェによる、エリヤへの帰還とアハブとの会見の命令（1節）
> (a'1)　命令の実行（1）　帰還（2a節）
> 　　（x）　アハブとオバドヤ（2b–6節）
> 　　　　（y）　エリヤとオバドヤ（7–15節）
> 　　（x'）　アハブとオバドヤ（16節）
> (a'2)　命令の実行（2）　アハブとの会見（17節）

　オバドヤの登場する場面は、文脈上はエリヤとアハブの会見を準備する役割を果たしているが、内容的には必ずしも必要不可欠とは言えず、いささか「寄り道」的な印象を与える。文学的には、クライマックスまでの時間を引き伸ばして読者をじらし、緊張感を高める効果があるが、演劇で言えば、次の場面への場面転換のための時間稼ぎとして、閉めた幕の前で行われる幕間劇のような印象を与える。1–2a節にある「姿を現す」（訳注 *a* 参照）という特徴的な表現が15節にも取り上げられているが、これは二次的な挿入が行われた際に、もとの文脈に戻るために以前に出た語句を繰り返す「文脈再取（Wiederaufnahme）」の技法と見なし得るので、オバドヤの場面全体（2b–16節）が二次的挿入かもしれない。

　しかし、たとえそうであったとしても、この挿入が行われたのも、申命記史家たちの編集以前の「旱魃の文脈」の段階であったと考えられる（Thiel 2019:101–103, 125）。最近では、このオバドヤの登場する段落をも申命記史家たち以降のかなり遅い時代の付加とする見方も増えている（Würthwein 1984:221–222〔邦訳470–472頁〕; Beck 1999:150–156; Otto 2001:169–170; Knauf 2019:122, 135–138; McKenzie 2019:126–127）が、本注解の立場からは同意できない。エリヤ物語の文脈でのこの段落の作劇法上の機能は、主として、イゼベルの残虐で反ヤハウェ信仰的な暴挙（4, 13節）と、アハブの執拗なエリヤ追跡の意志（10節）や些細なことで家来をも殺しかねない暴君性（9, 12, 14節）を強調して、この北王国の王と王妃の邪悪さを強調することにあるが、アハブの王朝も北王国自体も歴史の舞台から消えて久しい捕囚期末期やペルシア時代の何者かが、あえてそのよ

うなアハブやイゼベルを「悪役化」する加筆を行う納得のいく理由が見出し難いからである。該当箇所への注解やこの単元末の【解説／考察】で後述するように、オバデヤの登場するこの段落は、イエフによるアハブの王朝の打倒とイゼベルの残虐な殺害（王下9章）を正当化する意図で書かれたと考えるのが最も腑に落ちるように思われる。したがって年代的には、北王国がまだ存立している時期、おそらくはイエフ王朝の時代が考えられてよい（Steck 1968:11–13, 83–90; White 1997:24, 71–76; Thiel 2019:101–103）。

　内容に着目すると、この単元は、アハブに対して姿を現せと言うヤハウェのエリヤに対する命令（1節）、その実行（2a節, 17節）が全体の枠組みをなし、その間にアハブとオバデヤが登場する場面（2b–6節）とエリヤとオバデヤの出会いの場面（7–16節）が挟み込まれている。しかもその二つの場面では、いずれもオバデヤに対するアハブの提案、ないしエリヤの委託と、オバデヤによるその実行が並行的に描かれている。すなわち、まず第一の場面（2b–6節）では、旱魃の中で家畜の餌にする草を探しに行こうというアハブの提案（5節）とその実行（6節）が描かれる。次に第二の部分（7–16節）では、最初と最後の部分で、エリヤが再び現れたことをアハブに伝えよというエリヤの委託（7–8節）とその実行（16節）が記され、枠をなす。その中間に、オバデヤが自分の命の危険性を引き合いに出してエリヤの委託に抵抗する饒舌な弁舌（9–15節）が挟まっている。この弁舌の部分には同じ表現の繰り返しが多く、何段階かにわたって継続的な付加がなされた可能性が考えられる。

　したがって、この単元全体の構成は、以下のように整理できる。

（a）　1節　ヤハウェのエリヤへの命令（帰還とアハブとの会見）───┐

（a'¹）2a節　ヤハウェのエリヤへの命令の実行（1）（帰還）───┤

　　（b）2b–6節　アハブとオバデヤ

　　　　（c）5節　アハブの提案───┐

　　　　（c'）6節　アハブの提案の実行◀┘

　　（b'）7–16節　エリヤとオバデヤ

　　　　（d）7–8節　エリヤのオバデヤへの委託───┐

(e) 9–15 節　オバドヤの抵抗

(d') 16 節　エリヤのオバドヤへの委託の実行←

(a'²) 17 節　ヤハウェのエリヤへの命令の実行（2）（アハブとの会見）←

ただし、語られる言葉やモチーフに着目すると、この部分は次のような
かなりきれいな左右対称の集中構造をなしていると読むこともできる
（Begerau 2008:89, 125 を多少修正）。

A　アハブに対して姿を現せという、ヤハウェのエリヤへの命令（1–2 節）
　　B　オバドヤ、ヤハウェの預言者たちをイゼベルから匿う（3–4 節）
　　　C　アハブの無益な探索：草を求めて（5–6 節）
　　　　D　オバドヤとエリヤの出会い（7–9 節）
　　　C'　アハブの無益な探索：エリヤを求めて（10–12a 節）
　　B'　オバドヤ、ヤハウェの預言者たちをイゼベルから匿う（12b–13 節）
A'　エリヤ、アハブに対して姿を現す（14–17 節）

【注解】

1–2a 節　エリヤの帰還とアハブとの会見の命令

　冒頭の「**多くの日々が過ぎ**」という一般的表現と、「**3 年目に**」という具
体的な年数の並立は不自然であるし、原文で見ると「3 年目に」の語は
「言葉の生起定式」を分断しており、位置がおかしい。おそらくは「3 年
目に」は「旱魃の文脈」に含まれていたのかもしれない（王上 17:1 の「数
年間」を参照）。その場合には、「3 年目に」の語はもともとは 2a 節に含ま
れていた可能性がある（すなわち、「3 年目に……エリヤはアハブに対して姿
を現すために出かけて行った」）。それ以外の部分は、「**ヤハウェの言葉**（デバ
ル　YHWH）」が臨むという「言葉の生起定式」が用いられていること（た
だし、時についての記述と組み合わされているため、通常の定式とは語順が異
なる）に示されるように、申命記史家の一人による導入句であろう（王上
17:2, 8 と同所の注解を参照）。かつてはエリヤに「ヤハウェの言葉」が臨ん
で「身を隠す」ように命じたが（王上 17:3）、3 年目の今、同じように「ヤ

ハウェの言葉」が臨み、エリヤにイスラエルに帰還し、「**アハブに対して姿を現す**」（訳注 a 参照）ように命じたことになる。今や潜伏の期間は終了し、エリヤは再び公的な場面に登場することになる。出発地は、「旱魃の文脈」を前提にすればサレプタということになろう（王上 17:9–10）。

同時に、旱魃の終わりが間近に迫ったことが告げられる。列王記上 17:1 から（「雨（ゲシェム）」ではなく）「**降雨（マータール）**」という語が取り入れられているが、エリヤ自身の言葉によらなければ降雨がないとされる同所とは異なり、雨をもたらし旱魃を終わらせるのがあくまでヤハウェ自身であること（王上 17:14 参照）が明記されている（「**わたしはこの土地の面に降雨をもたらす**」）。これもまた、伝承中の雨を降らす言葉を発する超人的なエリヤ像（王上 17:1）に対する、申命記史家たちの一人による神学的な訂正であろう。

2a 節の「**エリヤは出かけて行った**」という記述は、もとの「旱魃の文脈」では、あくまでエリヤ自身の主体的、自律的な行為として描かれていたと思われるが、列王記上 17:2–5, 8–10 におけるのと同様、今や申命記史家の一人による「言葉の生起定式」とヤハウェの命令の言葉が先置されたため、ヤハウェの命令の忠実な実行という意味で読めるようになっている。ただし、現在の文脈では、実際にエリヤが「アハブに対して姿を現す」のは、ようやく 17 節になってである。

2b–6 節　アハブとオバドヤ

すでに述べたように、たとえオバドヤの場面が二次的であったとしても、この場面の基本的部分は、「旱魃の文脈」にすでに含まれていたと考えられる。ことによると、5–6 節の「草探し」のエピソードは、より古い伝承に由来するのかもしれない。そこでも当然ながら、旱魃という状況が踏まえられている（5 節）。もとになった最古の伝承では、旱魃の中、草を探しているうちにオバドヤがエリヤと出会い（7–8 節）、そのことをアハブに報告する（17 節の原形）。アハブがエリヤに会うと、エリヤは奇跡的な力で旱魃を終わらせる（41–46 節）、という筋書きになっていたと想定できる。興味深いのは、このように再構成した形態（2b–3a 節、5–8 節、17 節 *、41–46 節）で見ると、アハブとエリヤの関係が必ずしも敵対的なも

のには見えないことである（41–46 節への注解参照）。おそらくこの古い伝
承がヒントになって、より後代の「旱魃の文脈」の構成者が、その伝承中
にあった旱魃のモチーフを拡大させて列王記上 17 章の諸伝承を加え、同
時に、旱魃そのものをエリヤの言葉によるものと意味づけ（王上 17:1）、
アハブとエリヤの間柄を敵対的な緊張関係（18:10, 17–18 参照）に変えた
のであろう。

　2b 節では、「**サマリアを厳しい飢饉が襲っていた**」ことが報告される。
「飢饉（ラーアーブ）」は旱魃の当然の結果である。それが始まったのは、
当然ながら、エリヤが「この数年間」は雨も露もないと宣言した（王上
17:1）直後であろう。イスラエルの王アハブは、「3 年目」（1 節参照）にな
るまで、何ら対策を講ずることなく、手をこまねいて事態を放置していた
ということなのであろう。状況が切羽詰まってきたので、アハブはようや
く重い腰を上げ、宮廷長オバドヤを呼び寄せる（3a 節）。「**宮廷長**（アル
ハッ・バイト＝「家の上に立つ者」）」は最高位の文官職で、軍の司令官（ア
ル　ハッ・ツァーバー＝「軍の上に立つ者」）と並ぶ高官（王上 4:5–6 と同所
への注解を参照）。王の最側近でもあった（王上 16:9 参照）。「**オバドヤ**」は
「ヤハウェの僕」を意味する敬虔そうな名前であるが、もちろん同名の預
言者（オバ 1）とは別人である。ちなみに「僕（エベド）」と「主君（アド
ーン）」（7–8 節、10–14 節）の語は、このエピソードでキーワード的な役
割を果たしている（Thiel 2019:118）。

　3b–4 節（および 13 節）では、このオバドヤが「**ヤハウェを大いに畏れ
る者**」で、かつてアハブの妻「**イゼベル**」が「**ヤハウェの預言者たち**」を
迫害したとき、彼らを「**例の洞穴**」（訳注 c 参照、おそらくは周知の特定の洞
穴が前提にされている）に匿って救ったことが付記されている（13 節も参
照）。なお、原文では、洞穴（メアーラー）の語（訳注 c 参照）は単数形で
あるが、一つの洞穴に「50 人ずつ」預言者を匿ったというのは意味をな
さない。一つの洞穴に 50 人ずつ、二組に分けて二つの洞穴に匿ったとい
うことであろう（Jones 1984b:312–313; Crüsemann 1997:44; Knauf
2019:95, 196; McKenzie 2019:106）。一部の研究者は、この箇所での冠詞付
きの単数形を、類概念として集合名詞的に解する（Montgomery 1951:298;
Gray 1977:386, 390）。

オバデヤが預言者たちを匿った洞穴がどこにあったかは不明であるが、ガリラヤの山々やカルメル山一帯は柔らかい石灰質の土壌が優勢なので、いたるところに洞窟がある。有名なものでは、ネアンデルタール系の「カルメル原人」の骨が発見されたタブーン洞窟やスフール洞窟を含む「洞窟の谷（ナハル・メアロット）」や、後述する「エリヤの洞窟」などがある。

オバデヤは「ヤハウェを畏れる者（ヤーレー　エト・YHWH）」であったとされるが、ヤハウェないし神を「畏れる」（動詞「ヤーレー」）とは、敬虔な信仰をもって神に仕えるということ（創 22:12; 出 1:17, 21; 申 6:2, 13, 24; サム上 12:14, 24; サム下 23:3; 王下 4:1; ヨブ 1:1, 8; 箴 1:7; 3:7; 10:27; 19:23 等参照）。異教的な崇拝を振興し（王上 16:31–33 参照）、ヤハウェ信仰に忠実な預言者たちを弾圧したアハブとイゼベルの宮廷にも、ヤハウェ信仰に忠実な良心派がいたということなのであろう（Crüsemann 1997:44; Brueggemann 2000:221）。アハブとその王妃イゼベルに忠実に仕えるべき側近の立場にありながら、ヤハウェへの信仰の故に「面従腹背」したわけである。宗教迫害の中で密かに信仰を保ち続ける、宗教的レジスタンスの見本のような人物である。「ヤハウェの僕」を意味するその名の通り、エリヤ自身の場合同様（王上 17:1 への注解参照）、「名は体を表す」、「名実一体」である。なお、イゼベルによる預言者たちへの迫害は、列王記上 18:22 や同 19:10, 14 でも示唆されており、列王記下 9:7 では迫害が名指しでイゼベルに帰されている。この箇所は、それらの箇所への伏線か。

ただし、3b–4 節は文脈を不自然な形で中断しており、5 節はすんなりと 3a 節に繋がる。それゆえ 3b–4 節は、二次的な付加と考えられる（Fohrer 1968:11, 35–36; Steck 1968:11–13; Jones 1984b:312; Würthwein 1984:222〔邦訳 421 頁〕; Lehnart 2003:216; Thiel 2019:115, 126; McKenzie 2019:126）。ただし、ここには特に申命記史家的な用語や観念は観察されない。したがってこの付加は、申命記史家たち以前の「旱魃の文脈」の構成者による編集句と見なすべきであろう。この要素は、前述の「オバデヤ」という名前の意味（ヤハウェの僕）から連想されたのかもしれないが、同時にイゼベルの暴虐性と反ヤハウェ信仰的な邪悪さを際立たせる役割を効果的に果たしている（王上 19:2 も参照）。ことによると、後のイエフによるイゼベルの残虐な殺害（王下 9:30–35）を多少なりとも正当化する意

図があるのかもしれない（特に王下 9:7 を参照）。このことは、「旱魃の文脈」の構成者の歴史的、政治的立ち位置を考える際に手掛かりとなる（本単元末の【解説／考察】をも参照）。

アハブはオバデヤに、この地の「**すべての水の出る泉とすべての川**」を行き巡り、「**馬やらば**」の餌にする「**草（ハーツィール）**」を探してくるように命じる（5 節）。ちなみにこれは、列王記上 16 章で即位が報告されて以来、初のアハブの肉声による発言である。この間に飢饉は、最も余裕のあるはずの王宮にまで及んでいたのである。なお、5 節で用いられている「川」の原語は、列王記上 17:2–6（同所への注解参照）で「ケリト川」について用いられていた、ヘートとラメドを使った「ナハル（נחל）」の複数形であり、涸れ易いワディを表す。旱魃ともなれば、ほとんどが涸れ谷になってしまっていたことであろう（岩波訳参照）。それでもなお、乾いた川の底に多少の水気が残っていれば、草が生えている可能性はある。ただし、「**ことによると**」と訳した原語「ウーライ」の意味する蓋然性は、積極的な希望が持てるほど高くはない（創 18:24, 28–31; 出 32:30; アモ 5:15 等を参照）。

馬（スース）は王の軍事力の基盤であり（王上 1:5; 5:6–8）、らば（ペレド）は王や高貴な人々の乗り物であった（王上 1:33 と同所への注解参照）。飢饉に際してのアハブの心配は、もっぱら宮廷内のことだけに向けられ、国民の窮状にはまったく心を向けていないようである（Würthwein 1984:221〔邦訳 470 頁〕; Hauser 1990:29, 33; Knauf 2019:136, 195; Wray Beal 2020:109）。なお、メギドからはアハブの時代のものと思われる大規模な馬屋の遺構が発見されている。家畜の一部を「**切り殺**」すとは、生かしておくことができないので「口減らし」するということであろう。なお、直前の 4 節ではイゼベルによるヤハウェの預言者の迫害に関して（13 節とは異なり）同じ動詞（カーラト［原意は「切る」］）が用いられているが、この箇所から影響されたのかもしれない。

アハブはオバデヤに命じただけでなく、自らも草探しに出かける（6 節）。王自身と宮廷の最高位の役人が、それぞれ従者も連れずに、「**自分一人だけで（レバッドー）**」馬やらばの餌にする草を探しまわるなどというのはおよそ現実的でなく、滑稽でさえあるが、それだけ飢饉が深刻で切迫した状

況だったということを表そうというのであろう。同時に、王も高官も、旱魃に対していかに無力であったかも強調されている。アハブとオバドヤが「手分けして」各地を巡り歩いたというのは、オバドヤがエリヤと2人だけで出会うという状況を文学的に設定するためであろう（Würthwein 1984:221〔邦訳471頁〕；Fritz 1996:169–170; Thiel 2019:116）。

7–16節　エリヤとオバドヤ

　場所は記されてはいないが、オバドヤが「道の上（バッ・デレク）」にいると、突如エリヤが現れる（7節）。もともと草を探すために出かけたオバドヤは、図らずも、長らく「指名手配」されていたエリヤを発見してしまったわけである。なお、7節で「見よ、エリヤが……〔近づいて来るではないか〕」と訳された原語は、「ウェ・ヒンネー　エリヤフー」で、直訳すれば「見よ、エリヤだ」である。「見よ（ウェ・ヒンネー）」の語は、読者に対して強く注意を喚起するとともに、場面をオバドヤ自身の目を通じて見ているような効果をもたらしている。この段落では、これ以降ほとんど同じ形でこの表現がさらに3回も繰り返される（8, 11, 14の各節。ただし、文脈に従い「ご覧なさい、エリヤ〔はここ〕です」と訳し分けた）。それゆえこの表現も、この段落でキーワード的な役割を果たしていると見ることができる（Thiel 2019:117）。ちなみに、「エリヤ」の語を普通名詞的に取れば、この表現は「見よ、ヤハウェは（わが）神である」となる（Hauser 1990:26–27; Walsh 1996:240; McKenzie 2019:117）。したがってこの表現は、まさにカルメル山上の対決における列王記上18:39の伏線の役割を果たしていることにもなり、これを18章全体のキーワードとして読むことも可能である。

　エリヤを見た際の「ひれ伏して顔を地に着け」る（訳注f参照）というオバドヤの反応には、宮廷でもエリヤが権威ある存在としてよく知られていたことが示されている（王上1:23参照）。王に次ぐ地位にある国家の最高の高官が、預言者の前で奴隷のようにひれ伏しているわけである。ただし、「あなたが、私のご主人様、エリヤ様なのですか」という疑問文には、半信半疑さが窺われ、オバドヤが必ずしも個人的にエリヤをよく知っていたわけではないことも示唆されている。エリヤとは初対面だが、例えば彼の特

徴的な風体（王下 1:8 参照）から、エリヤであることが推測できたという
ことなのかもしれない（Montgomery 1951:299; Jones 1984b:313; Thiel
2019:117）。なお、オバドヤがエリヤを「**私のご主人様**（アドーニー）」と
呼び（7 節）、自分を卑下して「**あなたのこの僕**（アブデカー）」（9 節、12b
節）と名乗るのは、イスラエルの上流階級で伝統的であった極端な尊敬・
謙譲の表現で、日本語の「君－僕」の発想にも通じる（王上 1:15–21 の
「端女」と同所への注解をも参照）。

　オバドヤの卑屈なまでの謙譲に対し、エリヤはオバドヤの本当の「**主君
（アドーン）**」がアハブであることを示して、やんわりと修正し、自分がイ
スラエルに帰って来たことをアハブに報告するように委託する（8 節）。も
との形では、これに直接 16 節の委託の実行の記述が続いていたと考えら
れる。なお、ここでは「**ご覧なさい、エリヤ〔はここ〕です**」と訳した原
語の「ヒンネー　エリヤフー」については、7 節への注解（67 頁）を参照。

　ところが、現在の文脈では、オバドヤは自分の命の危険性を繰り返し引
き合いに出し（9 節、12 節、14 節）、エリヤの帰還をアハブに報告するこ
とに執拗に抵抗する。オバドヤがさまざまに異なる口実を持ち出してエリ
ヤの要請を回避しようとするのには、オバドヤの臆病さを強調するととも
に、ちょっと機嫌を損ねただけでも腹心を殺しかねない、アハブの凶暴な
暴君的性格を強調しようという、語り手の意図によるのかもしれない。し
かし、内容的に見ると、エリヤの再登場をアハブに報告することで、オバ
ドヤがなぜそれほどまでに身の危険を危惧しなければならないのか、今一
つよく分からない。エリヤを密かに匿っていたと、アハブに邪推されるこ
とをオバドヤが恐れた（Würthwein 1984:222〔邦訳 471–472 頁〕）のだろう
か（彼には類似の件に関して「前歴」がある！　4, 13 節参照）。あるいは、オ
バドヤがその場でエリヤを拘束して自分のところに連行して来なかったこ
とにアハブが憤慨する、ということか（Fritz 1996:170）。なお、前述のよ
うにこの部分には繰り返しが多く、多層的に手が加えられたことが推測で
きる。繰り返しが多いのは、加筆の際に「文脈先取」や「文脈再取」が何
度も重ねられたからであろう（後述）。

　「**いったい私がどんな罪を犯したというので……**」（9 節）というのは、自
分の潔白性を強調し、相手の要求の不当性を非難する逆説的な定型的表現

（創 20:9; エレ 37:18 等参照）。「**僕をアハブの手に渡して、私を死なそうとなさるのですか**」という表現も、些細な理由で人を殺すことを何とも思わない、アハブの暴君的性格を強調する役割を果たしている。もしこれが、「旱魃の文脈」の構成者の手によるものであるとすれば、著者はアハブ――およびイゼベル（4, 13 節参照）――にひどく敵対的な感情を持ち、その恣意性と暴君性を際立たせようという意図を持っていることになる。なお、ここで「死なせる」と訳された原語（ヘーミート）は、「死ぬ」を意味する動詞「ムート」の使役形（ヒフィル）であり、3–4 節に用いられた動詞（カーラト＝切る）とも、12–14 節で用いられる動詞（ハーラグ）とも異なっている。

オバデヤによれば、アハブがエリヤを探すために、「〔**人を〕遣わさなかった国民や王国はない**」という（10 節）。もちろん誇張的な表現であるが、周辺諸国まで手を尽くして探させたということで、アハブがいかに熱心にエリヤを捜索させたかが表現されている。その際には、シドンやサレプタにまで探索の手を伸ばしたのであろうか。

アハブが必死になってエリヤの行方を捜索したのは、もちろん、エリヤの言葉によって旱魃を終わらせるためであろう。旱魃の文脈では、何しろエリヤはかつて、「私の言葉によらなければ」雨は戻らないと断言したのである（王上 17:1 参照）。国の栄枯盛衰に責任のあるアハブ王が、エリヤを捕まえてきて、無理矢理にでも雨を降らす言葉を吐かそうとしたとしても理解できることである（Rofé 1988a:187; Otto 2001:169–170; Thiel 2019:120）。

ただし、アハブが姿を消したエリヤを八方手を尽くして探したことは、論理的に見て、必ずしもオバデヤが自分の身の危険を感じる理由にはならない。むしろ、エリヤがアハブの前に「姿を現す」ことの<u>エリヤにとって</u>の危険性を察して、思い止まらそうと説得しているようにも見える（Montgomery 1951:299; Knauf 2019:200–201）。もしそうであれば、オバデヤはここでもまた、もう一人の「ヤハウェの預言者」を救おうとしているのである。

なお、10 節には、列王記上 17:1, 12 と同様、ヤハウェの「命」にかけた誓い（ハイ　YHWH）と宣誓的な文脈で強い否定の意味を持つ前置詞「イム」の使用が見られる（王上 17:1 への注解を参照）。「旱魃の文脈」の作

者の特徴的な用語法である。また、11節の「**あなたは今、こうおっしゃる。『行って、あなたの主君に言いなさい。ご覧なさい、エリヤ〔はここ〕です』、などと**」という言葉は、8節のエリヤの言葉を受けたものであるが、14節でも繰り返されている。ことによると、次の段落で述べるように、直後に12a節の言葉が二次的に加えられたため、14節の言葉が先取りされたのかもしれない。いわゆる「文脈再取」の現象であるが、加筆により前後に文章が繰り返される場合、必ずしも後にある文章の方が前にある文章に基づき後から書かれたとは限らない。この場合は厳密に言えば、「文脈先取」ということになろう。なお、11節で「ご覧なさい、エリヤ〔はここ〕です」（8節をも参照）と訳した原語の「ヒンネー　エリヤフー」については、7節への注解（67頁）を参照。ここでの「ヒンネー」は、話し相手の注意を喚起する役割を果たしている。

　その12a節では、オバデヤがアハブに殺されることを恐れるもう一つの理由として、エリヤの神出鬼没ぶりが挙げられる。たとえオバデヤがアハブにエリヤの帰還を報告しても、その間にエリヤが現場から姿を消してしまえば、自分はアハブに罰されるというのである。その際には、「**ヤハウェの霊**（ルーアハ）」がエリヤを「**運び上げ**」（動詞「ナーサー」）てどこかに連れ去ってしまうという特徴的な表現が用いられている。ほぼ同じ表現が、後のエリヤの昇天についての二次的な文脈にも出てくるが（王下2:16）、それ以外にはこの表現はエゼキエル書にしか見られないので（エゼ3:12, 14; 8:3; 11:1, 24; 43:5）、この一句は、かなり後になってからの加筆かもしれない（Würthwein 1984:222〔邦訳472頁〕; McKenzie 2019:117, 127）。前述のように、元来の「旱魃の文脈」では、なぜオバデヤがエリヤの帰還をアハブに報告することで自分自身の身の危険を感じるのか、今一つ明確でなかったので、より分かりやすい理由が二次的に加えられたとしても、理解できることである。その場合には、文末の「**彼は私を殺害するでしょう**（ハラーガーニー）」という表現は、既存の「旱魃の文脈」で14節の文末にあった同一の文章を先取りした、やはり文脈先取ということになろう。なお、12a節、（13節、）14節で用いられている「殺害する」と訳した動詞「ハーラグ」は、9節で用いられた中立的な「ヘーミート」よりも残忍で暴力的なニュアンスを伴う（創4:8; 27:42; 出2:14; サム下10:18;

王上 9:16; 詩 78:31; アモ 9:4）。オバデヤは、自分の命の危険をより誇張して表現しているように見える（Hauser 1990:26）。

　12b–13 節については、3b–4 節と同所への注解を参照。ここでもまた、「**イゼベル**」の「**ヤハウェの預言者たち**」への残忍な迫害ぶりが強調される。

　いずれにせよ、オバデヤがあまりに抵抗するので、最後にエリヤは根負けしたかのように、自分自身で「**ヤハウェのお命（ハイ　ヤハウェ）**」にかけて誓い（王上 17:1, 12, 18:10 参照。なお、この誓いの文言については、王上 1:28–30 への注解［第 1 巻 73–74 頁］を参照）、自分が「**今日（ハッ・ヨーム）**」のうちにもアハブに対して「**姿を現します**」と確約する（15 節）。エリヤは、オバデヤがいかなる理由を挙げて反対しようと、アハブと会見するという固い意志を示したことになる。それはまた、現在の文脈では、言葉巧みな人間的な「説得」を退けて、ヤハウェの命令（1b 節）を忠実に実行する、ということをも意味する。

　なお、14 節には 8 節の文言の文脈再取（「**行って、あなたの主君に言いなさい。ご覧なさい、エリヤ〔はここ〕です**」）が見られる（11 をも参照）。これは、「旱魃の文脈」の構成者により 9–10 節、および 12b–15 節が書き込まれた際に加えられたものであろう。それがさらに、12a 節の加筆者によって、11 節に先取されたものと考えられる。

　なお「**万軍のヤハウェ（YHWH　ツェバオート）**」という神呼称は、列王記では初出であるが、サムエル記（サム上 1:3, 11; 4:4; 15:2; 17:45 等）やイザヤ書（イザ 1:9; 6:3, 5 等、59 回！）、エレミヤ書（エレ 2:19; 5:14; 6:6, 9 等、77 回！）、ハガイ書（ハガ 1:2, 5, 7, 9, 14 等）、ゼカリヤ書（ゼカ 1:3, 4, 6, 12, 14, 16–17 等）、マラキ書（マラ 1:4, 6, 8–14; 2:2, 4, 7–8, 12, 16 等）などでよく用いられる。預言者的用語法の一つと言える。列王記でここ以外では、上 19:10, 14（「万軍の神、ヤハウェ」の形）、下 3:14; 19:31 に見られるが、いずれも預言者的人物の発言の中に出てくる。この呼称を直訳すれば、「諸軍隊のヤハウェ」で、ヤハウェがイスラエルで戦いの神として崇拝されていたことの名残か（サム上 17:45 参照）。本来の意味はほとんど忘れられ、ヤハウェの荘厳な称号として用いられることが多い。「**私がみ前にお仕えする**」については、列王記上 17:1 と同所への注解を参照。

　16 節は、前述のようにもともとは 8 節に続いていたと考えられる。た

だし現在の文脈では、オバドヤは「ヤハウェのお命」にかけたエリヤの誓いを聞いてようやく納得し、――あるいはエリヤの固い決意を知ってこれ以上の説得を断念し――エリヤの委託を実行することになる。オバドヤがアハブのところに行き、エリヤの帰還を報告すると、エリヤがアハブに対して「姿を現す」（1節、15節）前に、アハブは自分の方から「**エリヤに会うために出かけて行った**」。最後の節（16節）は、「**彼が彼に報告した**」という一句を挟んで、ほとんど名前を入れ替えただけの同一の文章が繰り返される。これでようやく、1節で下されたヤハウェの命令が実行されることになり、エリヤとアハブが再び直接出会うことになる。

【解説／考察】

　はじめにも述べたように、この部分は大きな「旱魃の文脈」の進行にとっては必ずしも不可欠でないが、基本的な部分は少なくともそこに有機的に属しており、しかも、より古い伝承に依拠している可能性がある。現在の形では、一方で飢饉の厳しさと王や高官の旱魃に対する無力さを強調し、他方ではアハブ――およびイゼベル――の残虐で邪悪な性格を際立たせる巧みな文学的効果を挙げている。もし、この部分の基本的な諸要素が「旱魃の文脈」の構成者によって書かれたのであるとすれば、著者は、後のイエフのクーデターによるアハブの家（すなわちオムリ王朝）の打倒（王下9:14–26）と、イゼベルの残虐な殺害（王下9:30–37）を正当化しようとしている可能性がある（王下19:6–8参照）。列王記下9章によれば、イエフのクーデター劇の陰の演出者は、エリヤの弟子（王上19:19–21）である預言者エリシャであった（王下9:1–3）。そのエリシャは、イエフ王朝とは基本的に良好な関係にあったようである（王下14:14–17と同所への注解参照）。それゆえ、「旱魃の文脈」の構成者は、イエフ王朝に近い、預言者的なサークルの中にいた可能性がある（Steck 1968:11–13, 89–90, 144–147; Jones 1984b:312; White 1997:32–33; Sweeney 2007:223–224; Thiel 2019:101–102, 125）。それはまた、エリシャ伝承を伝えたサークルとも密接な関連を持ったグループであったと推測できる。イエフ王朝は、前848年頃から前747年頃まで約100年間存続した。したがって、エリヤについてのさま

ざまな伝承が集められて文字化され、「旱魃の文脈」として構成されたのは、ほぼ前800年前後であったと想定される。それは、実際にエリヤが活動したと考えられるアハブの治世（前871–852年）の末期から見て50年ほど後、ヨシヤ王の治世（前639–609年）の末期と想定される第一の申命記史家たちの時代から見て200年ほど前のことであったことになる。

オバドヤは、多弁で、過剰ともいえるほど心配性で自己保身癖のある個性的な「脇役」であるが、これ以外の箇所には姿を見せない。出番終了である。

注解本文でも述べたように、もともとは、この文脈に旱魃の終わりについてのエピソード（王上18:41–46）の基本部分が続いていたものと思われる。しかし現在の形では、その前に長大なカルメル山上での対決の物語が置かれており（王上18:17–40）、旱魃の文脈を分断している。誰がこの物語をこの部分に挿入したのであろうか。

(3)カルメル山上での対決（上 18:17-40）

【翻訳】

エリヤ対アハブ

18 章

[17] アハブがエリヤを見ると、アハブは彼に言った。「お前が、イスラエルを困苦させている者なのか」。[18] すると、彼は言った。「私がイスラエルを困苦させたのでありません。そうではなく、あなたとあなたの父の家〔がそうしたの〕です、あなたたちがヤハウェの命令を捨てることによって。あなたはバアルども [a] の後に従って歩みました。[19] 今、〔人を〕遣わし、全イスラエルをカルメル山の私のもとに集めなさい。また、イゼベルの食卓で食事をする、450 人のバアルの預言者たちと 400 人のアシェラの預言者たちも」。[20] そこで、アハブはイスラエルの子らすべてに〔人を〕遣わし、預言者たちをカルメル山に集めた。

エリヤ対「民」

[18:21] エリヤはすべての民に近づいて、言った。「あなたたちはいつまで、どっちつかずでふらふらしているのか [b]。もしヤハウェが神であるのなら、かれに従って歩みなさい。もしバアルがそうであるのなら、彼に従って歩みなさい」。しかし、民は彼に一言も答えなかった。

[22] そこでエリヤは、民に言った。「この私 [c] だけがたった 1 人、ヤハウェの預言者として残った。バアルの預言者たちは 450 人もいるではないか。[23] 私たちに 2 頭の雄牛を与えてほしい。彼らには自分たちのために 1 頭の雄牛を選ばせなさい。彼らはそれを切り分け、薪の上に置くが、火をつけてはならない。この私 [c] も 1 頭の雄牛に〔同じように〕して、薪の上に置くが、火をつけずにおく。[24] あなたたちはあなたたちの神の名を呼び、この私 [c] はヤハウェの名を呼ぶ。火をもって答える神こそ、神である〔としよう〕」。すべての民は、答えて言った。「それがよい」。

エリヤ対バアルの預言者

18：25 そこで、エリヤはバアルの預言者たちに言った。「あなたたちは、自分たちのために 1 頭の雄牛を選び、先に行いなさい。あなたたちの方が数が多いからだ。そして、あなたたちの神の名を呼びなさい。ただし、火をつけてはならない」。26 彼らは、彼が彼らに与えた雄牛を取り、〔言われたように〕行った。そして彼らは、朝から真昼までバアルの名を呼んで、言った。「バアルよ、私たちに答えてください」。しかし、何の音もせず、答える者もなかった。彼らは、〔自分たち〕 *d* が造った祭壇の周り *e* を跳び回った。

27 真昼になったところで、エリヤは彼らを嘲って、言った。「〔もっと〕大きな声で呼んでみなさい。彼は神なのだから。きっと、黙想しているのかもしれない。それとも、彼には用足しがあるのかもしれない。あるいは、彼は旅路にある *f* のかもしれない。ことによると、彼は眠っていて起こしてもらわなければならないのかもしれない」。

28 彼らは大声で呼び、彼らの風習に従い、刀や槍で自分たち〔の体〕を傷つけ、血まみれにまでなった。29 午後になると、彼らは〔狂騒状態に陥り〕 *g*、ついには供え物を捧げる時刻になったが、やはり何の音もせず、答える者もなく、注意を引くことは何も起こらなかった。

エリヤ対「民」

18：30 そこで、エリヤはすべての民に言った。「私に近づきなさい」。すべての民が彼に近づくと、彼は壊されていたヤハウェの祭壇を修復した *h*。31 エリヤは、【ヤコブ――すなわち、ヤハウェの言葉が彼の上に臨んで、「あなたの名はイスラエルとなる」と言った者――の息子たちの部族の数にちなむ 12 の】石を取った。32 そして彼は、ヤハウェの名において、それらの石で祭壇を築いた。〔彼はまた、その祭壇の周囲に、2 セアの種が入るほどの溝を造った。〕33 彼は薪を並べ、雄牛を切り分け、〔それを〕薪の上に置いた。〔34 そして、彼は言った。「四つの甕に水を満たし、〔その水を〕全焼の供儀と薪の上に注ぎなさい」。彼は言った。「2 度目も」。そこで彼らは 2 度目もそうした。彼は言った。「3 度目も」。そこで彼らは 3 度目もそうした。35 水は祭壇の周囲に流れ出た。彼は溝をも水で満たした *i*〕。

36 供え物を捧げる時刻になったので、預言者エリヤは近づいて、言った。「【ア

II・4・(3) カルメル山上での対決（上18・17—40）翻訳　上18・37—40

ブラハム、イサク、イスラエルの神、】ヤハウェよ。今日、知れわたりますように。あなたがイスラエルにおいて神であること、また、私があなたの僕であって、あなたの言葉に従って、私がこれらすべてのことを行ったのであることが。
^{37} 私に答えてください、ヤハウェよ。私に答えてください。そうすればこの民は知るでしょう。あなた、ヤハウェが神であり、あなたこそ ^{j} が彼らの心を後ろに引き戻した ^{k} ことを」。^{38} すると、ヤハウェの火が落ちてきて、全焼の供儀と薪、それに石と塵を焼き尽くし ^{l} [、溝の中にあった水をなめ尽くし] た。
^{39} すべての民は、これを見るとひれ伏して顔を地に着け ^{m}、言った。「ヤハウェこそ神です、ヤハウェこそ神です」。
^{40} エリヤは彼らに言った。「バアルの預言者たちを捕らえなさい。彼らのうち、一人も逃がしてはならない」。そこで、〔民〕^{n} は彼らを捕らえた。エリヤは彼らをキション川に連れ下って、そこで彼らを殺害した ^{o}。

a: 原語は「ベアリーム」で、冠詞付きの複数形。注解本文の該当箇所を参照。

b: 原文は文字通りには、「2 本の枝の上で飛び跳ねているのか」、ないし、「二つの杖の上で跳ね歩いているのか」。注解本文の該当箇所を参照。

c: 原文では、文法的に必要のない「私（アニー）」の語が文頭に置かれ、強調されている。23 節後半、24 節前半でも同様。

d: 原文では動詞が単数形で、「彼が造った」。七十人訳等に従い複数形に読み替える。原文のままで読むと、まるでエリヤがバアルの祭壇を造ったかのように読めてしまう。

e: 原文は文字通りには、「上を」。ただし、通常は「上」を意味する前置詞「アル」には「前」の意味もある。まさか 450 人が（まだ火のついていない）祭壇の上に登って飛び跳ねた、ということではあるまい。

f: 原文は文字通りには、「彼には道があるのかもしれない」。

g: 原文で文字通りには、「預言した」（動詞「ヒトナベー」）。

h: 原文は文字通りには、「癒した」（動詞「ラーファー」）。ただし、この動詞は事物、事態の修復、原状回復などにも用いられる（エレ 19:11; 詩 60:4 等参照）。

i: この節前半では、水の動きが複数形の動詞で表現されているが、ここは動詞が男性単数形なので、エリヤが主語としか考えられない。動詞の形（ピエル

形）は自動詞ではなく他動詞なので、「水が溝に満ちた」（新共同訳参照）とは読めない。

j: 原文では、文法的に必要のない「あなた（アッター）」の語が文頭に置かれ、強調されている。

k: 注解本文の該当箇所を参照。

l: 原文は文字通りには、「食らい」（動詞「アーカル」）。

m: 原文は文字通りには、「自分の顔の上に倒れる」という特徴的な表現。7節におけるオバデヤの行為と、同所への訳注をも参照。

n: 原文では主語がなく、動詞が3人称複数形（「彼らは……捕らえた」）。文脈から「民」の行為と解する。

o: 原文は文字通りには、「屠った」（動詞「シャーハト」）。この動詞は、よく犠牲の屠りを描く際に用いられる。ただし、犠牲以外の文脈で人間に対する殺害行為を描く場合には、残虐な大量殺害を描くことが多い（王下 10:7, 14; 25:7＝エレ 39:6; エレ 41:7 等参照）。

【形態／構造／背景】

列王記上 18:17–46 を一つの統一体として観察すると、それはほぼ五つの場面からなり、各場面で主要な役割を演じる登場人物に着眼すると、次のような左右対称的な集中構造になっていることが分かる（Köckert 2003:128）。

(A) 17–20 節　エリヤ対アハブ：アハブにイスラエルをカルメル山に集めさせる

　(B) 21–24 節　エリヤ対「民」：エリヤの挑戦、「ヤハウェか、バアルか」

　　(C) 25–29 節　エリヤ対バアルの預言者：対決

　(B’) 30–40 節　エリヤ対「民」：対決の決着、「ヤハウェこそ神」

(A’) 41–46 節　エリヤ対アハブ：旱魃の終わり

ただし、列王記上 18:1–16 への【形態／構造／背景】の項でも見たよ

II・4・(3) カルメル山上での対決（上18・17−40）形態／構造／背景

うに、アハブはこのうちの第一の場面（17−20 節）と第五の場面（41−46
節）にしか登場せず、逆に中間の三つの場面全体は、アハブのその場への
臨在も、また第一の場面と第五の場面で前提とされている旱魃という状況
も、まったく顧慮していないように見える（特に、34−35 節を参照）。そも
そも、旱魃という状況下で「対決」が行われるのであれば、真の神の力を
実証するために起こる奇跡的出来事は、どちらの神が雨を降らすことがで
きるかということになるのが内容的には最もふさわしいであろう。ところ
が、この章の神同士の対決の物語では、それは、どちらの神が火を降らし
て犠牲に点火することができるのか、ということなのである（！）。

　それゆえ、カルメル山での対決の物語は、もともとは旱魃の文脈とは関
連せず、あらかじめ独立して存在していたと考えられるわけである（Alt
1935:135−137; Fohrer 1968:37−38; Steck:1968:17−19; Würthwein 1984:211,
215〔邦訳 452, 460頁〕; Hentschel 1984:111; Jones 1984b:309−312; Rofé
1988a:186; Frevel 1995:32, 64; Fritz 1996:170; Beck 1999:73−74; Lehnart
2003:219, 235; Thiel 2019:103−111）。

　次に、中間部分を形成するカルメル山での対決の部分（21−40 節）だけ
を取り出してみると、次のような構造が識別できる（Schmid 2000:505）。

　(a) 21a 節　エリヤの民への挑戦：（「ヤハウェが神か、バアルが神か」）
　　(b) 21b 節　民の無反応（一言も答えなかった）　　エリヤ対「民」
　　　(c) 22−24 節　犠牲による決着の提案（「火」）
　　　　(d) 25−29 節　バアルの預言者たちの犠牲と祈り
　　　（26 節：「バアルよ、答えてください」）　　エリヤ対バアルの預言者
　　　　(d') 30−37 節　エリヤの犠牲と祈り
　　　　　　（37 節：「ヤハウェよ、答えてください」）
　　　(c') 38 節　犠牲による決着（「火」）
　　(b') 39 節　民の反応（「ヤハウェこそ神です」）　　エリヤ対「民」
　(a') 40 節　エリヤの民への命令（「バアルの預言者を捕らえなさい」）

　冒頭の、「ヤハウェか、バアルか」というエリヤの二者択一的選択要求

の挑戦（21a節）で緊張の弧が張られるが、民は無言で、反応（決断）しない（21b節）。そこでエリヤはどちらが真の力ある神であるかを実証するための一つの「実験」を提案する。エリヤとバアルの預言者たちの双方がそれぞれ犠牲を用意し、火をつけずにおく。神自身に火をつけてもらおうというのである。民はようやく、同意する（22–24節）。

　まず、バアルの預言者たちがバアルに祈願するが、長い時間をかけたにもかかわらず、何の反応もない（25–29節）。次にエリヤがヤハウェに祈願すると（30–37節）、直ちに「ヤハウェの火」が下り、対決を決着させる（38節）。最初無反応であった民は今や強く反応し、ヤハウェへの信仰告白を口にする（39節）。これにより、冒頭で張られた緊張の弧が解消される。最後にエリヤは、バアルの預言者たちを捕らえるように民に命じ、彼らをキション川のほとりに連れ下って、自ら剣を取り彼らを殺害する（40節）。

　随所に重複や小さな不調和が見られ（個別的には後述）、いろいろ編集上の手が加わっていることが示唆されるが、全体としては前述のように、均衡のある左右対称的集中構造になっていると見ることができる。キーワードは言うまでもなく、「呼ぶ」（動詞「カーラー」。25, 26, 27, 28節）と「答える」（動詞「アーナー」。21, 24, 26, 29, 37節）（DeVries 1985:226; Provan 1995:138; Frevel 1995:83, 92–94; Walsh 1996:254–255; Wray Beal 2014:241; Thiel 2019:106, 150）、そして「神（エロヒーム）」（21, 24, 25, 27, 36, 37, 39節）であろう。なお、18b節、19b節、31–32節、36節、38節（一部）の二次的加筆（注解の該当箇所を参照）を除いて、申命記や申命記史家に特徴的な用語法や観念はほとんど見られない。そもそも、カルメル山の上での犠牲によってヤハウェの力を実証しようという物語のテーマの発想そのものが、エルサレム神殿のみを唯一の正統的聖所と見なし、そこ以外におけるすべての祭儀を否定する申命記主義とは相容れない。したがって、この神同士の対決の物語の基本的部分は、申命記史家たち以前のものと考えられるべきである（Fohrer 1968:37–38; Steck 1968:79–83; Gray 1977:384; Hentschel 1984:110–115; Jones 1984b:311–312; Long 1984:190; Frevel 1995:27, 95, 105, 120–123; Campbell/O'Brien 2000:393–395; Cogan 2001:446; Lehnart 2003:235, 239, 275; McKenzie 2019:132–133, 136; Thiel 2019:111–

113)。

　おそらくは、かつて北王国で伝わっていたカルメル山上での対決についての独立伝承が、すでに申命記史家以前の段階で、旱魃の文脈（王上17:1–24; 18:1–16, 41–46）の構成者によって旱魃の文脈の中に取り入れられたものと思われる。おそらく「旱魃の文脈」の構成者は、旱魃の終わりと雨の回帰（41–46節）の前に、民の回心とヤハウェへの信仰告白の場面（39節）を置くことが必要と考えたのであろう。その後、「神同士の対決」の場面を含んだ形での「旱魃の文脈」全体が（冒頭部分を除き）申命記史書に取り入れられたのであろう。

【注解】

17–20節　エリヤ対アハブ

　この部分は、旱魃の文脈（1–16節、41–46節）とカルメル山での対決の物語（21–40節）を結び付けるための移行部で、その本質的な部分は、両者を結合した「旱魃の文脈」の構成者の手による編集句と考えられる。

　本章の現在の文脈では、前の単元にあったヤハウェの命令（1b節）に従い、またエリヤ自身のオバデヤへの約束（15節）を果たす形で、エリヤはアハブに会う。エリヤを「**見る**」（これは1b節、2節、15節の「姿を現すため」＝「見られるため」［動詞「ラーアー」］に対応する）と、アハブはエリヤに、「**お前が、イスラエルを困苦させている者なのか**」と問いかける（17節）。このアハブの言葉は、よく正面からの非難や罵倒のように訳されるが（新共同訳、岩波訳参照）、原文は7節のオバデヤの言葉とまったく同じ形の疑問文（「ハ・アッター　ゼ」）で、反発心というよりも半信半疑の心情を表すように読める。

　「困苦させている者」と訳した語（オーケール）の語根をなす動詞「アーカル」は、申命記史書でも何度か出るが（ヨシュ6:18; 7:25; 士11:35; サム上14:29）、いずれも申命記史家たち以前の伝承の文脈に属し、取り立てて申命記史家的な用語ではない。意味上は、ある個人の不法ないし不合理な行動が、より大きな共同体に甚大な否定的影響をもたらすことを示す。ヨシュア記7章では、アカンが聖絶の掟を破ってイスラエルを「困

苦させた」ことから、彼を処刑した記念に命名された地名「アコルの谷」の語源になっている（ヨシュ 7:25–26. なお、ホセ 2:17 をも参照）。サムエル記上 14 章では、サウル王が戦闘中に断食の誓いを立てたことを息子のヨナタンが「父はイスラエルを困苦させた」と批判している（サム上 14:29）。

この文脈で言う「困苦」とは、もちろん旱魃が起きたこと以外ではあり得ない。何しろ「旱魃の文脈」では、エリヤはかつてアハブに面と向かって雨が降らなくなることを予告したのである（王上 17:1 と同所の注解を参照）。ただし、その際には旱魃の起きる理由は言葉に出して告げられはいなかった。「旱魃の文脈」によれば、アハブはその後、手を尽くしてエリヤを探させたが、エリヤは見つからなかった（10–11 節と同所の注解を参照）。そもそもエリヤがアハブのもとから姿を消し、ケリト川やサレプタに隠れたのも（王上 17:3 参照）、旱魃を予告したが故にアハブから危害を加えられる恐れがあったからであろう。ここでアハブは、旱魃の原因がエリヤ自身にあるのかどうかを確かめようとしていると考えられる。少なくとも、アハブはエリヤが旱魃の元凶であるという疑念を抱いている。いずれにせよ、「旱魃の文脈」では、アハブとエリヤは緊張関係にある。

これに対し、エリヤはこの責任追及をそっくりそのままアハブに投げ返し、その「災い」の真の原因は自分ではなく、アハブ自身（**あなた**）と**あなたの父の家**にあると喝破する（18 節）。列王記上 17 章以来ここで初めて、旱魃というイスラエルにとっての「困苦」の原因が、アハブとその王朝の宗教的な罪にあることが明言されたわけである。注目すべきは、ここでアハブ個人だけでなく、アハブの属する「家（バイト）」、すなわちオムリ王朝全体が同時に断罪の対象になっていることである。アハブの王朝でアハブに先立つのは、彼の父オムリだけであるが、オムリ自身については、他の北王国の王たちと同様、「ヤロブアムの罪」を繰り返したことで一般的に批判されるだけで（王上 16:2）、特にバアル崇拝などの背教行為については触れられていなかった。したがってここでは、むしろ事後的な観点から、アハブ自身を含むオムリ王朝全体が断罪されていると考えられる。オムリ王朝は、後にイエフによって打倒され、イエフの王朝に取って代わられる（王下 9 章）。すでに見たように、「旱魃の文脈」の編集者には、反オムリ王朝的傾向が顕著に見られ、イエフのクーデターを神学的に

正当化しようとする意図が窺われるのである（王上 18:1–16 への【解説／考察】［本書 72–73 頁］を参照）。

　それでは、オムリ王朝がこの編集者によって否定的に見られる理由は何であろうか。イエフはオムリ王朝を打倒すると共に、バアルの聖所を粛清した（王下 10:18–27）。そしてこのアハブとエリヤの出会いの場面の直後では、「バアルの預言者たち」に言及され（19, 22 節）、ヤハウェのバアルとの対決と、ヤハウェのバアルに対する勝利が描かれる（21–40 節）。したがって、すでに「旱魃の文脈」において、アハブの時代の旱魃はオムリ王朝のバアル崇拝擁護に対する神罰であるという理解が前提にされていたと考えられる（なお、王上 16:31–32 は申命記史家たちの治世導入定式に含まれるので、「旱魃の文脈」の編集者の考え方としては直接参考にできない）。その意味で、エリヤ──ないしこの部分の著者──によれば、アハブとその「父の家」の方が「イスラエルを困苦させ」ているのである。

　ただし、それに続く現在の 18b 節は、明らかに申命記史家の一人の手によるものである。しかも、18b 節の前半は「**あなたたちがヤハウェの命令を捨て**」た、と複数形の動詞で書かれているのに対して、後半は「**あなたはバアルどもの後に従って歩みました**」と単数形の動詞で書かれており、おそらくは著者が異なる。「ヤハウェの命令」（ミツウォート：複数形）には、ヤハウェへの信仰と服従の表現として、申命記や申命記史書で飽くことなく繰り返し言及される（申 4:2; 5:29; 8:6; 11:1 等；士 2:17; 3:4; 王上 2:3; 3:14; 6:12; 9:6 等参照）が、それを「捨て」る（動詞「アーザブ」）ことが問題にされるのは、意外なことに、ここ以外では列王記下 17:16 だけである（申命記史書以外では、さらに代下 7:19 とエズ 9:10 のみ）。列王記下 17:7–18 は、内容から見て捕囚期の第二の申命記史家たちの筆によるものと考えられるが（同所への注解参照）、そこでは「ヤハウェの命令」を「捨てる」ことが、北王国の滅亡の原因の一つとされている。したがって、「旱魃の文脈」の編集者とは異なり、この部分に手を加えた申命記史家も、同じように、アハブのバアル崇拝擁護を単に・オ・ム・リ・王・朝（王上 21:21–22 参照）の断絶の理由としてだけでなく、すでに北王国全体の究極的な滅亡の原因の一つと見ているように思われる。この文でだけ、動詞（アーザブ）が 2 人称複数形（「あなたたち」）になっているのも、この一文が捕囚期の第二の申命記史家

の一人の筆によるものであることを示唆する。第二の申命記史家たちは一般的に、特定の王個人ではなく、複数形の主語で民全体の罪を強調する傾向があるからである（王上 8:35–40, 46–52; 9:6–9; 11:33; 14:21–24 等と同所への注解を参照）。ただし、この文脈では、アハブ自身（「あなた」）とオムリ王朝（「あなたの父の家」）を受けた複数形として、自然に読めるのではあるが。

さらに興味深いのは、七十人訳の該当箇所では、「捨てる」の目的語がヘブライ語本文のように「ヤハウェの命令」ではなく、「あなたたちの神ヤハウェ（トン　キュリオン　テオン　ヒュモーン）」自身であることである。「ヤハウェを捨てる」という表現は、申命記史書の背教の文脈でしばしば用いられるものである（ヨシュ 24:16, 20; 士 2:12–13; 10:6; サム上 12:10; 王上 9:9; 王下 21:22 等。なお、イザ 1:4, 28; 代下 24:20, 24; 28:6; 29:6; エレ 2:17, 19 等参照。さらに、申 28:20; 31:16; 士 10:10, 13; サム上 8:8; 王上 11:33; 王下 22:17; エレ 1:16; 2:13; 5:7, 19; 16:11; 19:4 等 [ヤハウェ自身の言葉における「わたしを捨て」] をも参照）。したがって、もともと第一の申命記史家の文脈で「ヤハウェを捨て」（七十人訳参照）であったものが、第二の申命記史家の一人により、「ヤハウェの命令を捨て」に二次的に変えられた可能性も考えられてよい（Gray 1977:387; Timm 1982:63; Stipp 1987:31; Thiel 2019:86–87, 104, 130; Knauf 2019:139）。

18b 節の後半では、動詞が単数形に戻って、アハブ個人のバアル崇拝許容がイスラエルの「困苦」の原因として名指されている。旱魃は、それに対する神罰なのである。その際にバアルについて、（王上 16:21–32 とは異なり）「バアルども（ベアリーム）」と複数形で語られている点が注目される（訳注 *a* 参照）。この現象は列王記ではここだけであるが、申命記史書の他の箇所にもしばしば見られる（士 2:11; 3:7; 8:33; 10:6, 10; サム上 7:4; 12:10. 申命記史書以外では、エレ 2:23; 9:13; ホセ 2:15, 19; 11:2; 代下 17:3; 24:7; 28:2; 33:3; 34:4）。このような箇所では、バアルはすでに異教の神々一般の代名詞になっているのである（Hoffmann 1980:362; Frevel 1995:44–45; Otto 2001:153, 157; Thiel 2019:130, 135）。これに反し、後続するカルメル山上の対決の場面では、バアルは常に単数形で言及される。ここにもまた、この部分（18 b 節）の異質性が表現されている。

エリヤのアハブへの批判は、通常の預言者的語法における「叱責の言葉（Scheltwort）」、すなわち罪の告発に当たる。通常はこれに「威嚇の言葉（Drohwort）」、すなわち災いの予告が続くはずである（王上 11:9–13 への注解［第 1 巻 390–391 頁］および王上 14:7–8 への注解［第 2 巻 154–155 頁］を参照）。しかし、ここではその代わりに、エリヤがアハブに対し、「〔人を〕遣わし」て「全イスラエル」と「450 人のバアルの預言者たち」を「カルメル山」上に集めるように指示する（19 節）。語り手の主たる関心は、この時点でアハブとその王朝への災いを告知することよりも、既存の「神同士の対決」のエピソードを通じて、バアルとヤハウェのどちらが力ある真の神であるのかを証示することにあるからであろう。

「今（アッター）」の語は、話題転換のためによく用いられる。人々を集める意図や目的は、この段階ではまだ明かされない。異教の預言者たちが「イゼベルの食卓で食事をする」とされているのは、この預言者たちが王妃イゼベルの寵愛や扶養を受けていることを示す（王上 2:7 等参照）。なお、現在の本文では、この語が直接的には「400 人のアシェラの預言者たち」に掛かっているが、後者はここだけにしか言及されず、後続するカルメル山上での対決の物語では何の役割も演じないので、二次的な付加であろう（Fohrer 1968:13; Gray 1977:392; Würthwein 1984:207〔邦訳 445, 451 頁〕; Hentschel 1984:111; Frevel 1995:37, 53, 63, 101–102; Crüsemann 1997:47, 68; Otto 2001:171; Long, Jr. 2002:214; Lehnart 2003:225, 298–299; Albertz 2006:129; Thiel 2019:87, 104, 131; McKenzie 2019:128; Knauf 2019:207）。22 節でエリヤがたった一人の自分と対比して数の多さを強調するのも、40 節で捕らえられ、殺害されるのもバアルの預言者たちだけで、これらの箇所ではアシェラの預言者たちには言及されない。

申命記史書では、バアルとアシェラがしばしば一緒に言及されるので（士 3:7; 6:25–31; 王上 16:31–33; 王下 17:16; 21:3; 23:4–7 等）、この文脈に「アシェラの預言者たち」を付け加えたのは、申命記史家の一人かもしれない（Frevel 1995:63, 101–102）。アシェラはカナン、フェニキアの豊穣女神で、ウガリトの神話では最高神エルの配偶女神。ただし旧約聖書では、おそらくはバアルの配偶女神と見なされているのであろう。祭儀的には、しばしば命の木を表す木の柱で象徴された。アシェラについては、列王記上

14:15–16; 15:12–15 への注解と第 2 巻 212–217 頁の「トピック 2」を参照。

いずれにせよ、19 節における「アシェラの預言者たち」が二次的付加であれば、イゼベルに扶養されていたのは、バアルの預言者たちだということになる。フェニキア出身の王妃が、フェニキアで特に有力であったバアルの預言者たちを厚遇したというのは理解できることである。ただし、これらのバアルの預言者たち自身がフェニキア人だったとは限らない。なお、バアルの「預言者（ネビイーム）」について言及されるのは、ここと列王記下 10:19 だけである（ただし、王下 3:13 をも参照）。ここにも、イエフのクーデターとの関連性が示唆されている。

カルメル山はサマリア山脈の支脈で、イズレエル平原の南側を北西に向けて走り、全長約 39 キロメートルの連山をなす。高さは 400 から 500 メートルほどで、最高峰は 546 メートル。現在のハイファのそばで地中海に突き出している。パレスチナを略図するとき、左上にちょこんと突き出る、あの岬のような部分である。カルメル山はイスラエルとフェニキアの境界をなし、ヤハウェとバアルの対決の舞台としては象徴的な意味を持つ。なお、集合地として「カルメル山」と「私のもとに」の二つが並んでいるが、必ずしも現時点でエリヤがカルメル山にいるということではない。なお、エリヤ（とアハブ）がカルメル山にいることは、雨の回帰の場面（41–46 節）でも前提にされているが、後続する神同士の対決の場面には具体的な地名は現れない。「旱魃の文脈」以前の古い独立した伝承の段階では、ま

カルメル山。独立峰というより、長さ 39 キロメートルの連峰である。

だ特定の場所付けがなされていなかったのかもしれない（Timm 1982:84–87; Würthwein 1984:211, 218〔邦訳 453, 466 頁〕; DeVries 1985:227; Frevel 1995:105, 117; Fritz 1996:171; Otto 2001:173; McKenzie 2019:130）。

　アハブは何らエリヤの意図を尋ねたり、抵抗したりすることもなく、エリヤの指示を実行する（20 節）。なお、「全イスラエル」や「**イスラエルの子ら（ベネー　イスラエル）すべて**」に言及されるのは、この移行部分（17–20 節）においてだけである。もちろん、そこでも全国民が文字通り一人残らずカルメル山上に結集したということが言われているのではなく、国民各層の代表者たちが集まった（ヨシュ 23:2; サム上 7:5; 25:11 等参照）、ということであろう。いずれにせよ、現在の文脈では王が主催する国民的な集会のような印象を与えるが、後続する神同士の対決の物語自体では、アハブはいっさい姿を現さず、――付加である 31 節、36 節（該当箇所への注解を参照）を除き――「イスラエル」にも言及されない。そこで語りかけられるのは、一貫して匿名的な「民（ハー・アーム）」（21, 22, 24, 30, 37, 39 の各節）であり、これはその場に居合わせた人々というほどの意味である。そこでは、ずっと小さな規模の「集会」が前提とされているように思われる（Würthwein 1984:217〔邦訳 463 頁〕; Thiel 2019:109, 143）。

21–24 節　エリヤ対「民」

　まだ独立して存在していた段階のカルメル山上での対決の伝承の最初の部分は、「旱魃の文脈」の編集者による現在の経過部（17–20 節）により押し退けられてしまっている。しかし、そこでは、エリヤとバアルの預言者たちと「民」の三者が睨み合っているような状況が前提となっている。しかも、王家が振興し、「バアルの預言者たち」が盛んに「宣教」しているバアル崇拝は、「民」――すなわち一般のイスラエル人――にも影響を与え始めている。「民」は、ヤハウェ信仰をすでに放棄してしまったわけではないであろうが、同時にバアル崇拝にも魅力を感じているのである。このこと自体は、多神教的視点から見れば、何の問題もないであろう。しかし、エリヤから見れば、それは「どっちつかずでふらふらしている」ことに他ならない。エリヤは、ヤハウェ以外に「他の神があってはならない」という第一戒的な一神教的神観（出 20:3; 申 5:7）を前提としているか

らである。これ以降の「神同士の対決」の場面は、まさに「第一戒のドラマ化された形態」（Fretheim 1999:102–103）とも評せるであろう。

そこで、エリヤは「すべての民」に「近づいて」語りかける（21 節）。なお、「近づく」という動詞（ナーガシュ）は、後半のエリヤ対「民」の段落（30–40 節）にも繰り返し現れ（30, 36 節）、やはりこのエピソードでキーワード的な役割を果たしていると見ることができる。それはここでは、エリヤと「民」の親密な関係を表現している。これに対し、バアルの預言者たちは孤立した集団であるかのように描かれている。エリヤ、「民」、バアルの預言者たちの三者は、決して等距離の正三角形を形成しているわけではないのである（Thiel 2019:142）。

21a 節　エリヤの民への挑戦

エリヤは民に、「**あなたたちはいつまで、どっちつかずでふらふらしているのか**」と詰問し、「**神**（ハー・エロヒーム）」として「**ヤハウェ**」か「**バアル**」（単数形！）のいずれか一方を選ぶよう二者択一を要求する。どちらを自分たちの神として、仕えるのかという決断を迫っているわけである（ヨシュ 24:15 参照）。

なお、「どっちつかずでふらふらしている」と意訳した、原語の「ポーセヒーム　アル・シュテー　ハッ・セイッピーム」は、言わんとすることはそういうことでほぼ間違いないのだが、正確な意味は今一つはっきりしない。確実なことから始めると、「シュテー」は数詞の「二」であり、前置詞「アル」は「上」を意味する。分詞形「ポーセヒーム」の原形は動詞「パーサハ」で、これは飛び跳ねるような動作を表し、同じ動詞が 26 節では、「バアルの預言者たち」の狂騒状態（「跳び回った」と訳した）の描写にも用いられている。この動詞が出エジプトの物語では、災いが自分たちの家を「跳び越した」ということで、「過越祭（ペサハ）」の語源とされている（出 12:13, 23, 27）。なお、正教ではこのことにちなみ、過越祭とほぼ同時期に催されるキリスト（ハリストス）の復活大祭を「パスハ」と呼ぶ。同じ動詞は、ある種の歩行障害をも意味し得るが（サム下 4:4）、その際でも足を引き摺るというよりは、やはり片足でぴょんぴょん飛び跳ねるような動作が念頭に置かれているのであろう。難物は、旧約聖書でここだ

けにしか現れない「セイッピーム」の語で、これが「小枝」を意味する名詞「サイーフ」（イザ 17:6; 27:10 等）ないし「セアパー」（エゼ 31:6, 8）の複数形であれば、鳥が 2 本の枝を飛び跳ねながら行きつ戻りつしている有様を指すことになる（Würthwein 1984:217〔邦訳 463 頁〕; Crüsemann 1997:46; Cogan 2001:439）。ただし、「セイッピーム」が木の枝から作った杖を意味するという解釈もあり（HALOT 2:762）、その場合には、足の不自由な者が（長さの違う？）2 本の杖に頼って歩こうとしている姿ということになる（Walsh 1996:245; Albertz 2006:26, 131; Thiel 2019:151）。現代人から見れば、2 本の松葉杖を左右のわきの下に当てて歩くことは当たり前にも思われようが、古代の足の不自由な人は、1 本の杖で歩いた（『オイディプス王』におけるスフィンクスの謎かけを参照）。いずれにせよ、人々は二つの選択肢のうち、どちらにするか決めかねているということなのであろう。

21b 節　民の無反応

しかし、民は「一言も答え」ず（動詞「アーナー」）、態度を鮮明にしない。決断を拒否しているのではなく、おそらく選択ができずにいるのであろう。ことによると、一神教的意識のまだ浸透していなかった一般の「民（ハー・アーム）」にとって、仕えるべき神をひとりだけ選べというエリヤの要求自体の意味が理解できなかったのかもしれない（Schmid 2000:492; Hens-Piazza 2006:177）。いずれにせよ、民の最終的な判断は、ヤハウェの力を示す奇跡の後で初めて示される（39 節）。この段階では、「民」はまさに「どっちつかずでふらふらしている」のである。

22 節　「残りの者」としてのエリヤ

「私だけがたった一人、ヤハウェの預言者として残った（ノータル）」という 22 節のエリヤの言葉には、「ヤハウェの預言者」に対する迫害が示唆されており（4 節, 13 節および王上 19:10, 14 参照）、アハブやイゼベルとエリヤの対立関係を強調する「旱魃の文脈」編集者の手によるもので、古い伝承に含まれた要素ではないであろう。なお、エリヤが「たった一人」残ったという発言は、オバデヤが 100 人の「ヤハウェの預言者」を助けた

という記述（4節、13節）と厳密に言えば矛盾する。もちろん、エリヤは絶対数を問題にしているのではなく、この場に居合わせている者としては自分だけだ、ということを言っているのであろう（Steck 1968:18–19; Jones 1984b:318; Provan 1995:141）。他のヤハウェに仕える預言者たちは、たとえ生き残っていたとしても、追放されたか、沈黙を強いられるような状況に置かれていたのであろう（Schmid 2000:492）いずれにせよ、エリヤがまさに一騎当千のような状況でバアルの預言者たちと対峙している状況が強調されている。バアルの預言者が「**450人**」もいる（19節参照）というのも、誇張を含むものであろう。もとの伝承でも、バアルの預言者たちの方が多数派であることは前提とされている（25節参照）が、本来は祭壇を囲んで輪を作る程度の人数が考えられていた（26節）。

23–24節　犠牲による決着の提案

　民が答えないので（21節末尾参照）、エリヤは、ヤハウェとバアルのどちらが力ある神であるかを証明するために、一つの「実験」を提案する（23節）。現在の列王記の大文脈の中で見れば、旱魃と飢饉が前提になっているのであるから、どちらの神が雨を降らせることができるかが試されてもよさそうである。何と言っても、バアルはカナンで雨をもたらす嵐の神として定評があったのだから（第2巻276–279頁の「トピック3」参照）、なおさらそうであろう。ところが、ここでは雨とはまったく関係なく、牛の犠牲と火が問題にされる。前述のように、カルメル山での対決の物語では、もともとは旱魃の文脈が前提とされていなかったのである。

　エリヤの提案によれば、それぞれの神のために1頭ずつの「**雄牛（パル）**」を準備し、屠って祭壇にのせるが、「**火をつけずにおく**」。ここで想定されている犠牲はいわゆる「全焼の供儀（オーラー）」で（34, 38節参照）、通常なら皮以外は祭壇の火で焼き尽くされる（レビ1:7–9, 12–13等参照）。しかし、ここでは人間の手では火をつけず、神自身に点火してもらおうというのである。なお、雄牛の屠りへの言及はないが、当然のこととして前提にされている。「**切り分け**」とあるのは、犠牲を捧げる際には通常、動物の体がいくつもの小片に分割されて祭壇上に置かれること（出29:17; レビ1:6, 12; 8:20参照）と関連する。

24 節には、民に対するものとも読めるエリヤの言葉の中に、「あなたたちはあなたたちの神の名を呼び、この私はヤハウェの名を呼ぶ」とあり、あたかもバアルが「民」の神であり、「民」がすでにバアルを神とすることを選択してしまっているかのようにも読める。ただし、21 節ではまだ、「民」が「どっちつかずでふらふらしている」ことが前提となっていた。すなわち、少なくとも現在の文脈では、「民」の優柔不断な未決断が問題なのである。以下の部分でも、バアルの「名を呼ぶ」のはあくまでバアルの預言者たちであり（25–26 節）、民はあくまで観客、あるいは判定者にすぎない。

ただし、24 節の民への言葉と 25 節のバアルの預言者への言葉は内容的に重複している。このことから、一部の研究者は、物語のさらに一段古い形態では、バアルの預言者たちはまだ登場せず、ヤハウェ信仰を守ろうとするエリヤとバアル信仰になびく「民」が直接、対決していたと見る（Hentschel 1984:111–112; Würthwein 1984:215, 217–220〔邦訳 461, 467–469 頁〕; Frevel 1995:67–70, 92–93, 96–101; McKenzie 2019:129–130）。このこと自体はあり得ないことではない。しかし、そのような「原形」をテキストとして再現することはもはや不可能である（そのような試みとしては、Würthwein 1984:208–210〔邦訳 445–449 頁〕; Frevel 1995:92–93; McKenzie 2019:104–105）。古い伝承で、バアルに「私たちに答えてください」と呼びかけたり（26 節）、「彼らの風習」に従って「刀や槍で自分たち〔の体〕を傷つけ、血まみれにまでなった」（28 節）のが、「どっちつかずでふらふらしている」（21 節）民自身であった、ということはおよそ考えられない。少なくとも現在の文脈で見る限り、24a 節ではエリヤがバアルの預言者たちに向けて語っていると考えねばならない（Beck 1999:75–76; Otto 2001:174; Köckert 2003:132）。あるいは、もともと 23 節同様「彼ら」を主語にした文章だったものが、25 節の影響で乱れたという可能性もある。

なお、「神の名を呼ぶ（動詞「カーラー」）」とは、祭儀を通じて特定の神を礼拝することであるが（創 4:26; 12:8; 13:4; 26:25 等参照。なお、申命記史書では他に王下 5:11 のみ）、実際に声に出して神の名を呼ぶことも含まれる（26–27 節参照）。「火をもって答える（動詞「アーナー」）神こそ、神である」というエリヤの提案に、「民」は、今度は「それがよい（トーブ　ハッ・ダ

ーバール）」と「**答え**」る（動詞「アーナー」）。それゆえ、「民」は決してこの問題に関心がないわけではないのである。

25–29 節　エリヤ対バアルの預言者

　まずは、「多数派」であるバアルの預言者たちが「実験」に取り組むが、——旧約聖書なので当然のことであるが——何の効果も得られない。彼らの無力を見物していたエリヤは、それを皮肉を込めた嘲笑で揶揄する。

25–26 節　バアルの預言者たちの犠牲と祈り

　エリヤはまず、バアルの預言者たちの方が「**数が多い**（ラッビーム）」ので、「**先に**（リショナー）」犠牲行為を行うように促す（25 節）。多数派を重んじる謙虚で紳士的な態度にも見えるが、ここではむしろ作劇法上の意図が働いているのであろう。すなわちエリヤが先に試行して、すぐに成功してしまっては話が面白くならない。クライマックスというものはあくまで最後に来なければならないのである。そこには同時に、エリヤの圧倒的な自信と余裕も感じられる。なお、双方が共に「実験」に成功するという可能性は、当然ながら最初から念頭に置かれてはいない（Würthwein 1984:217〔邦訳 464 頁〕；Schmid 2000:493）。

　この段落では「**朝**（ボケル）」（26 節）、「**真昼**（ツァホライム）」（26, 27 節）、「午後（アボール　ツァホライム）」（文字通りには「真昼すぎ」）（29 節）、「供え物を捧げる時刻（アロート　ハッ・ミンハー）」（29, 36 節）と時を表す語句が頻出するが、これにより、バアルの預言者たちがそれだけ長い時間、バアルへの「**バアルよ、私たちに答えてください**（動詞「アーナー」）」（26 節）という嘆願を繰り返したことが強調されている。しかし、「**何の音もせず、答える者**（動詞「アーナー」の分詞形）**もなかった**」。「音（コール）」は、「声」とも訳せる。バアルはもともと嵐と雷の神である。したがって、具体的には雷鳴のことが考えられているのかもしれない（出 19:19; 申 4:36; サム上 12:18; サム下 22:14 等参照）。しかし、天から何の音もせず、バアルの預言者たちの叫びだけが空しく響くだけであった。彼らが犠牲の雄牛を載せた「**祭壇**」の「**周りを跳び回った**」（動詞「パーサハ」、21 節への注解を参照）というのは、ある種の祭儀的な舞踏を意味しているらしい。こ

91

の祭壇は、今回の犠牲を捧げるために、バアルの預言者たち自身が臨時的に築いたものであろう（訳注 *d* 参照）。

27 節　エリヤの嘲り

さっぱりバアルからの応答がないのを見て、エリヤはバアルの預言者たちを「嘲って」（動詞「ハータル」）、辛辣な皮肉を言う（27 節）。これもエリヤの余裕を表す。「**真昼**」とあるので、エリヤは 4 時間から 5 時間もの間、バアルの預言者たちが「飛び跳ねる」様子を見物させられていたことになる。この部分は表現が極端に短く、省略化されてもいるので、正確な意味を取りにくい（よく訳されるような疑問文ではない）が、バアルの答えがないことを、バアルを意図的に擬人化して、はなはだ人間的な限界と結び付けている（Fritz 1996:172; Köckert 2003:130; Albertz 2006:132; McKenzie 2019:121; Thiel 2019:161）。「**用足し**」は、文字通りの日本語のニュアンスと近く、便所に行っていることを示唆する（Rendsburg 1988; Lamb 2021:240）。さらに、「**旅路にある**」と「**眠っていて起こしてもらわなければならない**」という表現は、バアルに関わるフェニキア・カナンの神話を当てこすっている可能性がある。すなわち北シリアのウガリト出土の神話によれば、バアルは死の神モトに敗れて一時冥界に幽閉されてしまうが、やがて妻であり妹でもあるアナトの力によって地上に呼び起こされるのである（第 2 巻 276–279 頁の「トピック 3」を参照）。これは、夏の乾季には植生が枯れ尽きるが、秋以降の雨季になると再び芽生えるという自然の循環を表現している。アハブ時代にイスラエルにもバアル崇拝が広がっていたのであれば、イスラエル人の語り手がこの種の神話を聞き知っていた可能性も否定できない。エリヤ――ないし、物語の語り手――は「敵」の「教義」を理解したうえで嘲っているのであろう（Hentschel 1984:111–112; Würthwein 1984:220〔邦訳 468頁〕；Nelson 1987:117–118〔邦訳 187頁〕；Frevel 1995:110–111; Crüsemann 1997:45–46; Beck 1999:82–73; Schmid 2000:495; Cogan 2001:441; Albertz 2006:132; Wray Beal 2014:244; Thiel 2019:161–163）。

28−29 節　バアルの預言者たちの狂騒状態

バアルの預言者たちは、彼らの神からの応答がないので、武器で「**自分たち〔の体〕を傷つけ、血まみれにまで**」なる（28 節）。旧約聖書では、このような自傷行為はしばしば死者の悼みと結び付けられ（エレ 16:6; 41:5; ホセ 7:14; ミカ 4:14）、律法では異教的な行為として禁じられている（レビ 19:28; 21:5; 申 14:1）。バアルの「死」——すなわち冥界下り——を悼むために実際にそのような儀礼が行われていたのかどうかは不明であるが、それが「**彼らの風習（ミシュパート）**」に従うことだったとされていることは、そのような自傷行為が伝統的、慣習的に行われていたことを示唆する（ホセ 7:14 参照）。現在の文脈で見れば、自分たちの神バアルの注意や同情を引き、行為へと促す訴えだということになろう（Jones 1984b:320; Nelson 1987:118〔邦訳 187 頁〕; Cogan 2001:441; Lehnart 2003:229; Hens-Piazza 2006:178; Thiel 2019:166; Lamb 2021:240−241）。今日でも、スペインの受難節や、イスラム教シーア派で第三代のイマーム、フサインの殺害を悼むアーシュラー祭、台湾の馬祖誕生祭などで集団的な自傷行為が見られるが、自傷的マゾヒズムは宗教的熱狂主義の表現の一つであり、自己陶酔的な恍惚体験の一変種である。「**狂騒状態**」に陥った（ヒトナベー）という語は、宗教的エクスタシー状態を表し、旧約聖書では集団的な恍惚預言の場面によく用いられる（民 11:25−27; サム上 10:5−6, 10−13; 19:20−24 等）が、預言者的活動とは別に、例えば「悪霊」に取り憑かれたサウルの狂的行動の描写（サム上 18:10）にも転用されている。シリア、フェニキア地方にエクスタシー的な憑霊現象があったことは、エジプトの前 10 世紀頃の「ウェンアメン旅行記」（1:35−49）からも知られている。バアルの預言者たちの狂信的、自傷的な行動は、時と共にどんどんエスカレートしていったのであろう。

旧約聖書によれば、犠牲を含む供物は日に 2 回、朝と夕方に捧げられた（出 29:38−41; レビ 6:13; 民 28:4, 8 等参照。なお、王下 16:15 をも参照）。それゆえ、「**供え物を捧げる時刻**」（29 節）とは夕暮れ時であろう。したがって、バアルの預言者たちは日中の大半をバアルへの勧請に費やしたことになる。古イスラエルの暦では、周知のように一日は日没で終わる。したがって、この日の時間も残すところもう僅かとなっている。しかし、以前

と同様、「**何の音もせず、答える者**（動詞「アーナー」の分詞形）**も**」なかった。この節の最後には、29節の二つの表現に、さらに念を押すかのように、「**注意を引くこと**（カーシェブ）**は何も起こらなかった**」という言葉が付け加えられている。

なお、「供え物」と訳した「ミンハー」の語は、後の祭司文書的祭儀用語で狭義には穀物の供物を意味するが（レビ2章）、より広義では、（全焼の犠牲を含む）捧げ物一般をも意味し得る（創 4:3; 士 6:18; サム上 2:17）。

30–40節　エリヤ対「民」

いよいよエリヤの番となる。エリヤはまず、壊されていたヤハウェの祭壇を修復し、犠牲を捧げる準備をする。ここには、元来の（旱魃の文脈の）語り手や申命記史家たち以外の人々の手による付加が加わっているようである。特に、犠牲への点火をより困難にするような措置があえて講じられていることが目に付く。それだけ、不可能を可能にする神の奇跡的な力がより強調されるというわけである。長く「狂騒状態」を繰り広げたバアルの預言者たちとは対照的に、エリヤは短く静かにヤハウェに祈るだけである。その答えは、天から「落ちる」火の形でただちに実現する。それを見た「民」が、ようやくヤハウェへの信仰告白を口にする。勝利したエリヤは、敗者たるバアルの預言者たちを殺害する。

30–37節　エリヤの犠牲と祈り

さっぱり埒が明かないので、エリヤの方でも準備を始める。エリヤはまず、「民」に自分に「**近づ**」くように求める（動詞「ナーガシュ」）。ここにもまた、エリヤと「民」のより親密な関係が表現されている（21節と同所への注解を参照）。犠牲を捧げるには、「**祭壇**（ミズベーアハ）」が必要である（バアルの預言者たちの祭壇については、26節と同所への訳注を参照）。30節と31–32節には、祭壇について相互に対立する記述が並んでいる。すなわち、30節によればエリヤは、「**壊されていたヤハウェの祭壇を修復した**」（訳注 *h* を参照）のであるが、31–32節によれば、彼はまったく新しく「**祭壇を築いた**」のである。二つの記述のうち、元来のものは30節の方であろう（Fohrer 1968:17; Steck 1968:17; Smend 1975b; 527–528; Jones

1984b:321; Frevel 1995:75–78; Beck 1999:76–77; Lehnart 2003:230–231; McKenzie 2019:132 Thiel 2019:105, 172, 175;)。「壊された」と訳された動詞（ハーラス）は暴力的な破壊を表現し（士 6:25；王下 19:10, 14 等参照）、自然に朽ちたものとは読めない（Frevel 1995:75; Thiel 2019:170–171）。これ以前にヤハウェの祭壇が破壊されたことはどこにも記されていないが、まだ独立して存在していた段階の古い伝承では、（17–20 節の挿入により）もはや失われてしまった先行する部分で、このことについて語られていたのかもしれない。それを破壊したのは、おそらくはバアルの預言者たちか、彼らに影響された民衆であろう。なお、祭壇の破壊については、列王記上 19:10, 14 にも同じ動詞を用いて触れられているが、そこでの現在の文脈では、祭壇を破壊したのは「イスラエルの人々」であったとされている（王上 19:14 への注解を参照）。

　これに対し、31–32 節の付加は、申命記史家たちの思想から説明できる（Fohrer 1968:17; Steck 1968:17; Gray 1977:399–400; Lehnart 2003:231; Thiel 2019:105, 172）。すでに述べたように、申命記史家たちはエルサレム神殿を唯一の聖所とし、それ以外の場所における祭儀の正統性を一切否定する（「緒論」第 1 巻 34 頁参照）。しかし、もし 30 節にあるように、エリヤが古い「ヤハウェの祭壇」を「修復」したのであるとしたら、カルメル山にはすでに以前から「ヤハウェの祭壇」（！）があり、したがってその地はもともとヤハウェの聖所であったことになる。これは、申命記史家たちにとってどうしても受け入れられない発想であった。しかし、物語の性質上、ここでどうしても一回だけは犠牲行為が行われねばならない。それは申命記史家たちにとって、あくまで極めて例外的な事態でなければならない。そこで申命記史家の一人が、直前の祭壇の修復の記述を修正し、再解釈できるように、その祭壇はこのためだけに臨時的に設けられたものであると理解させるような仕方で加筆したのであろう。しかも、この祭壇は一回限り用いられるものにすぎず、しかも直ちに火によって破壊されるのである（38 節と同所への注解を参照）。それにしても興味深いのは、この申命記史家がここで――あるいは他の箇所でも――、歴代誌の著者がよくやるように（例えば王下 16:7–9 と代下 28:16–21 を比較のこと）、底本中の自分にとって都合の悪い記述を削除して自分の記述によって取って替えること

をせずに、あくまで既存の文章を尊重しつつ、加筆によるその実質的修正を試みていることである（Thiel 2019:172）。ここには、既存の伝承を尊重しようとするこの申命記史家の慎重な姿勢が読み取れる。

30節ではこの祭壇が「ヤハウェの祭壇」だったとされているのに対し、32節ではエリヤが「ヤハウェの名において（ベ・シェム）」祭壇を築いたとされていることも注目される。この表現は、申命記史家的な「名の神学」（王上 5:17 と同所への注解［第 1 巻 193–194 頁］を参照）を想起させるが、後者の場合は常に「（ヤハウェの）名のために（レ・シェム）」と記され、前置詞が異なる。したがって、この場所はあくまでエルサレム神殿から区別されているのである。

しかも、31–32節は、別の編集者の手により、さらに後から加筆されているように見える。もとの文章は、「エリヤは石（アバーニーム、複数形）を取り、ヤハウェの名において、それらの石で祭壇を築いた」というものであったと考えられる。ところが、現在はこの文章の間に非常にぎこちない形で説明文が挿入されており、それらの石の数が、「ヤコブ……の息子たちの部族の数にちなむ 12」であったことと、そのヤコブが「ヤハウェの言葉」（言葉の生起定式！）により「イスラエル」に改名されたことが説明されている。イスラエル十二部族を象徴する 12 の石が建てられるという事態は、シナイ山でのモーセによる神との契約の場面（出 24:4）や、ヨシュアによるヨルダン川の奇跡的な渡渉の場面（ヨシュ 4:8–9）でも描かれている。ことによると、ここでエリヤは、「第二のモーセ」、「第二のヨシュア」に擬せられているのかもしれない（Jones 1984b:321; Sweeney 2007:229; McKenzie 2019:122, 133; Thiel 2019:172–173）。

それにしても、これは内容的に何ともこの文脈にそぐわない加筆である。エリヤの物語で「イスラエル」と言えば、常に（ユダを含まない）北王国を意味する。17–20節で前提にされているのも、おそらくそういうことであろう。ところが、ここでは（ユダを含む）十二部族からなるイスラエル民族の統一性と全体性が強調されているのである。ここではおそらく、北王国（イスラエル）も南王国（ユダ）ももはや存在せず、「民族」だけが生き残っているような状況が背景となっている。

「ヤコブ」の「イスラエル」への改名については、創世記 32:29 と同

35:10 に記されている（列王記では他に、王下 17:34 をも参照）が、語句という点でも内容的にも、ここで踏まえられているのは明らかに後者の箇所（創 35:10）である（創 32:29 でヤコブを「イスラエル」と改名するのは、見知らぬ「人（イーシュ）」である）。創世記 35:10 は通常、祭司文書（P 資料）に属すると考えられている。そして、祭司文書は一般的に、申命記史書（少なくともその基層）よりも後の時代のものとされる。ここからも、この加筆の時間的な遅さが読み取れる（Hentschel 1984:113–114; Frevel 1995:76–78; Beck 1999:77; Köckert 2003:139; Lehnart 2003:231; Thiel 2019:105, 114）。

　33 節で、エリヤは「**薪を並べ、雄牛を切り分け**」て、犠牲の準備を始める。現在のテキストでは、この記述を囲むような形で、エリヤが「**祭壇の周囲**」に「**溝**」を造り（32b 節）、「**四つの甕に水を満たし**」、しかもその水を「**全焼の供儀（オーラー）と薪の上に**」注がせた（34 節）、という奇妙な文章が置かれている。しかも、そのような水注ぎを「**3 度**」も繰り返させた。流された水は祭壇の周囲の溝を満たしたという（35 節）。この部分も、犠牲の文脈を不自然な形で中断しており、二次的加筆であろう。何よりもまず、ここでは厳しい旱魃の真っ最中であるということや、山の上にいるという状況がまったく顧慮されていない。そのような状況のもとで、これほど多量の水が供給できるはずはない。しかも、前述のように、もう日没も近付いているはずである。その僅かな時間の間に、祭壇の周囲に溝を掘り、その後で四つの甕に水を汲んで運んで来て、犠牲や薪にそれをぶちまけるという作業を 3 度も繰り返すことができたはずはない。

　「**溝（テアーラー）**」とは、通常は水を流す水路や運河を意味するが（王下 18:17= イザ 36:2; 王下 20:20; イザ 7:3; エゼ 31:4; ヨブ 38:25）、祭壇の周囲に掘られたということから、本来は犠牲から出た血を流すものであったと考えられる（出 29:12; レビ 4:7, 18, 25, 30, 34; 申 12:16, 24; 15:23 等参照）。なお、五書中の犠牲についての規定は、遅い時代のものが多い。ことによると、捕囚後の第二神殿の状況が重ねられているのかもしれない（エゼ 43:13–17 参照）。「**2 セアの種**」（32b 節）というのがどれぐらいの量なのかは定かではない。一般的に想定されているように、1 セアを 1 エファの 3 分の 1、約 7.7 リットル（新共同訳末尾の度量衡表を参照）とすると、15 リ

ットル強ということになり、我々の感覚で言えば一升瓶で 8.5 本分ということになる。これでは「溝」の容量としては小規模すぎるように思われる（Cogan 2001:442; Wray Beal 2014:240; Thiel 2019:175. なお、王下 7:1 をも参照）。何しろ、「四つの甕」で 3 度も水を注ぎかけるわけであるから（34 節）。数字の部分のテキストが破損している可能性もある。別の見方では、「2 セア分の種を蒔く畑の広さ」と解する（Hentschel 1984:114; Jones 1984b:321; Würthwein 1984:209〔邦訳 488 頁〕; Schmid 2000:498; Sweeney 2007:229; Wray Beal 2014:240; Knauf 2019:111–112; McKenzie 2019:133; Thiel 2019:176）。この場合には、かなり幅の広い「溝」だったことになる。いずれにせよ、この部分の著者は、読者がすぐに理解できることを前提として書いている。

　水注ぎの意味についても議論があるが、それが習慣的な犠牲獣の洗浄（レビ 1:9, 13 参照）だった（Würthwein 1984:216〔邦訳 462 頁〕; Köckert 2003:139）とは思われないし、模倣呪術的な雨乞いの儀礼（Jones 1984b:322; Sweeney 2007:229）というのもありそうにない。何しろ、前述のように、ここでは旱魃の状況がまったく前提にされていないからである。やはり、犠牲と薪を水浸しにさせて着火がより困難な状況を作り上げ、それだけ「ヤハウェの火」による点火（38 節）の奇跡的性格をより高めようという作劇上の効果がねらわれていると考えるべきであろう（Fohrer 1968:17; Hentschel 1984:112; DeVries 1985:229; Frevel 1995:81–82; Nelson 1987:118〔邦訳 188頁〕; Fritz 1996:172; Walsh 1996:252; Beck 1999:77; Schmid 2000:499; Hens-Piazza 2006:179; Thiel 2019:179; Lamb 2021:242）。わざとらし過ぎて、あまり効果を挙げているとは言えないけれど。

　水かけを「3 度」繰り返すということも、何か儀礼的、象徴的な意味があるのかもしれない（サム上 20:20; 王上 17:21 参照）。なお、旧約聖書の伝説的伝承で、3 回の繰り返しが象徴的な意味を持つことについては、列王記上 17:21 への注解を参照。四つの甕で 3 度であれば合計 12 回になり、ここでもイスラエルの全体性が象徴されている（Jones 1984b:322; DeVries 1985:229; Nelson 1987:118〔邦訳 187頁〕; Werlitz 2002:174; Wray Beal 2014:245）、というのはいささか穿ちすぎであろう。ただ、12 という数が、完全数として象徴的な意味で用いられているということはあるのかもしれ

ない（Frevel 1995:82; Thiel 2019:180）

　この加筆（32b 節、34–35 節）が、申命記史家たちの編集（31 節、32a 節）やさらにそこに加えられている祭司文書的加筆と歴史的にどういう前後関係にあるのかは、よく分からない。しかし、前述のようにもし第二神殿の祭壇の状況が踏まえられているとすれば、この加筆は、年代的にかなり遅いものということになる。

　36–39 節は、全体のクライマックスをなす。36 節では、エリヤがどこに「近づい」た（動詞「ナーガシュ」）のか記されていないが（21 節、30 節参照）、当然、祭壇の前に進み出たということであろう。ちなみに、エリヤが正式に「預言者（ナービー）」という称号で呼ばれるのは、列王記ではこの箇所（36 節）だけである（ただし、エリヤが「預言者」の一人であることは、王上 18:22; 19:10, 14, 16 でも前提とされている。なお、列王記以外では、代下 21:12; マラ 3:23 を参照）。

　ここ（36 節）にも再び「供え物を捧げる時刻（アロート　ハッ・ミンハー）」への言及があるが、29 節と矛盾する（Würthwein 1984:216〔邦訳 462 頁〕; Lehnart 2003:233）とは限らない。まだバアルの預言者たちの「狂騒状態」が続いているうちに、エリヤがヤハウェへの祈りを始めたとも考えられるからである（前述のように、元来の物語では、32b 節や 34–35 節の溝掘りや水注ぎの「作業」は前提にされていなかったと考えられる）。

　バアルの預言者たち（および後の王下 3:15 におけるエリシャ）とは異なり、エリヤの挙動にエクスタティックな要素は微塵もみられない。そこには絶叫も乱舞もなく、自分の体を傷つける熱狂主義もなく、ただ静かな祈りだけがある（Nelson 1987:118〔邦訳 187 頁〕; Provan 1995:139; Walsh 1996:255; Thiel 2019:190）。エリヤは明瞭な言葉によってヤハウェに祈り、訴える。しかも、1 日の大半を費やしたバアルの預言者たちの不毛な大騒ぎとは対照的に、エリヤの祈りは短く、簡潔なものである。

　36–37 節には、ほぼ並行的に構成されたエリヤの二つの祈願が並んでいる。すなわち、いずれの場合でも、まず「ヤハウェよ」と名指しの呼びかけがなされ、ヤハウェの行為により、結果として特定のことが認識される（動詞「ヤーダー」）ように希求される（「知れわたりますように」／「知るでしょう」）。明らかな重複現象であり、何らかの仕方で手が加えられて

いると想定される。

　二つの祈りのうち、もとの物語に属すのは、この物語のキーワードの一つ（21, 24, 26, 29 の各節参照）である「答える（動詞「アーナー」）」を２度も用いている 37 節の方であろう（Smend 1975b:527; Hentschel 1984:112; Jones 1984b:322; Würthwein 1984:209, 216〔邦訳 448, 462–463頁〕; Frevel 1995:82–85; Beck 1999:78; Otto 2001:174; Lehnart 2003:224; Köckert 2003:132–133; Thiel 2019:106, 180, 187）。ここではエリヤが、ヤハウェに対し、26 節でバアルの預言者たちがバアルに対して行ったと同じ「答えてください」という嘆願を、神の名と人称語尾（私たち→私）だけを変えて行っている（ただし、２度繰り返されている点は異なる）。同じような嘆願に対して、答えがまったく対照的であるということがこの物語のミソなのである。バアルの預言者たちの嘆願に対しては、「何の音もせず、答える者もなかった」（26 節）のに対し、エリヤの嘆願に対しては直ちに、しかも劇的な仕方でヤハウェの応答がある（38 節）というわけである。

　37b 節における「**あなた、ヤハウェが神であり**（アッター　YHWH　ハー・エロヒーム）」は、21 節のエリヤの二者択一の要求を受け、39 節の民の決定的な信仰告白への伏線を張る役割を果たしている。次の「**あなたこそが彼らの心を後ろに引き戻した**」（37b 節）という文は、「後ろに（アホラニート）」という語のニュアンスがよく分からないので、正確な意味が不明である（Timm 1982:82; DeVires 1985:230; Nelson 1987:118〔邦訳 188頁〕; Cogan 2001:443; Heller 2018:71）。「あなたが……引き戻した（ハスィッボーター）」（動詞「サーバブ」のヒフィル形）の語が完了形であることなどから、民がヤハウェに背を向けたという既存の事実を指すと解し、民の背教行為も究極的にはヤハウェの意志によるとする解釈もある（Timm 1982:82; Würthwein 1984:209, 216〔邦訳 448, 463 頁〕; Hentschel 1984:114; Frevel 1995:84; Walsh 1996:252–253; McKenzie 2019:123, 134–135）。しかし、その場合には、かつての出エジプトの際にヤハウェが自分の「栄光」を表すために、あえてファラオの心を「頑な」にした（出 7:1–5; 14:4, 8, 17 等参照）のと同じような事態となり、神学的にいささか複雑なことになる（イザ 63:17 をも参照）。より単純に、39 節に示されるような民の「回心」と信仰告白もまた、究極的にはヤハウェ自身の力と働きかけによる（王上

8:58; エレ 31:18–19 等をも参照）、という意味に解しておけばよいであろう（Fohrer 1968:18; Nelson 1987:118〔邦訳 188頁〕; Beck 1999:78–79, 81; Schmid 2000:501; Long, Jr. 2002:217; Albertz 2006:135; Wray Beal 2014:245; Heller 2018:71–72; Thiel 2019:188; Knauf 2019:218–219. なお、岩波訳、新共同訳、JBS 共同訳をも参照）。少なくとも 21 節によれば、民はまだ「どっちつかずでふらふらしている」のであって、すでにはっきりと背教したわけではない。動詞の完了形は、ヤハウェが目に見える形で自分の祈りに答え、民がそれを見てヤハウェに回心することをエリヤがすでに確信しており、未来の結果から回顧する視点で語っている、と解せばよいであろう。

　37 節の祈りに対して二次的と思われる、その直前の 36 節のもう一つの祈りは、やはり申命記史家的関心から説明できる。そこで祈られているのは、ヤハウェが「**イスラエルにおいて神である**」ことと、エリヤがヤハウェの「**僕**」であり、彼がヤハウェの「**言葉**」によって「**これらすべてのことを行った**」ことが「**知れわたります**」ように、ということである。「イスラエルにおいて（ベ・イスラエル）神である」とは、直後にある「あなた、ヤハウェが神である」という既存のテキストのやや漠然とした表現（37 節）をより理解しやすい形に解釈したものであろう（Thiel 2019:184, 187–188）。ヤハウェの「僕（エベド）」とは、モーセ（出 14:31; 民 12:7–8; 申 34:5; ヨシュ 1:2, 7, 13, 15; 王上 8:53, 56; 王下 18:12; 21:8 等）やダビデ（サム下 3:18; 7:5, 8; 王上 11:13, 32, 34; 14:8; 王下 19:34; 20:6 等）に特にしばしば付けられる肩書きであるが、申命記史書では預言者的人物像についても一般的によく用いられる（王上 14:18; 15:29; 王下 9:7; 14:25; 17:13, 23; 21:10; 24:2 等）。エリヤ自身は、ここ以外では列王記下 9:36; 10:10 でもヤハウェの「僕」と呼ばれている。

　エリヤが行った「これらすべてのこと」とは、現在の周囲の文脈では、カルメル山で犠牲行為を行うことである。すでに述べたように、申命記史家たちから見れば原則としてエルサレム神殿以外のあらゆる犠牲祭儀は違法であり、エリヤの犠牲は極めて例外的なものと見なされねばならない。しかも、ここではそれがヤハウェの「言葉（デバリーム）」によるものとされ、この犠牲行為がエリヤ自身の意志と責任によるものではないことが強調されている。それはあくまでヤハウェ自身の命令によるものであり、エ

リヤはそれに忠実に従っただけなのである。これにより、エリヤはいわば申命記主義的な祭儀集中原則への「違反」から免責されているわけである。もとになった古い物語では、エリヤがすべてを自分のイニシアチブで行っているように見える。それをあくまでヤハウェの意志に従属したものにするこのような申命記史家たちの神学的「修正」は、直前の列王記上17章でも繰り返し見られたものである（同所への注解と【解説／考察】を参照）。

なお、「この民（ハー・アーム　ハッ・ゼ）」の語が「知る」という動詞（ヤーダァ）の主語である37節とは異なり、36節では動詞が「知れわたる」（文字通りには「知られる」、イッワーダァ）と受動態（ニファル）になっていることには、（イスラエルの）「民」が知るだけでなく、バアルの預言者たちも思い知るように、というニュアンスが込められるのかもしれない。

なお、冒頭の「**アブラハム、イサク、イスラエルの神**」という神の肩書きは、31節におけるヤコブのイスラエルへの改名（同所への注解を参照）を踏まえており、31節と同じ編集のレベルに属すると考えられる。この形での先祖の列挙が他には出エジプト記32:13; 歴代誌上29:18; 同下30:6にしか現れないことも、この加筆の遅さを裏付けている。通常は言うまでもなく、「アブラハム、イサク、ヤコブ」である（出3:6, 15–16; 4:5; 6:3等参照。申命記史書では王下13:23参照）。

38節　犠牲への点火による決着

バアルの預言者たちは日中の大半の時間を費やしたが、答えはなかった。それに対し、ヤハウェの「答え」は即座に下される。「**ヤハウェの火**」（レビ9:24; 10:2, 6; 民11:1, 3; 16:35; ヨブ1:16等参照。なお、王下1:10–14をも参照）がどこから「**落ちて**」きた（動詞「ナーファル」）のかは具体的に記されていないが、当然ながら天から、ということが考えられていよう（王下1:10, 12参照）。具体的には、稲妻のことが考えられているのかもしれない。その場合には、旱魃で雲一つない晴天であることが前提にされているので（43–44節参照）、まさに青天の霹靂ということになろう。自然に火が降ってきて犠牲を「**焼き尽くした**」（訳注1参照）ということは、当然ながら、ヤハウェによる犠牲の嘉納を表現する（似たような場面として、レビ9:24; 士6:21; 代上21:26; 代下7:1等をも参照）。焼き尽くされたものとして、「**全**

焼の供犠」や「薪」と並んで「石（アバーニーム：複数形）」が言及されていることは、31–32 節で築かれた祭壇が破壊されたことを示す。したがって、前述のように、申命記史家の一人による加筆であろう（31–32 節への注解を参照）。申命記史家たちにとって、カルメル山上の祭壇はあくまで例外的で臨時的なものであり、用がすめば直ちに破棄されねばならなかったのである（Fohrer 1968:17; Steck 1964:17; Nelson 19876:119〔邦訳 188 頁〕；Thiel 2019:177）。これにさらに「塵（アーファール）」が付け加わっている理由はよく分からない。石が強い火で瓦解して塵状になり、それも焼き尽くされたということか。祭壇の石組を固定する目地材（ある種のモルタル）として用いられた泥のこととする見方もある（Frevel 1995:86）。「溝の中にあった水」への言及は、32b 節、35 節の加筆を受けたもので、もちろん、「ヤハウェの火」の勢いの強さを追加的に強調する役割を果たしている。

39 節　民の反応

これを見た「民」は驚愕し、その場に「ひれ伏し」て（訳注 m 参照）、「ヤハウェこそ神です、ヤハウェこそ神です」と信仰告白を繰り返す（39 節）。奇跡を目撃することが、ようやく彼らを決断と信仰告白に動かしたのである。これによって、21 節の「もしヤハウェが神であるのなら、かれに従って歩みなさい。もしバアルがそうであるのなら、彼に従って歩みなさい」というエリヤの言葉によって提起された問題が決着し、物語的な緊張も解消する。同時に、「この民」がヤハウェこそ神であることを「知る」ように、というエリヤの嘆願（36, 37 節）も、文字通りに叶えられたことになる（Schmid 2000:502）。なお、ここで言う「ヤハウェこそ神です」という信仰告白の言葉が、いかなる意味で「一神教的」であるか、という問題については、本単元末の「トピック 1」を参照。

40 節　バアルの預言者たちの殺害

エリヤは、今や敗者となったバアルの預言者たちを「捕らえ」るように民に命じる（40 節）。民が彼らを捕らえると、エリヤは彼らを「キション川に連れ下って」、そこで「彼らを殺害した」（訳注 o 参照）。現代の読者から見れば、無くもがなの血なまぐさい結末であるが、イスラエルを異教に誘惑しよ

カルメル山上に立つエリヤ像。バアルの預言者の一人を踏みつけている。
("elijah statue in mukhraka monastery on mount carmel" by אביעד is licensed under CC BY 2.5)

うとする者についての旧約聖書の態度は厳しい（出 22:19; 32:26–28; 民 25:1–9; 申 13:2–16; 17:2–5; 18:20）。現在ある形でのこの章全体の文脈で見れば、それはイゼベルによるヤハウェの預言者たちの殺害（王上 18:4,13）に対する正当的な報復という意味にも読めるであろう（Nelson 1987:119〔邦訳 189 頁〕; Walsh 1996:254; Sweeney 2007:229; Wray Beal 2014:245; McKenzie 2019:135）。エリヤ 1 人で、450 人（19, 22 節参照）ものバアルの預言者たち全員を切り殺したということであろうか（動詞は単数形）。なお、この箇所でのエリヤによるバアルの預言者たちの殺害は、次章への伏線の役割をも果たしている（王上 19:1–2 参照）。

バアルの預言者が皆殺しにされるという事態は、否応なく、後のイエフのクーデターの際の「バアルの預言者たち」や「祭司たち」の粛清（王下 10:18–26）の場面を連想させる。実際のところ、ここでは親イエフ王朝的な「旱魃の文脈」の編集者により、二つの出来事が意図的に重ねられ、イエフの虐殺行為が準備、正当化されている可能性がある。すなわち、イエフのバアル崇拝者殲滅にはエリヤという権威ある先例があり、イエフはそのひそみに倣ったにすぎないことになるのである（Steck 1968:86–90; White 1997:26, 28; Otto 2001:176; McKenzie 2019:124, 128, 135; Thiel 2019:102, 111–113, 197）。

キション川は、カルメル山の北を流れる現代のナハル・エル・ムカッタで、イズレエル平原を潤してハイファの東で地中海に注ぐ。下流は常に水が流れるが、上流や支流は乾季に水が枯れるワディである。バアルの預言者たちの殺害がわざわざキション川で行われたのは、ヤハウェの祭壇（30 節）のあるカルメル山上の聖地——「旱魃の文脈」の編集者にとってはそうである——を血で汚さないようにするためか（Schmid 2000:503）。キショ

ン川は、かつてのデボラの戦いの戦場（士 4:7, 13; 5:21）で、イスラエルが
カナン人に対して歴史的勝利を勝ち取った場所でもある（詩 83:10 をも参照）。
この場所が選ばれたのには、二つの「勝利」を重ねる象徴的な意味がある
のかもしれない（Beck 1999:80; Lehnart 2003:235, 280; Thiel 2019:193）。

【解説／考察】

　前述のように、カルメル山は長い連山であるので、物語で、エリヤとバ
アルの預言者たちの対決が行われた場所が具体的にどこと想定されている
のかは、よく分からない。伝統的には、カルメル連山の南東端に位置する
地点（海抜 482 メートル）が現場とされ、デイール・アル・ムフラカ（「焼
けた場所」の意味）と呼ばれている。そこには現在エリヤを記念する石碑
が立ち、その上では彫像のエリヤが鬼のような形相で剣を振り上げ、1 人
のバアルの預言者を足で踏みつけている。キション川は、この高台の真下
を流れている。

　カルメル山での対決の物語は、旧約聖書の信仰の排他的で不寛容な側面
を典型的な形で示すテキストの一つである。それは信仰上の決断の重要性
を図解するものではあるが、同時に宗教が自己絶対化に陥る危険性をも示
している。しかも、この物語の成立の歴史的背景には、宗教を通じて政治
的暴力を伴う自分たちの立場を正当化し、プロパガンダしようとする意図
も透けて見える。聖書のテキストもまた、罪ある人間の所産としての側面
も持っているのである。

　ここでのエリヤは、一つの宗教的「実験」を行い、奇跡によって自分た
ちの神の卓越性を実証し、誇示しようと試みるが、その精神はまかり間違
えば、手品まがいの奇跡的な行為を通じて大衆にアッピールすることのみ
を目指す超自然至上主義的宗教性に通じかねない。むしろわれわれは、同
じ旧約聖書から「あなたの神である主を試してはならない」という言葉を
引いて、見世物主義的な奇跡を拒否したイエスの態度（マタ 4:7; ルカ
4:12）からこそ学ぶべきであろう。ここに登場する「民」は、天から下る
火を「見て」初めて信仰告白した。しかし、イエスは最初復活を信じなか
った弟子トマスに言った。「見ずして信ずる者は幸いなり」（ヨハ 20:29）。

105

トピック1
旧約聖書の一神教的神観について

　エリヤの提起した「実験」により、神としてのヤハウェの力が実証され、バアルの無力が証明された。ヤハウェ以外の他の神々への信仰と礼拝を否定する旧約聖書の宗教は、疑いもなく一神教的である。そして、古代エジプトに、王権への権力集中という極めて政治的な動機でごく一時期の間（前1345–34 年）、一神教的なアテン崇拝が導入されたこと（いわゆるアクエンアテン王の宗教改革）を唯一の例外とすれば、古代世界においてイスラエル以外に一神教が存在したことは知られていない。その意味で、旧約聖書は一神教の源泉であり、ユダヤ教、キリスト教、イスラム教のいわゆる三大一神教は、旧約聖書の神観を継承している。

　宗教史的に問題になるのは、エリヤの物語に描かれたイスラエルの信仰が、いかなる意味で「一神教的」であったか、ということである。宗教学では、一神教は通常、二つに区別される。一つは、他の神々の存在そのものは否定しないが、それらを信じたり、礼拝したりすることを禁じる「拝一神教」（モノラトリー）であり、もう一つは、唯一絶対の神のみの存在しか認めず、それ以外のあらゆる神々の存在そのものを原理的に否定する「唯一神教」（モノセイズム）である。先に挙げた現代の「三大一神教」は、すべて後者の立場をとっている。これに対し、例えば大乗仏教の浄土真宗は、阿弥陀仏のみに頼ることを強調する点で「拝一仏教的」であるが、釈迦仏をはじめとする他の仏や如来の存在そのものを否定するわけではないので、「唯一仏教」的ではない。

　旧約聖書の比較的早い時代にまで遡ると思われる伝承には、イスラエルがヤハウェを神とするように、他の民族がそれぞれ自分たちの神を持つことを当然視しているように見える描写がしばしば見られる（士 11:23–24; ルツ 1:15–16; サム上 26:19; ミカ 4:5 等）。他の民族にはそれぞれ崇拝する神々が存在するが、イスラエル人がそれらの他の民族の神々を崇拝することは厳しく禁じられる。これは、明らかに拝一神教的な信仰の在り方である。

　次の二つは、旧約聖書の法的伝承の中でも比較的古いと思われる、いわ

ゆる『契約の書』に含まれる一神教的規定であるが、そこで禁止されているのは、あくまで（他の）神々に「犠牲を捧げ」たりそれらの神々の「名を唱え」ることであって、そのような神々が存在すること自体は決して否定されていないのである。

　　「ヤハウェのほか、神々に犠牲を捧げる者は断ち滅ぼされる」（出22:19）
　　「他の神々の名を唱えてはならない」（出 23:13）

　一般に倫理的十戒よりも古いと見なされている、いわゆる祭儀的十戒（しばしば「ヤハウェの特権法」とも呼ばれる）中の一神崇拝規定についても、これと同じようなことが言える。

　　「あなたは他の神（エール　アヘール）にひれ伏してはならないからである。なぜなら、ヤハウェはその名を『妬み（カンナー）』といい、彼は妬みの神（エール　カンナー）だからである」（出 34:14）

「妬みの神」としてのヤハウェへの言及は、妬み（嫉妬）の対象たる他の神々の現実的な存在をむしろ前提とする。存在しないものに対する嫉妬というのは意味をなさない。「ヤハウェよ、神々（エーリーム）の中に、あなたのような方があるでしょうか」（出 15:11）、「ヤハウェはすべての神々にまさって（ミッ・コル　ハー・エロヒーム）偉大である」（出 18:11）、といった讃美は、ヤハウェの圧倒的な卓越性を強調するものではあるが、より劣った存在としての他の神々の存在を比較対象としてやはり前提としている。

　したがって、イスラエルの宗教は、少なくとも早い段階では、基本的に拝一神教的であったと考えられる（より詳しくは、山我『一神教の起源』［2013 年］を参照）。
　神学的にはより進んだ段階にあると思われる、「あなたには、他の神々があってはならない」（出 20:2; 申 5:7）と命じる倫理的十戒の第一戒や、「われらの神ヤハウェはひとりのヤハウェ」（申 6:4）と信仰告白する申命記の

「シェマの祈り」も、やはりまだ拝一神教的段階にあると思われる。あくまで、イスラエルには、ヤハウェ以外の神があってはならないのであり、ヤハウェのみが、イスラエルの神なのである。

これに対し、明らかに捕囚時代後期のものである第二イザヤや、申命記への捕囚期の付加と思われる部分のような、比較的遅い時代に由来するテキストの中には、意図的にヤハウェ以外の神々の存在そのものを否定しようとする表現が見られる。

「わたしはヤハウェ、わたしの前に神は造られず、わたしの後にも存在しない」（イザ 43:10）。
「わたしをおいて神はない」（イザ 44:6）。
「わたしはヤハウェ、ほかにはいない。わたしをおいて神はない」（イザ 45:5）。
「ヤハウェこそ神であり、ほかにはいない」（申 4:35, 39）。

なお、このような唯一神観は、申命記史書のいくつかの箇所にも散見される（サム下 7:22; 22:32; 王上 8:60; 王下 5:15; 19:15, 19）が、多くは二次的付加であり、第二イザヤ的な神観の影響を感じさせる。

したがって、旧約聖書の内部において、捕囚時代前後の時期に、明らかに拝一神教から唯一神教への突然変異が生じたのである。

カルメル山での対決の物語は、その両者の狭間にあって微妙な位置を占めている。ここでは一方において、ヤハウェが「われらの神」ないし「イスラエルの神」であることが問われるのではなく、バアルとヤハウェのどちらが「神」（冠詞付きの「ハー・エロヒーム」）であるかが端的に問われている（21 節）し、「民」の決定的な信仰告白も、端的に「ヤハウェこそ神（「ハー・エロヒーム」）」というものであった。しかし、他方で、第二イザヤや申命記 4:35, 39 に見られる排他的な「ほかにはいない（エーン・オード）」の語がここには見られないことも看過できない（Frevel 1995:119; Crüsemann 1997:48; Thiel 2019:183）。

カルメル山上の対決の物語に、第二イザヤと同じような意味での絶対的な唯一神観を見ようとする研究者たちは、必然的にこの物語の成立を遅

い時代に設定し、捕囚時代後期の申命記史家たちや、申命記史家たちより
もさらに後の時代の付加と見なすことになる（Würthwein 1984:217–219
〔邦訳 463–467頁〕；Albertz 1992:239; 2006:66, 132–136; Fritz
1996:173–174; Beck 1999:81–82, 86; Otto 2001:175; Köckert 2003:131,
138, 140）。しかし、本注解の釈義を通して見たように、この物語にはオム
リ王朝を否定的に意味づけ、イエフによるオムリ王朝の絶滅を正当化しよ
うとする意図が明確に認められる。そのような意図は、ユダ王国滅亡後の
捕囚時代からはおよそ説明できない（次頁以下の「トピック2」を参照）。

　ここで興味深いのは、明らかに二次的な付加であった36節では、ヤハ
ウェが「イスラエルにおいて（ベ・イスラエル）」神であるということが問
題とされていることである。そこでは、あくまでヤハウェがイスラエル人
にとっての神であるということが前提とされている。すなわち、そこには
拝一神教的な神観が表明されているわけである。すでに唯一神教であった
既存のテキストを、二次的加筆者が拝一神教的な意味に逆戻りさせるとい
うことはありそうもない（Thiel 2019:184, 187–188）。バアルが彼の預言
者たちの「神」であることは、（24節、）25節、27節で前提とされており、
ヤハウェ以外の神が存在するかどうかという問題意識自体が著者の念頭に
あったとは思われない。決定的に問題なのは、イスラエル人にとって、い
ずれの神が信ずるに値する力を持つか、ということなのである。したがっ
て、カルメル山での対決の物語の著者もまた、あくまでヤハウェの「イス
ラエルにおける」神としての力を問題にする拝一神教的な神観の段階にあ
ったと見るべきであろう（Frevel 1995:119–120; Crüsemann 1997:46–51;
Lehnart 2003:233–234; Thiel 2019:183, 187–188）。

　ただし、この物語ではバアルの「神」としての力や能力が全面否定され
ており、事実上、その「神的」性格そのものがバアルから剝奪されている
とも言える。したがって、それはほとんど実質的な唯一神観とさえ呼び得
るものであり、後の理論的、神学的唯一神観への先駆になっているとは言
えるであろう。

トピック2
捕囚時代以降におけるバアル崇拝批判（？）

　直前の「トピック1」でも述べたように、最近のヨーロッパの学界では、カルメル山での対決の物語を申命記史家たちから切り離し、史家たちよりもずっと後に付加されたものとする見方が一部に広がっている（Würthwein 1984; Albertz 1992, 2006; Fritz 1996; Beck 1999; Otto 2001; Köckert 2003; McKenzie 2019）。その大きな論拠が、この物語の中に、一見して唯一神教（モノセイスム）的とも思われる神観が見られることであることも既述のとおりである。そのような唯一神観の確立は、第二イザヤにおいて初めて確認でき、第二イザヤの成立はバビロン捕囚からの解放者であるペルシア王キュロスへの言及（イザ 44:28; 45:1）等から見て、早くとも捕囚時代最後期から初期ペルシア時代にかけてより以前ではあり得ない。カルメル山での対決の物語は、第二イザヤの神観の影響を受けており、必然的にこの時代よりもさらに後のもののはずだ、という理屈である。

　ただし、この物語で前提にされている神観について、単純に第二イザヤの影響を受けているとは言えないことは、やはり直前の「トピック1」で述べた通りである。それは、イスラエルにとっての神がヤハウェであるかバアルであるかを問う二者択一の物語であり、あくまで拝一神教的神観のもとで語られたものとしても十分理解できるのである（Frevel 1995; Crüsemann 1997; Lehnart 2003; Thiel 2019）。ここでは逆に、はたして捕囚時代末期やペルシア時代になってから、ヤハウェかバアルかの二者択一を問うことにどれほどの意味と現実性があったかどうかを考えてみたい。

　まず、これについて考える前提として、旧約聖書における神名としての「バアル」の語の分布を見ておきたい。「主人」や「夫」、「持ち主」という普通名詞的意味で用いられている場合や、地名の一部（出 14:2, 9; 民 32:38; 33:7; ヨシュ 11:17; 12:7; 13:5; 15:60; 18:14; 士 3:3; 20:33; サム下 5:20; 6:2; 13:23; 王下 4:42; 代上 4:33; 5:8, 23; 14:11; 雅 8:11; エゼ 25:9）や人名（創 36:38–39; 代上 1:49–50; 5:5; 8:30; 9:36）として出る場合や、特定の地方的神格（ペオルのバアル・ペオル［民 25:3, 5; 申 4:3; 詩 106:28; ホセ 9:10］、シケムのバアル・ベリト［士 8:33; 9:4］、エクロンのバアル・

ゼブブ［王下 1:2–3, 6, 16］）の場合を除き、明らかにヤハウェ信仰に対立する神の神名として用いられている「バアル」の語は、旧約聖書に 87 回出てくる。このうち、意外なことに申命記とヨシュア記には用例がなく、士師記に 16 回（うち、ギデオン関係に 10 回）、サムエル記上に 2 回（サム上 7:4; 12:10）、列王記に 40 回（うち、アハブ／エリヤ関係 14 回、イエフ関係 18 回、ヨシヤ関係 2 回）、歴代誌下に 7 回、エレミヤ書に 14 回、ホセア書に 7 回（ホセ 2:10, 15［2 回］, 18, 19; 11:2; 13:1）、ゼファニヤ書に 1 回（ゼファ 1:4）である。

また、士師記 2:11; 3:7; 8:33; 10:6, 10; サムエル記上 7:4; 12:10; 列王記上 18:8 では、いずれも極めて申命記史家的な文脈の中で、複数形の「ベアリーム」が用いられており、特定のカナン／フェニキア系の具体的な神格を指すというより、異教の男性神一般を表す符牒のような用いられ方をしている（王上 18:18 への注解を参照）。エレミヤ書 2:23; 9:13; ホセア書 2:15, 19; 11:2; 歴代誌下 17:3; 24:7; 28:2; 33:3; 34:4 における複数形での用例も、これに準ずる用法であると考えることができる。

これに対し、バアル崇拝をヤハウェ信仰の立場から批判的に描く物語（ギデオン、アハブ／エリヤ、イエフ）や預言書（ホセア、エレミヤ、ゼファニヤ［上記の複数形の箇所を除く］）では、多くの場合単数形が用いられており、カナン／フェニキア系の具体的、個別的な神格が念頭に置かれているように見える。ギデオン、イエフの物語は、北イスラエルを舞台としており、おそらくは同地方起源であって、申命記史家たち以前に北王国で語り伝えられていたものであろう。それが後に、申命記史家たちの手により、申命記史書の中に取り入れられたものと考えられる。同じことが、アハブとエリヤをめぐるカルメル山での対決の物語にも言えるのではないだろうか。アハブの時代以降（前 9 ～ 8 世紀）にカナン／フェニキア系のバアルの崇拝が北王国で大きな影響力を持ったことは、イゼベルとの政略結婚を通じたアハブのフェニキアとの同盟関係ということで歴史的にもよく説明できるし、サマリア・オストラカの人名（第 2 巻の「トピック 4」［280–282 頁］参照）やホセアの預言からも十分裏付けられる。そこでは「バアル」ということで、当時の北王国でヤハウェ信仰にとってある意味で「脅威」となる、きわめて具体的な異教の神が考えられていたのである。こ

れに対し、北王国が滅亡して久しいユダ王国末期（前7世紀末〜前6世紀初頭）のエルサレムでは、「バアル」の観念は元来のカナン／フェニキア系の神の具体性を希薄化させ、（アシェラ、アシュトレトなどの女神たちと並ぶ）異教的な男性神の代名詞として一般化されるようになっていたように思われる（申命記史家たち、ホセア書の編集者、エレミヤ書の編集者、ゼファニヤ書の編集者）。

　これに反し、捕囚時代後期にバビロンにいた捕囚民の誰かか、あるいは捕囚が終わった後のペルシア帝国支配下のユダヤ（ペルシアの属州としてのイェフド）に住む何者かが、第二イザヤ的な唯一神観を「宣教」するために、わざわざアハブの治世に設定され、イスラエル北王国とフェニキアとの境目をなすカルメル山を舞台とする、ヤハウェかバアルかの二者択一を問う神同士の対決の奇跡物語をゼロから「創作」したなどということは、筆者にはおよそ想像しがたい。

　上述のように、第二イザヤや第三イザヤ（というか、イザヤ書全体！）、エゼキエル書、ハガイ書、ゼカリヤ書、エズラ記やネヘミヤ記、ダニエル書、哀歌、詩編や知恵文学など、捕囚中や捕囚後の時代を代表するような旧約文書には、「バアル」への言及が一切ない。捕囚時代後期や捕囚後のペルシア時代には、ヤハウェ信仰に対する脅威としてのバアル崇拝は、ほとんどそのリアリティを失っていたのではなかろうか。それとも、カルメル山上での対決の物語における「バアル」は、捕囚時代であればバビロンの主神マルドゥクの、捕囚後の時代であれば（ペルシアの）ゾロアスター教の主神アフラ＝マズダの「符牒」なのであろうか。筆者には、そのようにはおよそ思えないのであるが。

(4)旱魃の終わり（上 18:41–46）

【翻訳】

エリヤ対アハブ

18 章

[41] エリヤはアハブに言った。「登って行き、食べたり飲んだりしなさい。轟くような雨の音がしますから」。[42] そこで、アハブは食べたり飲んだりするために登って行った。エリヤはカルメル〔山〕の頂上に登って行った。それから彼は、地面に身をかがめ、自分の顔を自分の〈両膝〉[a] の間にうずめた。[43] それから彼は、彼の小姓に言った。「どうか登って行き、海の方角をよく見つめなさい」。そこで、彼は登って行き、よく見つめた。そして彼は言った。「何も見えません」。すると、〔エリヤ〕[b] は言った。「7 度、繰り返しなさい[c]」。[44] 7 度目に、〔小姓〕[d] は言った。「ご覧ください。人の手のひら[e] ほどの小さな雲が海から登って来ます」。すると〔エリヤ〕[f] は言った。「登って行き、アハブに言いなさい。『〔戦車に馬を〕繋ぎ、下って行きなさい。雨があなたを足止めし[g] ないように』、と」。

[45] そうこうしているうちに、空は雲〔に覆われて〕暗くなり、風も〔吹いて〕きた。そして、激しい雨が〔降って〕きた。アハブは〔戦車に〕乗り込み、イズレエルに向かった。[46] <u>ヤハウェの手がエリヤに臨んだ。</u>彼は自分の腰に〔帯で〕裾をからげ[h] て、イズレエルに入るまで[i] アハブの前を走った。

---

a: 原文（ケティーブ）では、「膝（ベレク）」の語が単数形。ケレー（マソラ学者の読み替え指示）に従い、複数形に読む。単数形では、「間に（ベン）」という前置詞と噛み合わない。

b: 原文には主語がなく、動詞が男性 3 人称単数形（「彼は言った」）。文脈から、エリヤが主語と解する。

c: 原文は文字通りには、「戻りなさい、7 度」。七十人訳ではこれに「彼は 7 度戻った」の文が続いている。「戻る（シューブ）」の語には、同じ動作を繰り返す意味もある。

d: 原文には主語がなく、動詞が男性 3 人称単数形（「彼は言った」）。文脈から、

「小姓」が主語と解する。

e: 腕を伸ばして、自分の手のひらで隠れるぐらいの大きさの、と言ったほどの
意味か。ただし七十人訳では、「足の裏」。

f: 原文では主語がなく、動詞が3人称男性単数形（「彼は言った」）。文脈から、
エリヤが主語と解する。

g: 原語（動詞「アーツァル」）は文字通りには、「引き留める」、「捕らえる」。

h: 原文は文字通りには、「〔帯を〕締め」。注解本文の該当箇所を参照。

i: 原文は文字通りには、「あなたがイズレエルに入るまで」。「入る」を意味する
動詞（ボー）の不定詞形に、なぜか2人称男性単数形の接尾辞が付いている。
同様の現象は、士 6:4; 11:33; サム上 17:52; サム下 5:25 等にも見られる。あ
る種の成句であるらしい（Knauf 2019:119 参照）。

【形態／構造／背景】

「旱魃の文脈」の最後をなすこの部分では、20節以来、久方ぶりにアハ
ブ王が顔を出す。ここにはおそらく、現在では直前にあるカルメル山上で
の神同士の対決の物語とは元来独立して存在していた伝承が取り入れられ
ている。神同士の対決の物語の最後ではもう夕方になったはずであるが
（36節と同所への注解を参照）、ここではまだ日中であることが前提にされ
ているように見えることも、二つの部分の繋がりの悪さを示している。

構造的に見ると、この部分は、以下のような左右対称的な五部構造にな
っている。ここでは、アハブとエリヤの小姓に対するエリヤの指示と、そ
の指示の実行の報告が繰り返され、その間に、エリヤの特異な姿勢での精
神集中の模様と、おそらくはその結果と見なされている雨の回帰が語られ
る。

(A[1]) 41節　エリヤのアハブへの指示（「登って行きなさい」）⎤
(A[1']) 42a節　アハブによるエリヤの指示の実行⎦
　　(B) 42b節　エリヤの精神集中
　　　　(C) 43a節　エリヤの小姓への指示⎤
　　　　(C') 43b節　小姓によるエリヤの指示の実行—7度の往復⎦

（B'）44a 節　雨の回帰

（A²）44b 節　エリヤのアハブへの指示（「下って行きなさい」）——

（A²'）45–46 節　アハブによるエリヤの指示の実行←

　この構造からは、エリヤの精神集中（43 節への注解を参照）が奇跡的な雨の回帰をもたらしたことが示唆されている（（B）–（B'）の呼応）。すなわち、ここでのエリヤは神通力によって雨を降らせる超能力者なのである。列王記の他の部分でよく見られるような、霊能者の力を相対化してそれをヤハウェの意志や力に従属させようとする神中心的な神学的改訂（本章 1 節、および王上 17 章への注解参照）が、なぜかここには見られない。そもそもこの段落では、エリヤの超人的な疾走ぶりに関連する 46 節を例外として、ヤハウェや神についての言及が見られないのである（Würthwein 1984:214〔邦訳 458–459 頁〕; McKenzie 2019:125; Thiel 2019:98, 201）。

　さらに、「旱魃の文脈」とは異なり（王上 17:1; 18:9–14, 17–18 参照）、ここではエリヤとアハブの間の関係が必ずしも対立的にとらえられてはおらず、むしろ良好な関係、さらには主従関係さえ前提にされているように見える（46 節への注解を参照）。それゆえ、ここでは孤立して存在していた非常に特異な伝承がもとになっていると考えられる。おそらく、エリヤに関わる最古の伝承の一つであろう（Schmitt 1972:185–186; Würthwein 1984:215〔邦訳 460頁〕; Beck 1999:96–99; Otto 2001:171–172; Köckert 2003:142; Pruin 2006:280–281; Thiel 2019:98）。

　ただし、現在の大きな文脈で見ると、このエピソードの直前にカルメル山上での神同士の対決の物語が置かれたため、あたかも民の回心と信仰告白（39 節）が雨の回帰をもたらしたかのような印象をもたらす効果が生まれている。

　この部分のキーワードは、言うまでもなく「雨（ゲシェム）」の語（41, 44, 45 の各節）と、わずか 4 節中に 7 回も繰り返される「登る」の語（動詞「アーラー」）である（41 節、42 節［2 回］、43 節［2 回］、44 節［2 回］）。ただし、後者の動詞の頻出は、（目的地が記されているのは 42 b 節前半のみなので）登場人物たち相互の位置関係を理解しにくくしている。

【注解】

41–46節　エリヤ対アハブ

　まだ雲ひとつない晴天なのに（44節参照）、エリヤは「**轟くような雨の音**」を聞く（41節）。これは、エリヤのある種の予知能力を示唆している。彼には、普通人には聞こえない、遠方に降る雨の音が聞こえるのである。エリヤはアハブに、「**登って行き**」（動詞「アーラー」）、「**食べたり飲んだり**」するように指示する。前述のように、神同士の対決の場面ではアハブにまったく言及されず、もともと独立して存在していた段階では、神同士の対決の伝承はアハブとは関わりのないものであったと考えられる。しかし、現在ある文脈で共時的に読めば、アハブは人々や預言者たちをカルメル山に集めた後（20節）、神同士の対決の場面にも物言わぬ傍観者として立ち会っており、ヤハウェのバアルに対する勝利を意味するその結果（38–39節）も目撃していた、ということになろう（Fohrer 1968:19; Schmid 2000:506; McKenzie 2019:124）。41節でエリヤが「登って」行くようにとアハブに語っているからには、バアルの預言者を処刑するためのキション川下りにもアハブは同行していたはずである（Roberts 2000:641; Cogan 2001:444; Lehnart 2003:237; Albertz 2006:137–138; McKenzie 2019:124, 135）。おそらくアハブも、天から下った火の威力を目の当たりにして、少なくとも一時的には、民たちと共にヤハウェへの立ち帰りの姿勢を見せたのかもしれない（DeVries 1985:219; Roberts 2000:643; Cogan 2001:447; Albertz 2006:138 Sweeney 2007:230）。そう考えれば、この段落でエリヤとアハブの関係がやや改善したように見えることも腑に落ちる。ただし、エリヤとアハブの関係は、後にまったく別の理由で決定的な決裂を迎えることになるのであるが（王上21:20–24）。

　登って行く「行き先」は、当然カルメル山ということであろう（42節）。ただし、後にアハブがそこから戦車で「下る」ことが前提にされているので（44–45節）、それほど高いところではなかったと考えられる。馬に引かせる戦車では、高い山の頂上までは行けない。

　唐突に言及される「飲み食い」については、先行する部分が神同士の対決の物語との結合によって失われているらしく、意味がよく分からない。

礼拝的祭儀のため（Lehnart 2003:236; Wray Beal 2014:245）ということは
ありそうにないし、ましてや契約締結のための食事（出 24:9–11 参照。
Walsh 1996:286; 2006:31–32; Roberts 2000:643–644; Long, Jr. 2002:218;
Begerau 2008:126; Stulac 2021:69）とは考えにくい。列王記上 18 章では、
ヤハウェとイスラエルの契約についても、（民のバアル崇拝による？）契約
破棄についても、（民のヤハウェへの信仰告白による？）契約更新についても、
何も語られていないからである。そもそも、ヤハウェとイスラエルの契約
が問題になっているのであれば、なぜアハブ一人が「食べたり飲んだりす
る」のであろうか。41 節では「飲み食い」と「雨の音」が結び付けられ
ているので、むしろ旱魃が終わり、雨が戻って来ることを祝うための饗宴
（DeVries 1985:217; Nelson 1987:119–120〔邦訳 190 頁〕; Fretheim 1999:104）
ということも考えられる。ことによると、旱魃が終わることを祈願するた
め、アハブが断食（申 9:9; サム上 7:6; ヨエ 1:14; ヨナ 3:5, 7 参照）していた
ことが前提とされていたのかもしれない（Fohrer 1968:19; Schmitt
1972:186; Gray 1977:403; Würthwein 1984:213〔邦訳 457頁〕; Hentschel
1984:115; Beck 1999:96; Schmid 2000:506; Albertz 2006:137–138; McKenzie
2019:124, 135; Thiel 2019:97, 198）。しかし、もはやそのような苦行は必要
ないのである。アハブは無言でエリヤの指示に従う（42a 節）。

　エリヤの方も「**カルメル〔山〕**」、しかもその「**頂上（ローシュ）**」に「**登
って行った**」（動詞「アーラー」。42b 節）。彼がそこで行う、「**地面に身をか
がめ（動詞「ガーハル」）、自分の顔を自分の〈両膝〉の間にうずめ**」るとい
う動作が何を意味するのかは、よく分からない。ちなみにこの「ガーハ
ル」という動詞は、旧約聖書でここ以外では、エリヤの後継者に当たる
「神の人」エリシャが死んだ子供を蘇らせる奇跡の場面（王下 4:34–35）に
2 回出てくるだけである。

　祈りの動作（Fohrer 1968:19; Jones 1984b:326; DeVries 1985:217, 219;
Nelson 1987:119〔邦訳 189 頁〕; Wiseman 1993:183〔邦訳 200 頁〕; Frevel
1995:80; Sweeney 2007:229–230; Wray Beal 2014:245）としてはかなり異例
であるし、祈るのなら何らかの言葉が記されてよさそうなものである（王
上 17:21–22; 18:36–37 参照）。むしろ、これはエリヤの強い精神集中を表現
するものと思われる。ここでは、エリヤがその精神の力によって雨雲を招

き寄せるという、ある種の呪術的観念が前提とされているように見える（Schmitt 1972:185; Gray 1977:403; Crüsemann 1997:43; Beck 1999:98; Cogan 2001:444; Otto 2001:171–172; Pruin 2006:280; Thiel 2019:97, 200–201）。ただし、体を丸めて雲（湧き上がる入道雲？）を擬態することによって、類感呪術的に雲を招き寄せようとしているとする解釈（Ap-Thomas 1960:154; Albertz 2006:138; McKenzie 2019:125, 135）や、妊婦の姿勢を取ってを雨を「産もう」としているという解釈（Knauf 2019:117, 148, 222）は、やはり少し考えすぎであろう。

　それからエリヤは、「小姓」に「海の方角をよく見つめなさい」と命じる（43節）。「小姓（ナアル）」とは年が若く、経験の少ない従属的な役割の若者を指す語（創37:2; 士8:20; 王下4:38; 6:15–17; エレ1:6–7等参照）であるが、エリヤにそのような小姓がいることはここで初めて言及される。ただし、エリヤが従者を連れていたことは、列王記上19:3でも前提とされている。元来の独立した伝承では、これ以前の部分でこの「小姓」についてもあらかじめ何事かが語られていたのかもしれない。エリヤはすでにカルメル山の「頂上」にいるはずであるが（42b節）、彼は小姓にさらに「登って」行く（動詞「アーラー」）ように命じている（43節）。カルメル山は連山であるので、頂上部分でもいちばん高いところへ、という意味であろう。カルメル山は西側が地中海に面しているので、その北西の端からは海がよく見える。ただし、少なくともエリヤの居場所からは、海が見えないことが前提とされている。そもそもエリヤは、自分の両膝の間に顔を埋めるという奇妙な姿勢（42b節）でいるので、彼には何も見えないはずである。しかし最も高い所に登った小姓には、眼下に広がる海以外、何も見えなかった。「何も見えません」（43節）。小姓の往復が「7度」繰り返されるというのは、それだけ長い時間がかかったということであろう。なお、旧約聖書の伝説的物語では、3度同じことが繰り返されて、3度目に決定的なことが起こるという「3度目の正直」のパターンが多いが（創8:6–12; サム上19:19–24; 王上17:21; 18:33–34; 王下1:9–16; 2:2–14等参照）、ここではそれをはるかに超える7度の繰り返しになっている。その間、エリヤがずっと精神集中していたことが前提とされている。さしものエリヤといえども、神通力によって旱魃を終わらせ、雨を呼び戻すには、それだけ多大

な精神的エネルギーと時間を必要とした、ということなのであろう。旧約聖書では数字の「7」も、もちろん、安息日にも示されるように、神聖な完全数であり（創 2:1–3 参照）、象徴的な意味も持っている（創 4:15; 29:18–30; 33:3; 41:1–7, 17–31; 出 25:37; 37:23; レビ 4:6, 17; 8:11; 14:7, 16, 27, 51; 16:14, 19; 民 8:2; 19:4; ヨシュ 6:6, 8, 13, 15–16; 王下 4:35; 5:10, 14 等参照）。

　小姓が「7 度目」に見に行ったとき、ようやく異変が生じる（44 節）。小姓は、「**人の手のひらほどの小さな雲（アーブ）**」が「**海から登って来**」る（動詞「アーラー」）のを見つける。3 年近くも途絶えていた、秋の雨の到来の予兆である。地中海に面しているのであるから、雲は西の方に見えたはずである。実際にパレスチナでは、地中海から蒸発した水蒸気が雲になり、西風に押されて山に当たって雨を降らす。

　ここでもエリヤは、千里眼ぶりを発揮する。まもなく豪雨が来て、アハブが雨に「**足止め**」（訳注 g 参照）されてしまう可能性を予見するのである（44 節）。そこでエリヤは、小姓を送って――なお、44b 節の「**登って行き……なさい**」（動詞「アーラー」）は文脈上いくら何でも明らかにおかしい――、アハブにただちに「**〔戦車に馬を〕繋ぎ、下って行**」くように助言する。キション川の下流地域は平坦（平均してわずか 2/1000 の傾斜）なので、雨季に入って急に大雨が降ると川が溢れ、沼沢地化して通行が著しく困難になることがある（士 5:21 参照）。なお、ここにはアハブに対するエリヤの親切な配慮さえ感じられる。前述のように、少なくともここでは、「旱魃の文脈」におけるようには、エリヤとアハブの間に対立関係（王上 17:1; 18:1, 7–18）が前提とされてはいないように見える（Schmitt 1972:186; Timm 1982:66–67; Hentschel 1984:115; Würthwein 1984:213〔邦訳 459–460 頁〕; Beck 1999:98; Albertz 2006:137; Thiel 2019:97–98, 204）。

　エリヤの予告通り、晴天がにわかにかき曇り、「**激しい雨**」（原文「ゲシェム・ガードール」は文字通りには、「大いなる雨」）が降り出す（45a 節）。ここでもまた、アハブは無言でエリヤの指示に従う（45b 節）。アハブが向かった「**イズレエル（ゼルイーン）**」については、列王記上 21:1 と同所への注解を参照。そこには――首都サマリアと並ぶ――アハブの第二の宮殿があった。エリヤ物語の発展史上のある段階では、列王記上 18 章のカルメル山上での出来事と雨の回帰の物語に直接、同上 21 章のナボトの葡

萄園の物語が続いていたのかもしれない（Köckert 2003:116; Lehnart 2003:266）。

最後の 46 節には、別の面でのエリヤの超人ぶりが描かれている。すなわち、「**ヤハウェの手（ヤド）**」がエリヤに「**臨**」み、エリヤはものすごい速さで「**アハブの前を走った**」というのである。「ヤハウェの手が臨む」とは、ヤハウェの直接的介入を表現する。この成句は、攻撃的、懲罰的な意味合いで用いられることもあるが（出 9:3; 申 2:15; サム上 5:6 等）、預言者的人物を恍惚状態にし、預言行為を行わせることもある（王下 3:15; エゼ 1:3; 3:14, 22; 33:22; 37:1; 40:1 等）。他の場合には、しばしばヤハウェの「霊（ルーアハ）」が特定の人物に臨んで、超人的な行為に駆り立てる（士 3:10; 6:34; 11:29; 13:25; 14:6, 19; 15:14; サム上 11:6）。エリヤを理性的で物静かな祈り手として描いていた神同士の対決の物語（王上 18:36–37 参照）とは異なり、ここではエリヤが神懸かり状態にあるエクスタティックな姿で描かれている（Fohrer 1986:20; Gray 1977:404; Jones 1984b:326; Würthwein 1984:214〔邦訳 459 頁〕; Beck 1999:98; Cogan 2001:445; Sweeney 2007:230; Thiel 2019:200–201）。ことによると、もともとはここでもエリヤの人並外れた疾走ぶりが彼のスーパーマン的な超能力の発露として描かれていたのだが、そのような超人的な能力も究極的にはヤハウェから来ることを示すために、編集者（申命記史家の一人？）により「ヤハウェの手」についての記述が二次的に加筆されたのかもしれない（Fohrer 1968:55; Schmitt 1972:187; Beck 1999:97）。

ここでは、エリヤがアハブの先導者のように描かれている。特に、ある高位の者（特に王）の「前を走る（ルーツ　リフネー）」とは、主従関係にあり、いわば親衛隊（サム上 8:11; サム下 15:1; 王上 1:5 参照）のような存在であることを表現する成句である。古い伝承では、エリヤはもともとアハブの従者的存在であったのだろうか（Crüsemann 1997:43; Beck 1999:98–99; Pruin 2006:280）。あるいは、カルメル山でのヤハウェの決定的勝利と民の回心を受けて、アハブにも回心を促すために、エリヤが表敬の念を示したのであろうか（DeVries 1985:219; Cogan 2001:445; Lehnart 2003:238; Sweeney 2007:230; Knauf 2019:225）。ただし、ここではエリヤはアハブの「先駆け」を務めたのではなく、降り始めた雨を——呪術的に——西から

東に向けて穀倉地帯であるイズレエル平原にまで広げるために、言わば雨の「先導役」として走ったのだとする解釈もある（Ap-Thomas 1960:155; Thiel 2019:207）。

「〔帯で〕裾をからげ」（訳注ｈ参照）と訳した原文の動詞「シャーナス」は、旧約聖書中ここだけに出る。おそらく、走り易いように、衣の裾をたくし上げて帯に挟み込み、素足を出すこと（別の動詞を用いた同じような表現として、出 12:11; サム下 20:8; 王下 4:29; 9:1; 箴 31:17; エレ 1:17; ナホ 2:2 等参照）。

カルメル山からイズレエルまでは約 25 キロメートルから 30 キロメートルある。そこをエリヤは俊足で走りぬいたことになる。まるで豪雨の中のマラソンである。ところで、あの小姓（43–44 節）は置き去りにされてしまったのであろうか（ただし、王上 19:3 を参照）。

【解説／考察】

この段落のもとになっている元来独立して存在していた古い伝承では、旱魃は前提にされているが、それが神罰だったとはおそらく考えられていない。アハブとエリヤはある種の主従関係にあり、アハブの姿もそれほど悪く描かれてはいなかったようである。旱魃時に断食を行っていたとすれば、むしろ敬虔な王として描かれていたとさえ言えるかもしれない。そのようなアハブに対し、エリヤは雨の到来を告げ、断食を止めて飲食を再開するように促し、しかも恐るべき霊的能力で実際に雨を招き寄せる。エリヤはアハブに、雨に足止めされないように早急に帰還するように勧める。アハブはすべて無言でエリヤの指示に忠実に従い、エリヤは超人的な俊足と身体能力でそれを先導するのである。

この元来の物語には、飢饉がサマリアを襲う描写（2b 節）や、アハブとオバデヤが草を探し回る場面（3a 節、5–6 節）、エリヤとオバデヤの出会い（7–8 節）やエリヤとアハブの出会い（17a 節）などの場面が先行していた可能性がある。そこではまた、アハブが断食した次第や、エリヤの「小姓」についても何ほどかのことが物語られていたのかもしれない。

「旱魃の文脈」の編集者は、おそらくこの既存の伝承から「旱魃」のモ

チーフを取り入れ、それを発展させて、「旱魃の文脈」を構成し（私訳中の破線による下線の部分。王上 17:1, 7, 10b–11a, 12（誓いの部分）；18:2a, 3b–4, 9, 12b–15, 17–18a, 19–20, 22b, 40）、その枠組の中に神同士の対決の物語を含むさまざまなエリヤ伝承を取り込んだのであろう。そこでは、エリヤとアハブ——およびイゼベル——がより厳しい対立関係に置かれ、エリヤはあたかもイエフによるアハブの王家の打倒とバアル崇拝者たちの殲滅を先取りするように行為する。前述したように、この「旱魃の文脈」構成者は、おそらくはイエフ王朝の宮廷に近い、エリシャとも関連する預言者的サークルに属していたと考えられ、イエフによるアハブの王朝の打倒を神学的に正当化しようとする意図が窺われる。

　後にヨシヤ王時代（および捕囚時代？）の申命記史家たちが、この文脈のあちこちに手を加えて神学的「改訂」を行ったが、なぜかこの最後の部分には、おそらくは——46 節前半の「ヤハウェの手」への言及を除き——そのような「編集」の痕跡がほとんど見られない。手を加える余地はいろいろありそうではあるのだが。

　なお、後にカルメル山はキリスト教徒の間で聖地と見なされるようになり、紀元後 12 世紀頃にはその山上にギリシア系やラテン系の隠修士たちが住みつくようになった。それらの隠修士たちが自ら会規を定め、1226年に教皇ホノリウス 3 世によって公認されたのが、観想的な修道会「カルメル会」である。後にはヨーロッパ各地に広まり、アヴィラの聖テレジアや十字架のヨハネなどの神秘思想家が輩出して有名になるが、現在でも、カルメル山のハイファに近い北西の岬には、地中海に面して丸いドームを持つカルメル会の総本山ステラ・マリス修道院がある。エリヤの「小姓」が立って海を見たのは、このあたりであろうか。

トピック3
芸術作品におけるエリヤ——特にコエーリョの『第五の山』とメンデルスゾーンのオラトリオ『エリヤ』（作品70）について

　モーセやダビデのような旧約聖書における「大スター」ほどではないにせよ、正統的なヤハウェ信仰を守るために一騎当千的な奮闘を見せた信仰の英雄であるエリヤの物語も、古今の芸術家たちの想像力／創造力を刺激してきた。エリヤを描いた知られる限り最も古い造形美術としては、現在のシリアとイラクの国境地帯にあるドゥラ・エウロポスの3世紀ごろのシナゴーグの遺跡の壁に、旧約聖書のさまざまな場面を描いたフレスコの壁画が残されているが、それらの中に、エリヤによるサレプタのやもめの息子の蘇生（王上17:17–23）を描いたものと、カルメル山上でのエリヤの犠牲（王上18:36–38）を描いたものが見られる。キリスト教美術としては、東方正教会では、隠遁し禁欲的な修行を行う隠修士の原像としてエリヤが好んでイコンに描かれた。西方教会では、前述のカルメル山に本拠を置くカルメル修道会関連の修道院や教会に多くエリヤの姿が描かれた。

　ルネサンス以降では、子供の蘇生の場面やカルメル上の犠牲の場面と並んで、カラス（王上17:6）や天使（王上19:5–7）にエリヤが養われる場面や、エリヤの昇天（王下2:11–12）の場面がさまざまな画家たちによって画題に取り上げられた。特によく知られているものとしては、ルーカ

ルーカス・クラナッハ(子)『預言者エリヤとバアルの祭司たち』(1545年)

123

トピック3　芸術作品におけるエリヤ──特にコエーリョの『第五の山』とメンデルスゾーンのオラトリオ『エリヤ』（作品70）について

ジョヴァンニ・バッティスタ・ピアツェッタの『火の戦車で天に上るエリヤ』（1745年頃）

ス・クラナッハ（子）が描いた群像画『預言者エリヤとバアルの祭司たち』（1545年）で、二つ並べられた祭壇の一方だけに天から黒煙とともに火が下り、それを見た群衆が驚愕する場面がダイナミックに描かれている。ドイツでカトリックとプロテスタントの諸侯が激突するシュマルカルデン戦争（1546〜47年）直前に描かれたものだけに、プロテスタントの側に立った宗教改革の精神が重ねられているように見える。エリヤの昇天を描いたものでは、両手を挙げて驚愕するエリシャの前で、エリヤが2頭の馬の引く火の戦車に乗って天に昇っていく場面をバロック的な手法で幻想的に描いた、ジョヴァンニ・バッティスタ・ピアツェッタの『火の戦車で天に上るエリヤ』（1745年頃）が名高い。

　文学の領域からは、ブラジルの神秘主義的な作家、パウロ・コエーリョ（1947〜）の比較的新しい1996年の小説『第五の山』（山川紘矢、山川亜希子訳、角川文庫）を挙げよう。これは列王記上17章にもとづくエリヤのサレプタ滞在の物語である。イスラエルの王アハブとそのフェニキア人の王妃イゼベルの預言者迫害を逃れたエリヤは、フェニキアの町サレプタ（現地語ではアクバル）に行き、あるやもめの家に身を寄せる。エリヤは窮乏したやもめの家庭に──油と粉の奇跡によってではなく──指物師としての仕事と、いつでも町の人々が高額な賞金と引き換えにその首をイゼベ

ルに差し出せる外交カードとして、食べ物をもたらす。やもめの息子が病死すると、エリヤはその息子を生き返らせ、町の人々を驚かせる。やもめのもとで寄留するうちに、2人の間には温かい心の交流が生まれ、それがやがてはある種の「愛」に発展する（！）。エリヤは28歳で、やもめは10ほど年上だがかなり美しい女性に設定されている。しかし、やがてアッシリア軍（！）の襲撃があり、アクバル

フェーリクス・メンデルスゾーン・バルトルディ（1809-47年）
晩年にオラトリオ『エリヤ』を作曲。

の町は徹底的に破壊され、やもめも巻き添えになって殺されてしまう。かろうじて生き残ったエリヤは、かつて自分が蘇らせたやもめの息子の世話をしながら、アクバルの復興に取り組む。最初は意気消沈し、またエリヤをよそ者扱いしていたアクバルの市民たちも、次第に彼の人柄に打たれ、その指導に従うようになる。復興なったアクバルで、エリヤは知事となり、人々に敬愛され、安住の地を見出したかのように思われたとき、彼は神からの啓示を受ける。「行って、お前の身をアハブに示せ。わたしは雨を地に降らせる」（王上 18:1 参照）。ちなみに「第五の山」とは、バアルなどフェニキアの神々が住むという、アクバル近郊の山のことである。

　エリヤに関わる音楽作品では、何といっても、メンデルスゾーンのオラトリオ『エリヤ』（音楽界ではドイツ語の Elias の表記に基づき「エリア」とも表記される）（作品 70）が第一に挙げられる。これは、『真夏の夜の夢』やヴァイオリン協奏曲、ピアノ曲集『無言歌集』でも知られるこのユダヤ系ドイツ人の作曲家が、38歳という決して長くはない生涯の最晩年（1846年）に完成した、まさに畢生の大作であり、しばしば、ヘンデルの『メサイア』、ハイドンの『天地創造』と並んで、「三大オラトリオ」の一つと見なされている。

　この作品は、作曲者自身の精神的、民族的ルーツとも関わりが深いので、簡単にその生涯にも触れておきたい。ヤーコプ・ルートヴィヒ・フェーリクス・メンデルスゾーン・バルトルディ（1809–47年）は、北ドイツ、ハンブルクに住む開明的なユダヤ人一族の名門家庭に生まれた。祖父は、啓

蒙主義的なユダヤ人哲学者で、レッシングの『賢者ナータン』のモデルでもあったモーゼス・メンデルスゾーン（1729–86年）である。銀行家であった父アブラハムは、ユダヤ人であるが故の差別や迫害を恐れて、フェーリクスが7歳の時にルター派の教会で洗礼を受けさせ、キリスト教徒に改宗させた。なお「バルトルディ」という苗字は、一家でキリスト教となった際に、いかにもユダヤ的な「メンデルスゾーン」という姓に加えて、すでにキリスト教徒となっていた親族から取り入れたものである。

　ただし、この改宗は「世を忍ぶ」ための単なる偽装ではなく、その後フェーリクスは敬虔なルター派信徒としての宗教生活を営んだ。彼は、10代前半から作曲やピアノ演奏、指揮を通じてモーツァルトもかくやと思われるような「神童」ぶりを発揮し、ゲーテらをも驚嘆せしめたたが、この間に、当時忘れられていたバッハの『マタイ受難曲』の楽譜を「発見」してこれを古典派的なオーケストラ用に編曲して「復活上演」し、喝采を浴びた。弱冠20歳の時のことである（1829年）。

　その後、1835年にはバッハゆかりの地ライプツィヒに拠点を移し、世界最古のオーケストラといわれる同地のゲヴァントハウス管弦楽団や聖トーマス教会合唱団の指揮者を務める傍ら、1836年には大作のオラトリオ『聖パウロ』（作品36）を発表、シューマンなどの絶賛を浴びて、キリスト教的作曲家としての名声を確立した。なお、翌1837年に結婚したセシルはフランスのプロテスタントの牧師の娘で、フェーリクスとの間に5人の子供をもうけている。

　メンデルスゾーンは、『聖パウロ』の成功直後から、次のオラトリオとして旧約聖書のエリヤを素材とする作品を構想していたらしい（1837年の知人への手紙に最初の構想が語られている）。主題的に見れば、新約から旧約へと、作曲者自身のユダヤ民族的ルーツに遡ったわけである。メンデルスゾーンは、『聖パウロ』のリブレット作成にも協力したデッサウの牧師ユリウス・シューブリンクの助言を受けながら、テキストの構成に取り組んだが、他の作品の作曲や指揮者としての各地での演奏活動に追われ、完成までにはかなりの時間と困難を要したようである。最終的に出来上がったテキストは、列王記のエリヤに関わる聖句を基盤としながらも、詩編やイザヤ書、エレミヤ書、さらにはマタイ福音書のテキストや、聖書にない独自

の言葉をも盛り込んだ、複雑で内容豊富なものになっている。

　作曲の方も、速筆とされたメンデルスゾーンにしては珍しく、難渋を極めたらしく、10年近くを費やしている。一時は事実上中断され、放置されていたらしい。作曲が再開されたのは、1845年、英国のバーミンガム音楽祭開催委員会から、翌年の同音楽祭で初演するオラトリオの作曲を依頼されたことによる。その後の1年間で一気に完成されたこの大作は、予定通り1846年8月26日、作曲者自身の指揮によりバーミンガムの市公会堂で初演され、大絶賛をもって迎えられた。意外と知られていないのだが、このような事情から、オラトリオ『エリヤ』の初演稿は、（ウィリアム・バーソロミュー訳による）英語版だったのである。通常はドイツ語で演奏されることが多いのだが、このオリジナルの英語版による録音も複数 CD で出ている。その後、若干の改訂が加えられ、ドイツ語版は翌1847年10月9日にハンブルクで行われたが、その直後の11月4日、メンデルスゾーンはライプツィヒで38歳で急死してしまう。脳卒中であったと考えられているが、この作品のために命を縮めてしまったということなのであろうか。

　オラトリオ『エリヤ』は二つの部分からなり、第1部が内容的にほぼ列王記上 17–18 章に対応する。本注解の列王記上 17 章冒頭の釈義でも指摘したが、エリヤ物語の物語としての著しい特異性は、何ら状況設定も登場人物の紹介もなく、旱魃の到来を予告するエリヤの言葉自体（王上 17:1）でいきなり始まる、ということである。このことに対応して、オラトリオ『エリヤ』も通例に反し、前奏も序曲もなく、低音金管楽器のコラール風の重厚な和音を背景に、旱魃の到来を告げるエリヤ（バス）の朗々たるレチタティーヴォ風の序唱（テキストは王上 17:1）でいきなり始まる。そのあとでようやく序曲が始まるが、それは通常のオラトリオやオペラの序曲とはまったく性格を異にし、楽曲としての独立性を持っていない。小刻みで不安定な旋律が低弦からさざ波のようにわき上がり、それがフーガ風に他の楽器に波及していく。それはあたかも、たった今旱魃と飢饉の到来を確言したエリヤの言葉が、直ちに人心に不安と動揺を引き起こし、それが瞬く間に国民全体に広がっていくかのようである。音楽は次第に楽器数を加え、音量と緊張を増し、その頂点でそのまま第1曲の民衆の合唱「主よ、助けたまえ」に突入する、という極めて劇的な構成になっている。どちら

かといえば愁いを含みながらも本質的には明朗快活で、古典的な形式美を大事にするという印象のメンデルスゾーンの通常の作風とは、一線を画す激越さであり、この作品に籠めた作曲家の意気込みが感じられる。

列王記にないこの民衆の嘆きの合唱は、飢饉の厳しさを訴え神に救いを求めるものであるが、エレミヤ書 8:19–20 や哀歌 1:17 を応用したものなので、飢饉はサマリアを襲ったはずなのに（王上 18:2 参照）、「シオン」（すなわちエルサレム！）についての嘆きになっているという、イスラエル史研究者から見ての「ツッコミどころ」もある。

列王記の読者にとって驚きなのは、あのオバデヤ（テノール）が堂々たる狂言回しの役割を演じる、という点である。すなわち、このオラトリオの最初のレチタティーヴォ（第 3 曲）とアリア（第 4 曲）を担当するのはオバデヤであり、彼は旱魃の原因が自分たちの罪にあることを民に示し、悔い改めて神に回帰するように勧めるとともに、申命記 4:29 を引いて、「心を尽くして求めれば、神を見出すことができる」と諭す。自己保身に汲々とする小役人根性丸出しの列王記のオバデヤ（王上 18:3–16 参照——オラトリオにはこの場面はない！——）とはまったく別人のようである。

その後、天使の声（アルト）に従うケリト川のほとりと、サレプタのやもめのもとへのエリヤの滞在（第 6–7 曲）、やもめ（ソプラノ）の息子の蘇生（第 8–9 曲）、アハブ（テノール）との対決（第 10 曲）を経て、第 1 部のクライマックスたるカルメル山上でのバアルの預言者たちとの対決（第 11–18 曲）に至る。ここでは、応答を求めるバアルの預言者たちの絶叫の繰り返しに対し、何の答えもないバアルの「沈黙」が音楽的にどう表現されるか、が興味深い。

オラトリオとして見た場合、特筆に値するのは、合唱の役割の大きさと、その用い方の効果的な巧みさである。合唱は、すでに見たようにサマリアの民衆として飢饉の厳しさを訴えるだけでなく、ある時は（サレプタの？）市民としてやもめの子供の蘇りを寿ぎ（第 9 曲）、ある時はアハブと一緒になってエリヤが「イスラエルを悩ます」ことを非難し（第 10 曲）、ある時はバアルの預言者となって「バアルよ、我らに答えたまえ」と乞い願い（第 11 曲）、その後は再びイスラエル民衆に戻って「天から火が降る、火が」と、ヤハウェのバアルに対する勝利を証言する（第 16 曲）。ちなみに、列王記

上 18:39 に当たる民の信仰告白では、列王記本文に加えて申命記 6:4 と同 5:7 が引かれており、信仰告白がより「唯一神教的」な性格のものになっている。

> 「主こそ神、主こそ神。おお、イスラエルよ、聞け。われらの神、主は唯一の主。
> かれのみ前に他の神々はいない」。

　バアルの預言者たちの殺害が終わった後、オバドヤ（！）が再び登場し、雨を降らせて民を助けてくれるよう、神に祈ってほしいとエリヤに執り成す。これに応えてエリヤは神に祈り、民衆の合唱もこれに和す（第 19 曲）。その後、エリヤと小姓（ボーイソプラノ）の「見える、見えない」の問答となり、それが——さすがに 7 度ではなく——3 度繰り返される。4 度目に、「人の手のような小さな雲」の出現が報告され、エリヤと民の合唱による神への賛美と感謝となる（オラトリオでは、この場面にアハブは登場しない）。最後に合唱により、詩編 93:3–4 を応用した神への賛美『神に感謝を』が壮麗に歌い上げられて、第 1 部が結ばれる。

> 「神に感謝を。彼は乾いた土地を潤される。水の流れは合流して急流となり、轟音を挙げる。荒れ狂う波は高く、激しく渦巻く。しかし、主はその上にあって、全能にまします」

　その他、吹奏楽では、アメリカの作曲家ウィリアム・フランシス・マクベス（1933–2012 年、凄い名前！）に『神の恵みを受けて』と訳されている作品があるが、原題は「カラスたちに養われて（To be Fed by Ravens）」で、これは列王記上 17:4–8 のエピソードに基づく。

(5)ホレブ山でのエリヤ （上 19:1–18）

【翻訳】

イゼベルの殺意

19章

[1] アハブはイゼベルに、エリヤが行ったことすべてと、彼が預言者たち全員を剣で殺した次第すべてについて報告した。[2] すると、イゼベルはエリヤに使者を遣わして、言わせた。「もし、私が明日の今頃までにお前の命を彼らの一人の命のようにしなかったなら、神々が *a* 〈私に〉 *b* どんなひどいことでもなされるように *c*」。[3a] すると彼は、〈恐れおののき〉 *d*、立ち上がって、命からがら *e* 立ち去った。

ベエル・シェバ付近でのエリヤ

[19:3b] そして彼は、ユダに属するベエル・シェバにやって来た。彼は、彼の小姓をそこに置き去りにした *f*。[4] それから彼は、荒野の中で、1日の道のりを歩いた。彼は1本の *g* エニシダの下にやって来て、〔そこに〕座りこんだ。【そして彼は、自分の命が死ぬことを求め *h* て、言った。「もうたくさんです *i*、ヤハウェよ。私の命を取ってください。私は、私の父祖たちに勝る者ではありませんから」】。[5] 彼は【1本のエニシダの木の下に *j*】横たわり、眠り込んでしまった。すると、見よ、使いが彼に触れていた *k*。そして彼は、彼に言った。「起き上がって、食べなさい」。[6] 彼が眺めると、見よ、彼の頭のそばに焼き石〔で焼いた〕ケーキ *l* と、水の入った甕があった。そこで、彼は食べて飲んだ。そして彼は、再び横たわった。[7] すると、ヤハウェの使いがもう一度 *m* 戻って来て、彼に触れて、言った。「起き上がって、食べなさい。あなたにとって、たいへんな *n* 道行きになるのだから」。[8a] そこで彼は起き上がり、食べて飲んだ。

ホレブ山でのエリヤ

[19:8b] その食べ物に力づけられて *o*、彼は40日40夜歩き、神の山、ホレブにまで至った。[9a] 彼はそこで例の洞穴 *p* に入り、そこに宿った。[9b] すると、見よ、ヤハウェの言葉が彼に〔臨んで〕、【彼に言った。「あなたはここで何をし

ているのか、エリヤよ」。¹⁰ そこで、彼は言った。「私は万軍の神、ヤハウェに対してまことに熱心な者 ᑫ でした。それなのに ʳ、イスラエルの子らはあなたの契約 ˢ を捨ててしまいました。あなたの祭壇群を彼らは壊し、あなたの預言者たちを彼らは剣で殺しました。この私 ᵗ 一人だけが残りましたが、彼らは私の命を取ろうと狙い求めたのです」。】¹¹ᵃ するとかれは言った。「出て来て、あなたは山でヤハウェの前に立ちなさい」。すると、見よ、ヤハウェが通り過ぎるところであった ᵘ。

¹¹ᵇ 【すると激しく強い風が起こり、ヤハウェの前で山々を裂いており ᵛ、また岩々を砕いていた ʷ。しかし、風の中にヤハウェはいなかった。風の後には地震〔が起こった〕。しかし、地震の中にヤハウェはいなかった。¹² そして、地震の後には火〔が起こった〕。しかし、火の中にヤハウェはいなかった。そして、火の後に、か細く静かな声 ˣ〔があった〕ʸ。¹³ᵃ エリヤはこれを聞き、】彼は彼の外套で自分の顔を覆った。それから彼は出て来て、その洞穴の入口に立った。¹³ᵇ すると、見よ、彼に声が臨んで、言った。「あなたはここで何をしているのか、エリヤよ」。¹⁴ そこで、彼は言った。「私は万軍の神、ヤハウェに対してまことに熱心な者 ᑫ でした。それなのに、イスラエルの子らはあなたの契約 ᶻ を捨ててしまいました。あなたの祭壇群を彼らは壊し、あなたの預言者たちを彼らは剣で殺しました。この私 ᵗ 一人だけが残りましたが、彼らは私の命を取ろうと狙い求めたのです」。

ヤハウェの啓示

¹⁹:¹⁵ すると、ヤハウェは彼に言った。「行きなさい。あなたの道を引き返し、ダマスコの荒野へと。そして、あなたが〔そこに〕着いたら、あなたはハザエルに油を注ぎ、アラムの上に〔立つ〕王としなさい。¹⁶ また、ニムシの息子イエフにあなたは油を注ぎ、イスラエルの上に〔立つ〕王としなさい。そして、アベル・メホラ出身のシャファトの息子エリシャにあなたは油を注ぎ、あなたに代わる預言者としなさい。¹⁷ ハザエルの剣を逃れた者をイエフが死なせ、イエフの剣を逃れた者をエリシャが死なせるであろう。¹⁸〔しかし、〕わたしはイスラエルに残すであろう。バアルに対して屈まなかったすべての膝と、彼に接吻しなかったすべての口、7000 を」。

a: 「エロヒーム」の語は単（「神」）複（「神々」）同形であるが、原文は動詞が複数形なので、主語は複数形の「神々」である。注解本文の該当箇所を参照。

b: 七十人訳等に従って補う。注解本文の該当箇所を参照。

c: 原文は文字通りには、「私にこんなことを、いや、それ以上のことをなさるように」。王上 2:23 と同所への注解（第 1 巻 107 頁）参照。

d: 原語は文字通りには、「見て（ワッヤル）」。七十人訳に従って「恐れて（ワッイラー）」に読み替える。読み替えても、子音字はまったく変わらない。注解本文の該当箇所を参照。

e: 原文（エル・ナフショー）は文字通りには、「彼の命のために」。

f: 原語（ヤンナハ）は文字通りには、「休ませる」、「横たわらせる」。

g: 原語は「エハート」（女性形）で、男性名詞の「エニシダ（コーテム）」に合わない。注解本文の該当箇所を参照。

h: 原文は「イシュアル　エト・ナフショー　ラームート」。注解本文の該当箇所を参照。

i: 原文は文字通りには、「多い（ラブ）」。

j: 注解本文の該当箇所を参照。

k: 動詞は奇妙なことに分詞形で、一回的な行為というより、目の前で現在進行中の持続的な出来事のように読める。なお、7 節では異なる。

l: 原文は文字通りには、「焼き石（複数形）のケーキ」。注解本文の該当箇所を参照。

m: 原文は文字通りには、「2 度目に（シェーニート）」。

n: 原文は文字通りには、「あなたには、この道は多すぎる（ラブ）」。王上 12:28 と同所への注解参照。

o: 原文は文字通りには、「その食べ物の力（コーアハ）で」。

p: 原文では、「洞穴（メアーラー）」の語に冠詞（ハ）が付されており、周知の特定の洞穴であるかのように読める。注解本文を参照。

q: 原文では、「熱心である」という動詞（キンネー）を別の形で 2 度重ねる（不定詞＋完了形）、ヘブライ語に独特の強調法が用いられている。14 節でも同様。

r: 注解本文の 14 節への注解を参照。

s: 訳注 *z* を参照。

t: 原文には、文法上必要のない「私（アニー）」の語があり、強調されている。14 節でも同様。

u: 動詞は分詞形（オーベール）で、一回的な出来事というより、目の前で現在進行中の継続的な出来事のように読める。なお、注解本文の該当箇所を参照。

v: ここでも動詞は分詞形（メファーレーク）で、一回的な出来事というより、目の前で現在進行中の継続的な出来事のように読める。注解本文の該当箇所を参照。

w: ここでも動詞は分詞形（メシャッベール）で、一回的な出来事というより、目の前で現在進行中の継続的な出来事のように読める。注解本文の該当箇所を参照。

x: 原文は「コール　デマーマー　ダッカー」。注解本文の該当箇所を参照。

y: 11b–12 節の原文の特徴については、注解本文の該当箇所を参照。

z: 注解本文の該当箇所を参照。

【形態／構造／背景】

　列王記上 19 章は、エリヤ物語群の中でも——それどころか、おそらくは列王記全体の中でも列王記上 13 章と並び——最も奇妙で、理解することの難しい点を多く含む、扱いにくい注解者泣かせの章であろう（Steck 1968:20; Würthwein 1984:226〔邦訳 482頁〕; Wagner 1991:415; Seidl 1993:13）。このことに対応して、後述するように、この章に対する注解者たちや研究者たちの解釈や意味づけも大きく分かれている。まずは通常のように、この章全体の形態と構成を共時的に分析することから始めよう。

　列王記上 19 章は、大きく見て次の四つの場面（ⅰ～ⅳ）から構成されている。それらの四つの場面は、場所から場所へのエリヤの移動を描く三つの経過句（①～③）によって相互に結び合わされている。

（ⅰ）1–2 節　アハブの宮廷（イズレエル？）　アハブとイゼベル—イゼベルの殺意

　↓〔移動①：3a 節　ベエル・シェバへ〕　エリヤの逃亡

（ⅱ）3b–8a 節　ベエル・シェバ近郊　「使い」によるエリヤの養い

133

↓〔移動②：8b 節　ホレブ山へ〕　　　ホレブへの旅
（ⅲ）9–18 節　ホレブ山　エリヤの嘆きとヤハウェの啓示
　　　↓〔移動③：19 節冒頭　アベル・メホラ（？）へ〕　ホレブからの旅
（ⅳ）19–21 節　アベル・メホラ（？）　エリシャ、エリヤに仕える

　内容的に見れば、エリヤによるバアルの預言者たちの殺害を知ったイゼ
ベルがエリヤへの復讐を宣言したので（1–2 節）、エリヤは恐れて逃亡し
（3a 節）、一時、ユダの南端のベエル・シェバ近くの荒野に身を避ける。
彼はそこで消耗と悲嘆のあまり死を願うが、「ヤハウェの使い」によって
不可思議な仕方で養われる（3b–8a 節）。その後、エリヤは 40 日 40 夜を
かけて荒野を横切り、「神の山、ホレブ」に赴く（8b 節）。そこでエリヤは、
不思議な神顕現を体験する（11–13 節）。彼は、その前後に 2 度にわたっ
て嘆きによって窮状をヤハウェに訴えるが（10 節、14 節）、ヤハウェはそ
れに新たな命令（15–17 節）と約束（18 節）をもって応える。そこでエリ
ヤはホレブ山からカナンの地へと引き返すが（19 節冒頭）、途上（おそら
くはアベル・メホラ）でエリシャに出会い、彼を自分の従者とする（19–21
節）。これらの四つの場面のうち、第四の場面（19–21 節）は、伝承史的に
も内容的にも独立性が高いように見えるので、本注解では別の単元として
扱うことにする。
　より大きな文脈との関連で見れば、最初の部分（1–2/3a 節）は、エリヤ
によるイゼベルの預言者たちの殺害（王上 18:40 参照）への言及を通じて、
直前の列王記上 18 章のカルメル山での対決の物語との有機的な結び付き
を設定し、同時にイゼベルのエリヤへの殺意の明言を通じて、エリヤの逃
亡を動機づける役割を果たしている。したがって、現在の形での列王記上
19 章は、直前の列王記上 18 章のカルメル山上での対決の物語（特に
18:40）の存在を前提としており、それなしには理解できない（Steck
1968:20–21; Crüsemann 1997:52; Thiel 2019:224–225, 232–234）。しかし、
カルメル山上での対決の物語を含む、列王記上 17–18 章の「旱魃の文脈」
自体は、その最後で雨が回帰すること（18:41–46）によって内容的に一応
は完結しており、それに続く列王記上 19 章の物語を必ずしも必要とせず、
それなしでも問題なく理解できる。したがって、現在ある形での列王記上

134

19 章は、列王記上 17–18 章の「旱魃の文脈」に対して後から付け加えられた、ある種の補遺のようなものとして理解できる（Oeming 1996:303; Höffken 1998:76）。

ただし、イゼベルを恐れて一目散に逃げ出すここでのエリヤの姿は、前の二つの章における奇跡行為者、ヤハウェ崇拝のために圧倒的多数のバアルの預言者と単身で一歩も引かずに対決する、勇敢な信仰の闘士としての彼の姿とはおよそ異なっており、このような唐突な「気分」の激変は、読む者を当惑させる。続く三つの場面でも、自分の「命」（訳注 e 参照）を守るために逃げ出したはず（3a 節）のエリヤが、ヤハウェに自分の「命を取る」ように求めたり（4 節）、それにも拘わらずその後ホレブでは「イスラエルの子ら」が自分の「命を取ろうと狙い求めた」ことをヤハウェに訴える（10, 14 節）など、一貫性に欠け、何とも繋がりが悪い。

1–2 節ではイゼベル自身がエリヤの命を狙うのであるが、10 節と 14 節ではエリヤへの殺意が「イスラエルの子ら（ベネー　イスラエル）」全体に帰されていることも辻褄が合わない。しかも、同じ箇所では、そのイスラエル全体が背教と契約違反の状態に陥っているかのように描かれているが、直前の列王記上 18 章では、そのイスラエルの民のヤハウェへの劇的な回心と信仰告白（王上 18:39 参照）が描かれたばかりなのである。列王記上 19 章自体を見ても、9b–10 節と 13b–14 節で神とエリヤの間の問答がほとんど逐語的に繰り返されていることは奇妙である。

したがって、この章の中核部分はおそらく、もともと、列王記上 17–18 章の「旱魃の文脈」やカルメル山での対決の物語とは独立して伝えられていた伝承に基づいていると考えられる（Fohrer 1968:20, 41; Steck 1968:20; Seybold 1973:5; Würthwein 1984:226〔邦訳 483–484 頁〕; DeVries 1985:235; Oeming, 1996:303; Walsh 1996:264; Crüsemann 1997:53; Beck 1999:125; Cogan 2001:456; Lehnart 2003:256–257; Sweeney 2007:221–222）。それが、1–2/3a 節の経過句を通じてかなり人工的に、列王記上 17–18 章と組み合わされたのであろう（Fohrer 1968:41; Steck 1968:20–21; Seybold 1973:5; Timm 1982:101; Hentschel 1984:116; Jones 1984b:326; Long 1984:197; Beck 1999:124; Cogan 2001:456; Otto 2001:185; Lehnart 2003:240–244; Pruin 2006:286; Sweeney 2007:230; Thiel 2019:225, 236, 240）。またこの列王記上

19章自体も決して一枚岩ではなく、複数の起源を異にする伝承が組み合わされていたり、あちこちに二次的、三次的な手が加わっていたりするようである。ある研究者は、この章の内的多様性と複雑性を「モザイク」に譬えている（Batlzer 1975:96）。以下の注解では、やや煩瑣になるかもしれないが、この章が現在の形になるまでの成立経過の伝承史的、編集史的な再構成をも仮説的に試みたい。

　第二のベエル・シェバ付近の場面（3b–8a節）は、内容的に、列王記上17:1–16のケリト川とサレプタにおけるエリヤの奇跡的な養いについての二つのエピソードを想起させる。

　中心的な場面であるホレブ山を舞台とする第三の部分（8b/9–18節）では、前述のように大きく不自然な逐語的繰り返し（9b–10節, 13b–14節）が目を引くが、全体として見れば、次のような構成になっていると見ることができる。

　（a）エリヤのホレブ山への旅（8b–9a節）
　　　（b）「ヤハウェの言葉」とエリヤの嘆き（9b–10節）
　　　　　（c）神顕現（11–13a節）
　　　（b'）神の「声」とエリヤの嘆き（13b–14節）
　（a'）エリヤへのホレブ山からの帰還命令（15a節）
　（d）ヤハウェの命令（15b–17節）
　　　（α）ハザエルへの油注ぎ（15b節）
　　　（β）イエフへの油注ぎ（16a節）
　　　（γ）エリシャへの油注ぎ（16b節）
　　　（δ）災いの予告（17節）
　（d'）ヤハウェの約束（18節）──残される者

　また、ホレブ山での場面（8b–14節）では、エリヤ像を出エジプト物語のモーセ像に意図的に重ね合わせようとする意向が強く働いているように見える。また、同じ場面には、申命記史家的な用語や観念が顕著に見られ、申命記史家たちがかなり手を加えているようである。この部分はエリヤのホレブ山への旅の物語として有名であるが、実際には「神の山」と「ホレ

ブ」の語は 8b 節一箇所にしか現れない。作業仮説として、別の場所を舞台としていたより古い伝承に申命記史家たちが手を加えて、二次的にホレブの場面に変容させ、エリヤとモーセのイメージを重ね合わせた、という可能性も考えられてよい。

第三の部分の最後のエリヤへのヤハウェの命令と約束の場面（15b–18節）は、3 人の人物への「油注ぎ」が、列王記で今後展開されることになる血なまぐさい事態への伏線となっており、それらの出来事をヤハウェの懲罰的な意志によるものとして神学的に意味づける役割を果たしているが、細かい点では、後の列王記の実際の記述とはあまり符合しない。

第四の場面のエリシャの召命（19–21 節）は、文脈上はこの三つの「油注ぎ」の命令の最初の実行ということになる。ただし、そこでは実際には文字通りの「油注ぎ」自体は行われず、エリシャにエリヤの外套が「投げかけ」られるだけである。しかも、そこではイエフのクーデター（前 845年）によるオムリ王朝の打倒（16a, 17 節）だけでなく、そのイエフの治世の後半（王下 10:32–33）や、彼の息子ヨアハズの治世（王下 13:3, 7, 22）にイスラエルを苦しめる、ダマスコ王ハザエルによるアラム戦争（前836–800 年頃）が踏まえられており、このことが後述するように、このテキストの成立の年代を考えるうえでの手掛かりの一つになる。

なお、この章では、随所にエリヤの「命（ネフェシュ）」についての言及があり（2 ［2 回], 3, 4 ［2 回], 10, 14 の各節）、キーワード的な役割を果たしている（DeVries 1985:236; Walsh 1996:265; Werlitz 2002:176; Roi 2012:42; Wray Beal 2014:250; McKenzie 2019:144; Thiel 2019:243）。すなわち、ここではエリヤの「命に関わる」事態が問題になっているのである。もう一つ、キーワード的に繰り返される用語を挙げれば、殺害の道具として言及される「剣（ヘレブ）」（1, 10, 14, 17 ［2 回］の各節）の語であろう（McKenzie 2019:144; Thiel 2019:241）。

【注解】

1–3a 節　アハブとイゼベル──イゼベルの殺意

　舞台はアハブの宮廷で、場所は、少なくとも現にある文脈ではイズレエルということになろう（王上 18:45–46 参照）。前述のように、そこにはアハブの第二の宮殿（おそらくは冬の離宮）があった（本書 257 頁参照）。

　ここではまず（カルメル山から帰ったばかりの？）アハブが登場し、王妃イゼベル（王上 16:31 参照）にエリヤが彼女の預言者たち全員を剣で殺したこと（王上 18:40 参照。ただし、同所には「剣（ヘレブ）」への言及はなかった）を報告する（1 節）。それゆえここでは、直前の列王記上 18 章のカルメル山での対決の物語が、しかも明らかにすでにアハブが登場する形（すなわち、18:16–20, 41–46 を含む形）で踏まえられている。したがって、この部分は前述のように、列王記上 18 章と後続するベエル・シェバやホレブ山でのエリヤのエピソードとを結合する経過句としての役割を果たしている。ここでもエリヤとアハブの対立関係（王上 17:1–3; 18:8–15, 17 参照）や、イゼベルの残忍さ（王上 18:4, 13 参照）が前提とされているので、カルメル山での対決のエピソードを含む形での列王記上 17–18 章の「旱魃の文脈」を作り上げた親イエフ王朝的な姿勢の編集者（本書 72–73 頁参照）と同系の、しかしアラム戦争への言及（15–17 節）等から見てイエフのクーデターの時代よりもかなり下った時代（ただし、後述するようにおそらくは申命記史家たち以前）の一編集者の手によるものと想定できる（Jones 1984b:333; Sweeney 2007:223; Thiel 2019:227, 239–240, 287）。すなわち、この章の基本的部分は、既存の「旱魃の文脈」（王上 17–18 章）を受け継いだ後代の伝承者の一人によって、後者に対する補遺として付け加えられたものと理解したい。この伝承者＝編集者を、本章の注解では仮に「旱魃の文脈の補完者」と呼ぶことにする。

1 節　イゼベルへのアハブの報告

　1 節では、エリヤが「殺した」のが「預言者たち全員」だったとされ、それが「バアルの預言者たち」（王上 18:40 参照）であったことは特記されていないが（王上 18:20 をも参照）、バアル崇拝はこの章の文脈でも大前提

になっている（18節と同所への注解参照）。ことによるとこの「旱魃の文脈の補完者」は、バアルの預言者たちだけでなく、アシェラの預言者たちも一緒に殺害されたことを前提としているのかもしれない（すなわち、王上18:19における加筆をすでに踏まえているのかもしれない。Frevel 1995:57; Lehnart 2003:241; Pruin 2006:289）。

2節　イゼベルの殺害予告

　これを聞いてイゼベルは激昂し、エリヤに対する復讐心に燃える。これまでにも、イゼベルがヤハウェの預言者たちを迫害したことについては言及があった（王上 18:4, 13 参照。なお、王下 9:7 をも参照）が、彼女自身の言動が直接描かれることはなかった（王上 16:31–32 参照）。この箇所で初めて、イゼベルは具体的にその猛女ぶりを発揮する。すなわちイゼベルは、エリヤに「**使者（マルアク）を遣わし**」て、「**明日の今頃**（エート　マーハール）」までにエリヤの「**命（ネフェシュ）**」を殺された預言者たちの一人の「**命（ネフェシュ）のように**」する、と断言する。要するに、殺された自分の預言者たちへの復讐として、エリヤを殺害するということである。「命には命を」（出 21:23; レビ 24:18; 申 19:21 参照）という同害報復ということになろう。

　「**神々が〈私に〉**（訳注 b 参照）**どんなひどいことでもなされるように**」（訳注 c 参照）というのは、あることを行わないならばどんなひどい目に遭ってもよいという、条件付きの自己呪詛を伴う宣言定式で、逆に言えばそのことを何が何でも絶対に行う、という強い意志を表す、ある種の宣誓の定式（王上 2:23 と同所への注解［第 1 巻 107 頁］を参照）。この箇所の原文にはないが（類例としてサム上 14:44 参照）、この定型句は通常は「私に（リー）」（なされるように）の語を伴う（ルツ 1:17; サム上 14:44; サム下 19:14; 王上 2:23; 20:10; 王下 6:31 等参照）。イスラエルでは、この表現を用いて通常はヤハウェにかけて誓われる（ただし、普通名詞の「神（エロヒーム）」の語が用いられることが多い）が、ここでは動詞が複数形になっている（訳注 a 参照）。フェニキア出身であるイゼベルは、当然、バアルをはじめとするフェニキアの「神々」にかけて誓っているのであろう（王上 20:10 参照。Fohrer 1968:20; Hentschel 1984:116; Frevel 1995:57; Provan 1995:144; Crüsemann

1997:54; Wray Beal 2014:248–249; McKenzie 2019:139; Thiel 2019:242)。

　なお、七十人訳の有力な写本（バチカン写本、ルキアノス校訂本、等）では、2節のイゼベルの発言の冒頭に、「お前がエリヤなら、私だってイゼベルだ（エイ　ス　エイ　エリウー　カイ　エゴー　イエザベル）」という言葉があり、多くの注解者や研究者はこの文言を本来のものと見なす（Fohrer 1968:20; Gray 1977:406–407; Hentschel 1984:116; DeVries 1985:232–233; Rofé 1988a:195; Wyatt 2012:456; Knauf 2019:300; McKenzie 2019:138–139; Thiel 2019:216, 242)。これはそれぞれ神名要素を含む二つの人名に掛けたある種の言葉遊びで、「お前がエリヤフ（すなわち『わが神はヤハウェ』）なら、私だってイー　ゼブル（すなわち『高貴な方／殿下はどこにおられるか』）だ」、ということであろう。イゼベルの名の初出の際（王上 16:31）にも注解したように（第 2 巻 267–268 頁）、ウガリトの神話によれば、フェニキア語で「高貴な方／殿下」を意味する「ゼブル」の語はバアルの称号であり、イゼベルがバアル崇拝者であることを示す。要するに、「お前（エリヤ）がお前の神ヤハウェの名においてこんなこと（バアルの預言者たちの殺害）をしたのであれば、私だって、私の神バアルの名によって同じことをお前にしてやる」、というほどの意味であろう（Fohrer 1968:20; Thiel 2019:242)。これがもし元来の本文にあったのだとしたら、その元来のニュアンスを理解しなかった後代の写字生の一人が意味不明と考えて削除してしまったのかもしれない。あくまでセム語独特の言葉遊びであって、ギリシア語に訳してしまっては意味をなさないわけであるが、これがギリシア語訳の方のみに残ったのであるとしたら、皮肉な話である。

　後の列王記上 21:4–6（ナボトの殺害）におけると同様、ここでもアハブよりもイゼベルの方が攻撃的で、事態の主導権を握っているように描かれている（Provan 1995:143; Otto 2001:186; Sweeney 2007:230; McKenzie 2019:144)。親イエフ王朝的であった「旱魃の文脈」の編集者の場合と同様、この部分を付け加えた「旱魃の文脈の補完者」にも、イゼベルを極力「悪役」に描き、後のイエフによる彼女の残虐な殺害（王下 9:30–37）を正当化しようとする意図があるのだろう。イゼベルが本気でエリヤを殺すつもりなら、使者を送るなど悠長なことをせず、いきなり刺客か軍を送ってもよさそうなものだが（王下 1:9–14 参照）、だからといって、実はイゼベル

140

の真意は（エリヤの殺害ではなく）単にエリヤを厄介払いすることにあったのではないか（DeVries 1985:235; Kissling 1996:100; Walsh 1996:265–266; Schmid 2000:512; Cogan 2001:450–451; Hens-Piazza 2006:186; Heller 2018:76–77）、などと想像を逞しくして詮索する必要はない。ここではエリヤを無事にイゼベルのもとから逃がすという、作劇法上の必要性もあろう（McKenzie 2019:147; Thiel 2019:243）。なお、この場面以降、本章ではアハブもイゼベルも二度と登場しない。

3a 節　エリヤの逃亡

　続く 3a 節も、この章の基本的部分を「旱魃の文脈」（王上 17–18 章）に結び付けた後代の「補完者」による経過句の続きであろう。イゼベルの脅迫を聞いて、エリヤは「**恐れおののき**」（訳注 d 参照）、「**命（ネフェシュ）からがら**」（訳注 e 参照）「**立ち去った**」（原文は動詞「ハーラク」で、文字通りには「歩いて行った」）。要するに、「命あっての物種」とばかりに逃亡したのである。列王記上 17 章でのケリト川やサレプタへの移動との大きな違いは、列王記上 17 章ではエリヤが（少なくとも現在の文脈では）いずれの場合でもあくまでまず「ヤハウェの言葉」による指示を受け、それに従って移動したのに対し（王上 17:3, 9 参照）、ここではヤハウェの指示については何の言及もなく、イゼベルを恐れたエリヤが自分の意志で勝手に逃げ出したかのように描かれていることである（Provan 1995:144; 2020:142; Kissling 1996:102, 137, 143; Hens-Piazza 2006:186; Pruin 2006:289; Begerau 2008:126）。前述のように、ここに描かれた臆病で非力なエリヤ像は、たった一人で 450 人のバアルの預言者と毅然として対決した、直前の列王記上 18 章のエリヤの英雄的な姿とは何ともかけ離れている。ここでのエリヤは、何の神通力も超能力もなく（王下 1:9–14 とも対比のこと）、自分の逆境について嘆くことしかできず（10, 14 節）、悲嘆のあまり自らの死さえ望む（4 節）、一人の弱く無力な人間にすぎない。マソラ本文（底本となっている標準的なヘブライ語テキスト）でエリヤの反応が「恐れおののき（ワッイラー）」（七十人訳、ウルガータ）ではなく、「見て（ワッヤル）」になっているのは（訳注 d 参照）、おそらくこのエリヤ像の極端な落差を多少なりとも緩和、補正しようとする写字生の二次的な工夫であろう

141

（Hentschel 1984:116; Jones 1984b:329; Robinson 1991:533; Walsh 1996:266; Olley 1998:38; Lehnart 2003:244; Dharamraj 2011:48; McKenzie 2019:147; Thiel 2019:219）。

3b–8a 節　ベエル・シェバ近郊──「使い」によるエリヤの養い

イゼベルのもとから逃れたエリヤは、南王国ユダを縦断して南の境界のベエル・シェバにまで辿り着き、さらにその先の荒野に身を潜める。荒野のエニシダの木の下でエリヤは絶望し、死をさえ願うが、ヤハウェは使いを遣わして彼を養い、生き続けることを強いる。

3b 節　ベエル・シェバへの到着

エリヤが向かったのは「**ベエル・シェバ**」で、これは統一イスラエルの全範囲を示す「ダンからベエル・シェバに至るまで」（王上 5:5 と同所への注解［第 1 巻 174 頁］参照）の成句にも示されているように、パレスチナの南限の地であり、南北王国並立時代の情勢ではユダ王国の南の境界をなす。それゆえエリヤは、北王国イスラエルから南王国ユダを縦断して、その最果ての地まで逃れて来たことになる。イズレエルからベエル・シェバまでは、直線距離で約 160 キロメートルある。イゼベルの追及を免れるには十分な距離であろう。かつてアブラハム（創 21:31–33）やイサク（創 26:23–25）が滞在したこの町は、エルサレムから南西約 70 キロメートルに位置するテル・エッセバに同定されている（ABD 1:641–2; NIDB 5:147; Aharoni 1967:375）。

なお、わざわざベエル・シェバが「**ユダに属する**（アシェル　リーフーダー）」と注記されていることは、この文章が南北王国並立時代の北王国で書かれたことを示唆する（Steck 1968:26; Gray 1977:407; Jones 1984b:329; Wiseman 1993:184〔邦訳 201頁〕; Oeming 1996:303; Lehnart 2003:257; Thiel 2019:237–238）。北王国滅亡後にユダの著者によって書かれたのであれば、ベエル・シェバがユダに属することは自明であるはずだし、捕囚時代以降であれば、ベエル・シェバはすでにエドム（イドマヤ）に併合され、「ユダ」には属していなかったはずだからである。

ただし、ベエル・シェバはエリヤにとって目的地ではなく、単なる中継

地にすぎない。エリヤは、彼の「小姓（ナアル）」をベエル・シェバに残し、単身でその先の荒野に入り、さらに「１日の道のり」を進む（4a 節）。なお、エリヤの「小姓」については、列王記上 18:43–44 と同所への注解参照。超人的な走力でカルメル山からイズレエルまで長駆した（王上 18:46）はずのエリヤは、いつこの小姓と再会したのであろうか。小姓をベエル・シェバに「置き去りにした」のは、自分が行おうとしていることが誰にも見られないようにするためであろう（創 22:5 参照。Seybold 1973:5; Nelson 1987:126〔邦訳 199 頁〕; Robinson 1991:517; Cogan 2001:451; Thiel 2019:247）。エリヤ自身はまだ意識していないのであろうが、彼はこの章の終わりで、この「小姓」とは別人の新しい従者を得ることになる（21 節参照）。

4 節　荒野のエニシダの木の下で　エリヤの嘆き

エリヤが単独で入っていく「荒野（ミドバル）」とは、かつてアブラハムのもとを追い出されたハガルとその息子イシュマエルがさまよった、荒涼たるネゲブの原野である（創 21:14–16 参照）。当然、水や食料の乏しい状況になる。エリヤは明らかに、水も食べ物も持たずにそこに分け入って行った。彼は絶望のあまり、死んでもよいと思っているようである。文脈から見ると、エリヤは必ずしも最初から神の山ホレブ（8 節）に向かうことを意図していたわけではないらしい。

エリヤは荒野の中に立つ１本の灌木の下に「座りこんだ」。原語で「ローテム」というこの木は、日本語聖書訳の伝統（新共同訳、新改訳、岩波訳、JSB 共同訳参照。ただし口語訳では、「れだま」）に従い「エニシダ」と訳したが、言われているのは、わが国で一般的にこの名で呼ばれるマメ科エニシダ属の *Cytisus scoparius*（花が黄色）ではなく、同じマメ科でレダマ属のシロレダマ（学名 *Retama raetam*）であるらしい（大槻 1992:70; 廣部 1999:144–145）。これはパレスチナの南部の荒野によく見られる木で、小さい白い花をつける。大きくなると高さ２〜４メートルにも達するが、葉が小さく細いので、小さな陰しかできない。遊牧民はこの木を燃料に用いた（詩 120:4 参照）。原文での「１本」という数詞は、単に数のみを問題にしているというよりも、不毛の地に１本だけぽつんと孤立して立って

いる、というニュアンスを含む（Nelson 1987:126〔邦訳 199 頁〕；Walsh 1996:267–268; Knauf 2019:278, 313. なお、岩波訳をも参照）。なお、原文では、男性名詞のはずの「ローテム」につくこの数詞が「エハート」と女性形になっていて、文法的に性が合わない（訳注 g 参照）。ケレー（マソラ学者による読み替え指示）は男性形の「エハード」に読み替えるように指示している。5 節の同様の表現では、文法的に正しく「訂正」されている（ただし、同所への注解をも参照）。

　灼熱の荒野で木の下に座り込み、神に向けて嘆くここでのエリヤの姿は、ニネベ郊外のとうごまの木の下で嘆くヨナ（ヨナ 4:6–10 参照）を彷彿とさせる（Gregory1990:146–147; Provan 1995:144–145; Sweeney 2007:231; Heller 2018:77; Knauf 2019:313; Thiel 2019:248）。エリヤは絶望のあまり、「**自分の命（ネフショー）が死ぬこと（ラームート）**」（ぎこちない日本語表現だが、ほぼ直訳）を求め、ヤハウェに「**私の命（ナフシー）を取ってください（カハ）**」とさえ願う（4b 節）。このような自暴自棄とも言える嘆きは、預言者としては異例であり（ただし、出 32:32–33; 民 11:15; エレ 20:14–18 等をも参照）、他の箇所でのエリヤのイメージとはまったく合わないが、やはりヨナの嘆き（ヨナ 4:3, 8）を想起させる。実際、4 節の「私の命を取ってください（カハ　ナフシー）」という文言は、ヨナ書 4:3a（「カハナー　エト・ナフシー」）とほとんど同じ形である（ヨナ書の方が文法的に丁寧な形だが）。

　ただし、前述のように、3a 節でエリヤは「自分の命（エル　ナフショー）」（原文、訳注 e 参照）を守るために逃亡しているし、10 節と 14 節では敵が「自分の命（ナフシー）を取ろうと狙い求めた」ことを神に訴えている。したがって、彼は実際には必ずしも死ぬことを積極的に望んではいないようにも見える。それゆえ、この部分でのエリヤの死の願望は、やや誇張された深い絶望の表現ととられるべきであるかもしれない。あるいは、人間にすぎない敵の剣によって殺されるのではなく、神の手によって死にたい（サム下 24:14 参照）ということか（Crüsemann 1997:55; Cogan 2001:451; Thiel 2019:249, 252）。いずれにせよ、ここでのエリヤの感情は激しく揺れ動き、ほとんど分裂しているように見える（Wagner 1991:417; Walsh 1996:267; Hens-Piazza 2006:187–188）。

ただし、たかが王妃の恫喝を受けただけで、奇跡行為者であり強力な祈り手であるはずのエリヤがなぜ、これほど深く絶望し、自暴自棄にまでなるのかは、やはり文脈からは腑に落ちない。エリヤにこれほど甚大な精神的打撃を与えたのは、列王記上 19 章の現在の文脈によればイゼベルの復讐の威嚇（2 節）だということになるが、より根本的なものであろう。むしろ、ヤハウェへの「熱心」さによるエリヤの努力にも拘わらず、自分が働きかけたはずの「イスラエルの子ら」がヤハウェに背き、その「祭壇群」を冒瀆し、「預言者たち」を殺し、エリヤの「命（ネフェシュ）」すら狙っている（10 節、14 節）という、預言者としての自分の存在意義自体に関わる挫折の体験こそがエリヤの絶望の原因であろう。エリヤは、（いわばヨナとは逆の意味で）預言者としての職務に挫折したのである。一部の研究者たちは、この場面のエリヤを「燃え尽き（バーンアウト）」状態と描写している（Nelson 1987:122–123, 126〔邦訳 194–195, 199 頁〕；Robinson 1991:518, 533; Wray Beal 2014:256; 2021:105）。

彼は、その灌木の下で「眠り込んでしまった」（5 節）。灼熱の荒野の中で、食物も水も持たずに、身も心も消耗しきって。二度と目覚めることがなくともよい、という捨て鉢な気持ちだったのかもしれない。

なお、4 節と 5 節では「1 本のエニシダの木」への言及が不自然に重複しており、両者が死を願うエリヤの神への嘆きの言葉を挟み込んでいる。前述のように 5 節では、（4 節とは異なり）「1 本」の語が男性形（エハード）になっていて、文法的にはより適切な形になっているが、「エニシダ（ローテム）」についてはすでに 4 節で一度言及されているので、通常なら冠詞（ハ）が付くはずで（「そのエニシダ」）、「1 本の」の語は不要なはずである。この点で、この部分も文章が不自然である（Robinson 1991:517–518; Thiel 2019:228）。

4 節と 5 節での「エニシダ」への言及の重複を、二次的付加がなされた際に生じる「文脈再取」（Wiederaufnahme. この現象については、王上 6:14 への注解［第 1 巻 219–220 頁を参照］）と見れば、死を願うエリヤの嘆きの言葉はもとの伝承にはなく（王上 17:5–6, 9–10a でもエリヤは無言である）、この鬱病的とも言える希死念慮の言葉は、エリヤの苦境をより強調しようとした——ことによるとヨナ書に影響を受けた？——後代の加筆というこ

とも考えられる。4b 節とヨナ書 4:3 の表現の一致に関しては、ヨナ書が
かなり遅い文書と考えられるので、通常は列王記からヨナ書への影響とさ
れることが多い（Steck 1968:27; Rudolph 1971:364; Wolff 1977:141–142;
Gregory 1990:147; Sweeney 2007:231; Dharamraj 2011:69; Knauf 2019:278;
Thiel 2019:248, 250）が、逆の可能性を考えてみてもよいのではなかろうか。
少なくとも、文脈から見ればヨナ書の方がずっと自然である。

　なお、4 節の最後の部分でエリヤが語る、**「私は、私の父祖たちに勝る者
ではありません**（ロー　トーブ　アノキー　メー・アボーターイ）」（4b 節）
という表現が正確にどんなニュアンスを持つのかは、残念ながらもはや不
明である。自分には生きていく価値などなく、すでに死んだ祖先たちと同
様、墓の中で安らぎたい＝早く死にたい、というほどの意味か（DeVries
1985:235; Hauser 1990:63; Provan 1995:148; Cogan 2001:451; Stulac
2021:74）。用例はここにしかないが、このような状況で発せられる慣用句
的なものであった可能性がある。「父（アブ）」の語が預言者的人物に対し
て尊称的に用いられることもあること（王下 2:12; 6:21; 13:14 参照）などか
ら、ここでの「父祖たち」を血統上の祖先たちではなく、エリヤ以前の先
達の預言者たちのことと解して、彼らと同様、自分も預言者としての使命
を果たせなかった、とする嘆きととらえる解釈者も多い（Steck 1968:27;
Jones 1984b:330; Würthwein 1984:229〔邦訳 488 頁〕; Fretheim 1999:108;
Otto 2001:184, 186; Lehnart 2003:245, 254; Albertz 2006:142; Dharamraj
2011:49; Wray Beal 2014:252; McKenzie 2019:144, 149; Thiel 2019:239, 253–
254）。その場合には、具体的にどんな預言者たちのことが考えられている
のであろうか。いずれにせよ、この一句は、エリヤが自らの死を望む理由
になっている（接続詞「キー」）。

5–6 節　使いによるエリヤの第一の養い

　5–6 節で展開するのは、前述のように列王記上 17:2–6, 10–16 の二つの
エピソードを想起させる（Timm 1982:103; Würthwein 1984:227〔邦訳 485
頁〕; Jones 1984b:327, 330; Wiseman 1993:184〔邦訳 201 頁〕; Walsh
1996:269; Sweeney 2007:231; McKenzie 2019:144; Thiel 2019:233, 257）、エ
リヤの不可思議な養いの物語である。ことによると、この物語はもともと

列王記上 17 章の二つの養いのエピソードと同じ伝承群に属していたが、ベエル・シェバという場所が、北王国からはるか南方にあるはずのホレブ山へ向かうエリヤの旅に繋ぐ経過句的な場面として地理上都合がよいので、編集者（ここで言う「旱魃の文脈の補完者」ではなく、おそらくはもう一段階後の申命記史家の一人）によりここに移されたのかもしれない。もし、この伝承がもともと列王記上 17:2–6, 10–16 と同じ伝承群に属していたとすれば、エリヤは東（ケリト川）、北（サレプタ）、南（ベエル・シェバ）の三方向——しかも、いずれもイスラエル北王国の領土外——で奇跡的な養いを受けたことになる（西は地中海で、問題にならない。421 頁の地図を参照）。

　ただし、すでに述べたように、少なくとも現在ある文脈の中で見た場合、列王記上 17 章の二つのエピソードとの大きな違いは、列王記上 17 章ではエリヤがヤハウェの指示に忠実に従ってケリト川やサレプタに移動したのに対し、ここではエリヤがヤハウェの指示によるのではなく、自分の意志で勝手に逃げて来たように見えることである。物語のポイントは、たとえ自分勝手で恣意的な行動であったとしても——しかも自ら死を望むエリヤの意志（4 節）に反してさえ——、あくまでヤハウェの加護がエリヤを離れない、ということなのであろう。

　生きることを厭いさえするエリヤの呻吟に対し、ヤハウェは直接的には何も答えない。しかし、死を望んだエリヤに対し、ヤハウェは間接的に、あくまで生きることを命じる（Hauser 1990:64–65; Dharamraj 2011:52; Thiel 2019:257–258）。そのことが、具体的には食物と水による養いということで示される。列王記上 17 章では、エリヤを養ったのはカラスや貧しいやもめであったが、ここでそれをするのは、何と天使である（5–7 節）。ただし、「使い（マルアク）」の語は、もともとは使者として送られる人間を指し（2 節に出るイゼベルの使者と同じ語）、この文脈では最初は単に「使い」（5 節）とだけ記され、7 節で初めて「ヤハウェの使い」であることが明らかにされるので、最初はエリヤを養うのが通りがかりの見知らぬ人間のように見え——七十人訳ではよりいっそうそうで、「誰か（ティス）」が主語となっている——、2 回目でようやくそれが「ヤハウェの使い」、すなわち天使であることが認識される、という効果が生まれている（Provan 1995:144–145, 148; Walsh 1996:268–269; Crüsemann 1997:56; Cogan

2001:451; Thiel 2019:255)。なお、7節では「もう一度戻って来て」と言われているので（訳注 m 参照）、二つの箇所で言われているのは同一の天使であり、2人の別の天使（Nelson 1987:125–126〔邦訳 198–199 頁〕）と考える必要はないであろう。

列王記で天使は初の登場であるが（ただし王上 13:18 をも参照）、申命記史書に取り入れられたこれ以前の伝承でも、神の「使い」がしばしば伝令や神の意志の執行者的な役割を果たしていた（士 2:1–4; 6:11–18; 13:3–22; サム下 24:16–17 参照）。

寝込んでしまったエリヤが、使いに「触れ」られて目を覚ますと、そこには「焼き石〔で焼いた〕ケーキ」と「水の入った甕」があった（6節）。「ケーキ」は列王記上 17:13 に出てくるのと同じ語（ウッガー）で、こうして見るとエリヤの好物らしい。「甕」も同 17:12, 14, 16 に出てくるのと同じ語（ツァパハト）。このような用語の共通性も、このエピソードがもともと列王記上 17:1–6, 10–16 と同じエリヤの不可思議な養いについての伝承群に属していたことを示唆する。なお、通常はパンやケーキは竈で焼かれたが、野外などでは熱した「焼き石」（イザ 6:6 の「炭火」と同根の語「レツァフィーム」）で焼くこともあったらしい（Gray 1977:408; Knauf 2019:279; Thiel 2019:25）。エリヤはそれらを食べ、かつ飲んだ。この場面を、エリヤが眠っている間に見た夢とする解釈もあるが（Long 1984:196, 198–199; Brueggemann 2000:234; Hens-Piazza 2006:187; Heller 2018:78）、およそ文脈の趣旨に反している。夢の中で物を食べても、腹は膨れない。

なお、ここでヤハウェがエリヤに遣わした天使が、この章の冒頭でイゼベルがエリヤに送った使者と同じ語（マルアク）で呼ばれていることは、作劇法上効果的なコントラストをなしている。すなわち、イゼベルの送った人間の使者（マルアク）はエリヤに間近な死を宣告するが、ヤハウェの遣わした天的な使者（マルアク）は、エリヤにあくまで生きることを命じるのである（Long 1984:198; Hauser 1990:64; Provan 1995:144; Walsh 1996:269; Wray Beal 2014:252; Stulac 2021:75）。

7–8a 節　使いによるエリヤの第二の養い

エリヤの横たわり→使いによる接触→養い→エリヤによる飲食というプ

ロセスは、もう一度繰り返される（7–8a節）が、2回目の場合には、すでに後続するホレブ山への旅の場面の伏線となっている（「**あなたにとって、たいへんな**（訳注 *n* 参照）**道行きになる**」）。エニシダの場面とホレブへの旅を結び付けた編集者（おそらくは申命記史家の一人）が、ホレブへの場面転換を準備するために、同じような場面を繰り返したものであろう（Steck 1968:25, 28; Seybold 1973:5; Jones 1984b:330; Seidl 1993:11）。はっきりとは書かれていないが、文脈上で見れば、ここで「使い」から教唆されて、エリヤは「神の山」に行くことを決意した、ということになろう（Timm 1982:103; Beck 1999:126）。その背後には、当然エリヤを呼び寄せようとしたヤハウェの意志があるはずである。

8b–14 節　ホレブ山　エリヤの嘆き

　この段落では、エリヤのホレブ山への旅と、そこでの神秘的な神顕現、ヤハウェのエリヤへの新たな命令が描かれ、この章全体のクライマックスをなす。ただし、ここには申命記史家以前の伝承と申命記史家たちによる編集句、申命記史家たちよりも後の加筆が複雑に入り組んでいるように見える。

8b 節　ホレブ山への旅

　ここでもまた、編集者（申命記史家の一人）は冒頭の部分（8b 節）で、直前のエピソードから「養い」のモチーフを取り入れて、巧みにエピソード間の有機的な結合を図っている（「**その食べ物に力づけられて**」、訳注 *o* 参照）。エリヤが赴く「**神の山（ハル　ハー・エロヒーム）**」は、かつてモーセがヤハウェの召命を受けた場所（出 3:1; 4:27）であり、また出エジプト後にヤハウェとイスラエルの契約が結ばれ、モーセを通じて律法が授けられた場所（出 19:3–6; 24:3–4, 13 参照）である。いわば、イスラエルの神との関係の原点とでも言える場所である。この山は、通常は「シナイ（山）」と呼ばれる（出 19:11, 18–23; 24:16; 31:18; 34:2–4, 29–32 等参照）が、「**ホレブ**」は申命記や申命記史書でよく用いられる呼称である（申 1:2, 6, 19; 4:10, 15; 5:2; 9:8; 王上 8:9 等参照。ただし、出 3:1; 17:6; 33:6; 詩 106:19; マラ 3:22 をも参照）。もちろん、両者は同一の山を指す。この部分を編集した

申命記史家は、エリヤの再召命とも言える決定的な出来事の場所として、「契約の山」ホレブ（特に申 5:2 参照）が最も相応しいと考えたのであろう。エリヤがホレブ山に赴く目的や動機は明記されていないが、現在の文脈では、ひたすらヤハウェに嘆き、窮状を訴えるため（10, 14 節）としか読めない。エリヤは、自分の民（「イスラエルの子ら」）の背教と彼らの手による迫害に直面して預言者の使命の遂行がもはや困難になったとき、敢えてイスラエルの救済史的信仰の原点に戻ったことになる（von Rad 1960:30〔邦訳 37 頁〕; Carroll 1969:410; Hauser 1990:66–67; Crüsemann 1997:63–64; Thiel 2019:232, 237）。

なお、「40 日 40 夜」は、モーセが神との契約に際してシナイ／ホレブにいた日数と同一（出 24:18; 34:28; 申 9:9, 11, 18, 25; 10:10 参照）。その際にモーセは、それだけの日数、断食していたとされる。エリヤも天使の与えてくれた「食べ物に力づけられ」て、その後飲まず食わずで 40 日間、昼夜歩き続けた、ということなのであろう（Steck 1968:111; Seybold 1973:10; Gray 1977:408; Hentschel 1984:117; Würthwein 1984:227〔邦訳 485頁〕; Walsh 1996:270; Brueggemann 2000:235; Cogan 2001:452, 456; Werlitz 2002:177; Lehnart 2003:246; Sweeney 2007:231; Dharamraj 2011:51; Knauf 2019:317; McKenzie 2019:145; Thiel 2019:232, 260）。このような符合もまた、モーセとエリヤをより緊密に重ね合わせようとする、この部分を編集した申命記史家の工夫であろう。ここでこの申命記史家は、他にも一連の加筆によって、エリヤとモーセを重ね合わせることを通じて、後続するエリヤの再召命（15–16 節）が、モーセの任務に匹敵する重みを持つものであることを示唆しているように思われる。

旧約聖書で、この神の山（シナイ／ホレブ）ということでどの地域のどの山が念頭に置かれているかは不確かで、学問上も議論が多い。もちろん、前述の「40 日 40 夜」という表現から、「神の山」の位置を算出することはできない。それは明らかに象徴的な意味を持った定型的表現（創 7:4, 12, 17; 8:6; 民 13:25; 14:34; 士 3:11; サム上 17:16; マタ 4:2 等参照）であり、しかも文脈に対しておそらくは二次的だからである。ちなみに申命記 1:2 によれば、ホレブからカデシュ・バルネアまでは「11 日」の道のりである。

聖書関係の図鑑などで「シナイ山」としてよく紹介される、チャールト

ン・ヘストンがモーセを演じた映画『十戒』（セシル・B. デミル監督、1956年）のロケ地としても有名なジェベル・ムーサ（「モーセの山」、標高 2285メートル）がシナイ／ホレブ山と同一視されるようになったのは、キリスト教時代になったようやく紀元後 4 世紀頃以降のことである。この山は、ベエル・シェバの南方約 400 キロメートルのシナイ半島南部に位置している。現在では、麓にギリシア正教の聖カタリナ修道院が建っており、そこで 19 世紀の中葉に七十人訳と新約聖書の「シナイ写本（א）」が発見されたことでも有名である。

9–10 節　ホレブでの第一の対話

　「神の山」に辿り着いたエリヤは、「**例の洞穴**」に入り、そこで夜を過ごすことにした（9a 節）。訳注 p にも記したが、奇妙なことに原文では、この章で初出であるにも拘わらず、「洞穴（メアーラー）」の語に冠詞（ハ）がついており、既知の特定の洞穴のことが言われているように読める。かつてモーセがヤハウェの「栄光」を見たとき中に入ったシナイ山の「岩の裂け目」（出 33:21–22）のことが連想されるかもしれない（Seybold 1973:10; Gray 1977:409; Jones 1984b:331; Hentschel 1984:117; Wiseman 1993:184〔邦訳 202 頁〕; Walsh 1996:272; Cogan 2001:452, 456; Hens-Piazza 2006:188; Sweeney 2007:232; Begerau 2008:122; Dharamraj 2011:51–52, 103–104; Wray Beal 2014:253; Knauf 2019:280, 318; McKenzie 2019:145, 150; Thiel 2019:232, 263）が、用いられている語はあくまで異なる。なお、出エジプト記におけるモーセの物語には、「洞穴（メアーラー）」の語はどこにも現れない。もちろん、現在の文脈によれば、この「洞穴」はホレブ山のどこかにあるということになろう。ただし、【形態／構造／背景】の項でも可能性として想定したように、この部分を編集した申命記史家が初めて場面をホレブ山に設定したのであり、しかも、ここにより古い伝承の断片が残されているとすれば、少なくとも申命記史家的編集以前の「旱魃の文脈の補完者」の段階では、エリヤが神の啓示を受けた「洞穴」が、必ずしも最初からホレブ山にあるとは考えられていなかった可能性も出てくる。

　そして、エリヤ物語では、ここ以前の 2 箇所で、「例の洞穴」（冠詞付き

の「メアーラー」）についてすでに言及されていたのである（Robinson 1991:529; Walsh 1996:272; Crüsemann 1997:58–59; Cogan 2001:452; Long, Jr. 2002:220; Werlitz 2002:178）。それは、イゼベルがヤハウェの預言者たちを迫害したとき、アハブの「宮廷長」オバドヤが100人の預言者たちを匿った「例の洞穴」（王上 18:4, 13）である。しかも、ここでエリヤは、オバドヤが匿った100人の預言者たちとよく似た状況のうちにいることになる。すなわち、迫害者によって命を狙われた（10, 14 節参照）エリヤは、「例の洞穴」の中に身を潜めたのである。もし、もとの物語が北王国で成立したのであれば、迫害を受けた預言者たちの避難所であった特定の「洞穴」が、ある種の史跡として広く知られていたとしても不思議ではない。もちろん、以上は極めて仮説的な憶測にすぎないが（筆者の知る限り、このような仮説を立てた注解者や研究者は他にいない）。

　この後、エリヤが体験することは、複雑に入り組んでいる。まず、「言葉の生起定式（「ヤハウェの言葉が彼に〔臨んで〕……」）（9bα 節）が出るが、これは申命記史家たちが頻用するものである（王上 17:2 への注解参照）。現在のテキストでは、これにヤハウェの問いかけ（「ここで何をしているのか、エリヤよ」）と、それに対するエリヤの訴えが続くが（9bβ–10 節）、【形態／構造／背景】の項でも指摘したように、奇妙にもこの問答は、ほぼそっくりそのまま 13b–14 節で繰り返される（9bβ–10 節の内容については、後述の 13b–14 節への注解を参照）。しかも、後者の位置における方が文脈上の座りがよい。両者における唯一の違いは、語りかけの主体が 9bα 節では「ヤハウェの言葉」であるが、13b 節では曖昧な「声（コール）」であるという点である。誰のものだかよく分からない「声」（無冠詞！）が二次的に明確な「ヤハウェの言葉」に変えられたという方が、その逆よりもありそうなことである。したがって、もともと 13b–14 節にあった対話が 9bβ–10 節に二次的に先取りされた可能性が高い（Wellhausen 1899:280; von Rad 1960:28〔邦訳 51 頁〕; Fohrer 1968:21, 47; Steck 1968:21–22, 116; Smend 1975b:526; Timm 1982:107; Höffken 1998:73, 77; Lehnart 2003:247–249, 258; Thiel 2019:228–229, 263）。写字生が誤って別の場所に書き入れてしまった重複誤写（ディットグラフィー）ということも考えられる（Würthwein 1984:227〔邦訳 484 頁〕）が、この「先取り」が二次的で、し

かも意図的なものであるとすれば、エリヤの訴えを冒頭に出してその切実さを強調するためか、神顕現（11b–12 節）を挟み込む形で左右対称的な枠構造を造り上げるためであると考えられる。

ただし、その場合には、単に形式的に神顕現の場面を前後から囲む枠構造というだけではなく、ここでもまた、繰り返しが、後から挿入された部分を挟んで元の文脈に戻るための挿入者＝編集者による「文脈再取」（Wiederaufnahme）（この現象については、王上 6:14 への注解［第 1 巻 219–220 頁］を参照）の機能を果たしているということも考えられる。したがって、間に挟まる有名な神顕現の描写（11b–12 節）が、実は後代の——申命記史家以前の「旱魃の文脈の補完者」はもとより、申命記史家的編集者自身よりもさらに後になってからの——加筆だ、という可能性が出てくる（Jones 1984b:327, 331, 333; Würthwein 1984:229–230〔邦訳 488–490 頁〕; Schmoldt 1988:24–25; Höffken 1998:73; Campbell/O'Brien 2000:396–397）。なるほど、現在ある形のこの章の文脈では、11b–12 節の印象的な神顕現の場面におのずから関心が集まり、あたかもその場面が本章全体のクライマックスであるかのように読めることは確かである。しかし、もしその神顕現の場面が後から加えられた加筆であるとすれば、それ以前の（すなわち「旱魃の文脈の補完者」ないし申命記史家的編集の段階での）物語は比較的単純で、エリヤの「洞穴」への避難（9a 節）→「洞穴」から出るようにというヤハウェの命令（11a 節）→命令の実行（13b 節）→ヤハウェの問いかけ（13b 節、1 回のみ！）→エリヤの答えと訴え（14 節、1 回のみ！）→ヤハウェの応答としての三つの「油注ぎ」の指示と約束（15–18 節）、という文脈をなしていたことになる。この場合には、その物語的なクライマックスは、当然ながら最後の三つの「油注ぎ」の指示と約束にあった、ということになろう（Jones 1984b:327, 333; Oeming 1996:312; Blum 1997:287; Crüsemann 1997:54, 65）。神顕現的な場面が二次的に挿入されたことにより、物語全体のクライマックスが前方に移動してしまったわけである（Würthwein 1984:227〔邦訳 484 頁〕）。いずれにせよ、現在の形でのこの章の物語は、二つのクライマックスを持つ複雑な構造になっているが、これは、ここで仮定したような複雑な成立経過の所産なのかもしれないのである。

なお、神とエリヤの間でのこの問答の奇妙な繰り返しについては、別に、問答の一方を二次的付加として編集史的に説明するのでなく、場面全体の単一性を前提にしたうえで説明しようとする、面白い解釈も提唱されている。この見方によれば、ここでは描写に、古代の宮廷等における王の謁見儀礼の様式が応用されている、というのである（Seybold 1973:8–9; Blum 1997:287; Otto 2001:185–186; Albertz 2006:143; Dharamraj 2011:53–54）。すなわち、王の謁見を求める使者は、まず控えの間に通されて要務を尋ねられ（9b 節）、自分が参内した目的について説明させられる（10 節）。然る後に初めて王の謁見の間に通された使者は、王に直接相まみえて（11–12 節の神顕現！）、改めて直々に自分の使信を王に伝える（13b–14 節）、というわけである。

　面白い見方ではある。もし、9b 節の最初の問いかけが、例えば 5 節や 7 節同様、（門番の？）「使い」によるものであることが明記されており、他方で 13b 節の問いかけがヤハウェ自身によるものであることがはっきり分かるように記されているのであれば、この理論でこの問答の繰り返しはほぼ完璧に説明できる。しかし、9b–10 節と 13b–14 節の問答の繰り返しの唯一の相違点は、前述のように、まさに 9b 節の問いかけが「ヤハウェの言葉が彼に臨んだ」という言葉の生起定式で記されているのに対し、13b 節の主語が無冠詞の「声（コール）」である、という点に存する。逆であればよかったのに！　ヤハウェ自身が「門番」と「王」の役割を兼ねているとは思えないので、この説明の仕方ではやはり無理があろう。

　やはり場面全体の単一性を前提にしたうえで、この問答の繰り返しを説明するもう一つの見方は、この問答の繰り返しが、改めて神に問いかけられても——しかも神の親しい顕現に接した直後でさえ！——自分の見解に固執し、自分の見方を変えないエリヤの頑固さ、頑なさを示す、とする解釈である。この見方は、この章におけるエリヤの意図と態度全体に関わる独特の——本注解の理解とは大きく立場を異にする——解釈を前提とするので、本単元末尾の「トピック 4」で改めて紹介したい。

　9bβ–10 節が二次的挿入であるとすれば、9bα 節の言葉の生起定式は、直接 11 節に続いていたことになる。11 節冒頭ではヤハウェが、「**出て来て、あなたは山でヤハウェの前に立ちなさい**」とエリヤに命じる（11a 節前半）。

この部分は、そもそも「ヤハウェの言葉」（9節）の続きであるはずなのに、「ヤハウェ」に3人称で言及されていて、やや文章が不自然である。「出て来て（ツェー）」とは、当然、一夜を過ごした洞穴（9a節）から出る、ということであろう。ところが、エリヤが実際に出てくるのはようやく13a節後半であり、しかもそこでエリヤはヤハウェの命令に従うというより、自発的に出てくるように描かれている。この点でも、この部分は文脈が不自然であり、何らかの形で手が加わっている、という感を抱かせる。しかも、11aα節における指示とは異なり、13aβ節では、エリヤが「山でヤハウェの前」に立ったとはされていない（「**彼は出て来て、その洞穴の入口に立った**」）。エリヤはまだ洞穴の前にいるのである。

　したがって、おそらくは後者（13aβ節）の方がより古いテキストであり、11aα節の「ヤハウェの言葉」による命令は、洞穴の入り口に立つというエリヤの行為をヤハウェの命令に応えたものと再解釈するために（申命記史家の一人により）後から構成されて先置されたものと考えられる（Thiel 2019:229, 264）。申命記史家たちは、列王記上 17:3–4, 8–9 でも同じ手法を用いている（該当箇所への注解を参照）。しかも、さらに後になってから、別の加筆者の手により神顕現の場面（11b–12節）が挿入されたので、命令（11aα節）とその実行（13aβ節）がひどく引き離されてしまったのであろう。

　したがって、（申命記史家による編集以前の「旱魃の文脈の補完者」の段階での）古い伝承は、必ずしもホレブという場所を前提とせず、ただし伝承の語り手や聞き手たちには周知のものであった特定の洞穴に関連して、「彼はそこで例の洞穴に入り、そこに宿った（9a節）。それから彼は出て来て、洞穴の入口に立った（13aβ節）」というものであったと考えられる。

11–13a節　神顕現（テオファニー）

　これに対し、11aβ節の「**すると、見よ、ヤハウェが通り過ぎる**（動詞「アーバル」の分詞形）**ところであった**」（訳注 u 参照）という記述は、シナイ山上でヤハウェ（の栄光）がモーセの前を「通り過ぎ」る（動詞「アーバル」）場面（出 33:22; 34:6）を想起させ（Steck 1968:111; Seybold 1973:10; Gray 1977:409–410; Jones 1984b:332; Long 1984:301; Schmoldt 1988:25;

Walsh 1996:274; Sweeney 2007:232; Heller 2018:78; Thiel 2019:232, 265)、やはりエリヤの体験とモーセのそれを重ね合わそうとする申命記史家たちの工夫の一つであろう。もちろん、エリヤの体験にモーセのそれと同等の重要性を付与するためである。したがって、申命記史家たちの編集段階では、テキストは、「見よ、ヤハウェの言葉が彼に臨んで（9bα節）、言った。『出て来て、あなたは山でヤハウェの前に立ちなさい』。すると、見よ、ヤハウェが通り過ぎるところであった（11aα節）。〔エリヤは〕彼の外套で自分の顔を覆った（13aβ節）」と続いていたことになろう。

なお、ヘブライ語の文章には引用符に当たるものがないため、「ヤハウェの言葉」（9a節）が「言った（ワッヨーメル）」（11a節）台詞の内容がどこまで続いていたかは必ずしも明確ではない（Walsh 1996:274–275; Crüsemann 1997:60; Albertz 2006:146; Dharamraj 2011:71–72; Knauf 2019:298–299, 322; Thiel 2019:222）。私訳では、多くの既存訳や注解書（口語訳、新共同訳、新改訳、岩波訳、JBS共同訳、Gray 1977:406; Sweeney 2007:219; Wray Beal 2014:248–249; McKenzie 2019:138, 140; Thiel 2019:217, 222, 264–265）に従い、11節の（洞穴から）出て来るようにという命令のみを「言葉」の内容と解し、同じ節の「すると、見よ（ヒンネー）」以下を神顕現についての語り手による客観的記述と見なした。しかし、次の文章の動詞が分詞形であること（訳注 v, w 参照）から、これを未来形的な意味に解して直接話法の言葉の内容に含めるという解釈（すなわち、「出て来て、あなたは山でヤハウェの前に立ちなさい。見よ、ヤハウェが通り過ぎられる」。すでに七十人訳がこの解釈を取る。Würthwein 1984:225, 228〔邦訳479, 486頁〕; Beck 1999:123, 129; Knauf 2019:274）や、さらには、自然界を震撼させる神顕現の随伴現象と「か細い静かな声」の描写までを含む11–12節全体（動詞はやはり分詞形）をヤハウェの直接話法の発言の内容とする解釈（「風が起こるが風の中にヤハウェはいないであろう……声があるであろう」）まである（Schmoldt 1988:22–25; Robinson 1991:521; Seidl 1993:15; Walsh 1996:275; Cogan 2001:449, 452; Albertz 2006:145–146; Rogland 2012:93–94）。ただし、少なくとも後者の解釈は、（エリヤはヤハウェの発言の直後に出て来たことになるので、）出て来るようにというヤハウェの命令（11aα節）とエリヤによるその実行（13aβ節）が相互に離れすぎていると

156

いう難点を克服する長所はあるが（Rogland 2012:93–94）、肝心の神顕現に伴う自然界の震撼や神秘的な「声」が予告されるだけで、その実現が記されないことになるという大きな難点があり（Thiel 2019:222）、やはり無理筋であるように思われる。

　現在のテキストで、ヤハウェとエリヤの同じ言葉による2回の問答、および洞穴から出ることについての命令とその実行の間に挟まっている部分（11b–12節）は、旧約聖書中でも最も奇妙で、意味の取りにくいテキストの一つである。原文には動詞が極端に少なく、直訳すると、「強い大風、山々を裂きつつ（動詞は分詞形）、岩々を砕きつつ（動詞は分詞形）、ヤハウェの前で。風の中にヤハウェなし。風の後に地震。地震の中にヤハウェなし。地震の後に火。火の中にヤハウェなし。火の後にか細く静かな声」となる。なお、原文では女性名詞である「風（ルーアハ）」に二つの形容詞、「大きな（ゲドーラー）」と「強い（ハーザーク）」が掛かっているが、前者が文法的に適切に女性形であるのに対し、後者が男性形で性が一致しないことから、「強い」以下の部分（二つの動詞の分詞形を含む）を二次的付加とする解釈（Fohrer 1968:21; Gray 1977:411; Würthwein 1984:225, 230〔邦訳 480, 488, 493頁〕; Fritz 1996:175; Oeming 1996:301; Höffken 1998:78; Thiel 2019:223, 229–230, 267）や、「山々を裂き、岩々を砕く」が事柄上「風」よりも「地震」によりふさわしいため、「強い（ハーザーク）」以下の位置を修正して「地震（ラアシュ）」（男性名詞！）に掛けるという提案もなされている（BHS 脚注［Jepsen］; McKenzie 2019:138, 140）。

　先に仮定したように、この神顕現の描写が申命記史家たちよりも後の二次的（否、三次的、あるいは四次的）な加筆であるとすれば、それは、申命記史家の一人による文章中にエリヤの前を「ヤハウェが通り過ぎる」という記述（11aβ節）があったことに触発されて加えられたのかもしれない。

　なお、これまで便宜的、因習的に「神顕現（theophany）」という言葉を使ってきたが、厳密に言えば、ここでは神の姿自体は描かれていない。逆に、ヤハウェ自身がそれらの自然現象の「**中**」に「**いなかった**」ことが繰り返し強調されるのである（11b–12a節）。したがって、それはある種の「反神顕現」的な記述（Heller 2018:80, 84; Lamb 2021:246）と言えなくもない。

強い「**風（ルーアハ）**」（ないし息吹）も「**地震（ラアシュ）**」（ないし地の揺らぎ）も「**火（エーシュ）**」（ないし稲妻）も、超自然的とも言える凄まじく巨怪な力を表し、自然界における神の現臨の随伴現象として、旧約聖書の神顕現（テオファニー）的テキストにしばしば見出される要素である（詩18:8–16; 29:3–10; 50:3; 68:8–11; 77:17–20; 97:2–5; 士5:4–5; サム下22:8–16; イザ28:2; 29:6; ナホ1:3–6; ハバ3:3–6等参照）。シナイ／ホレブの契約の場面自体にも、それらのイメージが見られた（出19:16–19; 20:18; 24:15–17; 申4:11–12; 5:24–26等参照）。ところが、前述のように、ここではヤハウェがそれらの「中にはいない（ロー　ベ……）」ことが繰り返し強調される。すでに見たように、申命記史家たちによる編集は、エリヤをモーセと重ね合わそうとしているが、申命記史家たちよりも後のこの非申命記史家的な加筆部分では、逆にシナイ的な神顕現観念を批判し、荒ぶる自然の激動の中に神の臨在を感じ取ろうとする伝統的な表象そのものから距離を取ろうとする意図が感じられる（Jeremias 1977:65, 115; Gray 1977:410–411; Oeming 1996:312; Thiel 2019:267–268）。むしろ神は、静謐な沈黙の中で、ささやくような「**か細く静かな声（コール　デマーマー　ダッカー）**」として語りかけてくる、というのである。旧約聖書の中でも、極めてユニークな考え方である。

原語の「コール　デマーマー　ダッカー」という表現については、極めて多くのことが論じられてきたが、正確な翻訳と解釈は未だに確立していない。アッカド語等との類比から、先行する自然の震撼の描写を受けて、「轟きわたる雷のような音響（roaring thunderous sound）」と訳すべきだとする提案（Lust 1975:112–114）もあるが、あまり賛意は得られていないようである。むしろ、直前の荒ぶる自然の猛威とは対照的な、ある種の静けさが表現されているとする解釈が圧倒的多数である（例えば、von Rad 1960:29〔邦訳36頁〕; Fohrer 1968:21–22; Jeremias 1977:114; Würthwein 1984:230〔邦訳489頁〕; DeVries 1985:236–237; Robinson 1991:527, 534; Seidl 1993:18; Wiseman 1993:185〔邦訳202–203頁〕; Provan 1995:146; Fritz 1996:177; Walsh 1996:276; Crüsemann 1997:62; Fretheim 1999:109; Brueggemann 2000:236; Schmid 2000:521; Cogan 2001:453; Fox 2002:164–165; Werlitz 2002:179; Albertz 2006:147; Sweeney 2007:232; Begerau

2008:118; Dharamraj 2011:74–84; Wray Beal 2014:254; McKenzie 2019:140–141, 145, 150; Thiel 2019:268, 270; Lamb 2021:246）。

ウガリトの神話的物語によれば、バアルは嵐の神であり、火（稲妻）の武器を振るい、その声が大地や山を震撼させる、とされる（第 2 巻 276–279 頁の「トピック 3」参照）。ことによると、ここにはヤハウェをバアル化して表象するイスラエル内部の傾向に対する批判が意図されているのかもしれない（Jeremias 1977:115; Hentschel 1984:118; Würthwein 1984:230〔邦訳 489–490頁〕; Seidl 1993:18; Crüsemann 1997:61–63; Beck 1999:134–135; Schmid 2000:521; Werlitz 2002:179; Albertz 2006:146; Knauf 2019:322; McKenzie 2019:150; Thiel 2019:271–272）。

「コール」の語は「音」と「声」のいずれをも意味し得るが、少なくとも現在の文脈では、直後の 13 節にあるエリヤへの呼びかけの「声（コール）」との連関性が明らか（ただし 13b 節の「声」についての注解をも参照）なので、意思疎通のツールとしての「声」と訳すべきであろう。この「声」については、先行する三つの（超）自然的現象の場合とは異なり、「ヤハウェはその中にいない」という付記がない。したがって、そこにヤハウェの言葉による啓示が含意されていることは疑いない。七十人訳の重要な写本（バチカン写本、ルキアノス校訂本）は、この含意を言葉に出して明確化している（「そして主はそこに（おられた）（カケイ　キュリオス）」）。

「デマーマー」の語は、「静まる」、「黙る」、「休む」などを意味する動詞「ダーマム」に由来する女性名詞で、「静けさ」、「静粛」、「静謐」を意味する（Jeremias 1977:114; Fox 2002:164; Dharamraj 2011:77–84）。ヨ ブ 記 4:16 では、「コール」の語と一緒に啓示的な文脈で用いられている。詩編 107:29 では、（ヤハウェが）「嵐を静める」という文脈で用いられ、いわば「嵐の後の静けさ」を表す。したがって、列王記上 19:12 でこの語の直前にある「コール」の語と結び合わせれば、いわば「沈黙の声」とも言うべき自家撞着的な概念となる。これは、「輝く闇」、「冷たい炎」のように、いわく言い難いものをあえて「反対の一致」のような表現で表出しようとするものであり、ある種の神秘的体験を言い表しているようにも見える。あるいは、神は非人格的な自然の中にではなく、人格的な言語コミュニケーションの中に自己を啓示する、ということなのであろうか（Jeremias

1977:203)。もしそうであれば、ここには自然神学に対立する啓示神学の端緒があることになる。

「デマーマー」の語に後ろから掛かっている「ダッカー」の語は、「粉砕する」、「砕く」、「粉にする」を意味する動詞「ダーカク」に由来する形容詞「ダク」の女性形で、後者は（牛などが）「痩せこけている」（創41:3–4）、（麦の穂などが）「しなびている」（創41:6–7）、（毛などが）「細い」（レビ13:30）、（積もったものの層が）薄い（出16:14）、（粉やほこりなどが）「細かい」（レビ16:12; イザ29:5）といった意味で用いられる語であり（Fox 2002:164–165; Dharamraj 2011:75–76, 84）、あまり良い意味では用いられないことが多いようである。いずれにせよ、量や力が乏しいことを意味するので、「か細い」と訳した。

この「か細く静かな声」についての記述が、列王記上18章のカルメル山上での対決の場面の直後に置かれたことは、ある意味で皮肉である。なぜなら列王記上18章のカルメル山上での対決の物語のクライマックスでは、ヤハウェはまさにスペクタキュラーな「火」によってその存在と威力を示すからである（王上18:38）。それゆえ列王記上19章のこの部分は、読みようによっては、列王記上18章の物語――ないし、そのようなスペクタクル的な手法でヤハウェの存在と力を実証しようとしたエリヤの意図――への批判であるかのようにも読めてしまう。

この部分は、後続する文脈に対してもはなはだ皮肉な効果を持つ。なぜなら、現在の文脈で読めば、その「か細く静かな声」が囁くように語るはずのことが、内容的には、「ハザエルの剣を逃れた者をイエフが死なせ、イエフの剣を逃れた者をエリシャが死なせるであろう」（17節）という陰惨で戦慄的な歴史的事態に繋がっていくことになるからである。いずれにせよ、この部分（11b–12節）が周囲の文脈に対してかなり異質な性格を持つ、という印象は否めない。

「**外套で自分の顔を覆った**」（13a節前半）というエリヤの反応は、神の現臨を感じて、神を直接見ることを避けようとしたということなのであろう。イスラエルには、神を直視した者は死にかねない、という観念が普及していた（創32:31; 出24:11; 33:20; 士6:22–23; 13:22; イザ6:5等参照）。申命記史家的編集の段階では、加筆の部分（11b–12節）を超えて、ヤハウェが

モーセの前を「通り過ぎ」たこと（11a 節）への反応であったと考えられる。おそらく、ここにもシナイ山でのモーセの姿が重ねられている（Gray 1977:411; Dharamarj 2011:103–104; Thiel 2019:273）。すなわち、モーセも啓示を受けたときは顔を覆い（出 3:6b）、シナイ山でヤハウェの「栄光」が「通り過ぎる」際には、「岩の裂け目」に隠されてヤハウェの「手」で覆われた（出 33:20–23）。なお、エリヤの「外套（アッデレト）」はここが初出であるが、後にエリシャとの関係で小道具として重要な役割を果たす（19 節、および王下 2:8, 13–14 参照）。おそらくは毛皮製で、預言者の典型的な装束の一つだったのであろう（ゼカ 13:4 参照）。

13b–14 節　ホレブでの第二の対話

　13b 節の「**声（コール）**」は、加筆中の「か細く静かな声」（12b 節）を受けた二次的表現か。あるいは逆に、もともと古い伝承のこの箇所に「声」の語があったので、加筆中のあのような表現（12b 節）が生まれたのか。いずれにせよ、今日の文脈で読めば 12b 節の「声」と 13b 節の「声」が同一のものであり、「か細く静かな声」の語る内容が、直接的には 13b 節のエリヤへの問いかけであることは疑いない。

　ただし、原文ではここにもまた文法的な不整合性がある。13b 節の「声」が 12b 節の「か細く静かな声」を受けているのであれば、13b 節の「声」には当然冠詞（ハ）が付くはずであるが（「その声」）、原文では無冠詞なのである。このことは、13b 節がもともとは 12b 節の「か細く静かな声」を前提としてはいなかったことの痕跡と見ることができる。このこともまた、現在の神顕現的描写（11b–12 節）がかなり後の段階になってから初めて挿入されたことの傍証となるであろう。

　いずれにせよ、ここでは「声」がヤハウェの言葉であることが当然のこととして前提とされている。「**ここで何をしているのか**」（13b 節）――より逐語訳すれば、「ここはあなたにとって何なのか（マー　レカー　フォー）」――という問いかけは、神の言葉としてはやや間が抜けているようにも響くが、神の側の無知を表現するというよりも、相手をコミュニケーションに引き込む修辞疑問（創 3:9, 11; 4:6; 16:8; 民 22:9; ヨナ 4:9 等参照）と解すればよいであろう（Wiseman 1993:184〔邦訳 202 頁〕; Cogan

161

2001:452; Dharamraj 2011:53, 93, 109; Thiel 2019:274; Lamb 2021:245; Stulac 2021:77）。そこに——エリヤが逃げて来たことに対する——詰問や叱責のニュアンス（「トピック4」参照）を読み取る必要はない。少なくとも現在の文脈によれば、エリヤはあくまで「ヤハウェの使い」に促されて、神の山にやって来たのである（7節「たいへんな道行きになる」、8節「その食べ物に力づけられて」参照）。

　すると、エリヤは堰を切ったように語り始める（14節）。エリヤはまず、自分が「**万軍の神、ヤハウェ**」に対して「**まことに熱心な者**」（訳注 q 参照）であったことを強調する（14b節）。「万軍の神」という称号については、列王記上18:15の「万軍のヤハウェ」についての注解（本書71頁）を参照。ここでは「ヤハウェ、万軍の神（エロヘー　ツェバオート）」という長い形（サム下5:10; 詩59:6; 80:5, 8, 15, 20; 84:9; 89:9等参照）で出ている。「熱心である（キンネー）」という動詞は、文脈によって——特にその「熱心さ」が裏切られた（と感じられる）場合には——「妬む」、「嫉妬する」という意味にもなるが（民5:14, 30［人間の場合］；申32:16; 王上14:22［神の場合］等参照）、旧約聖書ではヤハウェのイスラエルに対する特別な愛着を示す表現として有名である（出20:5; 34:14; 申4:24; 5:9; 6:15）。ただし、ここでは逆に、人間であるエリヤの神ヤハウェに対する熱意ある忠実の意味で用いられている（民25:11, 13におけるピネハスの行為の評価をも参照。Schmid 2000:519; Dharamraj 2011:57–60）。具体的には、少なくとも現在ある列王記の文脈で見れば、カルメル山でバアルの預言者たちと対決し、民の心をヤハウェに引き戻そうとした努力等のこと（王上18:21–40）を指すと理解できる。エリヤがここでヤハウェに対する自分の「熱心さ」を強調するのと、後にイエフがクーデターを起こしてバアルの祭司や預言者たちを皆殺しにする際に、自分のヤハウェに対する「熱意（キンアー）」を強調すること（王下10:16）は、偶然の一致とは思われない。ことによるとこの部分を書いた「旱魃の文脈の補完者」は、イエフのクーデターの物語の記述自体から刺激と影響を受け、バアル崇拝と戦ったエリヤの姿をイエフの姿と重ねているのかもしれない。

　このエリヤの「熱心さ」と、それに続く「**イスラエルの子ら（ベネー　イスラエル）**」の背教的行為の告発との文法的、論理的関係は、実は、い

ま一つ明確ではない。用いられている接続詞「キー」は、通常は理由や原因の説明を導入するが（「なぜなら……」）、イスラエルの民が背教的行為を行ったから（原因）、エリヤがヤハウェに対して熱心になった（結果）、というのではあまり意味をなさないように思われる。ここでは強調的（「まことに」）、もしくは逆接的（「それなのに」）なニュアンスで用いられているのであろう（Steck 1968:120–121; Otto 2001:188）。

イスラエルが「あなたの契約を捨て」た、という告発（14節、なお10節をも参照）は、民族全体が背教的状態に陥っているという状況を意味するが、前述のように、カルメル山上で天から降る火を見て「民」が「ヤハウェこそ神です」と信仰告白したという、直前の列王記上18:38–39の記述とはおよそ相容れない。ここには、この章の基本的部分が列王記上18章のカルメル山上での対決の物語の語り手とは別人の筆によるものであることが、特に明確に示されている（Steck 1968:24, 91; Cogan 2001:452–453, 456）。

「契約（ベリート）」の語は、申命記や申命記的文書における最も重要な神学的なキーワードの一つであり（申 4:13, 23, 31; 5:2–3; 28:69; ヨシュ 7:11–15; 23:16; 士 2:1–2, 20; 王上 8:9, 21; 王下 17:15; エレ 11:2–10 等参照）、「捨てる」という動詞（アーザブ）も、それらの文書でイスラエルの背教行為を表す際に好んで用いられる。「捨て」られる対象はヤハウェ自身（申 28:20; ヨシュ 24:16, 20; 士 2:12–13; 10:6; サム上 8:8; 12:10; 王下 21:22 等参照）である場合が多いが、ヤハウェの「命令（ミツウォート）」（王上 18:18; 王下 17:16）が対象だったり、「契約を捨てる」という言い方がなされたりする場合も時折見られる（申 29:24; エレ 22:9）。ただし、七十人訳の有力な写本（アレクサンドリア写本、ルキアノス校訂本）では、この箇所に「契約（ディアテーケー）」の語はなく、「あなたを（セ）捨てた」になっている（10節でも同様）。ことによると、ここには列王記上18:18（同所への注解を参照）とよく似た現象が見られるのかもしれない。すなわち、もともとの本文（この章では「旱魃の文脈の補完者」の段階）では「あなた（＝ヤハウェ）を捨てた」となっていたのだが（イザ 1:4, 28; ホセ 4:10 等参照）、そのあまりにも直截な表現に差し障りを感じた申命記史家の一人が、表現をやや間接化し、同時に事柄を申命記的契約神学により近づけるために、

「契約」の一語を加筆した可能性が考えられてよい（Fohrer 1968:23; Steck 1968:23; Hentschel 1984:119; Oeming 1996:303; Crüsemann 1997:53; Campbell/O'Brien 2000:398; McKenzie 2019:142; Thiel 2019:221–222, 277）。その申命記史家によれば、まさにヤハウェの「契約」が捨てられたが故に、モーセはその契約締結の地ホレブ（申 5:2 参照）に戻ってヤハウェに訴えた、ということなのであろう（Carroll 1969:410; Dharamraj 2011:54）。

　なお、本注解では、列王記を含む申命記史書を申命記主義的な書記たちの学派的所産と見なし、その主たる編集活動を基本的に、王国時代後期（ヨシヤ王の時代）の第一の申命記史家たちのそれと、ユダ王国滅亡後、捕囚時代の第二の申命記史家たちのそれに区別するのであるが（「緒論」［第 1 巻 31–33 頁］参照）、この章で主として編集に携わっているのがそのどちらの申命記史家たちなのかについては、本章の内容自体から直接的に確定することは難しい。後述するように、捕囚的な状況を暗示する要素がほとんど見られないからである。しかし、場面を契約の山ホレブに設定したり、エリヤのイメージとモーセのそれを重ね合わせたりしたのが、申命記自体の成立ともより密接な結びつきを持っていたと思われる、ヨシヤ王時代の第一の申命記史家たちであったとしても、何の不思議もないように思われる。

　これに対し、それに直接続く、「**彼ら**」がヤハウェの「**祭壇群**」（複数形「ミズベホート」）を「**壊し**」たという言葉は、およそ申命記史家たちの手によるものではあり得ない（Gray 1977:410; Rofé 1988a:188; Oeming 1996:303; McKenzie 2019:150; Thiel 2019:227, 237, 278）。ここでは明らかに、北王国の各地に存在するヤハウェの祭壇群を破壊するという行為が、ヤハウェに対する背教的な行為の典型として否定的に見られている。これはおそらく、申命記史家以前の「旱魃の文脈の補完者」自身の神学的価値観を示している。エルサレム神殿を唯一の正統的聖所と見なす後の申命記史家たちの視点から見れば、そのような祭壇群は逆にそもそも存在してはならないはずのものであり（王上 18:30–32 への注解参照）、むしろ破壊してしまうべきものなのである（王下 23:8; 15–16 参照）。この章全体を非常に遅い時代（捕囚時代、もしくはそれ以後）にもっていこうとする研究者でも、この箇所に申命記史家以前の古い要素の痕跡がある可能性は認めざるを得

ない（Blum 1997:291）。

　ヤハウェの祭壇の破壊については、列王記上 18:30 にも示唆されていた（ただし同所では「祭壇」は単数形）。「壊す（ハーラス）」という動詞も同じである。ただし、そこでは誰が祭壇を「壊した」のかは明記されていなかった。ここでは、おそらくは「旱魃の文脈の補完者」自身が、同所（王上 18:30）の記述自体を踏まえ、それをイスラエル全体の背教行為の描写に応用したのであろう。

　それに続く「**預言者たちを……剣で殺し**」たという非難も、「旱魃の文脈」の編集者のレベルで列王記上 18:4, 13 に触れられていたが、そこでは、それがあくまでイゼベル個人の行為として描かれていた（王下 9:7 をも参照）。「旱魃の文脈の補完者」はここでも、それをイスラエルの民全体の行為に拡大化、一般化して解釈している。ここでは、ヤハウェの言葉を取り次ぐ預言者を殺害することが、ヤハウェへの背教行為の最たるものとして、すでに象徴的な意味を獲得しているように見える（ネヘ 9:26; エレ 2:30; 哀 2:20; マタ 23:31, 34; ルカ 11:47, 49; 使 7:52; Ⅰテサ 2:15 等参照）。ただし、ここで具体的にどのような預言者たちの殺害が念頭に置かれているのかは、不明である。少なくとも旧約聖書には、預言者的人物の殺害についての具体的な記述は、イゼベルによる預言者たちの迫害に触れる列王記上 18:4, 13 とこの箇所以外では、後代のエレミヤ書 26:20–23 と歴代誌下 24:21–22 にしかない（ただし、エレ 26:8; 38:4 等をも参照）。イゼベルの魔手からせっかくオバデヤが守った 100 人の預言者たち（王上 18:4, 13）も、その後イスラエルの民衆の手で殺されてしまった、ということなのであろうか（Otto 2001:184; Thiel 2019:278）。もし、この章の基本的部分が「旱魃の文脈の補完者」のゼロからの創作ではなく、何らかのより古い伝承を踏まえたものであるとすれば、ここではその断片が応用されているにすぎず、もとの伝承では、ヤハウェの「預言者たち（ネビイーム）」の殺害について、もっと具体的に語られていたのかもしれない。

　エリヤ「**一人だけ（レバッディー）**」が残った（14b 節）という事態についても、列王記上 18:22 にエリヤ自身の発言の中で言及があった（同所への注解を参照）。ここでも、後者の箇所が応用されており、しかもそのような徹底的な迫害が文脈上、イスラエル人全体に帰されている。そのうえ

「彼ら」（ここでもイスラエルの人々！）は、ヤハウェの「預言者たち」のたった一人の生き残りである自分の「命（ネフェシュ）を取ろうと」狙っている、とエリヤは訴える。ただし、自分の立場が孤立無援であるとするエリヤの状況理解は、後にヤハウェ自身による「訂正」を受けることになる（18節参照）。ここでのエリヤの主張が、多分に誇張的であり、見方によっては被害妄想気味であることも確かである（Crüsemann 1997:59; Werlitz 2002:178; Albertz 2006:145; McKenzie 2019:145; Thiel 2019:288）。

なお、最近の解釈者の中には、この場面（および4b節）ではヤハウェの預言者としての職務に挫折したエリヤが、その職務を放棄ないし返上しようとしている（エレ20:7–9等参照）と解する見方（「トピック4」参照）があるが、原文はそこまでは読めないように思われる。むしろエリヤは、あくまで嘆きを通じて自分の窮状をヤハウェに訴え、暗黙裡に、助けや支えを与えてくれるように促していると解すべきであろう。ここでのエリヤの嘆きは、むしろ詩編の「個人の嘆きの歌」の類型に見られる神への訴えに近いように思われる（Timm 1982:107; Long 1984:201; Oeming 1996:311; Thiel 2019:279）。すなわち嘆き手は、自分がいかに酷い苦境に陥っているかを嘆き（「私」についての嘆き）、「敵」がいかに理不尽な行為で自分を苦しめているかを嘆き（「敵」についての嘆き）、場合によっては——ここには直接的にはないが——そのような状況を放置黙許している神について嘆き（「神」についての嘆き）、神に助けと介入を求めて訴えるのである（Westermann 1971）。

ここで、アハブやイゼベルではなく、「イスラエルの子ら」全体が背教者、ヤハウェの預言者たちの敵対者として描かれていることは、物語の背景をなす歴史的状況が、列王記上17–18章の「旱魃の文脈」や、カルメル山上での対決の物語の場合とは、大きく変わってしまっていることと関連すると考えられる（Steck 1968:98–102, 127–128; Thiel 2019:290, 292）。「旱魃の文脈」や、カルメル山上での対決の物語では、アハブと彼が属するオムリ王朝（王上18:18）や特にイゼベル（王上18:4, 13,19. なお、王下9:7, 22をも参照）にバアル崇拝や正統的信仰への迫害の責任を負わせ、ことさらに悪役的に描くことを通じて、イエフによるオムリ王朝の打倒とイゼベルの殺害（王下9章参照。前845年頃）を正当化する意図が明らかに

働いていた（72–73頁参照）。前述のようにそこには、おそらくはイエフ王朝の宮廷の近くにいた親イエフ的な語り手の価値観と歴史観が反映していると考えられる。同時に、「旱魃の文脈」とカルメル山上での対決の物語（王上17–18章）や、さらにはイエフのクーデターの記事（王下9–10章）には、「バアル問題」はイエフのクーデターの成功で一応は片付いたのだという、ある種の楽観主義（オプティミズム）が表明されている（王下10:28をも参照）。

　しかし、前8世紀後半頃に活動した預言者ホセアの言葉等から、我々は、この問題がそれほど単純には解決しなかったことをよく知っている。イエフによるバアル崇拝の一時的（かつ部分的？）排除にも拘わらず、バアル崇拝はその後大々的に「復活」し、しかもホセアの時代（前730年頃？）には、バアル崇拝はもはや単なる「王家の宗教」ではなく、「民衆の宗教」としてイスラエルの一般民衆全体の間に蔓延していたのである（ホセ2:10–15; 4:11–14; 11:2; 13:1–2等参照）。18節の表現を先取り的に敷衍するなら、「イスラエルの子ら」の多くが、「バアルに対して膝をかがめ」、この異教の神に「接吻」することによって、ヤハウェに背を向けていたのである。

　このような事態は、回顧的に見れば、カルメル山上でのエリヤの「熱心」なヤハウェ信仰のための努力等が、結局はすべて蹉跌に終わったということを意味してしまう。エリヤ伝承の後代の伝え手である「旱魃の文脈の補完者」にとって、それは「イスラエルの子ら」全体によるヤハウェ信仰の廃棄を意味し、預言者的活動の意義の全否定に等しかったのである。それゆえ、この部分を付け加えた「旱魃の文脈の補完者」は、「旱魃の文脈」やカルメル山での対決の物語の語り手とは異なり、イエフによるオムリ王朝の打倒やイゼベルの殺害、およびバアル信奉者たちの排除の記憶と印象がまだ活き活きと保たれていた時代ではなく、それとは状況が一変した時代、ヤハウェ信仰をめぐる状況が再び悪化し、より深刻さを加えた時代にいたと考えられる（Steck 1968:98–101; Jones 1984b:333; Sweeney 2007:223; Thiel 2019:238–239, 277, 292）。それではこの「補完者」は、より正確には具体的にどのような時代にいたのであろうか。

167

15–18 節　ヤハウェの啓示　エリヤの新しい使命とヤハウェの約束

　このことは、エリヤの嘆きに対するヤハウェの応答を描く、次の部分（15–18 節）からある程度推し量れる。そこでヤハウェは、エリヤの切々たる訴え（14 節）に対し、新しい使命をエリヤに課すことと、慰めと希望を与える約束で応える。これは、エリヤのある種の再召命として理解できる（Fohrer 1968:23; Seybold 1973:4, 8; Balzer 1975:95–96; Jones 1984b:334; Long 1984:200; Hauser 1990:71, 73; Wiseman 1993:183〔邦訳 203頁〕; Seidl 1993:17, 19; Fritz 1996:177; Oeming 1996:312; Fretheim 1999:108–109; Brueggemann 2000:234, 237; Schmid 2000:516, 520; Werlitz 2002:175, 179–180; Albertz 2006:148–149; Wray Beal 2014:254, 256; McKenzie 2019:146, 153; Thiel 2019:280; Stulac 2012:82–83）。そこでエリヤが命じられるのは、自分の「**道を引き返し**」（動詞「シューブ」）、ヤハウェの意志を実現する道具となる 3 人の人物に「**油を注ぐ**」（動詞「マーシャー」）ことである。油注ぎ、ないし塗油は、本来は即位する新王に宗教的な正統性を与える儀礼である（王上 1:32–35 への注解〔第 1 巻 76 頁〕参照）。なお、王が存在しなくなった捕囚後の（祭司文書の）時代には、大祭司（レビ 4:3, 5, 16; 6:13, 15; 8:12; 16:32; 21:10, 12 等参照）や、さらには祭司一般（出 28:41; 29:21; 30:30; 40:15; レビ 8:30）に油が注がれるようになる。

　内容的に見れば、ヤハウェのエリヤへの応答を描くこの部分は、これから起こるべき歴史的出来事を予告し、それらをヤハウェの意志によるものとして意味づける「事後予言（vaticinia ex eventu）」になっている。今やヤハウェは、歴史の中で新たな業を行おうとしている。エリヤはそのための準備を果たさねばならないのである。

15–16 節　三つの油注ぎ

　エリヤが「油を注ぐ」べき第一の人物「**ハザエル**」（15b 節）は、未来の「**アラム**」の王（王下 8:15 参照）で、イエフの治世の末期からその息子ヨアハズの治世に、イスラエルに過酷な戦禍をもたらすことになる（王下 8:12, 28–29; 10:32–33; 13:3, 7, 22–23; アモ 1:3–4 等参照。なお、ユダへのハザエルの攻撃については、王下 12:18–19 参照）。このために、エリヤは「**ダマスコ**」に行くことを命じられる。ダマスコは、当時のアラム王国の首都で、

現在のシリアの首都ダマスカス（王上 11:23–25 と同所への注解［第 1 巻 404 頁］参照）。ダマスコはオアシス都市なので、その「荒野（ミドバル）」とは、「ダマスコに通じる荒野」というほどの意味で、そこに至る路程を指すのであろう。

　ここでは明らかに、後のハザエル率いるダマスコのアラム人のイスラエル攻撃（上記の箇所を参照）が、イスラエルの民の背教行為や正統的ヤハウェ信仰への迫害に対するヤハウェ自身の懲罰行為として意味づけられている。世界史の運行——特に外国の勢力の軍事的攻撃——のうちに、王や民の罪を罰するヤハウェの裁きの意志を読み取る記述預言者たち（特にホセア、イザヤ、エレミヤ）の神学的歴史観（ホセ 9:3; 10:6; 11:5; イザ 7:18–20; 8:4, 7; 10:5–6; エレ 20:4–5; 21:10; 22:25; 25:9; 27:6 等参照）の端緒がここに見られる。ただし、ここではそのような「外患」として、ハザエルの率いるアラム人の攻撃だけが挙げられており、——記述預言者たちの場合とは異なり！——イスラエル北王国を最終的に滅ぼすことになるアッシリアの侵攻や、ましてやユダ王国を滅亡させるバビロニアのそれにはまったく触れられていない（Thiel 2019:239–240）。したがって、この「事後予言」が前提にするタイム・スパンは比較的短いものであり、北王国滅亡（前 722 年）以後や、ましてや捕囚時代以後（Würthwein 1984:231〔邦訳 491 頁〕; Hausmann 1987:122–125, 134–135; Blum 1997:288–292; Beck 1999:132; Otto 2001:187, 195–196; Albertz 2006:139–141, 144–148）を念頭に置く必要はないように思われる。著者である「旱魃の文脈の補完者」はおそらく、ハザエルのイスラエル攻撃が最も激しく、それがイスラエル王国にとって存亡の危機と感じられ、イスラエルの生き残り（18 節！）自体が焦眉の問題（王下 13:3–7 等参照）であった、イエフ王朝第二代の王ヨアハズの治世（前 818–802 年頃）前後にいるものと思われる（Steck 1968:95–96, 100–101）。

　内容的に見れば、ハザエル率いるアラム軍の攻撃は、単に王室や王朝だけでなく、イスラエルの国民全体を阿鼻叫喚の苦難に陥れる国民的な災禍であった（王下 8:12; アモ 1:3–5 等参照）。それゆえにこそ、そのような「災禍」によって罰される不信仰の罪も、「イスラエルの子ら」全体が犯したものとされている（14 節）のであろう。

ことによると、アッシリアによるイスラエル王国の滅亡という事態を「イスラエルの子ら（ベネー　イスラエル）」全体の不信仰や背教行為に結び付けた、後の申命記史家たち（王下 17:7–18 参照）は、このような神学的な歴史の見方をこの箇所から受け継いでいるのかもしれない。

　第二の人物「**イエフ**」（16a 節）は、言わずと知れた後のクーデターの首謀者当人で、オムリ王朝を打倒して「**イスラエルの上に〔立つ〕王**」となり、新しい自分の王朝を開くことになる（王下 9:14–10:17 参照）。なお、このイエフはここで「**ニムシの息子**」とされている（王下 9:20; 代下 22:7 でも同様）が、列王記下 9:2, 14 によればニムシはイエフの祖父である（父はヨシャファト。もちろん、同名のユダの王とは別人である）。

　ここでも明らかに、イエフのクーデターとオムリ王朝の打倒、そして彼自身のイスラエル王への即位が、ヤハウェの意志に基づくものとして正当化／正統化されている。繰り返し見てきたように、この部分の「補完者」は、明らかにオムリ王朝に批判的、敵対的であり、イエフのクーデターとオムリ王家の殲滅をヤハウェの意志の執行と見る、親イエフ王朝的な姿勢を彼以前の「旱魃の文脈」から受け継いでいる。エリヤ物語を新たに書き継いだこの人物は、彼以前の「旱魃の文脈」の構成者やカルメル山上での対決の物語の語り手と同様、イエフ王朝に近い、預言者的な伝統を引くサークルの中にいたのであろう。ことによると、14 節で不信仰の罪が「イスラエルの子ら」全体に帰されていることも、部分的には、著者のこのような親イエフ王朝的な立場と関連しさえするのかもしれない。すなわちこの「旱魃の文脈の補完者」は、（オムリ王朝に対してとは異なり！）不信仰や背教の罪を・イ・エ・フ・王・朝・自・体・に帰すことには、必ずしも積極的ではないのである。

　ハザエルとイエフがそれぞれアラムとイスラエルの王となる限りにおいて、エリヤが彼らに「油を注ぐ（マーシャー）」ようにヤハウェに命じられていることは、王への任職行為として、事柄上理解できることである。ただし、奇妙なことに、列王記の後続する文脈では、この命令はそのままの形では実行されない。ハザエルやイエフが歴史の舞台に登場する前に、エリヤはつむじ風によって天に昇ってしまうからである（王下 2:1, 11–12 と同所への注解を参照）。ハザエルについては、後にエリヤの後継者（16b 節

参照）となるエリシャが、わざわざダマスコまで出向いて、ハザエルがアラムの王になることを予告するが（王下 8:13b）、そこでも油注ぎ自体は行われない。イエフについては、そのエリシャの弟子（「預言者の子ら」）の一人が、エリシャの指示によって彼に油注ぎを行い、オムリ王朝の王ヨラムに代わる王に指名することになる（王下 9:1-10）。したがって、この箇所でのエリヤへの油注ぎの指示は、せいぜい（後継者であるエリシャや、さらにはそのまた代理人によって）間接的な仕方で実現するにすぎないのである。

　逆の見方をすれば、ここでは、エリシャの行為としておそらくは一般に良く知られていた出来事が、エリヤへのヤハウェの命令としてエリヤの段階まで一段階遡及されていることになる。したがってエリシャは、本来エリヤが行うはずであった使命を後継者として代行したにすぎないことになる。ことによるとここには、エリヤ伝承の担い手のグループとエリシャ伝承の担い手のグループの間の微妙な関係が反映しているのかもしれない。この二つのグループは、おそらく、北王国における預言者的伝統を引くグループとして共通性も多く、また、エリシャがエリヤの従者とされ（21節）、あるいは後継者として描かれていること（王下 2:9-15）に示されているように、両者のグループの間に密接な相互関係があったことは疑いない。しかし、両者の間には、微妙なライバル意識や競合関係も存在したのではないだろうか（本書 45-46 頁をも参照）。そもそもエリヤとエリシャの関係が師弟関係、ないし先任者と後継者の関係として描かれているということ自体、エリシャに対してエリヤが優位に置かれているということを意味する。すでに見たように、列王記上 17:17-24（同所への注解参照）では、本来エリシャの奇跡物語であった子供の蘇生のエピソード（王下 4:32-37）がエリヤの物語に換骨奪胎されていた。エリシャにできたことは、エリヤにもできたはずだ、ということなのである。語り手は、エリシャに関わるものとして知られていたハザエルの即位もイエフの即位も、究極的にはヤハウェの指示によるエリヤの権威のもとにある、ということを言いたかったのかもしれない。

　ここで名指される第三の人物が、その「**エリシャ**」（16b 節）当人であり、ここでは彼がエリヤの跡を継ぐ「**預言者（ナービー）**」になると言われてい

る（王下 2:9–15 参照）。エリシャの出身地とされる「**アベル・メホラ**」は、かつてのソロモンの第五の行政区の中心地の一つで（列王記上 4:12 と同所への注解［第 1 巻 164 頁参照］参照）、ヨルダン渓谷の中にある町。おそらくは川の西岸にある今日のテル・アブ・ツーツ（ABD 1:11; NIDB 1:7）。かつては士師ギデオンが、この地までミディアン人を追撃した（士 7:22）。

エリシャの召命は、この段落の直後の 19–21 節で具体的に描かれる。なお、預言者に油を注ぐ行為は旧約聖書の他の箇所からは知られていない（ただし、詩 105:15; イザ 61:1 を参照）し、直後に続くエリシャの召命の場面でも、油を注ぐ行為自体には言及されない。したがってここでは、「油を注ぐ（マーシャー）」の語が、必ずしも厳密で文字通りの意味ではなく、ある種転義的、類比的に、神による選びや指名と、特定の任務への召命を指す、広い任職行為の意味で用いられているのであろう（Carroll 1969:405; Gray 1977; Jones 1984b:334, 411; Nelson 1987:127〔邦訳 200 頁〕; Walsh 1996:278; Schmid 2000:524; Pruin 2006:290; Begerau 2008:127; Knauf 2019:302, 305–306; McKenzie 2019:142, 151; Thiel 2019:284）。この箇所が、同じような表現を繰り返す、散文詩的な文体で書かれていることとも関連するのかもしれない（Timm 1982:108; McKenzie 2019:151; Thiel 2019:234）。

17 節　剣による殺戮

17 節によれば、ヤハウェの意志に基づいてこれらの 3 人の人物が歴史上果たすべき役割は、イスラエルに陰惨で大規模な殺戮をもたらすことである（「**ハザエルの剣を逃れた者をイエフが死なせ、イエフの剣を逃れた者をエリシャが死なせる**」）。前述のようにハザエルは、後にダマスコを都とするアラムの王として、イスラエルの不倶戴天の敵となる。そもそも、イエフのクーデターが発生するのは、ハザエルとの戦いのただなかである（王下 8:28–29; 9:14–15 参照）。その後イエフ王朝の時代になっても、ハザエルは、特にイエフの治世の後半から彼の息子ヨアハズの治世にかけて、イスラエルに多くの戦禍をもたらす（王下 8:12, 28–29; 10:32–33; 13:3, 7, 22; アモ 1:3–5 参照）。列王記下 13:7 によれば、「ヨアハズには、50 人の騎兵と 10 台の戦車、1 万人の歩兵だけしか兵力が残っていなかった。アラムの王が彼らを滅ぼし、脱穀場〔に舞う〕地の塵のようにしたからであ

る」とされている。ここではこのような事態が、「イスラエルの子ら」の背教行為に対するヤハウェの神罰として意味づけられているわけである。

イエフもまた、彼のクーデターの際に、オムリ王朝の最後の王となるヨラムとその巻き添えになるユダの王アハズヤ、およびヨラムの母であるイゼベルを惨殺するだけでなく（王下 10:24, 27, 33）、アハブの子孫 70 人やその他のアハブの取り巻きたちを殺させ（王下 10:1–11）、たまたま居合わせたユダの王アハズヤの親族たち 42 人をも殺害し（王下 10:14）、さらに、バアルの信奉者たちをサマリアのバアル神殿に集めて一網打尽に集団虐殺することになる（王下 10:18–27）。これらの惨劇もまた、ここでは究極的にヤハウェの意志に帰されている。ヤハウェに背教した「イスラエルの子ら」にとって、それはいわば「自業自得」の罰なのである。

これに対し、エリシャについてのヤハウェの言葉は、ここでもまた、必ずしも「的中」するとは言えない。エリヤが「剣（ヘレブ）」でバアルの預言者たちを皆殺しにした（1 節参照）とされているのとは異なり、その後の列王記では、エリシャの「剣」による殺戮行為については何ら語られることはないからである（Nelson 1987:127〔邦訳 200 頁〕; Cogan 2001:454; Knauf 2019:288, 331; McKenzie 2019:151; Thiel 2019:286）。エリシャの何らかの言動が他人の死に関わる場面と言えば、エリシャの「禿げ頭」をからかったベテルの悪童ども 42 人がエリシャの呪いで熊に食い殺されること（王下 2:23–24）や、エリシャの言葉を信じなかった王の側近が群衆に踏み殺されること（王下 7:2, 19–20）や、エリシャがアラムの王ベン・ハダドの死を予告する場合（王下 8:10）ぐらいである。彼はむしろ、民衆の命を救い（王下 2:19–22; 4:38–44; 8:1–2）、それどころか死人を甦らせさえする（王下 4:32–37; 13:21）。エリシャが軍事行為に関わる場合でも、イスラエルに戦禍をもたらすどころか、むしろイスラエルを助ける役割を果たすのである（王下 3:11–19; 6:8–23; 7:1,16; 13:15–19）。それゆえここでもまた、「エリシャの剣」についての予告は、ハザエルがアラムの王となることをエリシャが予告し（王下 8:7–15）、また自分の弟子に油注ぎによってイエフを王に指名するように命じること（王上 9:1–3）を通じて、間接的な仕方で実現するにすぎないのである。

そもそも、ここで前提とされているハザエル→イエフ→エリシャという

時系列は、少なくとも、列王記に描かれている歴史的出来事の経緯とはおよそ一致しない（Steck 1968:92; Gray 1977:412; Fretheim 1999:110; Thiel 2019:287）。後者においては、まずエリシャがエリヤの「霊を受け継ぐ」後継者となったことが示され（王下 2:9–15）、そのエリシャがイエフのクーデターの原因を間接的に作り（王下 9:1–13）、そしてハザエルのイスラエル攻撃が本格化するのは、そのイエフの治世の後半（王下 10:32–33）から彼の息子で後継者であるヨアハズの治世（王下 13:3, 22）になってからなのである。したがって、時系列においても歴史的因果関係においても、事情はまったく逆だ、ということになる。最近では、「被害」の大きい順に並んでいるという見方（Knauf 2019:288）もあるが、どうもこの補筆者は、少なくとも申命記史家たちほどには、イエフとハザエルの時代の個々の出来事の詳細について、必ずしも正確な歴史的知識を持っていないか、あるいは贔屓目に見ても、歴史的脈絡を正確に描くことにはあまり熱意も関心もないようである。

　前述のように、この箇所の記述は、語り手にとって既成の事実である歴史的出来事を、あらかじめ語られていた預言の成就として意味づけようとしている点で、明らかに「事後予言」的な性格を持っている。しかし、その「預言」と「成就」の対応関係は、申命記史家たちの場合ほど正確ではないのである。

　周知のように、申命記史書にも「預言と成就」の図式に基づく事後予言とその成就の記述が数多く見られる（本注解の「緒論」［第 1 巻 35–36 頁］参照）。しかし、申命記史家たちによる事後予言の場合、特徴的なのは、預言と成就の厳密で正確な対応ということである（例えば、王上 11:31–36 と同 12:12–15、王上 13:2 と王下 23:16–18、王上 14:10–11 と同 15:27–30、王上 16:3–4 と同 16:11–13、ヨシュ 6:26 と王上 16:34、サム上 2:33 と王上 2:27 をそれぞれ比較のこと。各該当箇所への注解をも参照）。そして、申命記史書においては、まさにそのような対応の正確性こそが、ヤハウェの歴史支配を証示する機能を果たしているわけである。

　したがって、15–17 節に関する「預言と成就」のはなはだ不完全な対応は、この箇所が申命記史家たちとは別人の筆によるものであることを強く示唆する。もちろん、理論的には、申命記史家たちとは別人であるこの

部分の著者が、申命記史家たちよりも後代（歴史的事情の細部がもはや曖昧になってしまった時代！）の人物である可能性も排除できない。しかし本注解では、前述のように「事後予言」の「外患」についての視界がハザエルの時代に限定されていることや、アッシリアの侵攻などが予見されていないこと、そして何よりもまず、次の18節の「残りの者」に関わる希望（該当箇所への注解参照）に明らかに示されているように、イスラエル王国の最終的な滅亡（前722年）がまだ予見されていないように見えることから、著者である「旱魃の文脈の補完者」は、まだイスラエル王国がかろうじて存続してはいるが、アラム人の攻撃によって存亡の危機に追い込まれている、ヨアハズの治世の前後の人物であると想定したい。すなわち著者であるこの「旱魃の文脈の補完者」は、申命記史家たちよりも前の人物なのである（Steck 1968:95; Wagner 1991:420, 422; Crüsemann 1997:53; Cogan 2001:456）。

18節　ヤハウェの約束　残りの者

これに続く18節の「**バアルに対して屈まなかったすべての膝と、彼に接吻しなかったすべての口、7000**」を残す、というヤハウェの約束は、直前に述べられた「剣」による殺戮が、決してヤハウェの最終的な意志ではないことを示す。逆に言えば、殺されるのは、もっぱら「バアルに対して屈んだ膝と彼に接吻した口」（の持ち主）だけだ、ということなのである。この箇所から、10節と14節で言及される「イスラエルの子ら」による背教行為も、バアル崇拝に関連することが明らかになる。ある神に対して「膝」を「屈める」（動詞「カーラア」）とは、もちろん礼拝や帰依を意味する（王上 8:54; エズ 9:5; イザ 45:23 等参照）。偶像への「接吻」（動詞「ナーシャク」）については、ホセア書 13:2 を参照（ただし、同所ではバアルではなく、ヤロブアムが造った「若牛」が接吻の直接の対象となっている）。なお、七十人訳の多くの写本では、この箇所の「残す」という動詞が1人称ではなく、2人称の単数形（カタレイプセイス）になっており（すなわち、「あなたは残すことになる」）、これがヤハウェの約束であるというよりも、エリヤがこれから果たすべき使命であるかのように読めるが、これは単にテキスト伝承上の誤りに基づくものであろう。

7000 人が残されるという、一縷の希望を示唆するこの約束には、後の記述預言者たちの使信において重要な要素となる、「残りの者」の観念（イザ 1:8–9; 4:2–3; 6:13; 7:3; 10:20–22; 28:5; エレ 31:7; 42:2, 10–17; アモ 3:12; 5:3, 15; ミカ 2:12; 7:18; ヨエ 3:5; ゼファ 2:7; 3:12–13; ゼカ 8:6, 11–12 等参照）の端緒が示されている（Gray 1977:412; Jones 1984b:335; Crüsemann 1997:66; Thiel 2019:288–289）。この観念には、神の裁きの厳しさと、その裁きを超えた希望の双方が、弁証法的に止揚ないし融合されている。すなわち、神の裁きは逃れ難く、また非常に過酷で、多くの者が滅ぼされる。しかし、ヤハウェの真意は決してイスラエルを完全に絶滅し、跡形もなくすることではない。たとえ少数とはいえ、救いの対象となる「残りの者」は残される。ただしそれは、あくまで「残りの者」だけしか残されない厳しい裁きが下った後の話なのである。

イスラエル（北）王国の末期（前 8 世紀後半）の人口がどのくらいだったかについては、さまざまな試算があるが、およそ 25 万人程度であったという見方が有力である（Fritz 1996:178; Schmid 2000:525; Thiel 2019:290）。もちろん、25 万分の 7000 という数字は極めて低い割合（35 人に 1 人以下！）であるが、やはり、歴史的、実数的な比率であるというよりも、象徴的な意味で言われているのであろう。「7000」は、完全数である「7」（王上 18:43 への注解を参照）の 1000 倍である（Seybold 1973:16; Würthwein 1984:231〔邦訳 491 頁〕; Jones 1984b:235; Hentschel 1984:119; Hauser 1990:76–77; Wiseman 1993:186〔邦訳 204 頁〕; Oeming 1996:312; Höffken 1998:75; Cogan 2001:454; Werlitz 2002:180; Thiel 2019:290）。旧約聖書ではしばしば、この数字が、決して少ないとは言えない、一定程度のまとまりを表す（王上 20:15; 王下 24:16 等参照）。言わんとするところは、信仰の危機のように見える状況においても、正統的な信仰を守った人々が確実に残され、それが未来のイスラエルの中核となる、ということなのであろう。

7000 人が残るというこの約束は、「自分一人だけが残った」というエリヤの認識（10, 14 節）とは矛盾するようにも見えるが（王上 18:4, 13 と 18:22 を対比のこと）、エリヤの認識を超えたところで（しかも将来に関して）、ヤハウェの救いの摂理が働いている、ということなのであろう。「預言者（ナービー）」として残ったのは、なるほどエリヤただ一人であるのかもし

れない。しかし、あくまでヤハウェを信じ、この神に忠実であり続ける者は、決してエリヤ一人ではない、というのである。この約束により、ヤハウェはエリヤの過度の悲観とある種の被害妄想（10, 14 節）を正したことにもなる（Würthwein 1984:231〔邦訳 491 頁〕; Jones 1984b:335; Nelson 1987:127〔邦訳 200頁〕; Walsh 1996:278; Brueggemann 2000:238; Wray Beal 2014:257; Thiel 2019:278–279, 284, 290）。この意味で、この一句こそが、（我々の見方では、11b–12 節の神顕現的な描写が挿入される以前の！）この章の物語のクライマックスであったことは疑いない（von Rad 1960:30–31〔邦訳 37–38 頁〕; Steck 1968:91, 129; Blum 1997:287; Thiel 2019:280, 288）。この部分の著者（および彼の読者たち）は、自分たちこそ、その「バアルに対して屈まなかった膝と彼に接吻しなかった口」であると意識していたにちがいない。

　ここでも問題になるのが、この約束はいかなる歴史的状況を問題にしているのか、ということである。筆者には、イスラエル（北）王国がまだ存続している状況としか思えない。アッシリアによってイスラエル王国が最終的に滅ぼされ、生き残りの人々も各地に離散させられて民族が解体し（王下 17:4–6）、「失われた十部族」と呼ばれるような状態になってしまった後の段階で、このような「残りの者」についての約束を記したとしても、いかなる意味があるのであろうか。イスラエル王国滅亡時に南のユダ王国やエジプトに逃れ、そこで信仰を保った人々のことが念頭に置かれているとする解釈（Oeming 1996:310）は、納得のゆくものではない。ましてや、（例えば王下 24:16 と結び付けて！）捕囚時代やそれ以後の思想とする見方（Knauf 2019:333–334）は、およそ腑に落ちるものではない。ここでは、（ユダではなく！）あくまで「**イスラエル**」（＝北王国）における篤信者たちの「生き残り」が問題にされているのだからからである。

【解説／考察】

　列王記上 18 章におけるカルメル山上での対決の物語におけると同様、列王記上 19 章のホレブ山におけるエリヤについての物語においてもまた、大きく見て、申命記史家たち以前の比較的古い伝承と、申命記史家たちに

よるそれに対する編集、さらに申命記史家たち以後の加筆の三層が区別できた。ここで踏まえられた仮説によれば、物語全体の性格と相貌は、申命記史家たちの編集により劇的に変容した。おそらく、イエフ王朝時代後半に由来する（「補完者」による）元来の物語では、イゼベルによるエリヤへの殺害の威嚇と、それを受けてのエリヤの（おそらくはよく知られていた）特定の「洞穴」への避難、エリヤによるヤハウェへのイスラエルの背教についての訴えとそれに対するヤハウェの応答が描かれ、イエフのクーデターとハザエルによるアラム戦争の戦禍が事後予言的に予告されていた。

これに対し、この部分を編集した申命記史家たちは、一方において物語をイスラエル全体の契約違反に関連づけ、他方においてエリヤの像をモーセの像に重ね合わせて、「契約の山」であるホレブへのエリヤの訪問という新しい要素を物語に付け加えた。聖書の物語は、有名であればあるほど、その周知の筋書きの先入観でとらえがちであるが、少なくともこの物語の場合、エリヤのホレブへの大旅行のイメージは、この部分に手を加えた申命記史家たちによる編集の所産であると考えられる。そしてさらに有名な、「か細く静かな声」による神秘的な神啓示の場面（11b–12 節）は、神の現臨と啓示のあり方について、伝統的な神顕現の表象とは異なる観念を持った、申命記史家たちよりさらに後のある加筆者の手によるものである可能性が高い。

イゼベルによるヤハウェの預言者への迫害そのものが歴史的事実かどうかは分からない。しかし、王朝の手でバアル崇拝が振興されたアハブの治世が、ヤハウェ信仰にとって「冬の時代」であったことはほぼ事実であろう。しかも、そのアハブの王朝を倒したイエフのクーデターとバアルの崇拝者たちの一時的な粛清にも拘わらず、その後バアル崇拝は根絶されるどころか、国民の各層にも幅広く広がった。熱狂的なバアル信奉者たちにより、実際にヤハウェ崇拝者が迫害されるということも十分あり得たであろう。しかしこの物語は、「バアルに対して屈まなかったすべての膝と、彼に接吻しなかったすべての口、7000」をヤハウェが残すことを強調することによって（18 節）、逆境の中で信仰のために戦おうとする人々に希望と勇気を与えようとする。このような希望が、後の記述預言者による裁きを超えた「残りの者」の希望の約束の萌芽の一つになったのであろう。

歴史的に見て、その後のイスラエル北王国の滅亡という事態（王下17章）を顧みれば、このような希望は差し当たっては潰えたかもしれない。しかし、そのイスラエルが滅びてしまった後の時代にユダで生きた申命記史家たちは、この約束のうちに、「イスラエルの子ら」すべての「契約」違反にも拘わらず撤回されない、ヤハウェの救いの約束を見出したにちがいない。彼らにとっては、自分たち自身こそ、ヤハウェに忠誠を尽くす「イスラエル」の「残りの者」に思えたことであろう。

　その慰めと希望は旧約聖書を超えて、キリスト教にも引き継がれた。パウロは、おそらくは彼の時代のユダヤ人キリスト者の中に、そのような「恵みによって選ばれた者」を見出した。その際にパウロは、この箇所を引用し、しかも一方において原文にない「自分のために（エマウトー）」を付加して、それがイスラエルのためではなくむしろ神自身の義に関わることを示し、他方で時制を過去形（アオリスト、「カテリポン」）に変更することによって、この約束の確実性、事実性をより強調している。

　　「エリヤについて聖書に何と書いてあるか、あなたがたは知らないのですか。彼は、イスラエルを神にこう訴えています。『主よ、彼らはあなたの預言者たちを殺し、あなたの祭壇を壊しました。そして、わたしだけが残りましたが、彼らはわたしの命をねらっています。』しかし、神は彼に何と告げているか。『わたしは、バアルにひざまずかなかった7000人を自分のために残しておいた』と告げておられます」。（ロマ11:2-4）

トピック4
いわゆる「エリヤの洞窟」について

　この章は、エリヤの「ホレブ行き」として広く知られているが、注解本文で述べたように、エリヤが「40日40夜」歩いて「神の山、ホレブ」に着いたとされているのは、8節ただ1箇所にすぎない。注解では、「作業仮説」——ないし一つの思考実験——として、目的地をホレブ山にしたのはこの部分に後から手を加えた編集者である申命記史家の一人であり、より古い伝承（ここで言う「旱魃の文脈への補完者」の段階）では、出来事の舞台が必ずしもモーセの契約の山であるホレブに設定されてはいなかった可能性を示した。

　それでは、そのような古い物語では、エリヤが一時的に身を潜めた（冠詞付きの）「例の洞穴（ハッ・メアーラー）」はどこにあると考えられていたのであろうか。具体的な場所はもちろん、よく分からないが、注解本文でも触れたように、かなりありそうなのは、同じく「ハッ・メアーラー」の語で呼ばれている、アハブの側近であるオバドヤが「100人の預言者たち」をイゼベルの迫害から匿ったとされる「洞穴」（王上 18:4, 13）と同じ場所が考えられている、という可能性である。

　それでは、そのオバドヤの「洞穴」はどこにあるのだろうか。サマリアの宮廷の高官であるオバドヤの行動範囲内で、しかもイゼベルの目を逃れられる場所ということであれば、ホレブのような遠方ではなく、イスラエル北王国の領土内で、しかも首都サマリアからはある程度離れた、あまり人の来ない場所、ということが考えられる。

　このことに関連して興味深いのは、列王記上 18章でエリヤが大活躍したというカルメル山の北西側斜面の麓近く、地中海から海抜 40 メートルほどの場所に、伝統的に「エリヤの洞窟（Cave of Elijah）」と呼ばれる洞穴があることである。深さ 14 メートル、幅 8.7 メートル、高さ 4.5 メートルほどの自然の洞窟で、ユダヤ教の伝統では、カルメル山上でのバアルの預言者たちとの対決前にエリヤがこの洞窟で瞑想し、また対決の後でイゼベルの怒りを避けるためにここに身を潜めたとされている。中世頃からユダヤ教やキリスト教の巡礼者たちがエリヤに関わる聖地として頻繁に訪

れ、現在では入口に建物が建てられ、床も舗装されて観光名所になっており（『地球の歩き方』のイスラエル編にも載っている）、ユダヤ教、キリスト教、イスラム教、ドゥルーズ派の共通の祈りの場所（男女別）となっている。ただし、神聖な場所とされるようになったのはかなり古い時代らしく、ヘレニズム時代以前に遡る落書き（グラフィティ）が多数残されているという。

　興味深いのは、現在ある旧約聖書の文脈ではこの「洞穴」が「神の山、ホレブ」にあると明言されているにも拘わらず、ユダヤ教の伝承でこのカルメル山の洞窟がエリヤの身を潜めた場所とされていることである。洞窟そのものは、アハブやエリヤの時代にも存在していたであろう。申命記史家の一人がエリヤの姿をモーセに重ね、舞台をホレブに移す以前に、おそらくカルメル山周辺の地方的事情に精通していたと思われる語り手が、この「エリヤの洞窟」を念頭に置きつつ、物語を語っているという可能性も、完全に排除することはできないのではあるまいか。

トピック5

エリヤの任務放棄と更迭？ 列王記上19章の解釈をめぐって

　【形態／構造／背景】の項や注解本文中でも繰り返し指摘してきたように、現在ある形でのこの章（王上19章）はかなり複雑な構成で、しかも個々の点で理解の難しい箇所や辻褄の合わない要素が少なくない。それゆえ、注解者や研究者の間でも、本章についてはさまざまに解釈や理解が分かれている。その中に、──本注解の理解とは大きく異なるものではあるが──本章全体を統一的に理解しようとする、特異だが興味深い試みがあるので、紹介しておきたい。

　これは、筆者が知る限り、ドイツの旧約学者エックハルト・フォン・ノルトハイムが最初に提唱した見方（Nordheim 1978. なお、Nordheim 1991:129–153 をも参照）であり、その後、一群の注解者や研究者が基本的に賛同し、さまざまな形でさらに発展させたものである（DeVries 1985:235–237; Nelson 1987:122–129〔邦訳 194–204頁〕; Gregory 1990:142–146; Robinson 1991; Provan 1995:143–148; Kissling 1996:96–148; Walsh 1996:264–278; Olley 1998:37–41; Fretheim 1999:107–112; Cogan 2001:456–458; Long, Jr. 2000:219–223; Glover 2006:456–458; Hens-Piazza 2006:184–195; Begerau 2008:117–122; Roi 2012:31–42; Wyatt 2012:446–449, 452–456; Wray Beal 2014:251–256; Fetherolf 2017:201–207; Heller 2018:75–85; Knauf 2019:326–330）。そこでは、エリヤがイゼベルの威嚇や民の背教により預言者的職務の遂行に絶望し、イスラエルにおけるそれ以上の活動を断念し、ホレブに逃れて、ヤハウェに対し預言者としての職務と使命を放棄、返上しようとしたのだと理解され、また、これに応じてヤハウェがエリヤを預言者的職務から罷免、更迭して、エリヤに代わる後継者を指名したのだ、と解釈される。この見方で特徴的なのは、この章でのエリヤの人物像が、神の意志に抵抗する者として、否定的に描かれていると評価される傾向である。

　この見方を取る研究者たちの間でも、個々の点で理解の仕方に違いがあり、エリヤ像の評価にしても温度差や濃淡の違いがあるのだが、全体を一本化して要約すれば、ほぼ次のような解釈になろう。

預言者としてのエリヤは、ヤハウェによりイスラエルに遣わされた存在であり、ヤハウェの意志をイスラエルに告げ知らせ、また、イゼベルとアハブのバアル崇拝振興と戦うという使命を与えられている（Nordheim 1978:161）。ところが、イゼベルから死の威嚇を受けると、エリヤは恐れ慄いてイスラエルの地から逃げ出してしまう。列王記上 17 章の場合とは異なり、これはヤハウェの指示によるものではなく、エリヤ自身の意志による勝手な行為である（Gregory 1990:102, 147; Provan 1995:144; 2021:142; Kissling 1996:102, 137, 143; Hens-Piazza 2006:186; Begerau 2008:126; Wray Beal 2014:252）。それは完全な職務放棄であり、任地からの敵前逃亡に他ならない。預言者がヤハウェとイスラエルを媒介する存在である限りにおいて、これは、ヤハウェとイスラエルの関係を切断する重大な職務違反行為である（Nordheim 1978:161）。預言者としての使命を放棄して勝手に逃げ出してしまうエリヤの挙動は、同じように神の意志に反して逃亡してしまうヨナのそれにも等しい（Nordheim 1978:168）。

ベエル・シェバまで逃れてきたエリヤは、その後荒野に分け入って自分の死を願うが、死んでしまえば預言者的使命の遂行はもちろん不可能になるので、死を願うこと自体も職務放棄の行為に他ならない。天使の養いは、そのような状況にあっても、ヤハウェの加護がエリヤを離れないことを示す。ただし、遠路に備えるようにという天使の言葉には、目的地が明言されていない。それは、後続する部分から推察されるように、ホレブ行きを示唆したものとは必ずしも限らない（Walsh 1996:270, 277）。むしろ、エリヤのイスラエルにおける預言者としての使命を考えるならば、「任地」であるイスラエルに戻り、預言者としての使命を引き続き遂行するように指示したものとも解釈できる（Robinson 1991:518–519, 533–534; Walsh 1996:272, 277; Begerau 2008:120–121; Wray Beal 2014:252–253; Heller 2018:79–80）。

それにも拘わらず、エリヤは（勝手に！）ホレブに向かってしまう。このような解釈の支えとなるのは、ホレブでヤハウェからエリヤに語られる、「あなたはここで何をしているのか（マー　レカー　フォー）、エリヤよ」という呼びかけである。人間同士の間で来訪者に「何の用か（マー　レカー）」と尋ねられる場合とは異なり、ここに挿入されている「ここで（フ

ォー）」の語には大きな重みがある。そこには、「こんなところで、あなたは何をしているのか」という詰問的なニュアンスがあり、それは単なる要務の内容についての質問ではなく、エリヤが間違った場所にいる、本来いるべき場所にいないことについて説明を求める、譴責や非難を込めた修辞疑問文と解すべきである（Nordheim 1978:161; DeVries 1985:235, 237; Robinson 1991:518–519; Walsh 1996:272; Fretheim 1999:109; Long, Jr. 2002:220–221; Hens-Piazza 2006:189–190; Wyatt 2012:454–455; Fetherolf 2017:203–204; Heller 2018:80–81）。

　これに対し、エリヤはイスラエル全体が契約を破り、ヤハウェの祭壇を破壊し、正統的な預言者たちを殺し、預言者としてただ一人残ったエリヤ自身の命をも狙っているという事態を挙げて、自分がホレブにやって来たことを正当化し、釈明する。エリヤがいかに「熱心」になってヤハウェのために努力しても、民の背教行為によりすべては無駄になってしまい、イスラエルは救いようのないほど堕落した状態に陥っている。これはまさに、契約破棄の状態である。エリヤは、契約が反故になってしまっていることをヤハウェに伝えるために、まさに契約締結の地ホレブにやって来たのである（Nordheim 1978:162）。

　エリヤは、イスラエルの不信仰と背教に直面して、これ以上イスラエルで預言者として働く意味に絶望している。彼の預言者としての活動は挫折、失敗した。エリヤはここで事実上、ヤハウェに対し、預言者としての職務、使命を返上しているのである（Nordheim 1978:162; Walsh 1996:277; Long, Jr. 2002:222）。

　ただし、エリヤのこのような訴えは、多分に主観的で誇張を伴っており、被害妄想的、自己中心的、自己憐憫的でさえある（Gregory 1990:102–103; Robinson 1991:531; Kissling 1996:122; Walsh 1996:273; Long, Jr. 2002:222–223; Hens-Piazza 2006:189–190; Heller 2018:85）。しかも、自分だけが「ヤハウェに対してまことに熱心」であり、ヤハウェの預言者として「自分一人だけが残った」という状況認識は事実に即しておらず、端的に誤りであって、誇大妄想的でさえあり、ヤハウェによって訂正されることになる（18 節）（Nelson 1987:126–127〔邦訳 200 頁〕; Gregory 1990:141; Robinson 1991:528; Provan 1995:145; 2021:144–145;

Kissling 1996:120; Walsh 1996:273–274; Olley 1998:42; Wyatt 2012:455; Wray Beal 2014:253, 257; Fetherolf 2017:204; Heller 2018:82)。その他の点でも、エリヤの主張は正確ではない。「ヤハウェを捨てた」のはあくまでアハブと彼の王家であり（王上 18:18 参照）、ヤハウェの預言者たちを殺したのはイゼベルである（王上 18:4, 13 参照）。それをエリヤは、「イスラエルの子ら」全体の罪であると言う。彼の記憶は、抑鬱状態や死の恐怖から歪んでしまっているのかもしれない（Wray Beal 2014:253）。

　エリヤの訴えに対し、ヤハウェはある種の神顕現によって、自然の中に働く自分の圧倒的な力を見せつけ、世界の真の支配権が誰にあるかを明確にする。バアルとは異なり、ヤハウェは単なる自然の力を体現する神ではなく、それ以上の存在であるが、巨怪な力で自然界を支配し、意のままに操ることができる。自然の震撼は、世界における真の力関係を認識させるものであり、そのことを通じて、絶望し、意気消沈したエリヤを慰め、勇気づけることを目指したものである（Nordheim 1978:166）。

　このように自分の力を示したうえで、ヤハウェは「か細く静かな声」を通じて改めてエリヤに同じ問いかけを行う。これはエリヤに譲歩を求めたものである。ところが、ヤハウェの真の力を目の当たりにし、その存在を親しく身近に感じ取ったにもかかわらず、エリヤは同じ返答を繰り返す。彼の態度は何ら変わってはいない。すなわち彼は、自分の立場と主張に頑なに固執し、あくまでイスラエルで預言者として働くことを拒否し、預言者としての職務を返上しようとする（Nordheim 1978:167; DeVries 1985:237；Nelson 1987:125–27〔邦訳 198–201 頁〕; Gregory 1990:144; Robinson 1991:522, 534; Provan 1995:146; 2021:145; Kissling 1996:122–123, 144; Walsh 1996:271, 273, 277, 288; Fretheim 1999:109; Cogan 2001:456–457; Long, Jr. 2002:222; Hens-Piazza 2006:191; Begerau 2008:124; Wray Beal 2014:254; Heller 2018:83–84; Knauf 2019:326）。したがって、この章における問答の繰り返しは、本文伝承上の事故でも、加筆でもなく、エリヤの頑なさを示す、「ヘブライ的文学スタイルの目的に即した洗練性」を示すものに他ならない（Nordheim 1978:167）。

　ただし、これに対する、ヤハウェによる三重の油注ぎの命令について

は、この章にエリヤによる預言者の職務の放棄、返上の意志を見ようとする論者の間でも、解釈が分かれる。多くの解釈者は、ヤハウェはエリヤの辞意を受け入れず、彼に新しい使命を課し、改めて預言者としての職務に送り出したと解する（Long 1984:200; DeVries 1985:236–237; Nelson 1987:126–129〔邦訳 200–201 頁〕; Wiseman 1993:173〔邦訳 203 頁〕; Provan 1995:146–147; Walsh 1996:277–278; Fretheim 1999:109–111; Bodner 2013:29; Wray Beal 2014:254, 256）。すなわち、エリヤは新しい使命に再任用されたととらえるのである。ある注解者の評によれば、頑なな預言者に負けず劣らず、神の方も頑なで、彼の辞意を受け入れようとはしないのである（Walsh 1996:271, 288）。

　これに対し、（ノルトハイム自身を含む）この見方をより徹底させようとする論者たちは、別様に解釈する。ヤハウェは、エリヤがあくまで主張を変えないのを見て、その辞意を受け入れ、直ちにエリヤを（彼の希望通りに？）預言者の職務から更迭し、後継者と入れ替わるように命じた、と見るのである（Nordheim 1978:167; Gregory 1990:142–146; Robinson 1991:528–530, 535; Kissling 1996:123–124, 144; Cogan 2000:457; Long, Jr. 2002:222; Hens-Piazza 2006:191; Begerau 2008:122, 124–125, 127; Roi 2012:35, 42; Wyatt 2012:456; Fetherolf 2017:205–206; Heller 2018:84–85; Knauf 2019:330）。「最後にエリヤになお委託されるのは、自分の仕事机を片付けて明け渡すこと以上のことではない」（Nordheim 1978:167）。かくして、エリシャが「あなたに代わる預言者（ナービータハテーカー）」として指名されるのである。

　ところがエリヤは、この最後の使命すら、言われたままに遂行しようとはしない。そもそもこの章において、エリヤは終始、ヤハウェに対して忠実ではない。この解釈によれば、イスラエルに戻れと示唆する天使の言葉に反してエリヤがホレブまで押し掛けて来たことはすでに見た通りである。11a 節で、ヤハウェは「出て来て、山であなたはヤハウェの前に立ちなさい」とエリヤに命じるが、13a 節でエリヤが「出て来る」のは、「洞穴の入口」までなのである（Robinson 1991:521, 534; Provan 1995:146; Kissling 1996:103, 144; Walsh 1996:274, 276–277, 288; Olley 1998:40; Wray Beal 2014:251, 253; Heller 2018:82–83）。15–16 節の三重の油注

ぎの命令も、エリヤはどれ一つ、命じられたとおりに実行しようとはしない（DeVries 1985:237; Kissling 1996:124–125, 141; Walsh 1996:278; Olley 1998:40–41; Cogan 2001:457; Glover 2006:457; Hens-Piazza 2006:192–193; Fetherolf 2017:205–206）。なるほど、直後にエリヤはエリシャに会うが、「油注ぎ」は行わず、彼に外套を投げかけるだけである（19節）。ヤハウェが命じたようにエリシャを「自分に代わる預言者とする」代わりに、エリヤはエリシャを従者にするにすぎない（21b節）。ハザエルとイエフについては、エリヤは面と向かって会いさえしない。まったくの命令無視である。そこで、エリヤの「後任」であるエリシャが肩代わりしなければならなくなるのである（Kissling 1996:123–124, 144; Walsh 1996:278; Fetherolf 2017:205–207）。

　理屈の上では、かなり首尾一貫性のある見方にも見える。しかし、この見方は、やはり本章におけるエリヤの振る舞いをあまりにも否定的、消極的に見すぎているように思われる。そもそも語り手が悪意をもってエリヤを信頼に値しない人物（Kissling 1996:96–148）として描いているとすれば、ヤハウェにもっと明白にエリヤを叱責させたり、エリヤに罰が下ってもよさそうなはずである（Hadjiev 2015:438）。何しろ列王記の世界は、無意識のうちであっても預言者がヤハウェの意志に背けば、ライオンに食い殺されてしまう世界なのである（王上13:21–24; 20:35–36参照）。

　しかもエリヤは、この章のどこでも、——エレミヤのようには（エレ20:9参照）——預言者としての使命や職務の放棄や返上の意志を口に出して語ってはいない。注解本文でも指摘したように、2度にわたって繰り返される窮状についてのエリヤの嘆きは、詩編における個人の嘆きの歌と同様、神の助けと介入を求めるためのものと解すべきであろう。

　エリヤが職務を放棄しようとし、またヤハウェがそれに応えてエリヤを直ちに更送したとする解釈が首肯できない最大の理由は、エリヤ物語全体中におけるこの章の位置に関わる。エリヤが登場せず、後述するように後から挿入されたものと考えられる列王記上20章と同22章のアラム戦争の記事を度外視すれば、列王記上19章は、エリヤ物語複合体（王上17–18章＋19章；＋21章＋王下1–2章）のほぼ中央に位置している。この章よ

トピック5　エリヤの任務放棄と更送？　列王記上19章の解釈をめぐって

りも後でもなお、エリヤは、アハブに対し彼の王朝の断絶を宣言し、後の
イエフのクーデターの種を撒くという重要な役割を演じるし（王上 21 章）、
さらにアハブの息子アハズヤが「バアル・ゼブブ」に頼ることを批判し、
その死を予告するという、「預言者的」な役割を果たし続ける（Dharamraj
2011:120–124; Hadjiev 2015:438）。ヤハウェもまた、エリヤを自分の意志
の執行者として用い続ける（王上 21:18–19; 王下 1:3–4 参照）。エリヤは決
して、自分から預言者としての使命や職務を放り出して、「後は野となれ山
となれ」とどこかに逃奔してしまうわけではないのである。それらのさら
なる役割を果たした後に、ようやくエリヤはヤハウェによって「取り去ら
れる」ことになる（王下 2 章）。

　そもそも生きながらにして天に上げられるというエリヤの唯一無二の
「退場」の仕方（王下 2 章）は、アブラハムもモーセも受けることのできな
かった明らかな特権的な「栄誉」であって、多少なりとも比較できるのは、
創世記 5:24 の「神と共に歩んだ」エノクのみであろう。ヤハウェが「処置
なし」として即刻罷免更送した人物への処遇とはとうてい思われない。

　エリヤが、ヤハウェの意に反してホレブに向かったという解釈も、今一
つ腑に落ちない。もし著者が、そのような意図を読者に読み取ってもらい
たいのであれば、エリヤが天使に与えられた「食べ物に力づけられて」（8b
節）ホレブに向かった、というような書き方はしなかったはずである。列
王記においても、使い（マルアク）はヤハウェの意志の代行者である（王
下 1:3, 15; 19:35）。それゆえ、ここにもまた、ヤハウェとイスラエルの間
の契約締結の場所である「神の山」ホレブにエリヤを呼び寄せたうえで、
彼に新たな使命を課そうという、ヤハウェの意図が働いていると解すべき
であろう。したがって、本注解においては、困難に直面しているエリヤを
ヤハウェ自身が天使を通じて「神の山」に招き、そこでエリヤの嘆きに応
え、ヤハウェの意志を歴史の中に実現するための新たな使命を課して再び
送り出した、という解釈をとった。

　ヤハウェがエリヤに三重の油注ぎを命じることも、ヤハウェがエリヤの
頑なな辞意の意志にいわば「匙を投げ」、直ちに「後任」のエリシャと交代
させたのだ、とする解釈とは相いれない。論じられているように、ヤハウ
ェがエリヤの辞意に応えて直ちに彼を更送したということが言われている

のであるとすれば、油注ぎは「後任」であるエリシャに対するものだけで十分のはずである（Dhramraj 2011:120）。自分の後任であるエリシャと並んで、イスラエルを苦しめることになるハザエルと、オムリ王朝を倒すイエフに油を注ぐということは、エリヤがこれ以後もヤハウェの意志の代行者として引き続き歴史の運行に影響を与え、新しい時代を切り開く役割を果たす、ということを意味する。名前を挙げられている順序に示されているように、16節でのエリシャへの油注ぎは言わば副次的、随伴的なものであって、この箇所の眼目がイスラエルの歴史的運命を左右する 2 人の内外の将来の王への「油注ぎ」であることは明白である。エリヤは退けられるどころか、歴史を通じてヤハウェの意志を実現させるように、改めて大きな使命を課せられるのである。エリシャへの油注ぎは、やはりヤハウェが予定しているに違いないエリヤの「取り去り」（王下 2 章）をあらかじめ勘案して、目的が確実に成就するようにする、代替手段的な準備にすぎないのである。

　しかも、エリヤの「油注ぎ」の結果として起こるとされるのが、「ハザエルの剣を逃れた者をイエフが死なせ、イエフの剣を逃れた者をエリシャが死なせる」という事態なのである（17 節）。これは明らかに、イスラエルへのヤハウェの懲罰行為である。このことは、語り手にとって、イスラエルの背教を告発するエリヤの訴え（10, 14 節）の真実性をヤハウェが認め、その訴えに基づいてふさわしく報復するということを意味する。ヤハウェにとっても、語り手にとっても、エリヤの訴えは妄想でも不正確な誤りでもないのである。他方で、7000 人の篤信者をイスラエルに残すという約束（18 節）は、エリヤ自身にとっても新たな励ましと希望を与えるものであったことであろう（Provan 1995:147; Fretheim 1999:110）。バアルとの戦いは、エリヤやエリシャの時代を超えて、これからも長く続くのである。

189

(6)エリシャの召命（上 19:19–21）

【翻訳】

19 章

[19] そこで、〔エリヤ〕[a] はそこから出発した。

そして彼は、シャファトの息子エリシャに出会った。彼はちょうど〔畑に〕犂を掛けているところであった。彼の前には 12 対〔の牛たち〕[b] がおり、彼自身はその 12 番目のところにいた。エリヤは彼のそばを通り過ぎながら、自分の外套を彼の上に投げかけた。[20] すると、〔エリシャ〕[c] は自分の牛たちを放り出して[d] エリヤの後を走って〔追いかけて来て〕、言った。「どうか、〔まず、〕私の父と母に接吻させてください。そうしてから、私はあなたに従って歩みます」。すると、彼は彼に言った。「行くがよい、引き返すがよい。私があなたに何をしたというのか」。[21] そこで彼は、〔エリヤの〕[e] 後ろから引き返した。そして彼は、1 対の牛たちを取り、それ[f] を屠った。彼は、牛用の道具でそれらの肉を[g] 煮て、人々[h] に振る舞った。そこで、彼らは食べた。それから彼は立ち上がり、エリヤに従って歩み、彼に仕えるようなった。

> a: 原文には主語がなく、動詞が 3 人称単数形（「彼は」）。文脈から、エリヤ以外が主語ではあり得ない。
>
> b: 原文では「対（ツェメド）」の語の複数形のみ（ツェマーディーム）。それが牛の対であることについては、20–21 節参照。
>
> c: 原文には主語がなく、動詞が 3 人称単数形（「彼は」）。文脈からエリシャが主語と判断する。
>
> d: 原文は文字通りには、「捨てて」（動詞「アーザブ」）。
>
> e: 原文では「彼の」。文脈からエリヤについての言及と判断する。
>
> f: 目的語は単数形で、「対（ツェメド）」を受ける。
>
> g: 原文は文字通りには、「それら──（すなわち）その肉──を」で、目的語が二つあり、ややぎこちない表現。「その肉（ハ・バーサール）」の語は説明的な付加か。
>
> h: 原文は文字通りには、冠詞付きの「民（アム）」。

【形態／構造／背景】

この小さな段落は、エリヤによるエリシャの召命を描く。召命とは、特定の職務や使命を果たすべく選抜、指名されることで、通常は従前の生き方からの大きな転換を伴う。現在ある大きな文脈中で見れば、この場面は前の場面（王上 19:15–18）の続きであり、神の山ホレブでエリヤがヤハウェから与えられた三つの指示（15–16 節）の最初（第三の指示）の実行ということになる。ただし、その指示とこの実行は内容的に必ずしも噛み合っておらず、この場面は、もともと独立して存在していた伝承に基づくと考えられる（Fohrer 1968:40; Timm 1982:110; Long 1984:204–205; Crüsemann 1997:52; White 1997:4; Otto 2001:184; Albertz 2006:149; McKenzie 2019:151; Thiel 2019:297–298）。元来の伝承は、おそらくはエリシャ伝承の最初の部分であり（Alt 1912:123–125; Schmitt 1972:75–76; Timm 1982:111; Hentschel 1984:119; Würthwein 1984:232〔邦訳 495 頁〕; Fritz 1996:198; Otto 2001:184, 191, 221–222; Thiel 2019:297）、それが列王記上 19:1–18 を構成した編集者（補完者）によって取り入れられたものと思われる。

全体は、エリヤとエリシャの一つの対話を中心に、次のような左右対称的な構成になっている。

A　19a 節　エリヤとエリシャの出会い
　　B　19b 節　エリヤの行為（召命行為）
　　　　C　20a 節　エリシャの嘆願
　　　　C'　20b 節　エリヤの応答
　　B'　21a 節　エリシャの行為（別れの宴を主催）
A'　21b 節　エリシャ、エリヤに仕える

旧約聖書には多くの召命記事が見られるが、そのほとんどは、（王を含む）指導者（出 3–4 章；士 6:14–16；サム上 9:27–10:7; 16:1–13）や預言者（イザ 6:1–13; エレ 1:4–10; エゼ 2:1–10）の職務や任務に関わるもので、通常は神自身やその使いによって指名が行われる。しかし、ここで描かれるのは

預言者の従者への召命であり、人間と人間の間の出来事である点で異例とも言える。他の召命の場面と異なり、言葉による召命がなく、無言の非言語的な行為で指名が行われる点でも異彩を放っている。

申命記史家たちに特徴的な用語法や観念はまったく見られない。

【注解】

19a 節　エリヤとエリシャの出会い

19 節冒頭の「〔エリヤ〕（訳注 a 参照）**はそこから出発した**」は、異なる伝承を結び合わせる編集句で、おそらくは、列王記上 19:1–18 の基層部分に関わった、申命記史家以前の編集者（補完者）による。「そこから（ミ・シャーム）」とは、現在の文脈上は当然ながら「神の山、ホレブから」ということになる。エリヤが「**シャファトの息子エリシャに出会った**」場所は明記されていないが、おそらくはアベル・メホラ（16 節と同所への注解を参照）ということであろう。その場合には、かなりの距離の移動と時間の経過が省略されていることになる（8 節参照）。ただし、申命記史家以前の伝承では、ホレブとは別の場所の「洞穴」が念頭に置かれていた可能性もある（王上 19:1–18 への注解を参照）。

エリヤとエリシャは初対面のはずであるが、エリヤは、なぜ目の前で畑を耕している農夫たちの一人が、神に白羽の矢を立てられた「エリシャ」（16b 節参照）であると見抜けたのであろうか。旧約聖書であるから、もちろん預言者的千里眼ということも考えられよう。

なお、エリシャの名は「神は助け給うた」を意味する（HALOT 1:57）。エリヤの父「シャファト」については、この名以外には何も知られていない（王下 3:11; 6:31 参照）。正式の名前はおそらく「シャファトヤ」か「ヨシャファト」で、いずれも「ヤハウェは裁かれた」の意味（HALOT 4:1627）。

エリシャは農夫で、「〔畑に〕**犂を掛けているところ**」であった（サム上 11:5 参照）。犂で畑を耕す際には通常、2 頭の「牛（バーカール）」（20–21 節参照）を軛で「1 対（ツェメド）」に繋ぎ、犂を引かせた（申 22:10; サム上 11:5, 7; ヨブ 1:14 等参照）。「ツェメド」の語は、二つ一組のものを意味し、

現代ヘブライ語では人間の「ペア」や「カップル」をも意味し得る。

それゆえ「彼の前には 12 対〔の牛たち〕」がいたということは、24 頭の牛たちに 1 台の巨大な犂を引かせたということではなく（もしそうなら、ほとんど漫画的な光景である！）、それぞれ 2 頭の牛たちに引かせた犂が全部で 12 台あり、それぞれに少なくとも 1 人の御者がついて、V の字型か斜めの隊列を組んで畑を耕していた、ということであろう。これは、エリシャの家庭が、広大な耕地と多くの使用人を持つ富裕な農家であったことを示唆する（Fohrer 1968:24; Jones 1984b:336; Würthwein 1984:232〔邦訳495頁〕; Walsh 1996:279; Cogan 2001:455; McKenzie 2019:147; Thiel 2019:305）。後の召命で、エリシャはそのすべてを放棄することになる。なお、「12」という数字は象徴的な完全数でもある。エリシャは牛たちの引く一連の犂の「12 番目のところにいた」というのであるから、最後尾の犂を御しながら全体の監督に当たっていたということになる。したがって、これから起こる出来事は、先行する御者たちには背面での出来事に当たり、見えないはずである（サム上 9:27 等参照）。

19b 節　エリヤの行為（召命行為）

エリヤは無言でエリシャに近づき、彼の「そばを通り過ぎ」る際に、自分の「外套（アッデレト）」（王上 19:13 と同所への注解を参照）をエリシャに「投げかけ」る。直後でエリシャが後ろから「走って」追いかけた（20a 節）、とされていることから、エリヤはおそらく、無言のまま歩き続けたのであろう。現在ある大きな文脈によれば、エリシャの召命はヤハウェの指名による（16b 節参照）。しかし、もとの独立した伝承では、エリヤがエリシャに外套を投げかけた理由は謎のままであったろう。なお、16b 節でエリヤは、エリシャに「油を注ぐ」（動詞「マーシャー」）ように命じられているが、ここではそれが実行されていない。このことも、この場面が独立した伝承に由来することを裏付けている。

毛皮の外套は、預言者に特徴的な服装であったらしい（王上 19:13; ゼカ 13:4 参照）。それを他人の上に「投げかける」ことに特別の意味があったのかどうかは不明であるが、一般的に見て、衣服はそれを着用している者に密接に結び付いており、ある意味でその存在の一部であるので、かつて

それを着ていた者の「力」や「権威」がいわばしみ込んでおり（Gray 1977:413; Jones 1984b:336; Würthwein 1984:233〔邦訳 495頁〕; Knauf 2019:289; McKenzie 2019:152; Thiel 2019:306）、それが投げかけられた者に移譲されるということが考えられているのかもしれない。しかも、現在の列王記上 19 章の文脈で見れば、この外套は、神の山ホレブでエリヤが身近に神の現臨に接した際に、顔を覆って神を直接見ることがないようにした防具であり（13 節参照）、神の現臨に直接曝されたものとして、いわば超自然的な質を帯びていると見ることもできる。いずれにせよ、エリシャにとって、外套を投げかけられたことは、まったくの青天の霹靂のような、唐突なことだったはずである。なお、外套自体は、その後エリヤの手元に戻されたはずである。それが正式にエリシャに引き継がれるのは、エリヤが生きながら昇天し、エリシャが正式にエリヤの後継者となる、列王記下 2:13–14 においてである。

20a 節　エリシャの嘆願

　しかし、エリシャは、何の言葉も説明もないのに、自分に起こったことの意味を直ちに悟ったようである（Würthwein 1984:233〔邦訳 495頁〕; DeVries 1985:239; Fritz 1996:179; Brueggeman 2000:239; Cogan 2001:455; Dharamraj 2011:150–151; Bodner 2013:37; Fetherolf 2017:206; McKenzie 2019:147; Thiel 2019:306–307）。彼は、農作業を途中で放棄して（訳注 *d* 参照）、エリヤを「**走って**」追いかける。追いつくと、エリシャは、両親に暇乞いの「**接吻**」（創 31:28; 32:1; サム上 20:41; サム下 19:40 等参照）をすることの許可をエリヤに求める。彼はすでに、エリヤを自分の「主人」と認識しているのである。エリシャはまだ若く、自分の家族を持たず両親のもとで暮らしているようである。エリシャの言葉は、彼の親思いの性格を表すと同時に、彼がすでに確固たる決断をしていることをも示している。彼は、初対面であるにも拘わらず、エリヤに「**従って歩**」むつもりなのである。両親に二度と会えないことも、覚悟のうえのことであろう。

20b 節　エリヤの応答

　これに対する「**行くがよい、引き返すがよい。私があなたに何をしたとい**

うのか」というエリヤの応答は、一見しただけでは意味が明瞭でなく、解釈がさまざまに分かれている（Gray 1977:413; Nelson 1987:127〔邦訳201頁〕; Walsh 1996:279; Bergen 1999:51; Fetherolf 2017:205–206; Heller 2018:86–87; McKenzie 2019:147, 152–153）。「私があなたに何をしたというのか」と言うが、エリヤは、すれ違いざまに自分の外套をエリシャに投げかけるという、唐突で不可解な行為を「した」はずである（19節）。原語の「マー　アシーティー　レカー」という定型句は、多くの場合、相手に起こっている事態について自分には責任がないことを主張する意味で用いられる（創 20:9; 民 22:28; 士 8:2; サム上 17:29; 20:1; 26:18; 29:8; ミカ 6:3 参照）。したがって、ここでエリヤは、直前に自分が行った外套をエリシャに投げかけるという挙動がたいしたことではなかったかのようにとぼけて見せている、という印象さえ受ける。いかなる強制もなく、すべてをエリシャ自身の主体性と決断に委ねる、ということなのであろう（Burney 1903:232; Schmitt 1972:118; Wray Beal 2014:255）。

エリヤの発言を、「ただし、私があなたに何をしたかを忘れるな」という意味に解し、エリヤがエリシャの要望を容認しながらも、自分のもとに必ず帰って来るように念押ししているとする解釈もあるが（Gray 1977:413; Jones 1984b:336; Wiseman 1993:187〔邦訳 204–205 頁〕; Werlitz 2002:181; Sweeney 2007:233）、上述の定型句の並行箇所の用法から見て同意しにくい。ましてや、エリヤがエリシャの優柔不断な態度を非難、叱責していると見る解釈（Fohrer 1964:24; DeVries 1985:239; Knauf 2019:336–337）は、当たらないように思える。

21a 節　エリシャの行為（別れの宴を主催）

エリヤの言葉を受けて、エリシャは一旦は家に「**引き返**」す。両親への別れの接吻には直接触れられないが、当然それが行われたことが前提にされている（Schmitt 1972:118; Würthwein 1984:233〔邦訳 496 頁〕; Thiel 2019:308–309）。彼はさらに、おそらくは自分が御していた「**1 対の牛たち**」を「**屠った**」うえで、「**牛用の道具**」（木製の軛や犁）を薪にして（サム上 6:14; サム下 24:22 等参照）その肉を煮込み、「**人々**」（訳注 h 参照）に「**振る舞った**」。「人々」とは家族や、一緒に農作業をしていた使用人たちであ

ろう。いわば、自分の送別会を自分で主催したわけである。この行為は、エリシャの律義で気前のよい人柄だけでなく、それまでの生活と決別するエリシャの決意を表現している。彼にはもはや、畑を耕すための牛たちも軛などの農具も必要ではないのである。

なお、ここでは牛たちの屠りについて、しばしば犠牲の奉献の際に用いられる動詞「ザーバハ」が用いられているが、この動詞は、祝宴などの世俗的な畜殺の際にも用いられる（王上 1:9 への注解［第 1 巻 67 頁］参照）ので、この場面の祭儀的な意味を強調する（Schmitt 1972:118; Jones 1984b:336; DeVries 1985:239; Walsh 1996:279–280; Sweeney 2007:233）必要は必ずしもない。犠牲の奉献であれば、祭壇のある聖所や司式する祭司が必要であるが、畜殺や調理は耕地自体で行われたように見える。あまり宗教的な意味を持たない世俗的な祝宴と解しておいてよいであろう（Cogan 2001:455; Thiel 2019:310–311）。

21b 節　エリシャ、エリヤに仕える

必要な手続きをすべて終えたうえで、エリシャは約束通り、エリヤのもとに戻り、「**彼に仕えるようになった**」。現在の大きな文脈で見れば、エリシャはバアルに膝を屈めない「7000 人」（18 節）の最初の一人になったわけである。ここで「仕える」と訳されている動詞（シェーレート）は、「僕（エベド）」の場合のような自由のない隷属（アーバド）とは異なり、あくまで自由人として、人格的敬意に基づき主体的に他人に奉仕することを意味する（Thiel 2019:312）。出エジプト記 24:13; 33:11; 民数記 11:28; ヨシュア記 1:1 では、モーセに対するヨシュアの立場がこの動詞の分詞形（メシャーレート）で表されている。列王記下 4:43; 6:15 によれば、後に「神の人」としてのエリシャ自身、そのような「従者（メシャーレート）」を持つことになる。

16 節のヤハウェの命令によれば、エリシャはエリヤの「預言者（ナービー）」としての後継者になるはずである。ただし、ここではエリシャは、差し当たってはエリヤに「仕える」従者になるにすぎない。エリシャがエリヤの後継者となることは、列王記下 2:9–15 で初めて明らかにされる。ことによるとこの伝承（王上 19:19–21）は、古い段階では、エリヤからエ

リシャへの預言者職の継承を描く、後者の伝承（王下 2:1–18）と同じ伝承群に属していたのかもしれない（Schmitt 1972:75–77, 102–107; Beck 1999:153–154; Otto 2001:191–193, 220–223; Thiel 2019:297–298）。そのいずれにおいてもエリヤの外套（アッデレト）が重要な小道具としての役割を果たしていることも、このような想定を補強する傍証となろう。

【解説／考察】

　召命とは、多くの場合、契機としては外部からの働きかけによって受動的に引き起こされるが、究極的には自己自身の主体性と責任と決断に基づくものでなければならない。それは自己の在り方の転換を意味し、しばしば、従前の職業や身分、（家族を含む）人間関係との決別を伴わねばならない。すべてを捨ててエリヤに付き従ったエリシャの姿は、イエスの呼びかけに答えて彼に従った最初の使徒たちを彷彿とさせる。

　　「イエスは、ガリラヤ湖のほとりを歩いておられたとき、シモンとシモンの兄弟アンデレが湖で網を打っているのを御覧になった。彼らは漁師だった。イエスは、「わたしについて来なさい。人間をとる漁師にしよう」と言われた。二人はすぐに網を捨てて従った。また、少し進んで、ゼベタイの子ヤコブとその兄弟ヨハネが、舟の中で網の手入れをしているのを御覧になると、すぐに彼らをお呼びになった。この二人も父ゼベタイを雇い人たちと一緒に舟に残して、イエスの後について行った」。（マコ 1:16–20）

　エリシャが両親への暇乞いを願った際のエリヤの態度は、我々の見るところでは好意的で寛容なものであった。これに対し、同じような場面でのイエスの態度には、より厳しいものがあったようである。——少なくともイエスの意識においては——「神の国」の到来がそれだけ切迫していたからであろう。

　　「また、別の人も言った。『主よ、あなたに従います。しかし、まず家

族にいとまごいに行かせてください』。イエスはその人に、『鋤に手を
かけてから後ろを顧みる者は、神の国にふさわしくない』と言われ
た」。（ルカ 9:61–62）

(7)対アラム戦争（その一）（上 20:1-43）

【翻訳】

アラム軍の侵攻

20 章

[1] アラムの王ベン・ハダドは、彼の全軍を召集した。彼のもとには 32 人の王たちがおり、また、馬と戦車もあった。彼は攻め上って来て、サマリアを包囲し、〔この町〕[a] で戦った。[2] 彼は、この町にいるイスラエルの王【アハブ】[b] に使者たちを遣わして、[3] 彼にこう言わせた。「ベン・ハダドはこう言われた。『あなたの銀とあなたの金、それは私のものだ。あなたの妻たちやあなたの可愛い[c] 息子たち、彼らも私のものだ』」。[4] イスラエルの王は答えて言った。「あなたのお言葉通りです、わが主君である王様。私自身も、私の持つすべてのものも、あなたのものでございます」。

[5] 使者たちは、また戻ってきて、こう言った。「ベン・ハダドはこう言われた。『私はたしかにあなたに〔人を〕遣わし、こう言わせた〔はずだ〕。あなたの銀とあなたの金、あなたの妻たちとあなたの息子たちをあなたは私に引き渡せ、と。[6] 明日の今頃、私は必ずや、私の家臣たちをあなたのもとに遣わす。そうすれば、彼らはあなたの家とあなたの家臣たちの家を捜索し、あなたの目に好ましく映るすべてのものを彼らの手に取り、奪い取るであろう』」。

[7] すると、イスラエルの王は、この地のすべての長老たちを呼び集めて、言った。「どうか、よく理解し、斟酌してもらいたい[d]。奴め[e] がどんなにひどい要求を突き付けてきているかを。あいつは私に〔人を〕送りつけてきて、私の妻たちや私の息子たち、私の銀や私の金を〔要求した〕[f]。私には、彼〔の要求〕を拒みきれなかった」。[8] すると、すべての長老たちと民の全員が彼に言った。「聞き入れてはなりません。決して承諾しないでください」。[9] そこで、彼はベン・ハダドの使者たちに言った。「わが主君である王様にこう伝えてください。『あなたの僕にあなたが最初に言い送ってこられたことすべてについては、私は〔その通りに〕いたします。しかし、今回のことは、私にはいたしかねます』と」。そこで、使者たちは出発して、その言葉を彼のもとに持ち返った。

[10] すると、ベン・ハダドは彼に〔人を〕遣わして、言わせた。「もし、サマリ

アの塵が、私に従う[g]民すべての手のひらを満たすに十分なほど〔多く〕あるなら、神々が私にどんなひどいことでもなされるように」。[11] これに対し、イスラエルの王は答えて言った。「こう伝えなさい。『〔武具を〕身に着けようとする者[h]は、〔それを〕脱ごうとする者のようには勝ち誇ってはならない』、と」。[12] 〈ベン・ハダド〉[i]がこの言葉を聞いたとき、彼は――〔すなわち、〕彼と、王たちである――仮小屋で酒を飲んでいた。彼は彼の家臣たちに言った。「配置につけ[j]」。そこで、彼らはこの町に向かって配置についた。

預言者の檄

20:13 すると、見よ、一人の預言者がイスラエルの王【アハブ】[b]に近づいて来て、言った。「ヤハウェはこう言われた。『あなたは、このおびただしい大軍のすべてを見たか。見よ、わたしは今日、それをあなたの手に渡す。こうして、あなたはわたしがヤハウェであることを知るであろう』」。[14] すると、【アハブ】[b]は言った。「それは誰によってでしょうか」。すると〔その預言者〕[k]は言った。「ヤハウェはこう言われた。『諸州の長官たちに属する初年兵たち[l]によってである』」。〔王〕[m]は言った。「誰が戦いを仕掛ける[n]のでしょうか」。すると〔その預言者〕[o]は言った。「それはあなただ」。

イスラエルの反撃と勝利

20:15 そこで、〔王〕[p]が諸州の知事たちに属する初年兵たち[l]を点呼すると、232名であった。彼らの後に、彼は民[q]のすべてを点呼した。すると、イスラエルの子ら全員で7000名であった。[16] 彼らは真昼に出撃したが、そのとき、ベン・ハダドは仮小屋で酒を飲み、泥酔していた。〔すなわち、〕彼と、彼の加勢に来た32人の王たちである。[17] 最初に出撃したのは、諸州の知事たちに属する初年兵たち[l]であった。ベン・ハダドが〔人を〕遣わすと[r]、〔人々は〕[s]彼に報告して、言った。「男たちがサマリアから出てきました」。[18] すると、彼は言った。「彼らが講和のために出てきたのであれば、あなたたちは彼らを生け捕りにせよ。彼らが戦いのために出てきたのであっても、あなたたちは彼らを生け捕りにせよ」。

[19] 町から出撃したのは、諸州の知事たちに属する初年兵たち[l]であり、彼らの後ろには軍隊が続いていた。[20] 各人が相手を打ち破った[t]。すると、アラム

〔軍〕は敗走し、イスラエル〔軍〕は彼らの後を追った。アラムの王ベン・ハダドは馬に乗り、騎兵たち〔と一緒に〕逃げ去った。²¹ イスラエルの王は出撃して、馬と戦車を打ち、アラム〔軍〕に大打撃を与えた。

預言者による王への勧告

²⁰︓²² 例の預言者 ᵘ は、イスラエルの王に近づいて来て、彼に言った。「さあ ᵛ、勇気を奮い起こしなさい ʷ。そして、自分のなすべきことをよく理解し、斟酌しなさい ˣ。年が改まる頃には、アラムの王があなたに向けて〔再び〕攻め上って来るから」。

アラム軍の戦術変更と軍隊再編

²⁰︓²³ 〔他方、〕アラムの王の家臣たちは、彼に言った。「彼らの神は、山々の神なのです。だから、彼らの方がわれわれよりも強かったのです。しかし、われわれが平地で彼らと戦えば、われわれの方が絶対に彼らよりも強いはずです ʸ。²⁴ また、次のことを行ってください。すなわち、あの王たちを各自その地位から更迭し、彼らの代わりに総督たちを置くのです。²⁵ そして、あなた自身 ᶻ で、あなたが失った ᵃᵃ 軍隊と同規模の軍隊、馬と同規模の馬、戦車と同規模の戦車をご自分のために再編する ᵇᵇ のです。そして、われわれは平地で彼らに ᶜᶜ 戦いを挑みましょう。そうすれば、われわれの方が絶対に彼らよりも強いはずです ʸ」。すると彼は、彼らの声を聞き入れ、その通りに行った。

アラム軍の再侵略

²⁰︓²⁶ 年が改まると、ベン・ハダドはアラム〔軍〕を点呼し、イスラエルとの戦いのためにアフェクに攻め上った。²⁷ イスラエルの子らも点呼を受け、兵糧を支給されて、彼らを迎え撃つために出発した。イスラエルの子らは彼らに向かい合って布陣したが、それはまるで二つの山羊の群れ ᵈᵈ のようであった。これに対し、アラム〔軍〕はこの地全土を満たしていた。

「神の人」の檄

²⁰︓²⁸ すると、神の人が近づいて来て、イスラエルの王に言った。「ヤハウェはこう言われた。『アラム〔人たち〕が、ヤハウェは山々の神で、彼は谷々 ᵉᵉ の

201

神ではない、などと言ったので、わたしはこのおびただしい大軍のすべてをあなたの手に渡す。こうして、あなたたちはわたしがヤハウェであることを知るであろう』」。

イスラエルの再度の反撃と勝利

20：29 〈両軍〉[ff]は向かい合って布陣し、7日間〔睨み合っていた〕。そして7日目に、ついに戦いに至った[gg]。イスラエルの子らはアラム〔軍〕を打ち破り、1日で歩兵10万人〔を倒した〕。30 生き残った者たちは、アフェクの町に逃げ込んだ。すると、その生き残っていた男たち2万7000人の上に城壁が崩れ落ちた。ベン・ハダド自身もこの町に逃げ込み、奥まった部屋[hh]に〔身を潜めた〕。

31 すると、彼の家臣たちが彼に言った。「どうか、ご覧ください。イスラエルの家の王たちについて、私たちは、彼らが慈悲深い王たちであると〔いう噂を〕聞いています。ですから、私たちは、私たちの腰に粗布を、また私たちの首[ii]に縄をつけて、イスラエルの王のもとに出て行きます。ことによると、彼はあなたの命を助けてくれる[jj]かもしれません」。32 こうして彼らは、彼らの腰に粗布を巻きつけ、彼らの首[ii]に縄をつけて、イスラエルの王のもとに行き、彼らはこう言った。「あなたの僕であるベン・ハダドはこう言っております。『どうか、私の命を助けてください[jj]』、と」。すると彼は言った。「彼はまだ生きているのか。彼は私の兄弟だ」。33 その男たちはこれを吉兆と見て[kk]、半信半疑ながらも[ll]、即座にそれを受けて、言った。「ベン・ハダドはあなたの兄弟です」。すると、彼は言った。「行って、彼を連れて来なさい」。ベン・ハダドが彼のもとに出てくると、彼は彼を〔自分の〕戦車に上らせた。34 〔ベン・ハダド〕[mm]は彼に言った。「私の父があなたの父上から取り上げた町々を、私は返還します。また、あなたのために、市場をダマスコでお開きください。私の父がかつてサマリアで開いたように」。〈すると、彼は言った。[nn]〉「私は〔その条件での〕協定によって、あなたを解放しよう」。こうして彼は、彼と協定を結び、彼を解放した。

預言者による王の糾弾

【20：35 預言者たちの子ら出身の一人の男が、ヤハウェの言葉により、彼の仲

間 ᵒᵒ に言った。「どうか、私を殴ってくれ」。しかし、その男は彼を殴ることを拒んだ。³⁶ すると、彼は彼に言った。「あなたがヤハウェの声に聞き従わなかったので、見よ、私のもとから去れば、獅子があなたを打ち殺すだろう」。彼が彼の傍らから去ると、獅子が彼に出会って、彼を打ち殺した。
³⁷〔その預言者〕ᵖᵖ は別の男を見つけて、〔彼に〕言った。「どうか、私を殴ってくれ」。すると、その男は彼をひどく殴り、傷を負わせた。
³⁸ その預言者は出かけていき、道で王を待ち受けた。彼は額に ᵠᵠ 包帯を巻いて変装していた。³⁹ 王が通りかかると、彼は王に訴えて ʳʳ、言った。「あなたの僕〔であるこの私〕は、戦いの真っ只中に出て行きました。すると、ご覧ください、ある男が〔持ち場から〕離れて、私のもとに一人の男を連れて来るではありませんか。彼は言いました。『この男を見張っていろ。万が一にも ˢˢ、こいつが姿を消すようなことがあれば、あなたの命を彼の命の代わりにするか、もしくはあなたは銀１キカルを支払わねばならない』。⁴⁰ ところが、あなたの僕があれこれと忙しくしているうちに ᵗᵗ、彼がいなくなってしまったのです」。すると、イスラエルの王は彼に言った。「それがあなたへの裁きだ。〔それは、〕あなた自身 ᵘᵘ が決めたことだ」。⁴¹ すると、彼は即座に彼の額 ᵠᵠ から包帯を取った。そこで、イスラエルの王は、彼が預言者の一人であることに気付いた。⁴²〔その預言者〕ᵛᵛ は彼に言った。「ヤハウェはこう言われた。『わたしが聖絶に定めた男 ʷʷ をあなたが〔自分の〕手元から解放してしまったので、あなたの命が彼の命の代わりとなり、あなたの民が彼の民の代わりとなるだろう』」。⁴³ それからイスラエルの王は、彼の宮殿に向かった。彼は、不機嫌になり、腹を立てながら、サマリアに入った。〕

a: 原文では女性形接尾辞（ハ）、すなわち「彼女（の中で）」。「町（イール）」の語が女性名詞なので、町は女性名詞として扱われる。

b: 「アハブ」の名を二次的付加と見なす。注解本文参照。13節、14節でも同様。

c: 原語は文字通りには、「良い（トービーム）」。原文では男性複数形なので、直前にある「あなたの息子たち（バーネーカー）」に掛かっているように見えるが、男女混合の場合、男性形で受けることもあるので、その前にある「あなたの妻たち（ナーシェーカー）」にも掛かっていると読むこともできる。その場合には、「あなたの素晴らしい妻たちと息子たち」となる。また、最

上級と解して、「あなたの最上の妻たちと息子たち」と読むことも可能。

d: 原文は文字通りには、「どうか知って、見てほしい」。22節にもよく似た表現が見られる。

e: 原文は、軽蔑的な「あれ（ゼ）」。通常は人ではなく、物を指す。悪態的な表現。サム上 10:27; 21:16; 25:21; 王上 22:27; 王下 5:7 等参照。

f: 原文は文字通りには、「～のために〔人を〕送ってきた」。

g: 原文は文字通りには、「私の足（複数形）元にいる」。

h: 原文は文字通りには、「帯を締めようとする者」。

i: 原文には主語がなく、動詞は不定形。文脈から、ベン・ハダドについての記述と解する。

j: 原文は複数に対する命令形で、「置け（シームー）」。目的語はない。次の文の平叙文でも同様。注解本文該当箇所参照。

k: 原文には主語がなく、動詞は男性3人称単数形（「彼は言った」）。文脈から、13節の「預言者」が主語と解する。

l: 原語は文字通りには、「若者（ナアル）」の複数形。以下でも同様。

m: 原文には主語がなく、動詞は男性3人称単数形（「彼は言った」）。文脈から、イスラエルの王（アハブ）が主語と解する。

n: 原語は文字通りには、「結ぶ」（動詞「アーサル」）。注解本文該当箇所参照。

o: 原文には主語がなく、動詞は男性3人称単数形（「彼は言った」）。文脈から「預言者」が主語と解する。

p: 原文には主語がなく、動詞は男性3人称単数形（「彼が点呼した」）。文脈からイスラエルの王（アハブ）が主語と解する。

q: 原語では、冠詞（ハー）付きの「アーム」。軍事的な文脈では、（傭兵や職業軍人ではない）民衆の召集軍を意味する。

r: マソラ本文通り。ただし七十人訳では「彼らは〔人を〕遣した」。

s: 原文には主語がなく、動詞が3人称複数形（「彼らは報告した」）。非人称的で、アラムの兵たちの報告と思われる。

t: 原文は文字通りには、「各人が彼の各人を打った」。

u: 原語には冠詞（ハ）が付いており、13–14節の預言者と同一であることが示されている。

v: 原文は文字通りには、「行け」。

w: 原文は文字通りには、「自分自身を強めなさい」。

x: 原文は文字通りには、「知って、見なさい」。7 節とよく似た表現。訳注 *d* を参照。

y: 原文は文字通りには、「もし、我々の方が彼らよりも強くなければ」。この表現（イム　ロー）は宣誓的な文脈での定型句の一部で、強い肯定的な意味を持つ。なお、これについては王上 17:1 への注解（本書 26–27 頁）を参照。25 節についても同様。

z: 原文では、文法上必要のない「あなた（アッター）」の語が冒頭に置かれ、強調されている。

aa: 原文は文字通りには、「あなたのもとから落ちていった」。ただし、「あなた」に当たる 2 人称単数の接尾辞がなぜか女性形。

bb: 原文は文字通りには、「数える」。

cc: 23 節（イッターム）とは異なる前置詞（オーターム）が用いられており、より攻撃性が強い表現に読める。

dd: 原語（ハーシーフ）の意味不明。文脈、および七十人訳（デュオ　ポイムニア　アイゴーン）に従い、このように訳す。注解本文該当箇所参照。

ee: 23, 25 節（ミーショール）とは別の語（アマーキーム）が用いられている。注解本文該当箇所参照。

ff: 原文は文字通りには、「それら（エッレー）はそれら（エッレー）と向かい合って（布陣し）」。

gg: 原文は文字通りには、「戦いが近付いてきた」。「戦い（ミルハーマー）」自体が擬人化されているように読める。

hh: 原文は文字通りには、「部屋の中の部屋」。注解本文該当箇所参照。

ii: 原語は文字通りには、「頭（ローシュ）」。32 節でも同様。

jj: 原文は文字通りには、「命を生かしてくれる」。32 節でも同様。

kk: 注解本文該当箇所参照。

ll: 原文は文字通りには、「それは（ほんとうに）彼からのものなのか？」という疑問文の挿入文。正確なニュアンスはよく分からない。本文破損があるのかもしれない。

mm: 原文には主語がなく、動詞は男性 3 人称単数形（「彼は言った」）。文脈から、ベン・ハダドが主語と解する。

nn: ここで主語の交替があると想定し、底本（BHS）の脚注に従い、この一文を加える。注解本文該当箇所を参照。

oo: 原語は文字通りには、「彼の隣人（レエーフー）」。

pp: 原文には主語がなく、動詞は男性3人称単数形（「彼は見つけた」）。文脈から、35節冒頭で言及された「預言者の子ら出身の一人の男」が主語と解する。この人物自身が「その預言者（ハッ・ナービー）」と呼ばれている38節をも参照。

qq: 原文は文字通りには、「彼の両目の上に」。ただし、目隠しのように両目を覆っていたということでなく、鉢巻のように両目より上方に巻いたということ。41節でも同様。

rr: 原文は文字通りには、「叫ぶ」（動詞「ツァーアク」）。注解本文該当箇所参照。

ss: 原文では、「姿を消す」に当たる動詞（ニフカド）を異なる形（不定詞＋未完了形）で二重に用いる、ヘブライ語独特の強調法が用いられている。

tt: 原文（オーセー ヘーンナー ワー・ヘーンナー）は文字通りには、「あちらこちらで、いろいろ行っているうちに」。注解本文該当箇所参照。「あちらこちらで（ヘーンナー ワー・ヘーンナー）」という表現については、ヨシュ 8:20; 王下 2:8, 14; 4:35 等参照。

uu: 原文では、文法上必要のない「あなた（アッター）」の語が冒頭に置かれ、強調されている。

vv: 原文には主語がなく、動詞は男性3人称単数形（「彼は言った」）。文脈から、38節の預言者が主語と解する。

ww: 原文（イーシュ ヘルミー）は文字通りには、「わたしの聖絶の男」。

【形態／構造／背景】

　本書の「エリヤ物語へのまえがき」（14頁）にも記したように、現在ある列王記の形では、エリヤを主要な登場人物とする一連のエリヤ物語群の文脈（王上 17–19 章；21 章；王下 1–2 章）が、列王記上 20 章と同 22:1–38 で、二つ（数え方によっては三つ）の長大な対アラム戦争の物語によって分断されている。（なお、七十人訳では章の順序が異なり、ヘブライ語版の列王記上 19 章（ホレブでのエリヤ）→ 21 章（ナボトの葡萄園）→ 20 章（対ア

ラム戦争①, ②）→ 22 章（対アラム戦争③）の順になっており、二つのアラム戦争についての章（ヘブライ語版の 20 章と 22 章）が隣り合わせで、一続きになっている。ただし、こちらの方が元来の形であるという見方（Burney 1902:210; Miller 1966:444; Timm 1982:112; Stipp 1987:418–435; Otto 2001:159–160, 205–207; Knauf 2019:363–364; McKenzie 2019:169）は、あくまで少数派のようである（Bohlen 1978:49）。

　これらの二つの対アラム戦争の物語（王上 20 章；22:1–38）には、イスラエルの王アハブは登場するが、エリヤはまったく姿を見せない。したがって、これらの二つの対アラム戦争の物語が、最初から、エリヤ物語を含む形での申命記史書の一部をなしていたのか、あるいはそうではなく、後からエリヤ物語の文脈を分断する形で二次的に申命記史書に挿入されたのかが問題になる（本単元の末尾の【解説／考察】の項参照）。

　ヘブライ語版の章の並びの形で見ると、列王記上 20 章と同 22:1–38 の二つの対アラム戦争の物語は、エリヤが再登場してナボトの葡萄園の一件でアハブを厳しく批判する列王記上 21 章を両脇から囲む形になっている。

（X）20 章　アハブの対アラム戦争（①, ②）（エリヤ登場せず）
　　（Y）21 節　アハブとナボトの葡萄園（エリヤ再登場）
（X'）22 章　アハブの対アラム戦争（③）（エリヤ登場せず）

　これらの三つの章（王上 20–22 章）に共通するのは、少なくとも今ある形では、いずれにおいてもイスラエルの王アハブが主人公的な役割を果たすことと、それぞれの単元の最後の部分が何らかの仕方でアハブの死に関わっていることである。すなわち、後者について見れば、列王記上 20:42 と同 21:19、および 同 22:19–23 では、いずれも預言者的人物（それぞれ、匿名の預言者的人物、エリヤ、ミカヤ）によりアハブの悲惨な末路が予告され、同 22:35–38 ではアハブの戦死が描かれて、災いの予告の成就が確認される。したがって、これらの三つの章は、アハブの最期を共通のテーマとしていると見ることもできる。

　列王記上 20 章の物語をそれ自体として見ると、そこにはアラムとイスラエルの戦争を描く二つの記事（①, ②）が含まれており、両者はいずれ

も、下記のように、アラム軍の侵攻に始まり、預言者的人物の「檄」を挟んで、イスラエルの奇跡的勝利に終わる並行的な構成になっている（Long 1984:212; 1985:413; Cogan 2001:471; Begerau 2008:175; Wray Beal 2014:262 等を多少修正）。

(A) 第一の戦い（1–22 節）（対アラム戦争①）
    (a) 1–12 節　アラム軍の侵攻
    (b) 13–14 節　預言者の檄
    (c) 15–21 節　イスラエルの反撃と勝利
    (d) 22 節　預言者による王への勧告

    (B) 経過部：アラム軍の戦術変更と軍隊再編（23–25 節）

(A') 第二の戦い（26–43 節）（対アラム戦争②）
    (a') 26–27 節　アラム軍の再侵攻
    (b') 28 節　「神の人」の檄
    (c') 29–34 節　イスラエルの再度の反撃と勝利
    (d') 35–43 節　預言者による王の糾弾

　テキスト生成論的に見れば、最初に二つの世俗的な性格の——すなわち、預言者的人物の登場しない——対アラム戦争の物語（①：1–12 節、15–21 節；②：26–27 節、29–34 節）があったと考えられる。しかもこれらの二つの対アラム戦争の物語は、もともとは相互に独立していただけでなく、後述するように、おそらく時代背景（さらに、ことによると主人公である「イスラエルの王」の本来のアイデンティティ）が異なる（本単元の末尾の【解説／考察】の項参照）。

　それらの二つの対アラム戦争の物語を、ある預言者的関心を持った編集者（たち？　以下でも同様）が、預言者的人物の発言（22 節）とアラム側陣営での戦術変更と軍制改革をめぐる議論の場面（23–25 節）を通じて巧みに初戦と再戦という形で相互に結合したうえで、さらに預言者的人物による「檄」の言葉（13–14 節、28 節）を加えて、勝利を神の力によるもの

と意味づけ、戦争記事を「聖戦化」したものと考えることができる (Wellhausen 1899:283–284; Schmitt 1972:46–51; Hentschel 1984:120–121; Würthwein 1984:233–236, 243〔邦訳 497–501頁〕; Fritz 1996:182, 186; Robker 2011:647–648; 2012:105, 109; Knauf 2019:364–366; McKenzie 2019:171–176)。

ただし、もともと相互に独立して存在しており、世俗的な性格のものであった二つの戦争記事（①：1–12節、15–21節；②：26–27節、29–34節）を相互に結合し、それを預言者物語化、聖戦物語化したこの部分の「編集者」と、この章全体（および王上 22:1–38 も？）を列王記の文脈のこの位置に置いた編集者（「挿入者」と仮称する）が同一であったとは限らない。後述するように、筆者は、この物語は北王国で成立し、すでに北王国で預言者的編集を加えられて聖戦物語化した形で伝えられていたが、列王記の文脈に取り入れられたのはかなり後で、申命記史家的編集よりも後の段階だという見方に傾いている（本単元の末尾の【解説／考察】の項参照）。

また、別の面からこの物語の構成を見れば、後日談的な（そして、おそらくは実際に後から付け加えられた）最後の部分（35–43節）を除くと、下記の表のように、最初の部分と最後の部分にアラムの王とイスラエルの王の交渉があり、それが枠組みのように両側から二つの戦争の記事を挟み込むような形になっている（Long 1984:213; Walsh 1996:294; 2006:35–36; Begerau 2008:173; Wray Beal 2014:262 等を多少修正）。しかも、最初の部分と最後の部分の二つの交渉の場面では、2人の王たちの間で力関係が大きく逆転していることが目を引く。すなわち、アハブとベン・ハダドの間で「主君」と「僕」関係が180度逆転しているのである（Schmitt 1972:48–51; Long 1984:215; Walsh 1996:307–308; Begerau 2008:176–177; Wray Beal 2014:262; Thiel 2019:346–347, 443）。

(X) 1–12節　交渉：アラムの王の優位──「僕」としてのアハブ
　(Y) 13–22節　第一の戦い（対アラム戦争①）──イスラエルの勝利
　　(Z) 23–25節　アラム側の陣営での議論、アラム軍の戦術変更と軍隊再編
　(Y') 26–30節　第二の戦い（対アラム戦争②）──イスラエルの勝利

II・4・(7) 対アラム戦争（その一）（上20・1–43）形態／構造／背景

209

(X') 31–34 節　交渉：イスラエル王の優位――「僕」としてのベン・ハダド

　このことに対応して、両脇（X, X'）と中央部分（Z）では登場人物たちの台詞が多く、それに挟まる戦争記事（Y, Y'）の部分は、――（伝承史的に二次的と思われる）預言者的人物の徴の部分を除き――戦争の経過を淡々と描く客観的記述となっている。
　現にある形での戦争記事の部分では、イスラエル王の挙動が、預言者的人物を通じた神の言葉に忠実な王として、明らかに肯定的、好意的に見られており、その勝利が寿がれている。もとになった伝承は、おそらく、まだ北王国が存在していた時代に同王国で成立し（Schmitt 1972:60–61, 67–68; Würthwein 1984:243〔邦訳 516頁〕; Fritz 1996:183; Otto 2001:217; Robker 2011:655; Knauf 2019:366; Thiel 2019:351–352）、愛国的、民族主義的な雰囲気の中で語り伝えられていたものと思われる。
　対アラム戦争という内容から見て、それはもともと、現在の列王記中の中央部分のあちこちに散在している一連の対アラム戦争の物語（王上 22:1–36; 王下 6:8–23; 6:24–7:20）と同じ伝承群に含まれていたのかもしれない。これに対し、この章の締め括りをなす 35–43 節は王の対外政策に極めて批判的であり、戦争記事の部分とは異なる成立、担い手層が推測できる（Schmitt 1972:48–49; Hentschel 1984:121–122; Würthwein 1984:242–243〔邦訳 514頁〕; Stipp 1987:253, 260, 263; Fritz 1996:182, 186; Robker 2011:648–650; Thiel 2019:340, 342, 352–353）。おそらくはこの章を申命記史書に後から付け加えた人物（挿入者）が、既存の匿名の「イスラエルの王」を主人公とする北王国起源の対アラム戦争の物語（1–34 節）を、アハブの戦いの物語に「改造」して、申命記史書中に既に存在していたエリヤ物語の文脈に挿入したのであろう。その意図については、本単元末尾の【解説／考察】で考察する。
　全体のキーワードとしては、最初の部分では使者が頻繁に行き来するので、「遣わす」、「送る」を意味する動詞「シャーラハ」が繰り返され（2, 5, 6, 7, 9, 10, 17 の各節）、同じ動詞が 34 節や 42 節では「解放する」という意味で用いられている（Long 1984:214; Walsh 1996:295; Begerau 2008:174; Wray Beal 2014:263; McKenzie 2019:163）。第一の戦いの戦闘の

準備と戦闘開始を語る前半の中間部分では、「出て行く」、「出撃する」を意味する動詞「ヤーツァー」が繰り返され（16, 17, 18, 19 の各節）、同じ動詞が、後半（31–33 節）ではベン・ハダドの家臣たちやベン・ハダド自身がイスラエルの王の前に「出て行く」（要するに降伏のために出頭する）という逆の意味で用いられる（Begerau 2008:175; Thiel 2019:347, 386, 419）。さらに、「打ち破る」、「打ち殺す」を意味する動詞「ヒッカー」もさまざまな形で多用され（20, 21, 29, 36 の各節）、同じ動詞が 35 節と 37 節では文字通り「殴る」の意味で用いられている（Thiel 2019:431）。最初と最後の部分では、主従関係を表す「主君（アドーン）」（4, 9 節）と「僕（エベド）」（9, 32, 39, 40 の各節）の語もキーワード的に用いられるが、最初と最後ではイスラエルの王とアラムの王の間で主従が逆転することは前述の通りである。なお「エベド」の語は、「家臣」の意味でも全体を通じて頻用される（6, 12, 23, 31 の各節）。

さらに、全体を通じて、人間や神を主語とする「使者定式」（「……はこう言った／こう言われた（コー　アーマル……）」）が多用され、使者による言葉の伝達が大きな役割を演じているのが特徴的である（3, 5, 13, 14, 28, 42 の各節）。

用語的、文体的に見れば、戦争記事の部分にも、預言者的人物の発言の部分にも、申命記史家的な特徴はほとんど見られない。したがって、本章全体が申命記史家たち自身の手によるものとはほとんど考えられない。ただし、この部分の形を整えた編集者や、この物語をこの箇所に置いた挿入者が、それぞれ申命記史家以前の段階に属するのか、それとも申命記史家以降の段階に属するのかは、改めて問われねばならない（本単元の【解説／考察】、および列王記上 22:1–40 への【解説／考察】をも参照）。

なお、戦争記事の部分では、一方で、イスラエルがアラムの支配下にあり、事実上その属国化していること（2–5 節）や、アラムによるイスラエルの町々の併合（34 節）が前提とされており、注解の部分で詳述するように、前提とされている歴史的状況が、必ずしもアハブの時代とは合わない。他方で、原文ではアハブの名はまばらにしか現れず（2, 13, 14 節）、それ以外の箇所ではもっぱら匿名の「イスラエルの王」という形で言及されるので（4, 7, 11, 21, 22, 28, 31, 32, 40, 41, 43 の各節）、この戦争記事がも

ともとアハブの治世に関わるものであったどうかを疑問視する研究者も少なくない（注解本文、および本単元の【解説／考察】を参照）。

【注解】

1–22節　第一の戦い（対アラム戦争①）　サマリアでの戦い

　ここでは、イスラエル王国がダマスコの王ベン・ハダドの属国のような状態にあることが前提になっている。ベン・ハダドはイスラエルの首都サマリアを包囲し、使者たちを通じて過酷な要求を突きつける。イスラエルの王は、最初は恭順、屈従の姿勢を見せるが、ベン・ハダドが要求をエスカレートさせると、国民の支持を背景に抵抗の姿勢に転じる。預言者的人物の指示もあり、イスラエルの側が戦いを仕掛けると、不利な条件にも拘わらず、イスラエルの側の圧勝に終わる。アラム軍は敗退する。

　なお、ここではイスラエル（北王国）とダマスコのアラム王国が敵対関係にあり、しかも力関係は圧倒的にアラム側に利があることが前提とされている。それどころか、4節に見られる「イスラエルの王」の卑屈とも言える態度から見て、前述のように、イスラエルが事実上ダマスコのアラム王国の属国に貶められているような事態が踏まえられているように見える（Gray 1977:422; Thiel 2019:359）。「イスラエルの王」の本章における初出である2節では、「アハブ」の名が併記されているが、このようにイスラエルが弱体化した歴史的状況は、アハブの治世にはおよそ考え難い。首都サマリアや北王国イスラエルの主要諸都市の発掘が示すように、彼の父オムリとアハブ自身の治世は、北王国の経済的、軍事的、文化的な最盛期であり、第2巻273–275頁でも紹介したカルカルの戦い（前853年）についてのアッシリア側の碑文によれば、アハブ治下のイスラエルはダマスコとも肩を並べるシリア・パレスチナでの最大最強の軍事大国の一つであった。しかも、同碑文によれば、アハブ治下のイスラエルは、（ベン・ハダドではなく！）「アダドイドリ」の治下にあるダマスコとは、対アッシリア戦で共闘する同盟関係にあったはずである。

　他方で、前述のように、この章で「アハブ」の名が出るのは、初出である2節と、伝承史的には二次的と考えられる預言者の言葉中の13節と

14節のみであり、他の箇所では一貫して匿名の「イスラエルの王」として言及される。それゆえ、このイスラエルの王とアハブとの同一視はおそらくは二次的であり、匿名の「イスラエルの王」を主人公とする物語が、最終的な編集者（挿入者？）の手により、アハブに関わる物語と再解釈された可能性が考えられてよい（本単元末の【解説／考察】を参照）。

なお、この章と同様、イスラエルがダマスコのアラム王国に一方的に押しまくられ、首都サマリアがアラム軍に攻囲されるような状況は、アハブの息子ヨラムの治世に関する列王記下 6:24–7:20 でも描かれている。しかも後者の物語は、「アラムの王ベン・ハダド（！）は、彼の全部隊を召集した（王上 20:1 と同じ、動詞「カーバツ」）。彼は攻め上って来て（王上 20:1 と同じ、動詞「アーラー」）、サマリアを包囲した（王上 20:1 と同じ、動詞「ツール」）」という、本章1節とそっくりな文章で始まっている（王下 6:24）。エリシャ物語群に属する列王記下 6:24–7:20 が、この列王記上 20 章の物語の最終形態よりも古いものであると仮定すれば、本章の形態化に当たっては、列王記下 6:24–7:20 が手本として応用された可能性が検討されてよいかもしれない。

ちなみに、ヨラムの方は、実際にダマスコのアラム王国とラモト・ギレアドで戦っており、そこで傷を負ったことが、イエフ革命での彼の死と、オムリ王朝の滅亡に繋がるのではあるが（王下 8:28–29; 9:14–26 参照）、その際の戦場はあくまでヨルダン東岸地方であって、ヨラムの治世に首都サマリアがアラム軍に包囲されたり、対アラム戦でイスラエル方が圧倒的に不利な状況にあったという歴史的痕跡はまったくない。したがって、列王記下 6:24–7:20 についても、現にあるようにヨラムの治世を歴史的背景とするということは考え難い。しかも、同所でも、「ヨラム」の名は一度も現れず、一貫して匿名の「王」の語しか用いられないのである（同所への注解をも参照）。

イスラエルが圧倒的なアラム軍の攻勢によって弱体化し、事実上属国に等しい状況に貶められているという、列王記上 20 章や列王記下 6:24–7:20 で前提にされているような事態は、歴史的には、アハブやヨラムが属するオムリ王朝の時代というよりも、むしろそれに取って代わったイエフ王朝の時代、特にイエフ王朝第二代のヨアハズの治世に重なる（本単元

末の【解説／考察】を参照)。列王記下 13:7 では、「ヨアハズには、50 人の騎兵と 10 台の戦車、1 万人の歩兵だけしか兵力が残っていなかった。アラムの王が彼らを滅ぼし、脱穀場〔に舞う〕地の塵のようにしたからである」とされているからである。歴史的にはヨアハズの時代か、あるいはそれを継いだヨアシュの治世の初期を背景とする、匿名のイスラエルの王を主人公とする物語が、編集者たちの手により、一方ではヨラムの時代の記述に応用され(王下 6:24–7:20)、他方ではアハブの時代の記述(王上 20 章)に転用されていたという可能性が考えられてよい。

1 節　アラム軍のサマリア侵略

「**アラム**」人は、前 11 世紀前後からシリア、北西メソポタミアに数多くの都市国家や領土国家を建設した遊牧系、通商系民族で、その最大の勢力はダマスコを首都とする王国であった(Mazar 1986:151–172; Lipiński 2000. 第 1 巻 376 頁をも参照)。言語的、民族的には北西セム系で、イスラエルの遠縁に当たり、系図的にはアブラハムの親族でヤコブの伯父に当たるラバンがその祖先の一人(創 25:20; 28:5; 31:20, 24)。旧約聖書の歴史記述によれば、ダビデ時代には一時イスラエルの支配下に入ったが(サム下 8:3–6)、ソロモン時代にはレゾンのもとで事実上の独立を果たし(王上 11:23–25)、やがてイスラエル北王国にとって不倶戴天の敵となる。

「**ベン・ハダド**」はダマスコの王で、その名の意味は「ハダド(アラム人の神)の息子」。アラム人の主神としてのハダドについては、列王記上 11:14 への注解(第 1 巻 402 頁)参照。「ベン・ハダド」(アラム語では「バル・ハダド」)という名のダマスコ王の歴史的実在は、前 9 世紀末のハマトの王ザクルの碑文(ANET:501–502; COS 2:155; TUAT I:626–628)等により裏付けられている。旧約聖書では、ダマスコのアラム人国家の支配者として同名の王が複数出てくるが(王上 15:18–21［タブリモンの息子］; 王下 6:24; 8:7, 9［ハザエルの前任者］; 13:3, 24–25［ハザエルの息子］。なお、『大事典』「ベン・ハダド」の項参照)、いずれも年代的にこの箇所に言及されているアラムの王と同一人物とは思われない(ただし、別の可能性については、本章 31–34 節についての注解(231–232 頁参照)と、この単元の末尾の【解説／考察】を参照)。ことによると、「ベン・ハダド」というのはダマスコ

の王の称号の一つか即位名であって、個人名ではないのかもしれない（Jones 1984b:339; DeVries 1985:298; Schmid 2000:536; Long Jr. 2002:242–243; Wray Beal 2014:263; Lamb 2021:256–257）。

　ベン・ハダドのもとに「**32人の王たち**」がいたというのは、同じアラム系諸王国の王たちが盟友や属王として同盟軍を構成し、参戦していたということであろう。もちろん、数字は誇張であるか（王上 22:31 参照）、「**王（メレク）**」と呼ばれてはいるものの、部族の族長（民 31:8; 士 8:5 等参照）たちを含むものであろう（Gray 1977:421; Jones 1984b:339; Wiseman 1993:188〔邦訳 206 頁〕; Walsh 1996:295; Cogan 2001:462）。ベン・ハダドは、膨大な数の「**馬と戦車**」を率いてイスラエルの首都「**サマリア**」（王上 16:23b–24 への注解を参照［第 2 巻 255–257 頁］）を「**包囲**」した。なお、1 節ですでに「**戦った**」とされているが、実際に戦闘が始まるのはようやく 19 節であり、しかもそこではイスラエル側から戦闘を仕掛けることになる（14b 節参照）。包囲という事態がすでに戦いの前哨戦をなしていると見れば、特に大きな矛盾はない。

　ことによるとベン・ハダドは、先代に代わって即位したばかりで、すでに以前から属国の状態にあったイスラエル王国（34 節参照）に対し、支配権と宗主権の確認のために遠征して来たのかもしれない（Jones 1984b:340; Thiel 2019:359–360）。

2–4 節　交渉　ベン・ハダドの過酷な要求とイスラエルの王の最初の反応
　ただし、直ちに軍事的衝突が始まるわけではない（実際の戦闘は、前述のように、ようやく 19 節で始まる）。まずは、「**使者たち（マルアキーム）**」が遣わされ（2 節）、儀礼的とも言える交渉が行われる。

　交渉は、おそらく城壁の前で行われたのであろう（王下 18:17–18, 27 参照）。アラム側から送られた使者たちは、ベン・ハダドの要求をイスラエル側に突きつける。「**銀**」と「**金**」は貢納の要求であり、「**妻たち**」と「**息子たち**」（3 節）は人質を出せということであろう（Gray 1977:422–423; Jones 1984b:340; Walsh 1996:295; Sweeney 2007:241）。古代オリエント世界において、属国の王は宗主に対し、貢納と兵役を義務付けられ、また忠誠の保証として人質を出すこともしばしば求められた。それにしても、い

II・4・(7) 対アラム戦争（その一）（上 20・1–43）注解 上 20・2–4

215

きなりそれらすべてが「私のものだ」（3節）と豪語するのはいかにも傲慢不遜であり、ほとんど無理難題の押し付けとさえ言える。ここでもまた、イスラエルがダマスコのアラムの王の属国的な立場にあることが明らかに前提とされている。34節では、両国のそれぞれ先代の王の時代にアラム側がイスラエルの領土を奪ったことや、イスラエルの首都サマリアに治外法権的な特権を持っていたことが示唆されているが、前述のように、このような事態を歴史的に見て、イスラエルが強勢を誇った（アハブの父）オムリやアハブ自身の時代にはおよそ考えられないことである。

「イスラエルの王」は、最初は卑屈なまでの姿勢で、アラムの王の一方的な要求を、唯々諾々と丸呑みする姿勢を見せる（「**あなたのお言葉通りで**」）（4節）。相手への「**わが主君である王様**（アドニー　ハッ・メレク）」という言葉は、イスラエルの王がベン・ハダドとの間に宗主―臣下の関係を認めていることを示す（Würthwein 1984:238〔邦訳506頁〕; Walsh 1996:295; Cogan 2001:463; Knauf 2019:382; Thiel 2019:346, 365）。ただし、「**私自身も、私の持つすべてのものも、あなたのものでございます**」という事態を、少なくともイスラエルの王の側は、もっぱら名目上、形式的なものと考えていたらしい（Jones 1984b:340; DeVries 1985:365; McKenzie 2019:170; Thiel 2019:365–366）。

5–9節　ベン・ハダドの要求のエスカレートとイスラエルの王の2度目の反応

ところが、ベン・ハダドの側では、それを文字通りの意味で考えていた（5節）。通常なら、貢納を受け入れ、人質を出せば、臣下は宗主の保護下に入るのであり、全面的な略奪や破壊は免れるはずである。ところが、ベン・ハダドは、翌日には「**家臣たち**（アバディーム）」を派遣し、王宮（「**あなたの家**」）だけでなく、「**家臣たちの家**」まで「**捜索**」させて、略奪をほしいままにさせると宣言する（6節）。最初の要求があくまでもっぱらイスラエルの王自身の財産や家族に関わるものであったのに対し、今や国民――少なくとも、首都のエリートたち――の財産全体が略奪の対象となる。ベン・ハダドは、明らかに要求をエスカレートさせてきているのである（Long 1984:217; Würthwein 1984:238〔邦訳 506頁〕; Walsh 1996:296;

Schmid 2000:537; Sweeney 2007:241; Knauf 2019:382; McKenzie 2019:163)。これでは、無条件で開城し、略奪の限りを尽くされるのと変わりはない。権力を握ったばかりの新支配者にありがちな無思慮と傲慢な高ぶりに基づく高圧的姿勢であろうが（王上 12:14 参照）、これでは臣下の側は到底受け入れられない。

　イスラエルの王は、「**長老たち**」（おそらくは氏族や地域共同体の代表者たち。サム上 8:4–6; 11:1–3; 王上 21:8, 11; 王下 10:1, 5 等参照）を呼び集め、対策を練る（7 節）。事柄が国庫だけでなく、自分たちの生命財産にも直接関わるので、「**すべての長老たちと民の全員**」は要求の拒否を王に進言する（8 節）。要するに、徹底抗戦しか道はないという判断である。そこでイスラエルの王は、通常の貢納と人質の引き渡し（「**最初に言い送ってこられたこと**」）なら受け入れるが、事実上の無条件開城に等しい第二の要求は絶対に受け入れられないと、毅然として拒否する（9 節）。「**今回のことは、私にはいたしかねます**」という言葉は、なお礼節を保ってはいるが、事実上、臣下としての臣従の拒否の宣言である。このイスラエルの王の毅然とした態度の描き方は、むしろイスラエルの王に好意的であるという印象を与える。

10–12 節　ベン・ハダドとイスラエルの王の間の応酬

　これに対する、「もし、**サマリアの塵が、私に従う民すべての手のひらを満たすに十分なほど〔多く〕あるなら、神々が私にどんなひどいことでもなされるように**」というベン・ハダドの言葉（10 節）の正確な意味ははっきりしないが、形式的にはそれは、条件付きの自己呪詛を含む決意表明の宣誓（王上 2:23–24 への注解［第 1 巻 107 頁］参照）であり、内容的には、サマリアが灰燼に帰し、跡にはわずかな塵しか残らないほど徹底的に破壊されるという、大言壮語的な威嚇（サム下 17:13 参照）と、アラム軍の圧倒的な数の多さを誇張的に述べたものであろう（Gray 1977:423; Jones 1984b:341; Walsh 1996:298; Thiel 2019:373）。なお、「神（々）が私にどんなひどいことでもなされるように」という定式は、ヤハウェないしイスラエルの神について用いられるときは「なされるように」という動詞が単数形であるが、ここでは動詞が複数形（ヤアスーン）なので、ここでの「エ

ロヒーム」の語は「神々」を意味する。多神教徒であるアラム人の王の言葉だからであろう（王上 19:2 と同所への注解〔139–140 頁〕を参照）。

これに対するイスラエルの王の「〔武具を〕身に着け（訳注 h 参照）ようとする者は、〔それを〕脱ごうとする者のようには勝ち誇ってはならない」という金言風の答えは（11 節）、要するに、勝負はついてみないと分からない（箴 27:1 参照）、ということであろう（Jones 1984b:341; Würthwein 1984:238〔邦訳 507 頁〕; Nelson 1987:133〔邦訳 209 頁〕; Provan 1995:155; Walsh 1996:298; Schmid 2000:539; Cogan 2001:464; Wray Beal 2014:264; Knauf 2019:384; McKenzie 2019:163; Thiel 2019:374）。「〔武具を〕身に着けようとする者（ホーゲール）」とはこれから戦いに出ようとする者、「〔それを〕脱ごうとする者（メファッテーアハ）」とは戦いを終えた者のことである。わが国の諺に引き付けて言うなら、「取らぬ狸の皮算用」はよせ、ということになろう。

「イスラエルの王」のこの挑戦的な返答が届いたとき、ベン・ハダドが朝から（16 節参照）「仮小屋で酒を飲んでいた」（12 節）というのは、アラム側の陣営内での油断と士気の低さ、規律の乱れを示す。トップがこのような体たらくでは、前線の兵士たちが命を懸けて戦う気になるはずもない。なお、原文では、まず単数形で「彼（フー）」が酒を飲んでいた、とあり、その後で改めていかにも後付けのように「彼と王たち（フー　ウェ　ハッ・メラキーム）」と補われている。同様の現象が、16 節にも見られる。私訳の日本語からも窺えるように、この章での「(32 人の) 王たち」は、1 節も含め、どうも文脈上の座りが悪い。伝承史上二次的な要素かもしれない（Stipp 1987:246, 267）が、「王たち」の存在は 24 節でも踏まえられており、遅くとも預言者的編集の段階ではすでに文脈に取り入れられていたと考えられる。いずれにせよ、この「王たち」は、ベン・ハダドの「加勢」に来ているはずなのであるが（16b 節参照）、実質的には、ベン・ハダドの酒宴での相伴役としての役割しか果たしていない。

なお、酒宴の行われている「仮小屋（スッコート）」とは、陣地内に仮設された陣営のことであろうが、語としては「仮庵祭」（レビ 23:34–43）の際に設けられる小屋と同じである。ただし、これを地名「スコト」（王上 7:46）と解する見方（Yadin 1955:332–351; Gray 1977:418–419, 423; Provan

1995:154; Cogan 2001:459, 464）もある。その場合には、アラムの本隊は（サマリア周辺ではなく）まだヨルダン川東岸（421 頁の地図参照）にいることになるが、攻囲しているはずのサマリアからは 50 キロ以上も離れていることになり、使者が行き来するという文脈から見てやはり不自然であろう（Thiel 2019:375）。

　イスラエルの王の言葉が届くと、ベン・ハダドは「**配置につけ**」（「シームー」、文字通りには「置け」、「配置せよ」）と命じる。もはや交渉の余地はないのである。なお、訳注 j にも付記したが、原文では、他動詞であるはずの「シームー」に目的語がない。軍隊や戦術に関わる「専門用語」（Jones 1984b:342; Cogan 2001:464; McKenzie 2019:158）なのかもしれない（サム上 15:2; エゼ 23:24 等参照）。

13–14 節　預言者の檄

　すると、どこからともなく「**一人の預言者（ナービー　エハード）**」が現れ、「**王に近づいて**」、戦勝を予告する。列王記上 22 章や列王記下 3 章の同じような場面とは異なり、ここでこの預言者は、問われたり尋ねられたりすることなく、自発的に登場し、一方的に戦いの勝利を約束する。この章からは、預言者的人物がよく用いる「**ヤハウェはこう言われた**」（13, 14 節、なお 28 節をも参照）という「使者定式（Botenformel）」が、実際の使者や伝令の用語法（3, 5 節参照）から派生したことが特によく読み取れる（王上 11:31 への注解［第 1 巻 411 頁］参照）。申命記によれば、戦いの前には祭司が檄を飛ばす（申 20:2–3）。ヤハウェが敵を「**あなたの手に渡す**」という「譲渡定式（Übergabeformel）」は、ヨシュア記の征服物語など、聖戦的な文脈でよく用いられる定型句である（ヨシュ 2:24; 6:2; 8:1, 18; 10:8, 19; 士 1:2; 3:10, 28; 4:7, 14; サム上 14:10, 12; 23:4; 24:5; サム下 5:19 等参照）。「**わたしがヤハウェであることを知る**」という「認知定式（Erkenntnisformel）」は、ヤハウェがいかに強大で威力ある神であるかを（改めて）思い知る、ということを意味する（出 7:5, 17; 8:18; 10:2; 14:4, 18; 16:12; エゼ 6:7, 13–14; 7:4, 27; 11:10, 12 等参照）。

　ここで「**初年兵**」と訳された語（単数形で「ナアル」。訳注 l 参照）は、「若者」などとも訳されるが（岩波訳、新共同訳、JBS 共同訳）、単に年が若

219

いだけでなく、経験不足で未熟、「半人前」といった、否定的、軽蔑的なニュアンスを伴って用いられることも少なくない（創 37:2; サム上 17:33; エレ 1:6–7 等参照）。列王記上 18:43–44 や 19:3 では従属的な身分の若い従者として、「小姓」と訳されていた（同所への注解を参照）。彼らが「**諸州の長官たちに属する**」とされていることの意味はよく分からないが、要するに王の直属ではなく、あちこちから掻き集められてきたということか。少なくともソロモン時代のイスラエルは、12 の行政区に分けられていた（王上 4:7–19 参照）。

ただし、「諸州」と訳された語（単数形で「メディーナー」）は、この箇所以外では、もっぱら捕囚後のペルシア時代の「サトラピー」（ペルシア帝国の属州）の意味で用いられる（エズ 2:1; ネヘ 1:3; 7:6; 11:3; エス 1:3; 8:9; 9:3; ダニ 8:2; 11:24 等。エゼ 19:1; 哀 1:1 は捕囚時代か）。したがって、アラム側の「32 人の王たち」（12 節への注解を参照）も、イスラエル側の「諸州の長官たちに属する初年兵たち」も、物語が語り伝えられていくうちに二次的（あるいは三次的、四次的）に付け加えられた潤色である可能性も考えられる（Stipp 1987:264–265, 267）。ただし、本注解が想定するように、列王記上 20 章（および王上 22:1–28）の物語の最終形態の列王記への挿入が申命記史家たちよりも後だとすれば、ペルシア時代の状況が反映していても必ずしもおかしいことではない。

いずれにせよ、15 節に記されたような軍の編成は、強敵との厳しい戦いに際して決してよい条件にはならない。要するに、敵は「**おびただしい大軍**」（13 節）なのに、自軍は数も少なく、未経験な若者や戦いのプロフェッショナルではない寄せ集めの一般人の部隊（15 節参照）でしかないということになるからである。しかも、そのような経験の浅い「若者たち」が先陣を切るのだという（17, 19 節参照）。それにも拘わらず、必ずやヤハウェが勝利を与えてくれる、とこの預言者は断言する。これにより、元来世俗的なものであった戦争記事が「聖戦化」され、奇跡物語的な性格が強められている（士 7:2–7 参照）。真の戦い手――および勝利者――は、ヤハウェ自身なのである。それを信頼したうえで、先制攻撃に打って出よ、と預言者は勧告する（「**誰が戦いを仕掛けるのでしょうか**」→「**それはあなただ**」）（14 節）。

なお、ここで（戦いを）「仕掛ける」（口語訳、新共同訳、新改訳、岩波訳、JBS 共同訳参照）と訳された原語（動詞「アーサル」）の原義は、「結ぶ、縛る」である（訳注 n 参照）。そこで、これを「始める、火蓋を切る」の意味ではなく、「締め括る、決着させる」の意味に解する論者もいる（Gray 1977:425; Nelson 1987:133〔邦訳 209頁〕; Provan 1995:155; Walsh 1996:300）。しかし、17、19 節で「初年兵」たちが真っ先に出撃していくことから見て、一般的な解釈でよいであろう（Knauf 2019:353; McKenzie 2019:164; Thiel 2019:327, 385）。これも軍事的な専門用語かもしれない（代下 13:3 参照）。戦車を馬に繋ぐこと（創 46:29; 出 14:6; 王下 9:21）と関連するという見方もある（Cogan 2001:465; Knauf 2019:353）。

15–21 節　イスラエルの反撃と勝利

王は預言者の言葉に従い、直ちに出撃の準備を整える。敬虔で従順な反応である。王が「**点呼**」（動詞「パーカド」）すると、「**初年兵**」は「**232 名**」（妙に具体的な数字である）で、その他「**民（アム）**」——すなわち一般人の召集部隊（訳注 q 参照）——が「**7000 名**」であった（15 節）。なお、「7000 名」という数字は、列王記上 19:18 の「バアルに膝を屈めない 7000 人の者たち」と同じであるが、特に関連性はないであろう。いずれの箇所も、「7」というある種の完全数を用いているだけのことである。文脈上は、7000 人のヤハウェに忠実な者たちだけが生き残るとされる、イエフやハザエルの時代（王上 19:15–18 !）にはまだなっていない。なおここで「**イスラエルの子ら（ベネー　イスラエル）**」と呼ばれているのは、直前にある「民」と同じで、たまたまそこに集められていた徴募兵部隊のことで、まさか（女性、老人、子供を含めた）イスラエルの全人口がたった「7000 人」に縮減していた、ということではあるまい。

　いずれにせよ、イスラエルの側の戦闘員の数は、両者を合わせても 7232 名であり、アラム人の部隊が 12 万以上と想定されていること（29–30 節参照）と対比すると、文字通り圧倒的に多勢に無勢で、イスラエル側がいかにも非力そうに見える。

　長期戦を決め込んだベン・ハダド側の司令部の酒盛りは、イスラエル軍が「**出撃**」（動詞「ヤーツァー」）した「**真昼**（ツァホライム）」頃にもまだ続

いており、ベン・ハダド自身も彼の側近たちももはや「**泥酔（シッコール）**」状態になっていた（16節）。なお、「**加勢に来た32人の王たち**」への奇妙に跡付け的な言及については、12節への注解を参照。

　昼時（16節）は士気が弛緩するし、乾季のパレスチナでは気温が上がり日差しが強いので、敵軍が出撃してくるとは予想しにくい時間帯である（Würthwein 1984:239〔邦訳508頁〕; Nelson 1987:133〔邦訳210頁〕; Walsh 1996:301; Schmid 2000:542; Knauf 2019:378, 387; Thiel 2019:389）。したがって、この出撃はイスラエル側の奇襲作戦と言える。相手が「**出てきた**」（動詞「ヤーツァー」）のが「**講和（シャーローム）のため**」（要するに降伏）であれ、「**戦い（ミルハーマー）のため**」であれ、「**生け捕り**」にしろというベン・ハダドの命令（18節）は、やや支離滅裂で、かなり酒がまわっていたらしい（Walsh 1996:301; Werlitz 2002:185; Sweeney 2007:242; Robker 2011:652–653; Knauf 2019:387）。生け捕りにしろとは、自軍の圧倒的優位を信じた（根拠のない）余裕の表現なのかもしれない。しかし、相手を殺してはならないということであるので、実際に戦闘に参加する兵士にとっては、通常の戦闘以上に大きな負担になるはずである（Knauf 2019:388; McKenzie 2019:165）。司令官の気紛れな——あるいは愚かな——戦争指揮が実戦を戦う将兵の足を引っ張ることは、どの戦争でも往々にして見られることである。

　「**男たち（アナシーム）**」が出て来たのが「講和のため」か「戦いのため」か、外見上は分からないとされていること（18節）は、先頭に立つ「初年兵たち」（17節）が目立った武装をしていなかったことを示唆している（Knauf 2019:378, 388; Thiel 2019:384, 390）。一見して丸腰に見える、いかにも頼りなさそうな少数の「若者」たちを先頭に立てて投降を装い、後ろに続く本隊の存在を隠して相手を油断させるという、戦術上の策略なのかもしれない（Knauf 2019:386, 388; Thiel 2019:391, 444）。

　実際に戦闘が開始されると、勝負はあっけないほど簡単に決する（20節）。戦いの結果はイスラエル側の完勝で、「**アラム〔軍〕は敗走し**」、アラムの王ベン・ハダド自身も「**騎兵たち（パラシーム）**」と共に逃亡せざるを得なくなる。最後には、「**イスラエルの王**」自身も戦場に出て来て戦闘に加わり、「**アラム〔軍〕に大打撃（マッカー　ゲドラー）を与えた**」（21節）。

現在の文脈では、もちろん、神の力による奇跡的な大勝利と理解されている。

22 節　預言者による王への勧告
　戦いが終わると、先ほど勝利を予告した同じ預言者（訳注 u 参照）が、イスラエルの王に対し「**勇気を奮い起こし**」（訳注 w 参照）、次の戦いに備えるように勧告する。要するに、「勝って兜の緒を締めよ」ということである。「**アラムの王**」は、必ず再びイスラエルに「**攻め上って来る**（動詞「アーラー」）」というのである。「**年が改まる頃**（テシューバト　ハッ・シャーナー）」ということで意味されているのは、春の時期である。イスラエルでは古い時代には収穫期の秋が年の変わり目であったが（出 23:16b; 34:22）、後にはメソポタミアの暦の影響もあって、春の「過越祭」の時期に新年が祝われるようになった（出 12:2; レビ 23:5）。春は乾季の始まりである。戦車を用いた戦争は、もっぱら足場のよい乾季に行われた（サム下 11:1; 代上 20:1 参照）。ここでもまた、イスラエルの王が預言者の勧告に従順に従ったことが前提にされている。すなわち、イスラエルの王は、来たるべき再度の戦いに備えて万全の準備を行うのである。

23–25 節　アラム軍の戦術変更と軍隊再編
　屈辱の大敗北を強いられたアラム側は、戦術と軍事体制を大幅に変更して起死回生を図り、捲土重来を期す。ここで面白いのは、この軍制改革に当たっては、もっぱら「**アラムの王の家臣たち**（文字通りには「僕たち（アバディーム）」）」が主導権を握り、王はただ、唯々諾々と彼らの提案に従うだけだという点である。家臣たちの王に対する進言であるので、私訳ではやや敬語風に訳したが、24 節の原文は、かなりぶっきらぼうな命令文である。
　進言された変更の要点は、二つある。一つは戦術の変更で、イスラエルの神は「**山々の神**（エロヘー　ハーリーム）」（アラム人の言葉なので、多神教的に「山々の神々」とも訳せる）なので、山地で戦うのは不利だが、「**平地（ミーショール）**」で戦えば自分たちに有利だ、というのである（23 節）。実際に、イスラエル王国の首都サマリアはサマリア山地にあり、標高は約 520 メートル、周囲の谷との標高差は約 90 メートルである。山地は、戦車を用いた戦術には不向きである（士 1:19 参照）。ここでは、ヤハウェの

力が山地に限られているという理解が前提とされている。アラム人の言葉であり、しかも「山々（ハーリーム）」と複数形なので、特にシナイ／ホレブ等の特定の「神の山」のことが考えられているわけではないであろう（Crüsemann 1997:81; Thiel 2019:398）。

なお、「平地」と訳された「ミーショール」の語は、通常は、ヨルダン川東岸地方で、北のバシャンからギレアド地方を経て南はモアブのアルノン川の流域に至る、台地・高原状の地域を指すことが多いが（申 3:10; 4:43; ヨシュ 13:9, 16–17, 21; 20:8; エレ 48:8, 21）、転じて山などと対比される平らな地形をより一般的に意味することもある（代下 26:10; 詩 26:12; 27:11; ゼカ 4:7 等）。これが、28 節では「谷々（「エメク」の複数形「アマキーム」）」と言い換えられている（「エメク」と「ミーショール」が並行関係に置かれている、エレ 48:8 をも参照）。したがって、必ずしも高原状の地形が考えられているわけではなかろう。このことは、第二の戦いの戦場となるアフェクの同定に関連して重要な問題になる（26–27 節への注解を参照）。

第二の変更点は、「**王たちを各自その地位から更迭し、彼らの代わりに総督たちを置く**」という、行政、軍制両面での大改革である（24 節）。これはすなわち、相対的に自立した王たちの緩やかな同盟軍ではだめで、ダマスコの王が総督を通じて直轄支配する中央集権体制を導入する、ということである（Gray 1977:427; Walsh 1996:303; Crüsemann 1997:81; Knauf 2019:356; Thiel 2019:345, 400–402）。このような軍制改革が歴史的にアラム人の王国で実際に行われた（Gray 1977:421; Mazar 1986:160; Thiel 2019:404）のかどうかは定かではない。いずれにせよ、1 年間という短期間でそのような大規模な軍制改革が敢行された、ということは歴史的にありそうにない。なお「総督」と訳された語（単数形では「ペハー」）は、アッシリアの政治用語「ペハートゥ」に由来する（Jones 1984b:345; Würthwein 1984:237〔邦訳 505 頁〕; Wiseman 1993:190〔邦訳 208 頁〕; Thiel 2019:401. アッシリアの「ペハー」に言及する王下 18:24; イザ 36:9 をも参照）。

これらの二つの変更、改革の提案と並んで、ベン・ハダドの家臣たちはさらに、以前と「**同規模の**」軍隊、馬、戦車を「**再編**」（訳注 bb 参照）することも勧告する。前回の戦闘で、アラム側が壊滅的な打撃を受けたことが前提となっているのである。最後に家臣たちは、「**平地（ミーショール）**」

で戦えば必ず勝てるともう一度保証する。アラムの王は、家臣たちの提言を無言で「丸呑み」する。

26–43節　第二の戦い（対アラム戦争②）　アフェクの戦い

　翌年になって、アラム軍が再び侵攻してくる。今回戦場となるのは、首都サマリアではなく、アラムとイスラエルの境界近くに位置する、ガリラヤ湖東岸のアフェクである。今回も、イスラエルの側が圧倒的に不利な戦況であったが、再び預言者的人物の檄があり、今回もイスラエルが奇跡的な勝利を遂げる。アフェクの町に逃げ込んだベン・ハダドは、臣下たちの勧めに従い投降して命乞いをするが、イスラエルの王は敵将を同格の者として寛大に扱い、協定を結んでベン・ハダドを解放する。

26–27節　アラム軍の再侵略

　預言者が予告した通り、「**年が改まると**（テシューバト　ハッ・シャナー）」、アラム軍が再侵攻してくる（26節）。今回はサマリアではなく、「**アフェク**」が戦場であり、文脈上、平地（ミーショール）（23, 25節）ないし谷あい（アマキーム）（28節）にあることが前提とされている。もともと「川床」を意味するこの名の町は、パレスチナにいくつかあるが、北の地中海岸にあるアシェル部族に属する「アフェク」（ヨシュ 19:30）や、かつてのサムエルやダビデの時代にペリシテ人との戦いの戦場になった同名の場所（サム上 4:1; 29:1. おそらくヨシュ 12:18 の「シャロン平野」のアフェクもこれと同一）とは明らかに別であり、イスラエルとアラムの境界地域が考えられている（王下 13:17 参照）。名前の類似性から、以前はゴラン高原上のフィクと同定されることが多かった（Schmitt 1972:47; Gray 1977:420; Hentschel 1984:124; Würthwein 1984:240〔邦訳 510 頁〕; DeVries 1985:249; Walsh 2006:40; Knauf 2019:393）が、同地には王国時代（鉄器時代）の遺跡がほとんど見られないので、これを疑う見方もある。この箇所では明らかに、アフェクが巨大な城壁を備えたかなり大きな町であることが前提とされている（30節参照）からである。また、ベン・ハダドの家臣たちの言葉では、「山々」と「平地」が対比されており（23節）、地形だけでなく明らかに高低差が考えられているように見える。前述のように、「ミーショ

ール」の語は高原や台地状の平原をも意味し得るが、それが 28 節で「谷々」と言い換えられていることは、ゴラン高原上にあるフィクの状況と合わない。そもそもゴラン高原は標高が 600 メートルから 1000 メートル近くもあり、「山々」にあるとされるサマリアよりも高い位置にある。

他方で、1990 年代から 2000 年代初めにかけて日本隊（金関恕、月本昭男団長）が発掘し、著者も一時隊員として発掘に参加した、ガリラヤ湖東沿岸に位置する、ゴラン高原の麓のエン・ゲヴのテルからは、列柱を伴う大規模な建造物の遺構やパレスチナでも最大規模のケースメート式（2 本の城壁が平行して走るもの）の城壁が出土しており、この箇所に言及されたアフェクである可能性が検討されている（個人的には、そうであるといいなぁ）。発掘報告書の著者たちは、同定に慎重（月本／長谷川／小野塚 2009:183–191。なお、Hasegawa 2012b:503 をも参照）なようであるが、最近の研究者や注解者の間でも、このエン・ゲヴこそ列王記上 20 章の「アフェク」だとする見方が増えているようなのは、嬉しいことである（Aharoni 1967:304, 372; Stipp 1987:256–257; Crüsemann 1997:398–399; Lipiński 2000:398–399; 2018:106; Sweeney 2007:243; Frevel 2016:224; Thiel 2019:407）。

エン・ゲヴのケースメート式城壁（前 10-8 世紀ごろ）イスラエル北部エン・ゲヴの大規模なケースメート式城壁。1990 年代初めに日本隊が発見。長谷川修一氏撮影。

これを「迎え撃つ」イスラエル軍についての、「二つの山羊の群れ（シェネー ハシフェー イッズィーム）のよう」（27 節）という譬えの正確な意味は、よく分からない。「群れ」（訳注 dd 参照。なお、口語訳、新共同訳、新改訳、岩波訳、JBS 共同訳をも参照）と訳した「ハーシーフ」という語が、旧約聖書中でここにだけにしか出てこないものだからである。言わんとすることは、要するに、イスラエルの側が数も少なく、いかにも非力そうに見えるということであろう（Walsh 1996:305; Thiel 2019:409）。いずれにし

ても、それが「この地全土を満たし」ている「アラム〔軍〕」(29–30 節によれば、少なくとも 13 万人近く！）と対比されていることは確かである。今回も軍事力の差は歴然としており、戦況は圧倒的にイスラエルの側が不利に見えたのである。

28 節 「神の人」の檄
すると、今回もまた、一人の「**神の人**（イーシュ ハー・エロヒーム）」がどこからともなく登場し、再び「**イスラエルの王**」に勝利を予告する。「神の人」という表現については、第 2 巻 76–77, 109 頁参照。13–14 節と 22 節に出て来た「預言者（ナービー）」とは別の語で表されているが、この人物の使信が、形式的にも内容的にも 13–14 節とほぼ重なるので、同一の人物と考えてよいであろう (Jones 1984b:345; Stipp 1987:349–350; Walsh 1996:305; Schmid 2000:548; Cogan 2001:467; McKenzie 2019:166; Thiel 2019:337–338, 409)（「神の人」と「預言者」の概念の重なりについては、王上 13:18; 王下 5:8 を参照）。この神の人によれば、アラム軍の陣営での会話も、ヤハウェにはすべてお見通しである（「**アラム〔人たち〕が、ヤハウェは山々の神で、彼は谷々の神ではない、などと言ったので……**」）。ただし、ヤハウェの力の及ぶ範囲をこのように山地に限定して考えることは、言わばヤハウェの威力を見くびることになる。それゆえ、アラム人は敗北によって彼らの不見識を思い知らされねばならない（「アラム人たちが、ヤハウェは山々の神で、彼は谷々の神ではない、などと言ったので、わたしはこのおびただしい大軍のすべてをあなたの手に渡す」）。なお、23 節、25 節の「平地（ミーショール）」がここでは「谷々（アマキーム）」になっているが、「谷（エメク）」の語は、山々に囲まれた平地を意味し、イズレエル平原のようなかなりの広さを持った山間の渓谷をも意味し得る（ヨシュ 17:16; 士 5:15 等参照）。このことからも戦場がゴラン高原の上（フィク）であったとは考えられない。

「あなたの手に渡す」という譲渡定式、「わたしがヤハウェであることを知るであろう」という認知定式については、13–14 節への注解を参照。13 節とは異なり、ここでは認知定式の主語が「あなたたち」と 2 人称複数形になっているが、アラム人の不見識を正す、という文脈から見て、この

227

「あなたたち」には（イスラエルだけでなく）アラム人も含めて考えられているのかもしれない（Walsh 1996:305; 2006:41; Long Jr. 2002:234; McKenzie 2019:166）。

29–34 節　イスラエルの再度の反撃と勝利

「**7 日間**」（完全数！　創 8:10, 12; ヨシュ 6:3–4, 15; 士 14:17–18; サム上 10:8; 11:3; 13:8 等参照）にわたる睨み合いと、わずか「**1 日**」の戦闘の対比（29 節）は、決着の呆気なさを際立たせる。今回も、イスラエルの側が圧勝した。これにより、ヤハウェが単なる「山々の神」でないことが実証された。倒された敵の「**10 万人**」という数字（29 節）は、もちろん極端な誇張である。古代オリエントにおける最大規模の戦闘の一つであったカルカルの戦い（前 853 年）でアッシリアと対決したシリア・パレスチナ連合軍でも、総員で 6 万 5000 人程度に過ぎなかった（第 2 巻 274 頁参照）。前述のように、30 節では、敗残兵が逃げ込んだ「**アフェク**」（26–27 節への注解参照）が、大規模な「**城壁**」を備えた大きな町であったことが前提にされている。その城壁が――おそらくはひとりでに――崩れて敵を生き埋めにしたという記述は、ヨシュア記のエリコの城壁瓦解のエピソード（ヨシュ 6:5, 20–21）を思い起こさせるが、犠牲者の「**2 万 7000 人**」という人数は、やはり歴史的にはあり得ない数字である。これほど多数の兵員が崩れた城壁で押し潰されたとすれば、エリコの城壁どころではなく、万里の長城級の城壁が必要であろう。

ベン・ハダド自身もこの町に逃げ込み、「**奥まった部屋**」（訳注 hh 参照。この表現については、王上 22:25; 王下 9:2 をも参照）に身を潜めた。なお、この部分を新共同訳のように、「部屋から部屋へと（逃げ回った）」（Gray 1977:426, 429; Schmid 2000:550）と訳すのは、スペクタキュラーではあるが、やはりやりすぎであろう（王下 9:2 参照）。

ベン・ハダドの「**家臣たち**」は、主君に投降を勧める（31 節）。23–25 節におけると同様、ここでもアラムの王は彼の家臣たちの言いなりのようである。イスラエルの王たちが「**慈悲深い王たち（マルケー　ヘセド）**」だという伝聞上の評価が何を根拠とするのか分からないが、この表現は、政治的分野に限定すれば、「契約／協定を重んじる王たち」とも訳せる（Long

1984:216; DeVries 1985:250; Walsh 1996:307; 2006:41-42; Wray Beal 2014:259, 266)。その場合には、信義を重んじる王たちだ、ということになる。ただし、実際の契約／協定は34b節で初めて結ばれるのであるから、この時点で、これから結ばれる協定のことが考えられている（Wray Beal 2014:266）とは思われない。また、既存のアラムとイスラエルの間の宗主権条約のことが念頭に置かれている（Gray 1977:429; DeVries 1985:250; Walsh 1996:307）とも考えられない。たとえ――この章には明記されていないが――アラムとイスラエルの間にアラムの側を宗主とする宗主権条約が結ばれていたとしても、それはイスラエルの側の事実上の独立宣言（9、11節と同所への注解参照）と、2度の戦争におけるイスラエル側の勝利で事実上無効になっているはずだからである（Cogan 2001:467-468; Thiel 2019:416）。後続する場面（32節）におけるベン・ハダドの家臣たちとイスラエルの王双方の挙動（32節への注解参照）からも、アラムとイスラエルの間にもはや宗主―臣下の関係が成り立っていないことは明らかである（McKenzie 2019:166）。降服した者を寛容に扱うという、当時の国際的な戦争の「ルール」を尊重する姿勢を示すものとする解釈（Würthwein 1984:241〔邦訳511頁〕; Fritz 1996:185; Schmid 2000:550）もあるが、より一般的に、寛容・寛大で、敗者に対しても慈悲深い、日本語的に言えば「度量が大きく、懐が深い」美質を表すと理解しておけばよいであろう。ちなみに、旧約聖書において「ヘセド」の語は、神の恵みと慈しみに富む側面を表すものとして、最も重要な神学用語の一つである（創19:19; 24:27, 49; 39:21; 出15:13; 20:6; 34:6-7; 申5:10; 7:9, 12; サム下7:15; 王上3:6; 8:23; ホセ2:21等参照）。

　しかも、ここでは「王たち（メラキーム）」と複数形が用いられているので、歴代のイスラエルの王たちが皆、そのような寛大で慈悲深い王として評判がよい、ということなのであろう。前述のように、その根拠はまったく不明である。北王国の王たちをおしなべて「ヤハウェの目に悪と映ることを行った」邪悪で不信仰な王たちと描く、申命記史家たちのスタンスとはかけ離れた価値評価である。ここには、この物語の原形が、申命記史家たち以前に北王国で成立したこと、そしてそこではイスラエルの王がかなり好意的に見られていたことが名残を留めているように思われる。

いずれにせよ、ここではまずベン・ハダドの家臣たちがイスラエル王のもとに出頭し、ベン・ハダドのために執り成しを図る。古代オリエント世界でも、自発的に投降した場合は、命だけは保証されるのが通例であった（申20:10–13；王下18:31；24:12–15；エレ21:9；38:2, 17 等参照）。「**腰に粗布を巻きつけ**」る（32a 節）のは、服喪の際などに行われる悲哀を表す自己卑下の行為で（創37:34；サム下3:31；王下6:30 等参照）、自分の悔恨や悲嘆をも表現する（王上21:27；王下19:1–2；ヨブ16:15 等参照）。「**首**（訳注 ii 参照）**に縄をつけ**」るという挙動は、旧約聖書でここにしか出てこないが、おそらくは捕虜の姿であり、自分の運命が相手の手に完全に委ねられていることを象徴するのであろう（Wiseman 1993:191〔邦訳 209 頁〕; Cogan 2001:468; McKenzie 2019:167）。かつてはイスラエルの王の方がベン・ハダドの「僕（エベド）」と自己卑下したが（9 節）、今や立場が逆転し、ベン・ハダドの方が「**あなたの僕**（アブデカー）」（すなわち「あなたの奴隷」）（32a 節）と自称する。鮮やかなまでの力関係の逆転ぶりである（Long 1984:215; Nelson 1987:134〔邦訳 212頁〕; Walsh 1996:308; Schmid 2000:551; Robker 2011:655; Wray Beal 2014:266; Thiel 2019:346, 421）。

ベン・ハダドの家臣たちが主君のために命乞いをすると、意外にも、イスラエルの王は、ベン・ハダドが自分の「**兄弟**（アヒー）」だ、と宣言する（32b 節）。これは、もちろん血縁関係にあるということではなく、外交上対等な地位にあるということである（王上9:13 参照）。かつては、イスラエルの王はベン・ハダドの属王の地位に甘んじていた（4, 9 節）。しかし、今やそのような主従関係は存在せず、両者は対等、同格の地位にある（Würthwein 1984:241〔邦訳 512 頁〕; Walsh 1996:308; 2006:43; Schmid 2000:552; Cogan 2001:468; Knauf 2019:397; McKenzie 2019:174）。これは戦いに勝ったうえでの事実上のイスラエルの独立奪還の宣言である。ただし、このイスラエルの王は、それ以上の報復など望んでいない。ベン・ハダドの側が自分から「あなたの僕」と名乗ったのに、イスラエルの王はあくまで彼を対等に扱おうとする（「彼は私の兄弟だ」）。これはある意味で、高潔で寛容な態度であり、彼がまさに「慈悲深い王」（31 節参照）であることを示すものとも読める。ここでも、イスラエルの王は好意的に描かれている。少なくとも、1–9 節におけるベン・ハダドの、人を人とも見ない傲慢

な態度とはまことに対照的である。

　33節で「吉兆と見て」と訳した動詞（ニヘーシュ）は、通常は占いなどに関連して用いられる語（語源は「蛇（ナハシュ）」に関連する）である（創30:27; 44:5, 15等参照）。ベン・ハダドの家臣たちは、イスラエルの王の予想以上に好意的な言葉に驚いたようであるが（訳注11参照）、イスラエルの王におもねるように、すかさず彼の言葉を鸚鵡返しで繰り返す（33a節：「ベン・ハダドはあなたの兄弟です」）。こうして、ベン・ハダド自身が呼び寄せられる。

　これまで、ベン・ハダドとイスラエルの王は、使者（2–12節）や使節（32–33節）を通じて間接的にやり取りしてきたが、ベン・ハダドが「出て来る」（動詞「ヤーツァー」）ことによって、2人の王はここで初めて、直接対面し、言葉を交わす（33b節）。その際に、イスラエルの王は、ベン・ハダドを敗者としては扱わず、彼を「兄弟」とした直前の宣言通り、あくまで同等者として遇する。ベン・ハダドを「〔自分の〕**戦車**（メルカバー）**に上らせた**」ことも、あくまで同格の者として扱う友好的態度の表明である（王下10:15参照）。厚遇を受けたベン・ハダドは、自分の「**父**」がイスラエルの王の「**父上**」から「**取り上げた町々**」の「**返還**」（動詞「シューブ」）を自分の方から申し出る（34節）。文字通りに解せば、アラムのイスラエルに対する圧迫、支配関係は、先代の時代から続いていたことになる。

　ただし、前述のように、アハブの「父」オムリがアラム人に町々を奪われたという記述は旧約聖書のどこにもなく、歴史的にもそのようなことはありそうにない。ずっと以前の、イスラエルの王バシャの時代のアラム人の侵略（王上15:20）のことが言われているとも考え難い。ここにも、この物語の歴史性に関わる問題点が露呈している。そして、この点でもまた、この物語の歴史的背景としては、オムリ王朝のアハブの時代よりも、イエフ王朝のヨアハズやヨアシュの時代を想定した方がぴったりする（Jepsen 1941–44:156–157, 168; Whitley 1952:144–145; Miller 1966:442–444; 1968:337; Schmitt 1972:60–61; Gray 1977:418, 422, 430; Hentschel 1984:121; Jones 1984b:346; Würthwein 1984:244〔邦訳518頁〕; Nelson 1987:130〔邦訳204頁〕; Stipp 1987:249, 262; Fritz 1996:183, 185; Walsh 2006:106–108; Knauf 2019:373–374, 379–380, 397; McKenzie 2019:169, 175; Thiel 2019:349,

360, 423)。列王記下 13:25 では、イスラエルの王ヨアシュの功績として、「ヨアハズの息子ヨアシュは、ハザエルの息子ベン・ハダド（！）の手から、〈ハザエル〉（同所への訳注参照）が戦いで彼の父ヨアハズの手から奪った町々を奪回した」とされているからである。繰り返すが、ここ（34 節）では、「ベン・ハダド」（！）が、「私の父があなたの父上から取り上げた町々を、私は返還します」と申し出ている。そして旧約聖書では、父の代にアラム人に奪われた町々を奪回したイスラエルの王として知られているのは、列王記下 13 章のヨアシュだけなのである。

しかも、列王記下 13:17 ではエリシャが、ヨアシュは「アフェク」（！）でアラム軍を打ち破ることになる、と預言している。列王記上 20:29–30 節に描かれた「アフェクでの勝利」は、現在の文脈から切り離してそれ自体として見ると、まさにこのエリシャの預言の成就を描いているように読めるのである。もし、第二の対アラム戦争の物語（26–34 節）の原形が、実はヨアシュの時代の出来事を背景にしているとすれば、そこに出て来る「ベン・ハダド」も、もともとはハザエルの息子ベン・ハダド（王下 13:3, 24–25）であったということになろう（Jones 1984b:339; Fritz 1996:183; Lipiński 2000:397–399; 2018:103; Walsh 2006:107; Robker 2012:109, 273; Thiel 2019:348–349, 353–354）。

「**市場**」（「フーツォート」、文字通りには「街路」の複数形。道の両側に店が並んだのであろう）についての言及は、かつてベン・ハダドの「**父**」が強制的にイスラエルの首都「**サマリア**」に——おそらくは無税の治外法権的な特権を持つ——商業植民地を設けさせたことを示唆するものであり、やはりアラムのイスラエルへの支配に関わる。同じことを、今やイスラエルの王がアラムの首都「**ダマスコ**」でもしてよい、ということで、ここにもまた、両国が今や同格になったことが表現されている。

34 節の最後の部分の「**協定**（ベリート）」（「契約／条約」とも訳せる）に関する発言は、マソラ本文では「私はこの協定であなたを解放しよう」（七十人訳でも同様）であるが、ベン・ハダドの発言の続きとしては内容的に腑に落ちない。「解放する」主体は敗者の側ではなく、勝者の側のはずだからである。どうも、その直前に、（ベン・ハダドからイスラエルの王への）主語の交替があるようである（訳注 *nn* 参照。Jones 1984b:347; Walsh

1996:309; 2006:43–44; Schmid 2000:553; Cogan 2001:461, 469; Wray Beal 2014; 259, 266; McKenzie 2019:156, 161, 175. なお、口語訳、新共同訳、新改訳、岩波訳、JBS 共同訳をも参照）。これをあくまでベン・ハダドの発言の続きと見るなら、イスラエルに対するアラム側の宗主権の放棄の宣言とするか（Gray 1977:427, 430–431; DeVries 1985:243, 250）、人称を変更して「この協定で、あなたは私を解放してください」とする（Würthwein 1984:236, 242〔邦訳 500, 513 頁〕; Fritz 1996:182; Thiel 2019:320, 334, 423）必要があろう（BHS の脚注を参照）。このうち、前者の見方は、ベン・ハダドの置かれた状況から見て、あまりありそうにない。後者の見方も、同格者と扱われたとはいえ、敗北した側から一方的に「解放」を願い出ていることになり、謙虚さとへりくだりの姿勢に欠けているようにも思われる。

　34 節の後半の台詞がイスラエルの王の発言だったとする場合、34 節前半でアラムの王が申し出た、奪われていた町々の返還とダマスコでの商業上の権利を条件として、或る種の講和条約が成り立ったことになる。その際にイスラエルの王は、もっぱら領土上と経済上の合理性と利益を考慮してこの講和に応じたことになろう。王のこの姿勢と挙動が、35 節以下で、別の人物の神学的観点からの批判と非難を受けることになる。

　いずれにせよ、2 人の王は協定を結び、講和は成立し、ベン・ハダドは解放される。もとの物語は、このような「一件落着」で終わっていたものと思われる。イスラエルの王は、降服した敵をすすんで赦す温厚で「慈悲深い」人物として好意的に描かれている。ただし、この「平和」な状態は、実はわずか「3 年間」しか続かない（王上 22:1 参照）。

35–43 節　預言者による王の糾弾

　ところが、現在の文脈では、この講和と協定は決して「一件落着」などせず、意外な後日談がそれに続くことになる。この部分（35–43 節）は、独立して存在していた古い伝承によるというよりも、申命記史書にあるいくつかのエピソードを繋ぎ合わせて人工的に造り上げたものという印象を与える（Schmitt 1972:49）。「**預言者たちの子ら（ベネー　ハッ・ネビイーム）**」というのは、特定の指導者のもとに集う預言者たちの集団で、この場合の「子ら」というのは親子、血縁関係ではなく、同じ集団、範疇に共

属する従属的な存在であるということ（天使的存在を「神の子ら」と呼ぶのと同じ）を表す（Jones 1984b:348; Thiel 2019:428）。列王記では、もっぱらエリシャを囲む預言者団がこの語で呼ばれている（王下 2:3, 5, 7, 15; 4:1, 38; 5:22; 6:1; 9:1 等参照）。この肩書は、おそらくはエリシャ伝承からここに取り入れられたのであろう（Schmitt 1972:49）。そのうちの「**一人の男**」が突然、「**仲間**」（訳注 *oo* 参照。おそらくはやはり「預言者の子ら」に属する同僚）に自分を「**殴ってくれ**」と頼む（35 節）。その理由も目的も明らかにはされない。しかも、35 節では殊更に、それが「**ヤハウェの言葉**」による（ビ・ドゥバル　YHWH）、とされている。ただし、相手はそのことを知らなかったようである。相手が殴ることを拒むと、この預言者（38 節によれば、この人物自身も「預言者（ナービー）」である）は、相手が「**ヤハウェの声に聞き従わなかった**」ので、「**獅子（アルイェー）**」に打ち殺されるだろうと予告し、それが直ちに実現する（36 節）。なお、パレスチナにおける獅子、すなわちライオンについては、列王記上 13:24–29a への注解（第 2 巻 129 頁）を参照。

　滅茶苦茶とも言える話であるが、このエピソードは、獅子に襲われて殺されるという内容においても、また、その理不尽さを感じさせる点や後味の悪さにおいても、列王記上 13:20–24 のユダ出身の「神の人」の運命を強く想起させる（Schmitt 1972:48; Gray 1977:431–432; Jones 1984b:347; DeVries 1985:250; Stipp 1987:375–379; Walsh 1996:314; Long, Jr. 2002:237; Wray Beal 2014:267; McKenzie 2019:175; Thiel 2019:430; Lamb 2021:261）。すなわち、後者の箇所では、騙されて図らずも「ヤハウェの言葉」に背いてしまった「神の人」が、道で「獅子（アルイェー）」に殺されてしまう。しかも、本章 36 節の「**獅子が彼に出会った**（ワ　イムツァエフー　ハー・アルイェー）」という文言は、列王記上 13:24 の文言（ワ　イムツァエフー　アルイェー）とほとんど同じである。唯一の違いは、列王記の文脈上前の方にある 13:24 では「獅子」の語に冠詞がない（したがって「ある獅子が」）のに対し、後ろにある 20:36 では「獅子」の語に冠詞（ハー）が付いている（したがって、既知の「例の獅子」）ことで、両者を比べて読めば、13 章で「神の人」を殺した獅子が 20 章に再登場しているかのような印象さえ受ける。

同時に注目すべきことは、自分を殴れと言う預言者の要求が、前述のように、「ヤハウェの言葉」によるもの（ビ・ドゥバル　YHWH）であると特記されていること（35節）である。この表現は、列王記上13章の「神の人」のエピソードに頻出する（7回！）が、それ以外では意外なことに、この章の35節に再出する他は、列王記のどこにも用いられず、旧約聖書全体でも、ほんの数箇所（サム上3:21; エレ8:9; 詩33:6; 代下30:12. 複数形ではさらに代下29:15）に見られるにすぎない。

加うるに、36節では、「傍ら（エーツェル）」という位置を表す前置詞が、文脈上かなり不自然な形で用いられているが、これは列王記上13:11-32のエピソードにおける鍵語の一つであった（王上13:24［2回］, 25, 28, 31参照）。これらの一致や類似性は、偶然のものとは思われない。それゆえ、この段落が列王記上13章と同じ人物の筆による可能性（Stipp 1987:266, 377-378, 399, 464-465; 1995:489-490）や、少なくとも後者の箇所から直接強い影響を受けている可能性が真剣に検討されてよかろう（本単元の末尾の【解説／考察】の項参照）。

いずれにせよ、暴力沙汰を拒んだその「良識ある」男は、哀れにも、獅子に食い殺されてしまう。現にある形での列王記上20-22章の文脈の中で読むとき、この人物の不条理な死は、アハブに関わる物語の前途により大きな災いが待ち受けていることを示唆する、不吉な予兆のような役割を果たしているように思われる（Long 1984:220; Walsh 1996:311; Fretheim 1999:115; McKenzie 2019:168; Thiel 2019:439）。ちょうど、同じく獅子に殺された列王記上13章の「神の人」の死が、北王国の最初の王ヤロブアムの王朝の断絶を予示していたように（第2巻137-138頁参照）。

最初の試みに失敗した預言者は、「別の男」に同じことを頼む。すると、その男は預言者を「ひどく殴り、傷を負わせた」（37節）。どうやら殴る目的は、傷を負わせて、いかにも戦場から戻ったばかりの兵士だという偽装をするためであるらしい（39節参照）。預言者は「額」（訳注 *qq* 参照）に「包帯（アフェール）」を巻いて「変装」した（動詞「ハーファス」）うえで、道で「王を待ち受けた」（38節）。変装したのは、預言者という正体を隠して、相手に予断を与えず、自由に発言させるためである。おそらく、包帯には血がにじんで、いかにも真に迫っていたのであろう。文脈上は、王は

アラムとの戦いを終え、アフェク（26, 30節参照）からサマリアに帰還するところだったということになる。

　王が通りかかると、王に彼は「**訴えて**」（訳注 rr を参照）、自分の体験なるものを語る（39節）。この箇所の原文で用いられている「ツァーアケル　ハッ・メレク（王に向けて叫ぶ）」という表現は、不当な扱いを受けた市民が最高裁判官としての役割をも持つ王に対して法的判断や権利の擁護を求める際の定型句（Walsh 1996:311; Knauf 2019:362; Thiel 2019:435）である（王下 6:26; 8:3, 5 参照）。

　戦傷を負った兵士のように見えるこの人物によれば、彼は戦場で、見知らぬ人物——おそらくは階級が上の将校——に捕虜の監視を命じられ、万一逃がしでもしたら、「**あなたの命を彼の命の代わりにする**」と言われた、というのである（39節）。賠償金として要求されている「**銀1キカル**」とは、約35キログラムで、3000シェケルに相当し、奴隷の値段でいえば100人分に当たる（出 21:32 参照）。その高額さは、取り逃がした「捕虜」の身分の高さを示唆する（Nelson 1987:135〔邦訳 213 頁〕; Walsh 1996:312; 2006:45; Schmid 2000:557）。一般人にとっては、到底払いきれる額ではない。そのように言われていたにもかかわらず、男が「**あれこれと忙しくしている**」（訳注 tt 参照）うちに、捕虜が姿を消してしまった、というのである（40a節）。

　このことが、実は、ベン・ハダドを解放したアハブ自身の行為の戯画であることは明白である。このように、架空の出来事を話して王に判断を求め、それが実は王自身の行為に対する判決だったというのは、ダビデに対する預言者ナタンの譬え話（サム下 12:1–12。なお、サム下 14:5–24 をも参照）の場合と酷似している（Long 1984:222–223; Würthwein 1984:242〔邦訳 514–515 頁〕; Nelson 1987:135〔邦訳 213 頁〕; Fretheim 1999:115; Walsh 2006:45; McKenzie 2019:168; Thiel 2019:439）。

　これに対する王の「**それがあなたへの裁きだ。〔それは、〕あなた自身が決めたことだ**」という言葉（40b節）は、具体的な意味があまりはっきりしないが、39節の「あなたの命を彼の命の代わりにする」という言葉を受けたものであることは明白である。王は、自分で自分に判決を下してしまったのである。

この言葉を聞いて、預言者は直ちに正体を現す（41節）。「額から包帯を取った」ら、預言者であることが分かったということなので、預言者は額に一目でそれと分かる入れ墨のようなしるしを帯びていたのか（ゼカ13:6; エゼ9:4参照）、あるいは特徴的な仕方で頭をそっていた（王下2:23参照）のであろう（Gray 1977:433; Hentschel 1984:121, 126; Würthwein 1984:242〔邦訳515頁〕; Fritz 1996:186; Walsh 2006:45; McKenzie 2019:169; Thiel 2019:429–430）。あるいは、王とこの預言者的人物は以前から顔見知りであったのかもしれない（Schmid 2000:558）。

いずれにせよ、今や素性を明らかにしたこの預言者は、ヤハウェの名により（使者定式：「**ヤハウェはこう言われた**」）、王に裁きを告知する（42節）。この告知は、預言者の言葉に古典的な、罪の告発（叱責の言葉）と災いの告知（威嚇の言葉）という二部構成である（王上11:11への注解［第1巻390頁］参照）。戦争記事がイスラエルの王の寛大さを好意的に描いていたのに対し、ここでは逆に王の政策が極めて否定的に評価されている。王の罪として指摘されるのは、ヤハウェが「**聖絶に定めた男をあなたが〔自分の〕手元から解放してしまった**」ことである。「聖絶（ヘーレム）」は極めて申命記的、申命記主義的な思想で、これによればイスラエルの敵はヤハウェの敵であり、打ち負かした後は人間であれば一人も生き残らせずに滅ぼし尽くし、家畜であっても皆殺しにし、財産であれば破壊するかヤハウェに捧げ、決して自分のものとしてはならなかった（申7:1–5, 25–26; 20:16–18; ヨシュ6:21; 8:26; 10:28–40; 11:11–12等参照）。ヨシュアの時代のアカンは、聖絶すべき戦利品の一部を着服して罰せられたし（ヨシュ7章）、サウル王はサムエルの聖絶命令を守らず、アマレクの王アガグを生かしておいたので、サムエルに廃位を宣言される（サム上15:1–23）。

アッシリアやモアブ（メシャ碑文）にも同様な習慣があったことが知られている（Weippert 1972）が、旧約聖書の場合、「聖絶」はあくまで申命記・申命記主義的な「理念」であって、歴史的にそのようなことがしばしば実行されたかどうかということとは別問題である。この箇所について見れば、おそらくはサムエルとサウルについての伝承（サム上15章）がヒントになって創作されたものと考えられる（McKenzie 2019:176）。

ただし、厳密に言えば申命記で聖絶の対象となるのはカナンの地の先住

民である七つの民族だけであり（申 7:1–2; 20:17）、アラム人はそこに含まれない（王下 6:21–23 参照）。ちなみに、サウルの場合のアマレク人も、本来ならば聖絶の対象ではない。ただし、ここでは、先に預言者的人物の発言で、ヤハウェがアラム人を引き渡すということが言われているので（13, 28 節）、例外的にアラム人にも聖絶が適用されると考えられているのかもしれない。とはいえ、先行する対アラム戦争の記述中の預言者的人物の発言（13–14, 22, 28 の各節）には、アラム人を「聖絶せよ」とか「滅ぼし尽くせ」などの命令は一切含まれていないので、ここでの唐突な非難と断罪には、やや後付け的で、牽強付会の言いがかりといった印象さえ受ける。この部分を付け加えた人物にとって、関心の中心はとにかくアハブ王（現在あるこの章の形態ではそうである！）の死を予告することにあり、その正当な理由を、申命記的、申命記史書的な聖絶思想に求めた、ということなのであろう（【解説／考察】の項を参照）。

　ただし、この部分（35–43 節）には、「聖絶」という語とそれに関連する観念を除けば、特に申命記史家的な用語法や文体がほとんど見られない。それゆえこの部分を、申命記主義的な聖絶思想に向かう前段階を表すものと解することも（DeVries 1985:247; Cogan 2001:472; Thiel 2019:432–433, 440）、申命記史家（たち）自身の手によるものと解することも（Gray 1977:431）、申命記主義的な聖絶思想の影響を受けた、申命記史家よりも後の編集者の手によるものと解することも（Würthwein 1984:242–243〔邦訳 514, 517 頁〕; McKenzie 2019:175; Knauf 2019:365）、いずれも理論的には可能である。

　この過失に対する罰は、「**あなたの命が彼の命の代わりとなり、あなたの民が彼の民の代わりとなる**」（42 節）ということである。この宣告の前半は言うまでもなく、「命には命を」（出 21:23–25; レビ 24:18–20; 申 19:21）という、古代イスラエルのみならず古代オリエント世界に一般的であった（ハンムラピ法典！）、同害報復（タリオ）の原則に即している（Crüsemann 1997:85; Thiel 2019:436）。したがって、少なくともこの作り話では、逃亡した捕虜は、本来なら聖絶の対象として殺されることになっていた、ということが前提にされているのであろう。現在の形での列王記の文脈では、この言葉は当然ながら、列王記上 22 章で描かれることになるアラム軍の

手によるアハブの戦死（王上 22:34–35）の予告という機能を担っている。これに対し、後半では「あなたの民」、すなわちイスラエル全体に災いが及ぶことが示唆されており、これは同害報復という個人的応報の枠組みをはるかに超えている。そこでは、王個人の判断の誤りがもたらす災禍に、民全体が巻き込まれることが当然視されており、後のハザエルやその息子ベン・ハダドの率いるアラム軍によるイスラエルの戦災（王下 6:24–33; 10:32–33; 12:18–19; 13:3, 7 等参照）や、さらには、おそらくはすでに北王国の滅亡（王下 17 章）が踏まえられていると考えられる。35–43 節のエピソードを用いてこの 20 章を列王記の文脈に挿入した挿入者が、申命記史家たちより後の人物であったとすれば、それは当然ながら事後預言であるということになる。ただし、アラム王の無罪放免はあくまでイスラエルの王自身の判断によるものであり、この件に関して「民」は何の役割も果たしていない。すなわち、ここでは「応」と「報」の関係が相当に非対称であり、合理性を超えている。王の過ちのとばっちりを食うのであれば、「民」としてはたまったものではない、ということにもなろう。

　最後の 43 節の、王が「**不機嫌になり、腹を立てながら**（サル　ウェ・ザーエーフ）」、サマリアの宮殿に帰って行ったという特徴的な表現は、後続する列王記上 21 章冒頭の 4 節にもまったく同じ形で見られるが、旧約聖書中でこの二重表現が見られるのはこの二箇所だけである。物語の文脈によりぴったりするのはどちらかと言えば 21:4 の方なので、20 章を付加した挿入者が、二つの物語の結合をより密接にするために 21:4 からここに二次的に取り入れたのであろう。すなわち、この部分の著者は、後続する列王記上 21 章の存在を——しかもおそらくは、（七十人訳での章の並びではなく）マソラ本文の章の順序で——すでに踏まえているのである（Schmitt 1972:49; Würthwein 1984:236〔邦訳 501, 503 頁〕; Knauf 2019:402; Thiel 2019:336, 443）。

【解説／考察】

　【形態／構造／背景】の項でも、【注解】の中でも、繰り返し指摘してきたように、この章には、数多くの問題点や謎が含まれている。最も大きな

問題点の一つは、列王記中のエリヤ物語の文脈の中にあるにも拘わらず、対アラム戦争を扱うこの章——および同じく対アラム戦争を扱う列王記上22:1–38——には、預言者エリヤがまったく登場しないという事実である。すなわち、いずれも対アラム戦争を主題とするこの二つの単元（王上20章と同22:1–38）は、現にある列王記中で、エリヤ物語の文脈（王上17–18章；21章；王下1章）を極めて不自然な形で分断している、という印象が否めない。この二つ（数え方によっては三つ）の対アラム戦争は、いずれもたまたまエリヤの不在の時に起こった出来事だったのであろうか。この間、エリヤはどこで何をしていたのであろうか。

　このような奇妙な現象に対する最も単純で分かり易い説明は、やはり、これらの対アラム戦争の物語（王上20章；同22:1–38）が、既存のエリヤ物語の文脈を二箇所で断ち切るような形で後から二次的に挿入された、とするものであろう。すなわち、この二つの単元は、エリヤ物語を含む形で既に存在していた申命記史書に対して、申命記史家たちよりも後の段階になってから或る挿入者によって加えられた、二次的付加と解すべきであろう。

　しかし、このような想定は、列王記上20章（および王上22:1–38）の物語自体が全体として、申命記史家たち以降の極めて遅い時期に初めて成立した、ということを必ずしも前提にするわけではない。上20章の物語を見る限り、そこでは北王国イスラエルの王と隣国であるダマスコのアラム王の戦いが描かれており、戦場となるのは、北王国の首都サマリアの城外と、ガリラヤ湖畔のアフェクである。しかも二つの戦いの物語のいずれにおいても、北王国の側の奇跡的な大勝利が、明らかに諸手を挙げて寿がれている。このような内容の物語は、まだイスラエル北王国が存在している時代に北王国自体の中で成立し、語り伝えられていたと見るのが最も自然であろう。したがって、物語の基本部分の成立は、遅くとも前8世紀末以前、ということになる（北王国の滅亡は前722/720年頃）。私見によれば、このような物語が、北王国滅亡後の南王国ユダや、ユダ王国滅亡後の捕囚地や、捕囚後のペルシア支配下のイェフド（ユダヤ）で作られたとすべき、いかなる積極的理由も見出せない。私訳で、35–43節以外に【　】が付されていないことも、ここにおそらく申命記史家たち以前の時代にまで遡

る、比較的古い伝承が、本質的にはほぼ古い形を保ったまま取り入れられている、という理解を表現したものである。

　したがって、上 20 章や同 22 章の物語の原形は北王国で成立し、北王国滅亡後、避難民などによって士師物語群や北王国の年代記や歴史物語、ホセアの預言やエリヤ物語群、エリシャ物語群などと一緒に南王国ユダに持ち込まれ、その後も差し当たっては申命記史書の外部で伝承されていたのであろう。ことによると、それらの物語は、同じく対アラム戦争を扱う列王記下 6:8–23 や 6:24–7:20 の物語（あるいはさらに、アラム人の将軍ナアマンについての王下 5:1–27 や、アラム王国内部での政権交代を描く王下 8:7–15 の原形となった諸伝承）と同じ伝承群に含まれていたのかもしれない。

　これらのうち、後者の物語群（王下 6:8–23; 6:24–7:20）は、人気の高いエリシャの人物像に結び付けられたので、比較的早い段階で申命記史書の中に取り入れられたが、上 20 章や同 22 章の対アラム戦争の物語は、匿名の預言者的人物像（王上 20 章）やイムラの息子ミカヤという、どちらかと言えばマイナーな預言者（王上 22 章）と結び付いていたので、申命記史書の文脈に取り入れられるのが遅くなったのかもしれない。ただし、これらの二つの対アラム戦の物語が、かつては多少異なる形で、申命記史書中の別の文脈（例えば後述する、イエフ王朝のヨアハズやヨアシュの治世の記述）に含まれていた可能性さえ検討してよいかもしれない（例えば、Robker 2012:107–108, 312–314 は、20 章の物語の基層部分は、元来王下 13:24 と同 13:25 の間にあったと考える）。

　戦いの記述自体を見れば、サマリア城外での戦い（対アラム戦争①：王上 20:1–12, 15–21）の場合にも、アフェクでの戦い（対アラム戦争②：王上 20:26–34）の場合にも、特に宗教的な意味づけを伴わない、世俗的な戦争記事が根底に存していたように見える。もともとの伝承には、預言者的人物も登場せず、神（ヤハウェ）についての言及もなかった可能性が考えられてよい。

　その際に注目すべきは、繰り返し指摘したように、上 20 章で登場する「イスラエルの王」が「アハブ」と名指しされているのは、初出の 2 節と預言者的人物の発言中の 13 節と 14 節の 3 箇所のみで、他の箇所ではいずれも王は匿名で、「イスラエルの王」と普通名詞で扱われていることで

ある。実は、同じような現象は、列王記中の他の対アラム戦争の物語（王上22:1–38; 王下6:8–23; 6:24–7:20）にも見られるのである。それゆえ、この物語がもともとは、匿名の「イスラエルの王」を主人公とするもので、アハブや彼の時代に直接関わるものではなかった可能性が考えられてよい。

さらに、サマリア城外での戦いの物語（対アラム戦争①）と、アフェクでの戦いの物語（対アラム戦争②）とは、おそらく元来は相互に独立しており、しかも、それぞれ異なる歴史的状況を背景にしているように見える。サマリア城外での戦い（対アラム戦争①）の物語では、特に冒頭の場面で明らかなのだが、アラム側が圧倒的な力でイスラエルを圧迫しており、イスラエルがほとんどアラムの属国のような状況に陥っていることが前提とされている。首都サマリアも、強大なアラム軍に包囲されている。このような状況は、繰り返し指摘してきたように、イスラエルが軍事的にも経済的にも最盛期に達していたオムリ王朝のアハブの治世にはおよそ考えられない。しかも、アハブ時代のイスラエルは、カルカルの戦いの碑文から明らかなように、ダマスコのアラム王国とは、対アッシリア戦で共同戦線を張る同盟仲間だったのである（第2巻274頁参照）。

【形態／構造／背景】でも指摘したように、アラム人の攻勢によりイスラエルが存亡の危機に陥っているという状況は、アハブの時代というよりも、オムリ王朝に取って代わったイエフ王朝の時代、特に王朝2代目のヨアハズ（在位前818–802年）の治世（王下13:1–3, 7, 22参照）か、それを継いだ3代目のヨアシュの治世（在位前802–787年）の初期を考えさせる（231頁で紹介した釈義的諸研究に加えて、以下の歴史的諸研究をも参照。Ahlström 1993:575–576; Miller/Hayes 2006:342–346; Grabbe 2017:187, 208–209; Frevel 2018:218, 256–257; Lipiński 2018:103–106）。これは、アハブの治世（在位前871–852年）よりも50年ほど後の時代に当たる。これに対し、後半のアフェクでの戦いの物語（対アラム戦争②）では、「イスラエルの王」が「アフェク」の戦いでアラム軍を打ち破り、「ベン・ハダド」に「父」の時代にアラム人に奪われていた「町々」を返還させたとされているので、ヨアシュが実際にアラム人との力関係を逆転させ、「イスラエルの町々」を奪回したとされる、彼の治世の後期の状況（王下13:17b, 25参照）を反映しているように見える。

もちろん、いずれの戦いでも、圧倒的な兵力の差をものともせず、イスラエルの側が奇跡的に圧勝したというのであるから、物語が歴史的な状況を忠実に反映しているとは考えにくい。むしろ、いずれの物語も、歴史的事実を離れてすでにかなり理想化され伝説化され、「お伽噺化」されているとさえ言えなくもない。物語が作られ、語られた時代としては、さらなる領土回復と繁栄の時代だったとされるイエフ王朝4代目のヤロブアム2世の長い治世（在位前787-747年）あたりを考えるのがよいであろう。時代の楽天的な気分が、物語にも反映しているように思われる。

　もともとは相互に独立していた二つの対アラム戦争の物語は、その後、預言者的な関心を持つ編集者の手により、巧みに相互に結合された。すなわち、預言者によるイスラエルの王への助言の場面と、アラムの陣営内での戦術変更と軍制改革をめぐる議論の場面（22-25節）が挿入されることにより、二つの戦いは、2年連続で行われた初戦と再戦という形で整理された。同時に、二つの戦いのそれぞれに預言者的人物による「檄」の言葉（13-14節、28節）が挿入されることにより、本来世俗的な戦争物語にすぎなかったものが聖戦化され、勝利が神ヤハウェの救いとして意味づけられることになった。すなわち、勝利はあくまでヤハウェが敵の大軍を「あなたの手に渡す」ことによって実現するのであり、しかもその究極的な目的は、「わたしがヤハウェであること」が知られるようになること、すなわちヤハウェの栄光が現されることなのである（13節、28節）。

　このような「預言者的」な編集が加えられたのも、おそらくは北王国内部であったと考えられる。そのように考える最大の理由は、ここで描かれる預言者的人物と「イスラエルの王」の関係が、極めて肯定的であり、友好的かつ協力的だからである（王下6:8-23をも参照）。二つの戦いのいずれの場合でも、アラム側の侵攻により「イスラエルの王」が窮地に陥った時、問われもしないのに、預言者的人物が自発的に出現して、一方的に王を激励し、勝利を約束して、戦いの仕方さえ指南する（13-14節、28節）。また、第一の戦いが終わった際には、新たな戦いが起こる可能性を王に予告し、あらかじめそれに備えるように助言する（22節）。これに対し、いずれの場合も、「イスラエルの王」は預言者的人物の言葉に従順に従い、結果的に多勢に無勢であるにも拘わらず、いずれの戦いでも大勝利を得る

243

のである。

　注解本文でも指摘したように、このような「イスラエルの王」に対する好意的とも言える扱いは、歴代の北王国の王たちを「ヤロブアムの罪」ゆえにおしなべて邪悪で不信仰な悪漢と見なす申命記史家たちの歴史観、価値観とはおよそ異なっている。それゆえ、すでに申命記史家たち以前の北王国での伝承段階において、元来の世俗的な戦争記事に預言者的な編集が加えられ、王と預言者的人物が協力し合って亡国的な難局を打開するという、聖戦的、愛国的な物語に「改造」されていたのであろう。ここでまた、ユダ王国や捕囚地や、捕囚帰還後のイェフド（ユダヤ）において、このような形の物語が初めて作られ、好んで語られたとはおよそ考えられない。ことによると、イエフ王朝が倒れた後、短命の王朝や一代限りの王の支配が目まぐるしく入れ替わり、政治的に混乱を極めた北王国末期の時代（王下 15:13–30 参照）に、王や人々にあくまでヤハウェへの信頼と帰依を保たせようとの意図を込めて、預言者的な改訂が加えられたのかもしれない。

　これに対し、この章の最後の部分（35–43 節）では、「イスラエルの王」に対する見方がまったく異なっている。そこでは、戦争状態の終結と隣国との関係改善に繋がった王の寛容で融和的な講和政策と対アラム戦の戦後処理政策が、聖戦思想の立場から極めて批判的に評価されているからである。すなわち、アラムの王を解放した「イスラエルの王」の挙動は、神の敵は滅ぼし尽くさねばならないとする聖絶の観念に真っ向から違反する背教行為であり、それが、王自身の死と国民の民族的苦難の究極的原因なのである（42 節）。おそらく、この部分を付け加えた加筆者は、あらかじめ存在していた匿名の「イスラエルの王」を主人公とする（既に預言者的な改訂を加えられた形での）対アラム戦争の物語（1–34 節）を応用し、「イスラエルの王」をアハブと同一視したうえで、このエピソードを付け加えたのであろう。その主たる意図が、アハブの死の必然性を神学的に基礎づけることにあったことは明白である（Whitley 1952:148–150; Knauf 2019:371）。ここで予告されている「アハブの死」の「成就」の場面（王上 22:35–38）を含む、もう一つの対アラム戦争の物語（王上 22:1–38）を付け加えたのも、同じ人物であった可能性がある。「成就」なしには、「預言」は「預言」としての意味を持ち得ないからである。

注解本文でも指摘したように、聖戦思想や聖絶思想は極めて申命記的、申命記史家的な色彩の濃厚なものであるが、この挿入者は、明らかに申命記史家たちの一人ではない。この挿入者は、申命記史家たちよりも後の、申命記史書の「読者」の一人であり、もしこの人物がエリヤ物語の文脈を断ち切る形で二つの対アラム戦争の物語（王上 20 章と同 22:1–38）を二次的に挿入したのであるとすれば、その最大の意図は、アハブの末路に関わる申命記史書の記述と申命記史家たちの歴史観を批判的にとらえ、それを「修正」することであったと考えられねばならない。

　列王記上 20 章と同 22:1–38 が申命記史書への後からの挿入であるとすれば、そのような付加を被る前の元来の申命記史書の記述では、ナボトの葡萄園のエピソード（王上 21 章）に、アハブの治世の治世結尾定式（王上 22:39–40）が続いていたはずである。次章の釈義の先取りになってしまうが、列王記上 21 章では、アハブ（とイゼベル）のナボトに対する理不尽で不正な行為の故に、エリヤが再登場して、ヤハウェの命によりアハブへの裁きと彼の王朝の断絶を宣告する（王上 21:21–22）。ところが、この災いの予告を聞くや、アハブは俄かに改悛の情を示し、へりくだって神の赦しを乞う（王上 21:27）。すると、ヤハウェはこの悔い改めを部分的に受け入れ、アハブ自身には災いを下さず、「彼の息子の治世になってから彼の家に災いをもたらす」と「判決」を「修正する」（王上 21:28–29）。申命記史家たちは、これにより、罪を犯したアハブ自身の時代ではなく、彼の息子であるヨラムの治世になって初めてオムリ王朝が打倒されるという、応報論的な歴史的不条理を合理化しているわけである。

　申命記史書ではこれに、列王記上 22:39–40 のアハブの治世結尾定式が続いていたと思われるが、そこでは「アハブは彼の父祖たちと共に眠りについた」とされている。該当箇所の注解で詳しく述べるが、この「父祖たちと共に眠りについた」という定式は、通常は天寿を全うし、平穏な死に方をした王の場合に限って用いられ、戦死した王や暗殺された王の場合には用いられない。それゆえ、申命記史書では、アハブは天寿を全うして自然死したことになる。おそらく、それが歴史的事実にも近いのであろう。それはまた、ナボトの一件でのヤハウェによる「判決」の「修正」（王上 21:28–29）とも神学的に辻褄が合う。

ところが、まさにこの点が、申命記史書の熱心な「読者」であるこの挿入者には納得がいかなかったのであろう。ことによるとこの挿入者は、エレミヤ書 31:29–31 やエゼキエル書 18:1–4、さらには歴代誌にも見られるような、直接応報の観念に取り付かれており、「親の因果が子に報う」などということは決してあってはならず、罪を犯した本人が直接報いを受けねばならないと、強く考えていたのかもしれない。この人物にとって、よりによって歴代の北王国の王たちの中でも最悪の王であったとされるアハブ（王上 16:31–33 参照）が、天寿を全うするなどということは、断じてあってはならないことであった。そこでこの挿入者は、あらかじめ存在していた二つの匿名の「イスラエルの王」の対アラム戦争の物語を換骨奪胎して、アハブの戦死（王上 22:1–38）とその予告の場面（王上 20 章）を作り上げ、それらを例の災いのアハブへの予告とその「修正」のあるナボトの葡萄園のエピソード（王上 21 章）の前後に、それを両側から挟み込むように配置したのであろう。なるほど、ナボトへの非道の故のアハブ自身への裁きの「判決」自体は、アハブの懺悔と悔い改めにより修正されたかもしれない。しかし、アハブは今や、——ナボトへの非道の故ではなく——聖絶の伝統を軽んじたが故に（王上 20:42）、また、預言者ミカヤの警告（王上 22:17, 19–23, 28）を無視して無謀な出陣を敢行したが故に、天寿を全うできず、戦場で武運拙く討ち死にすることになったのである。それは、あくまでアハブの自業自得なのである。

　注解本文（234–235 頁）にも記したことであるが、この挿入者によって付け加えられたと思われる、この章の 35–43 節の部分には、すべてが「ヤハウェの言葉により（ビ・ドゥバル　YHWH）」起こったことの強調、ヤハウェの言葉への問答無用的な服従の要求、それに従わなかった者を襲う唐突で理不尽にも思える災い、罰の執行者としての獅子（アルイェー）など、列王記上 13:11–32 のユダから来た「神の人」とベテルに住む老預言者をめぐる奇妙なエピソードを強く想起させるものがある。列王記上 13 章への我々の釈義でも、そこに申命記史家たちよりも後の大規模な付加があることが判明している（第 2 巻 120–121 頁参照）。ことによると、上 20 章と同 22:1–38 の対アラム戦争の物語を列王記のエリヤ物語の文脈に付け加えた挿入者は、列王記上 13 章の加筆者と同一である（Stipp 1987:266,

377, 375–376, 399–403, 464–465）か、あるいは少なくとも、列王記上 13 章の現在ある形態の物語から強い影響を受けた人物である可能性が考えられてよいであろう（第 2 巻 129 頁参照）。

(8)ナボトの葡萄園事件（上 21:1–29）

【翻訳】

　　アハブとイゼベルの極悪非道
　　21章

¹ これらの事が〔起こった〕後のことである。イズレエル人ナボトには、イズレエルに葡萄園があり、それはサマリアの王アハブの宮殿の隣にあった。² アハブはナボトに告げて言った。「あなたの葡萄園を私に譲ってほしい。それを私の菜園にしたいのだ。だって、それは私の王宮[a]のすぐそば、まさに隣にあるのだから。その代償として、私はあなたにもっと良い葡萄園を与えよう。もし、あなたの目にその方がよく映るのなら、それに相当する銀を支払ってもよい」。³ しかし、ナボトはアハブに言った。「私の父祖たち〔以来代々〕の相続地をあなたにお譲りするなど、ヤハウェにかけて、私にとってあり得ないことです[b]」。⁴ アハブは、イズレエル人ナボトが彼に告げた言葉の故に不機嫌になり、腹を立てながら自分の王宮[a]に入った。彼は言った。「私は私の父祖たち〔以来代々〕の相続地を決してあなたにお譲りしはしません」。彼は自分の寝台に横たわり、顔を背けて、食事も口にし[c]なかった。⁵ すると、彼の妻イゼベルが彼のもとにやって来て、彼に告げた。「なぜ、あなたはそんなにご機嫌が悪く[d]、お食事も口にされ[c]ないのですか」。⁶ すると、彼は彼女に告げた。「私がイズレエル人ナボトに何度も告げて[e]、彼に『あなたの葡萄園を銀で私に譲ってほしい。あるいは、もしあなたがそう望むのなら、私はその代わりに〔別の〕葡萄園をあなたに与えてもよい』と言ったのに、彼は、『私は私の葡萄園を決してあなたにお譲りしはしません』と言い張るのだ」。⁷ すると、彼の妻イゼベルは彼に言った。「そもそもあなたなのですよ[f]、今、イスラエルの上に王権を振るっているのは。立って、食事をなさって[c]ください。そして、ご気分を直して[g]ください。この私[h]が、イズレエル人ナボトの葡萄園をあなたに差し上げましょう」。⁸ 彼女はアハブの名前で何通かの手紙を書き、彼の印章で〔それらに〕封をした。そして彼女はそれらの手紙を、ナボトと一緒に彼の町に住んでいる長老たちや名士たちに送った。⁹ 彼女はそれらの手紙にこう記したのである。「あな

たたちは断食を布告し、またナボトを民の先頭に座らせなさい。¹⁰ そして、彼の向かい側に２人のならず者 ⁱ の男たちを座らせて、彼らに彼を訴えさせ、『お前は神と王とを呪った ʲ』と言わせなさい。それから彼を連れ出して、彼を石打ちにして死なせなさい」。
¹¹ 彼の町の男たち、すなわち彼の町に住む長老たちと名士たちは、イゼベルが彼らに書き送った通りに行った。すなわち、彼女が彼らに送った手紙に書かれている通りに、¹² 彼らは断食を布告し、ナボトを民の先頭に座らせた。¹³ すると、２人のならず者 ⁱ の男たちがやって来て、彼の向かい側に座った。ならず者 ⁱ の男たちは、民の前でナボトを訴えて、言った。「ナボトは神と王とを呪った ʲ」。それから彼らは彼を町の外に連れ出し、石打ちにした ᵏ ので、彼は死んだ。¹⁴ 彼らはイゼベルに〔人を〕遣わして、「ナボトは石打ちにされて死にました」と報告させた。
¹⁵ ナボトが石打ちにされて死んだことをイゼベルが聞くと、イゼベルはアハブに言った。「立ち上がり、イズレエル人ナボトの葡萄園を手に入れなさい。彼があなたに銀で売ることを拒んだものを。ナボトはもはや生きておらず、死んでしまったからです」。¹⁶ ナボトが死んだことをアハブが聞くと、アハブは立ち上がり、イズレエル人ナボトの葡萄園に下って行った。それを手に入れるためである。

エリヤによる災いの告知

²¹:¹⁷ すると、ヤハウェの言葉がティシュベ人エリヤに臨んで、言った。¹⁸「立ち上がり、【サマリアにいる】イスラエルの王アハブに会うために下って行きなさい。見よ、彼はナボトの葡萄園にいる。彼は、それを手に入れようとしてそこに下って行ったのだ。¹⁹ あなたは彼に告げて言いなさい。『ヤハウェはこう言われた。あなたは人殺しをし、また、手に入れもしたのか』。そして、あなたは彼に告げて言いなさい。『ヤハウェはこう言われた。犬たちがナボトの血を舐めた場所で、犬たちがあなたの血を舐めるであろう。そう、あなた自身の〔血〕をも』」。
²⁰ すると、アハブはエリヤに言った。「わが敵よ、お前は私を見つけたのか」。すると、彼は言った。「私は見つけましたとも。あなたがヤハウェの目に悪と映ることを行うことに身を任せた ˡ ので、²¹『見よ、わたしはあなたに災いをもた

249

らし^m、あなたの後ろを一掃する"。すなわち、わたしはイスラエルでアハブに属する壁に放尿する者°であれば、捕縛された者や遺棄された者まで断ち滅ぼす。^22 そしてわたしは、あなたの家をネバトの息子ヤロブアムの家と同じように、またアヒヤの息子バシャの家と同じようにする。あなたが引き起こした〔わたしの〕怒り^Pのため、また、あなたがイスラエルに罪を犯させたためである』。^23 イゼベルに対しても、ヤハウェは告げて言われた。『イズレエルの塁壁の中で、犬たちがイゼベルを食らうだろう。^24 アハブに属する者で、町で死ぬ者は犬たちが〔その死体を〕食らい、野で死ぬ者は空の鳥たちが〔それを〕食らうだろう』」。

^25 まことに、アハブのように、ヤハウェの目に悪と映ることを行うことに身を任せた^t者はいなかった。彼の妻イゼベルが彼を唆(そそのか)したのである。^26 彼は、はなはだ忌まわしくも、もろもろの偶像に従って歩んだ。ヤハウェがかつてイスラエルの人々の前から追い払ったアモリ人が行ったすべてのこととまったく同じように。

^27 アハブがこれらの言葉を聞くと、彼は自分の着物を引き裂き、粗布を身に纏い、断食した。彼は粗布の上で眠り、また、とぼとぼと^q 歩いた。^28 すると、ヤハウェの言葉がティシュベ人エリヤに臨んで、言った。^29 「あなたは、アハブがわたしの前でへりくだったのを見たか。彼がわたしの前でへりくだったので、わたしは彼の治世^rには災いをもたらさない^s。〔しかし、〕彼の息子の治世^tになってから、わたしは彼の家の上に災いをもたらす」。

  a: 原文は文字通りには、「家(バイト)」。4節でも同様。
  b: 原文は文字通りには、「私に(ヤハウェから)穢れがあるように(ハリーラー　リー　メー・YHWH)」。自分にとってあり得ないこと、考えられないことを表す、感嘆詞的な成句。注解本文の該当箇所を参照。
  c: 原文は文字通りには、「パン(レヘム)を食べ」。5節、7節でも同様。
  d: 原語は文字通りには、「あなたの霊(ルーアハ)が頑なである」。
  e: 原文では動詞が未完了形で、過去の一回的な行為ではなく、繰り返し行われた行為について語られているように読める。注解本文の該当箇所参照。
  f: 原文では、本来なら文法的に必要のない「あなた(アッター)」の語が冒頭に置かれて、強調されている。

g: 原語は文字通りには、「あなたの心（レーブ）を良くする」。

h: 原文では、本来なら文法的に必要のない「私（アニー）」の語が冒頭に置かれて、強調されている。

i: 原語は文字通りには、「ベリアルの子ら」。13節でも同様。注解本文の該当箇所を参照。

j: 原語は文字通りには、「祝福した」。13節でも同様。注解本文の該当箇所を参照。

k: 原文は文字通りには、「石（複数形）で石打ちにした」（動詞「サーカル」）という二重表現。

l: 原文は文字通りには、「自分自身を売り渡した」（動詞「マーカル」の再帰［ヒトパエル］形）。25節でも同様。

m: 原文（ケティーブ）では文字通りには、「わたしのもとからあなたの上に災いが」。ケレーに従う。王上 14:10; 王下 21:12; 22:16 等を参照。意味は文字通りには、「（災いを）来たらせる」。

n: 注解本文該当箇所を参照。また、王上 14:10b; 16:3 をも参照。

o: 男子のこと。王上 14:10 への訳注（第 2 巻 143 頁）を参照。

p: 原文は文字通りには、「あなたが怒らせた怒り」という二重表現。

q: 原語（アト）は文字通りには、「穏やかに／ゆっくりと」。

r: 原文は文字通りには、「彼の日々」。

s: 原文（ケティーブ）では「わが父（アビー）」で、明らかな原文破損。ケレーに従う（語尾にアレフ1文字を加える）。

t: 原文は文字通りには、「彼の息子の日々」。

【形態／構造／背景】

　この章では、直前の列王記上 20 章ではまったく姿を見せなかったエリヤが再び登場する。全体は大きく見て前後二つの部分からなり、前半の第一部（1–16 節）では、一般市民ナボトの相続財産である葡萄園を収奪するために、その持ち主を無実の罪で告発し、処刑してまんまと目的を遂げるアハブ王夫妻の極悪非道が描かれ、後半の第二部（17–29 節）では、預言者エリヤによる彼らに対する神罰としての災いの告知が語られ、さらに

これに対するアハブの反応が描かれる。

　（Ⅰ）1–16節　ナボトの葡萄園をめぐるアハブとイゼベルの極悪非道
　（Ⅱ）17–29節　エリヤによる災いの告知とアハブの反応

　第一部では登場人物間の——一部は手紙や使者を通じた——対話が支配的で、出来事そのものは淡々と描かれる。第二部はエリヤへのヤハウェの啓示（17–19節）で始まり、アハブとエリヤの短い対話（20節）を挟んで、罪への神罰としての災いの長大な予告が語られ、①アハブ自身（19節）、②アハブ王朝（21–22節、24節）、③イゼベル（23節）への裁きが次々と予告されるが、この三種類の災いの予告は、後述するように、おそらく著者も書かれた時代や状況もそれぞれ異なる。さらに、最後の部分（27–29節）には、アハブの悔い改めによる裁きの延期という、注目すべきモチーフが見られる。また、後半の部分では「使者定式」や「言葉の生起定式」などの預言者的な定式が多用される。第一部には申命記的な用語法や観念はまったく見られないが、第二部にはそれが満載されており、申命記史家たちが既存の伝承を取り込んでこの単元を構成したことが推測できる。

　各場面の登場人物と舞台となっている場所という点に着目すると、全体は次のような左右対称的な集中構造を持つことが明らかになる（Zakovitch 1984:381, 397; Rofé 1988b:93–94; Crüsemann 1997:92; Blum 2000:114; Werlitz 2002:190 等を参考に、それらを多少修正）。

　（A）アハブとナボト——ナボトの葡萄園（1–4節）
　　（B）アハブとイゼベル——サマリアの王宮（5–7節）
　　　（C）イゼベルの手紙——イズレエルの長老たちへの指示（8–10節）
　　　　（D）ナボトの裁判と処刑——イズレエルの町（11–13節）
　　　（C'）イゼベルへの報告——長老たちによる指示の実行（14節）
　　（B'）アハブとイゼベル——サマリアの王宮（15–16節）
　（A'）アハブとエリヤ——ナボトの葡萄園（17–29節）

　さらに、第一部の「ナボトの葡萄園」をめぐる物語の部分だけをより詳

しく見ると、そこには次のようなよりコンパクトな独自の集中構造が見出せる（Walsh 1992:194–196; 1996:316–317; Pruin 2006:214–215; Begerau 2008:189; Wray Beal 2014:272; McKenzie 2019:183 等を参考に、それらを多少修正）。

(a) アハブとナボト——ナボトの葡萄園（1–4 節）
　(b) アハブとイゼベル——サマリアの王宮（5–7 節）
　　(c) イゼベルの手紙——イズレエルの長老たちへの指示（8–10 節）
　　(c') イゼベルの指示の実行とナボトの死（11–14 節）
　(b') アハブとイゼベル——サマリアの王宮（15 節）
(a') アハブ、ナボトの葡萄園を手に入れに行く（16 節）

他方で、第二部をなすエリヤによる災いの告知の部分（17–29 節）自体の中にも、以下のような固有の集中構造が見出される（DeVries 1985:255; Walsh 1992:196–199; 1996:328; Begerau 2008:190; Wray Beal 2014:272 等を参考に、それらを多少修正）。

(x) ヤハウェのエリヤへの言葉（17–19 節）
　(y) エリヤとアハブの対決（20 節）
　　(z) アハブ、イゼベル、アハブの家への災い（21–24 節）
　　(z') アハブとイゼベルの罪（25–26 節）
　(y') アハブの反応（27 節）
(x') ヤハウェのエリヤへの言葉（28–29 節）

さらに、この単元を全体として見ると、そこには内容的にも構造的にも、サムエル記下 11–12 章にあるバト・シェバとの一件でのダビデの罪とナタンの告発の物語との顕著な並行性が認められるように思われる（Long 1984:228; White 1994:67–69; 1997:18–20; Blum 2000:116; Lange 2000:32; Schmid 2000:581; Cogan 2001:484; Cronauer 2005:107–109, 191–192; Avioz 2006:118–121; Na'aman 2008:207; McKenzie 2019:187 等参照）。すなわち、
(A) ある権力者が自分の個人的な欲望を達成しようとするが、ある一般

人の存在や意向がその障害となる（サム下 11:2-13／王上 21:1-2）。(B) 権力者（ないしその妻）は邪魔者となるその一般人を亡き者にしようとして、(C) 手紙で臣下に指示を送り（サム下 11:14-15／王上 21:8-10）、(D) それがそのまま実行されて、一般人の命は奪われる（サム下 11:16-17／王上 21:11-13）。(C') 指示の実行が報告されると（サム下 11:18-25／王下 21:14）、(B') 権力者は願っていたものを手に入れる（サム下 11:26-27／王下 21:15-16）。(A') すると、ヤハウェが預言者的人物を遣わして、権力者の罪を告発させる（サム下 12:1-9／王上 21:17-24）。しかもその際には、権力者（たち）への個人的な災い（サム下 12:11-12／王上 21:19, 23）だけでなく、その王朝（「家」）全体に対する災いが神罰として告知される（サム下 12:10／王上 21:21-22, 24）。ただし、権力者が改悛とへりくだりの姿勢を見せると（サム下 12:13a／王上 21:27）、彼の罰の一定程度の軽減、ないし執行の猶予、延期が宣言される（サム下 12:13b-14／王上 21:29）。

このような対応ないし並行関係は、必ずしも（どちらかがもう一方の直接の手本になったという意味で）一方から他方への直接的な文書の依存関係ということで説明される必要はない（White 1994:69-70; Lange 2000:33; Cronauer 2005:107-109; McKenzie 2019:187 等 は、ナボトの物語が直接、ダビデ＝バト・シェバ物語をモデルにしていると考えるが）。むしろ、預言者による権力者の告発という文学類型的な共通性（サム上 13:1-14; 15:1-31; サム下 24:1-25 等を参照）や、同じ申命記史家たちによる編集が加わっているということでも、この類似性は十分に説明できるであろう（Long 1984:228）。

本章全体を支配するキーワードとしては、さまざまに異なるニュアンスで多用され、訳でも文脈に合わせて「譲る」(2, 3, 4, 6 の各節)、「与える」(2, 6 節)、(銀で)「支払う」(2 節)、「差し上げる」(7 節)、(銀で)「売る」(15 節)、(ヤハウェが)「する」(22 節) などと訳し分けなければならなかった動詞「ナータン」(「与える」)と、物語の焦点でもある「葡萄園（ケレム）」の語（1, 2, 6, 7, 15, 16, 18 の各節）を挙げることができる。また、クライマックスをなす中間部分では、「ムート」(10, 13, 14, 15, 16, 24 の各節) や「ラーツァハ」(19 節) という死や殺害に関連する動詞や、「手に入れる（ヤーラシュ）」(15, 16, 18, 19 節) という動詞の多用が目立つ（Bohlen

1978:118–123; Thiel:1999:74; 2019:464; Cronauer 2005:163; Wray Beal 2014:272–273）。さらに、冒頭の部分ではアハブの「王宮」の意味で、またアハブの王家の断絶が告知される末尾の部分では王朝を意味して、「家（ベート）」の語が繰り返し用いられる。後半にあるエリヤの災いの予告の文脈で、強烈に印象に残るのが、アハブ（19節）、イゼベル（23節）、アハブの子孫たち（24節）の末路に関するエリヤの凄惨な預言で3度繰り返される、「犬たち（ケラビーム）」の語である。また、随所で食べる（動詞「アーカル」）とか、食を断つというモチーフが用いられていることも目を引く（Nelson 1987:140〔邦訳 219–220 頁〕; Walsh 1992:205; 1996:338–339; McKenzie 2019:184）。すなわち、最初の部分でアハブは、望みの葡萄園を手に入れられなかったので食事も取れないほど落胆し（4節）、その後、妻イゼベルとの間で食事をする、しないの議論となる（5–7節）。イゼベルは、ナボトを陥れて夫の望みを実現するため、イズレエルの指導者たちに断食を布告させる（9, 12節）。最後の部分では、エリヤによる災いの予告を受けて、アハブ自身が断食する（27節）。そして、犯した重大な不正の代償として、アハブの血は犬に舐められ（19b節）、イゼベル（23節）やアハブの子孫たち（24節）の遺体は、犬や鳥に食われるのである。

　なお、アハブによるナボトの殺害については、イエフのクーデターに関連して列王記下 9:25–26 でも言及されるが、同所ではここにある物語とはかなり異なる形の伝承が踏まえられているらしい（【解説／考察】を参照）。

【注解】

1–4節　アハブとナボト──ナボトの葡萄園

　冒頭の「これらの事が〔起こった〕後のことである」という形式的な編集句については、列王記上 17:17 と同所への注解を参照。現在のより大きな文脈で見れば、アラム人との3年間にわたる休戦期間（王上 22:1 参照）中の出来事だった、ということになろう。ただし、七十人訳では本章が上19 章に直接続いていることについては、本書 206–207 頁を参照。

　「イズレエル」（王上 4:12 と同所への注解〔第1巻 164 頁〕参照）は、その名によって呼ばれる北部パレスチナの広大な平野（イズレエル平野）の東

端にある町で、イスラエルの最初の王サウルが戦死した場所（サム上31章参照）としても知られるギルボア山の北西の麓にあり、メギドとベト・シェアンを結ぶ交通上の要衝をなす。メギドの東方約16キロメートルに位置するテル・イズレエルと同定されている（ABD 3:850; NIDB 3:314–315; Aharoni 1967:379）。1948年の第一次中東戦争までは、ゼルイーンというアラブ人の村があったが、この戦争で破壊され、現在では無人で、旧約聖書時代から十字軍時代までの建物の断片のある廃墟だけが残る。部族的にはイサカルに属した（ヨシュ19:18）。比較的最近（1990–1996年）のテルアビブ大学とエルサレムの英国考古学局による合同発掘調査の結果、丘の上に、前9世紀前半に建設された、塔（王下9:17参照）や城門（王下9:31参照）を伴うケースメート（二重）式の城壁で囲まれた長方形の大規模な囲い地の遺構が発見されている（Na'aman 2008:207–209; Ussishkin 2010:39–40）。その城壁の規模は縦約145メートル、横約260メートルで、イズレエル平野に下る急な斜面をなしている北側を除く三方は、幅8メートルから10メートル、深さ約6メートルの濠で囲まれていた。それゆえここが、オムリ王朝時代のイスラエルの（おそらくはアラム人を意識した）軍事的拠点であったことは間違いない。広さから見て、囲い地の中で騎兵や戦車の訓練が行われたのかもしれない。この地は、後のイエフのクーデターの舞台にもなる（王下9:21参照）。なお、城壁の内部には少数の

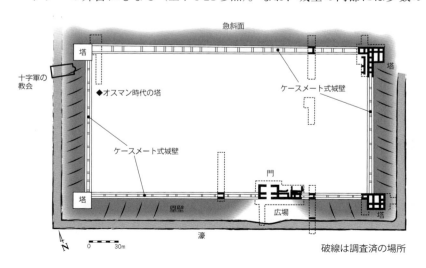

破線は調査済の場所

建物の遺構がわずかに残るだけで、アハブの宮殿がどこにあったかは確認できないようである。おそらく城壁外にあったと思われるナボトの葡萄園の場所——もし、本当にそんなものがあったとしての話であるが——も確定できないが、丘を下った平野には泉もあり、水に恵まれて農耕に適していた。実際に、石灰石の岩盤に葡萄を踏む酒ぶねや、葡萄汁を集めたと思われる穴や窪みを掘り込んだ葡萄酒製造所の跡と思われる遺構も発見されている（Franklin et al. 2017:52–54）。なお、イズレエルという地名は、おそらく「神（エル）が種を蒔かれた（動詞「ザラア」）」を意味し、土地の豊穣さを象徴していると考えられる。

　アハブの王国（イスラエル）の首都はサマリアであったが（「**サマリアの王**」、なお、この表現については王下 1:3 をも参照。また、この語が二次的加筆である可能性については、本章 18 節 [270–271 頁] への注解参照）、アハブはイズレエルにも宮殿を持っていたようである（王上 18:45; 王下 8:29 参照）。サマリアが海抜約 430 メートルと比較的高い山地にあるのに対し、平野の縁にあるイズレエルは、海抜が約 110 メートルで、気候がより温暖なので、おそらくは冬の離宮として用いられていたのであろう（Schmid 2000:566）。

　イズレエルにあるアハブの「**宮殿（ヘーカル）**」（この語はもともと「聖所」を意味するが [王上 6:3 等参照]、時には世俗的な建物、特に王の居城にも転用される [王下 20:18; イザ 13:22; 39:7; ホセ 8:14; アモ 8:3; ナホ 2:7 等参照]）の「隣（エーツェル）」に、自営農民「**ナボト**」の「**葡萄園（ケレム）**」があった（1 節）。それがあまりに見事だったので、アハブはそれを自分の「**菜園（ガン　ヤーラーク）**」にすることを望み、それを譲ってほしいとナボトに話をもちかける（2 節）。王の身分でありながら、ずいぶん細かいところにも自分で気を掛けるものである。なお、ナボトの葡萄園がアハブの宮廷の「隣」、「すぐそば（カーローブ）」にあることは 2 節でも強調されているが、やや誇張的な表現であろう。城壁で囲まれた町の中に葡萄園があったとは考えられないので、ナボトの葡萄園は城壁の外側の、王宮から目に見える範囲の場所にあったものと思われる。なお、葡萄園は通常、丘などの斜面に営まれた（イザ 5:1 等参照）。イズレエルの町は、小高い丘の上にあった。

257

ナボトとの交渉に際して、アハブは決して最初から強権を行使したわけではない。それどころか、彼は「**その代償**」として「**もっと良い（トーブ＋ミン）葡萄園**」を与えることを約束し、もしナボトが望むなら、金銭による支払いに応じてもよいと申し出る（2節）。これは、形式的には公正で真摯な商取引の提案である（創 23:4-9; サム下 24:21-25 参照）。

しかし、イスラエルの農民にとって、「**相続地**」（ナハラー、しばしば「嗣業」とも訳される）は特別の意味を持つ。旧約聖書において、カナンの土地はかつてヤハウェによって族長たちに約束され（創 12:7; 13:14-17; 15:18-21 等参照）、ヨシュアを通じてイスラエルの民に分け与えられたものであり（申 4:38; ヨシュ 11:23; 13:6 等参照）、みだりに譲渡することは許されず、一族で代々伝えてゆくべきものであった（民 27:4-11; 36:1-12 参照）。貧しさなどのためにやむを得ず土地を手放さなければならない場合でも、買い戻し（いわゆる「贖い」）の権利が留保され、また、その土地を買い戻すことは親族の義務とされていた（レビ 25:23-25）。それゆえ、たとえ王の要望であっても、ナボトが毅然としてこれを断った（3節）のは当然のことである（de Vaux 1961:166-167; Fohrer 1968:79; Bohlen 1978:328-350; Walsh 1996:318; Brueggemann 2000:257-258; Long, Jr. 2002:249; Cronauer 2005:127-128; McKenzie 2019:1891; Thiel 2019:523-524）。それは単なる損得に関わる経済問題ではなく、宗教的信念に関わることであった（「**ヤハウェにかけて**」）。

なお、3節の「**私にとってあり得ないことです**」と訳された表現（「ハリーラー　リー」）は、ある種の感嘆詞で、およそ考えられもしないこと、絶対にあってはならないことを強調する、強い否定の意志を表す一種の定型句（創 18:25; 44:7, 17; ヨシュ 22:29; 24:16; サム上 2:30; 12:23; 14:45; 20:2, 9; 22:15; 24:7; 26:11; サム下 20:20; 23:17 等参照）。原語は文字通りには、「私に（ヤハウェから）穢れがあるように」という強烈な表現で、ある種の条件付きの自己呪詛と考えられる（ThWAT Ⅱ, 982）。すなわち、もしそんなことをしたなら、どんな穢らわしいことでも受けてもよい（＝絶対にしない）、という断言で、約束を破ったなら「神が私にどんなことでもなさるように」（王上 2:23 と同所への注解［第 1 巻 107 頁］参照）という誓いの言葉と比較できる。日本的に言えば、「指切りげんまん」的な発想である。ただ

し、ヤハウェを対象にも用いられる（創 18:25「（ヤハウェに対して）あなたに穢れがあるように」！）ことから、元来の意味はほとんど忘れられ、絶対にあり得ないことを強調する定型句になっていたのであろう。

ナボトの断固とした拒否の返答を聞いて、アハブは「**不機嫌**（サル）」になり、「**腹を立てながら**（ザーエーフ）」（王上 20:43 と同所への注解参照）自分の「**王宮**」（訳注 a 参照）に帰った（4a 節）。ここでは、それがイズレエルの王宮の方（2 節参照）であるのか、あるいは首都サマリアの王宮の方であるのかが問題になるが、後にイゼベルがイズレエルの長老たちに手紙を書き送り（8 節）、また長老たちの方でも人を遣わしてイゼベルに報告する（14 節）など、イズレエルとの一定程度の距離が前提とされているので、これはおそらくサマリアの王宮のことであろう（Provan 1995:158; Walsh 1996:319; Cogan 2001:478; Knauf 2019:424）。その場合には、3 節と 4 節の間で、イズレエルからサマリアまでの直線距離で 35 キロメートルほどの移動が省略されていることになる。なお、8 節への注解（262–263 頁）をも参照。

王宮に入ると、アハブは寝室に入って、食事も食べずにふて寝した（4b 節）が、ここではアハブ自身が、王といえども一般人の土地所有権を侵すことができないという事実をよく承知していたことが前提にされている（Fohrer 1968:25; Würthwein 1978:385–386; 1984:248〔邦訳 526 頁〕; Werlitz 2002:191; Cronauer 2005:127, 135; Pruin 2006:217; Wray Beal 2014:274; Thiel 2019:529）。イスラエルの王権は、本来は決して絶対的で専制的なものではなかったのである。

なお、4a 節後半の「彼は言った」の主語は通常ナボトと解され、それに続く「**私は私の父祖たち〔以来代々〕の相続地を決してあなたにお譲りしはしません**」という台詞は、語り手がアハブの立腹の理由として、ナボトの発言内容を引用して説明した文章と見なされることが多いが（口語訳、新改訳、新共同訳、JBS 共同訳、岩波訳等参照）、はたしてそうであるかどうかは問題である。原文に理由を導入する接続詞（「キー」など）はないし、何よりもこの台詞は、3 節で実際にナボトが語った言葉とは微妙に異なっているからである。前述のように、3 節でナボトは、「ヤハウェにかけて、先祖代々からの相続地（ナハラー）」を譲ることはできないと宣誓したの

である。それはナボト個人の意志というよりも、信仰と伝統に基づく規範意識の問題であり、ナボトには、たとえ相手が王であっても、宗教的な理由からそれを譲り渡すことができないのである（「私にとってあり得ないことです」）。しかし、4a 節の言葉では、あたかもナボトが頑なにも恣意的に譲渡を拒んでいるかのように語られている（「私は……決してお譲りしはしません」）。これに直接続く 4b 節では、主語の交代なしにアハブの行為が描かれている。その直前にある 4a 節後半の「彼は言った」の主語をもアハブと解して、憤懣（ふんまん）の治まらないアハブが苦々しい思いでナボトの言葉を反芻しているとする見方も十分可能であろう（Walsh 1996:319; 2006:50）。少なくとも、これはナボト自身が語った言葉ではなく、アハブが理解したナボトの拒否の意味であろう（Zakovitch 1984:387–388; Cronauer 2005:124; Knauf 2019:441; Thiel 2019:526–527）。

5–7 節　アハブとイゼベル

　そこへアハブの妻「**イゼベル**」が登場し、アハブが食事もとらないほど意気消沈しているのを訝り、その理由を尋ねる（5 節）。アハブは事情を説明する（6 節）が、その際の言葉の選び方の微妙な違いにも注意を要する（Zakovitch 1984:385–389; Schmid 2000:568; Cronauer 2005:124–127）。ナボトとのやりとりの際に、アハブはまず、「もっとよい葡萄園」との土地の交換を提案したのであり、金銭（銀）による譲渡については、言わば次善の策として付随的に言及したにすぎない（2 節）。ところがイゼベルへのアハブの報告ではこの順番が逆になっており、しかも「もっとよい葡萄園」との交換については伏せられている。アハブはどうも、王である自分が一般市民にすぎない農夫ナボトに対して「下手に出ている」ような印象を妻に与えたくないかのようである。しかも彼は、ナボトが葡萄園の譲渡を拒否した理由として、それが「父祖たち〔以来代々〕の相続地（ナハラー）」であると指摘したことを無視している。ナボトにとって宗教的信念に基づき家系内で代々で守っていくべき相続財産（ナハラー）であったものも、アハブにとっては単なる商取引の対象となる「葡萄園（ケレム）」にすぎないのである（6 節。Zakovitch 1984:388; Würthwein 1978:386; 1984:249〔邦訳 527 頁〕）。

しかも、訳注 e に記したように、6 節の動詞は奇妙にも未完了形で、アハブとナボトの交渉が過去の一回的な行為ではなく、繰り返し行われたように読める（Würthwein 1984:245, 249〔邦訳 520, 527 頁〕; Pruin 2006:200）。実際には、交渉は一回限りのものであった。もし、この読みが元来のものであるとすれば、この点でもアハブは事実を歪曲し、誇張してイゼベルに説明していることになる。

これを聞いたイゼベルは、あたかもアハブの弱腰をなじるかのように、「**そもそもあなたなのですよ**（訳注 f 参照）、**今、イスラエルの上に王権を振るっているのは**」と、夫に王としての自覚を促す。この部分は疑問文にとることも可能であるが（七十人訳、Burney 1903:244; Gray 1977:437, 439; Jones 1984b:354; Brueggemann 2000:357, 359; Werlitz 2002:191; Cronauer 2005:123; Wray Beal 2014:272–273; McKenzie 2019:178, 184, 189 等参照）、その場合には、「王権を行使しているのは、あなたではないの？」といった、かなり皮肉で辛辣なニュアンスとなる。そして、王として非力であるアハブに取って代わるかのように、「**この私が**（訳注 h 参照）、**イズレエル人ナボトの葡萄園をあなたに差し上げましょう**」と啖呵を切る（7 節）。フェニキアのシドン出身（王上 16:31 と同所への注解を参照）のイゼベルは、「王権（メルーカー）」というものについてより絶対的、強権的な観念を抱いていたのであろう（Fohrer 1968:25; Jones 1984b:354; Walsh 1996:320; 2006:51; Lehnart 2003:261–262, 287; Albertz 2006:94–95）。彼女から見れば、一介の農夫の権利要求に屈した夫の姿は、彼女の考える「王権」の行使者としていかにも不甲斐なく思われたにちがいない。

なお、アハブが食欲不振に陥ったわけは、ナボトの葡萄園を手に入れることができなかったことによる心理的打撃であることが文脈から明らかであるが、7 節のイゼベルの言葉では、逆に食事しさえすれば心理的状態も改善されるかのように妙に単純化されているところが面白い（Zakovitch 1984:389; Knauf 2019:441）。

8–10 節　イゼベルの手紙──イズレエルの長老たちへの指示

ここで、イゼベルは持ち前の猛女ぶりを発揮する（王上 19:1–2 参照）。すなわち、彼女は策略を用いてナボトを亡き者にすることを計画し、「ナ

ボトと一緒に彼の町（すなわちイズレエル）に住んでいる長老たちや名士たち」に「何通かの手紙」（原文は複数形「セファリーム」）を送って、ナボトを無実の罪で告発させ、犯罪者として処刑するように指示する。ここでは、処刑された犯罪者の財産を王が没収できることが前提にされている（Fohrer 1968:80; Seebass 1974:481; Würthwein 1978:390; 1984:250〔邦訳630頁〕; Fritz 1996:192; Cogan 2001:486; Pruin 2006:225; Wray Beal 2014:275）。なお、持ち主のいなくなった土地が王に帰属することが前提になっている、列王記下 8:3, 6 をも参照。イゼベルがそれらの手紙を「アハブの名前で」書き、また「彼の印章（ホーターム）」でその手紙に封をしたこと（8 節。なお、エス 8:8, 10 参照）は、王妃である彼女自身には、本来そのような指示を下す法的権限がなかったことを示唆している（Würthwein 1978:386; Fritz 1996:190; Cronauer 2005:136）。彼女はあくまで王になりすまして指示を与えているのである。しかし、彼女の行為はおそらくアハブの黙認のもとで行われたのであろう。それゆえ、その責任は当然アハブにも問われることになる（Welten 1973:24–25; Seebass 1974:481–482; Crüsemann 1997:96; Cogan 2001:478, 485; Long, Jr. 2002:253; Pruin 2006:221; Begerau 2008:191）。

なお「長老たち（ゼケニーム）」とは、地域共同体の指導者たち（王上 20:7 参照）である。地域共同体における裁判（いわゆる「門の裁判」）での司法権も、基本的には彼らの手にあった（申 21:1–9, 18–21; 22:13–21; 25:5–10; ルツ 4:1–12）。長老たちと一緒に言及される「名士たち（ホーリーム）」も、大土地所有者などの有力者（エレ 27:20; 39:6 等参照）であろうが、両者のより詳細な相違や相互関係は不明である。なお、この語はアラム語からの借用語であり、この箇所（8 節と 11 節）と上記のエレミヤ書の二箇所以外では、もっぱら遅い時代の文書に限って見られるので（ネヘ 2:16; 4:8, 13; 5:7; 6:17; 7:5; 13:17; コヘ 10:17 等）、ことによると個別的な加筆かもしれない（Würthwein 1978:387; Beck 1999:50, 67; Lange 2000:31; Cogan 2001:479; Pruin 2006:238–239; Na'aman 2008:202）。

8 節でも、また、イゼベルの指示の実行を描く 11 節でも、イズレエルの有力者たちが「彼（ナボト）の町」で「彼と一緒に住んでいる」ことがくどいほど強調されているが、これは、ナボトが彼自身の「隣人」たちに

さえ裏切られ、陥れられて非業の死を遂げることの悲劇性を際立たせる効果を生んでいる。なお、もしアハブとイゼベルが同じイズレエルの町の宮殿にいるのなら、イゼベルの手紙の名宛人であるイズレエルの町の代表者たちについてこのような書き方（「彼の町の……」）はされないであろう（1–4節への注解［259頁］参照）。

「**断食**（ツォーム）」（9節）は、大きな災難に遭った時や、重大な罪が犯された時に、神の助けや赦しを願うために多くの人々を集めた集会の形で行われることが多い（士20:26; サム上7:6; サム下1:12; 代上10:12; 代下20:3; エレ36:6, 9; ヨエ1:14; 2:12, 15等参照。なお、個人で行うものとしては、本章27節の他、サム下12:16–23等参照）。要するに、苦行によって神の同情を引こうという発想である（特にヨナ3:5–9参照）。ここでは、住民の一人が冒瀆行為を犯したことを住民全体が連帯責任的に懺悔し、町全体に災いが下らないように、ということであろう。

「**ナボトを民の先頭に座らせ**」（9節）るとは、通常は、名誉ある席に着かせることを意味する（Fohrer 1968:26–27; Gray 1977:440–441; Bohlen 1978:376; Zakovitch 1984:391; Walsh 1996:322; Thiel 1999:77; 2019:524, 525; Schmid 2000:570; Cogan 2001:479; Albertz 2006:97）。この部分は、一般的に裁判の場面と理解されることが多いが、注目すべきは、イゼベルの手紙にも、また後の命令の実行の記事（12節）にも、裁判についてはまったく触れられていないことである（Seebass 1974:480–481; Cronauer 2005:135）。布告されたのは、あくまで「断食」であって、裁判のための集会ではない。両者は本来なら、明らかに性格の異なる別の機会である。前述のように、断食を伴う嘆きの集会は、何らかの災いがすでに起こった場合や、預言者的人物によって災いが予告された場合（特にヨナ3:4–9参照）に、それに対する反応として布告され、実施されることが多いが、ここでは、そのような災禍がすでに起こったようにも、預言されたようにも見えない。それゆえ、イズレエルの住民たちは、訳も分からず断食と嘆きのための集会に駆り出される、ということになろう。おそらくは、町の名士の一人であったナボトは、この集会で市民を代表するような、名誉ある席に座らされたわけである。ただし、理由も告げられずに断食と嘆きの集会に動員された町の住民たちにとって、断食を必要とするようなどんな恐るべき罪が犯さ

れたのか、また、誰がそのような悪を行ったのか、要するに「原因探し」、「犯人探し」に関心が集中するはずである（Seebass 1974:481; Zakovitch 1984:391; Rofé 1988b:92; Fritz 1996:191; Crüsemann 1997:99; Thiel 1999:77; Schmid 2000:572; Cronauer 2005:140–141）。

そこへ、2人の「ならず者」が偽証人として登場し、ナボトが神への冒瀆行為と王への不敬行為を犯したと告発する（10節）。これにより、重大な冒瀆行為が犯されたことを初めて聞かされ、驚愕し恐怖にかられ、パニック状態に陥った民衆の中で、本来なら懺悔と神への嘆願のための場であったはずの嘆きの集会が、その「元凶」であった冒瀆者を裁き、処罰する宗教裁判の場におのずから急変する。それは正規の制度的な裁判というよりも、集団ヒステリー的な状況の中で行われた私刑（リンチ）のようなものであったと考えられる（使 7:54–60; 21:21–32 参照）。

ナボトにとっては、本来は名誉ある市民代表の席であったはずの「民の先頭」の席が、突然、逃げも隠れもできない、証人や陪審員である市民たちの前に引き出された被告人の席に変わる、という仕掛けである。最初からナボトを被告とする裁判の集会として召集されるのであれば、被告の側は、自己弁護のための反証を準備する時間的、心理的余裕もある程度持つことができる。ところがこのシナリオに従って、意表を突く形で嘆きの集会を直接裁きの場に急変させれば、相手に反論する余裕さえ与えない「不意打ち効果」（Seebass 1974:481; Thiel 1999:77）が発揮できる、というわけである。恐ろしく悪賢く考えられた緻密な戦術である。

偽証人が「2人」とされているのは、古代イスラエルの裁判では、一人だけの証言では法的に有効と見なされなかったからであろう（民 35:30; 申 17:6; 19:15; マタ 26:60 等参照）。前述のように、この場面はおそらく正式の裁判の場ではないが、イゼベルは証言の一般的な有効性にも周到に配慮しているわけである（イザ 8:2; ルカ 24:4–7; 使 1:10–11 等参照）。

なお、偽証人たちについて用いられている、「ならず者」（10節）と訳された原語「ベリアルの子ら（ベネー　ベリーヤアル）」の本来の意味はよく分からない。旧約聖書では、「ろくでなし」、「悪漢」といった悪態的な意味の定型表現としてよく用いられる（申 13:14; 士 20:13; サム上 2:12; 10:27; 25:17, 25; サム下 20:1; 23:6 等参照。裁判での証言に関連しては、さらに

箴 19:22 をも参照)。もちろん、イゼベル自身が実際にこの語を手紙に書いたということでなく、冤罪をでっち上げるための偽証人たちについての語り手自身の価値判断が反映しているのであろう (Gray 1977:441; Würthwein 1978:387; 1984:249〔邦訳 528 頁〕; Zakovitch 1984:392; Walsh 1992:198–199; 2006:58; Schmid 2000:571; Cogan 2001:479)。一部の研究者は、この表現の文脈上の不自然さ等から、10 節を不器用な後代の加筆と見るが (Fohrer 1968:27; Bohlen 1978:65–68)、その必要はなかろう。あるいは、もし本当にイゼベルが手紙の中でこの言葉(「ならず者」)を使ったとすれば、彼女には、計画されていることが偽証に基づく陰謀であることを町の指導者たちにも赤裸々に自覚、熟知させ、共犯関係に巻き込むという狙いがあったのかもしれない (Seebass 1974:481; Walsh 1996:325)。もしそうだとすれば、イゼベルの計画はさら巧妙、悪辣だったことになろう。指示したのはイゼベルであるが、実行するのは長老たちや名士たちなのである。なお「ベリアル」の語は、後のユダヤ教文書(死海文書等)や新約聖書では悪魔的存在の呼称の一つとされるようになる (IIコリ 6:15 をも参照)。

　偽証人によってナボトが訴えられる罪状(10 節)とは、「**神と王とを呪った**」という最悪のものである (出 22:27; イザ 8:21 参照)。要するに、神に対する冒瀆と、王に対する不敬罪ということである。なお、マソラ本文の原文では、実はこの箇所は「お前は神と王とを祝福した(ベーラクター)」となっている (13 節でも同様)。これは逆の意味の語を用いた婉曲表現で、その背後には、「神を呪う」というおぞましい文章を書くこと自体が不吉な事態であり、何らかの災いを惹起しかねないという恐れの念がある。日本語で縁起をかついで「するめ」を「当たりめ」、「梨(なし)」を「有りの実」と言うのと似た発想と言えよう。同じような現象が旧約聖書の他の箇所にも見られるが (ヨブ 1:5, 11; 2:5, 9; 詩 10:3 参照)、いずれの箇所においても、原著者自身による配慮なのか、写本の写字生による二次的な書き換えなのかははっきりしない。

　もちろん、この訴えはまったくのでっち上げの誣告(ぶこく)である。アハブとの会話で、ナボトは宗教的伝統とヤハウェへの忠誠を尽くす姿勢を示していた。ただし、ことによると、3 節におけるナボトの発言、すなわち本来の

意味をほとんど忘れられていたはずの「ハリーラー　リー　メー・YHWH」(「ヤハウェから私に穢れがあるように」)という強い否定の定式が、意図的に文字通りの意味に曲解され、穢れを聖なる神に関連付けるという点で瀆神行為と見なされ、しかもそれが王の真摯な要請を拒絶する目的で口に出されたこともあって、屁理屈的に、「神と王を呪った」という告発に悪用されているのかもしれない (Seebass 1974:480; Wiseman 1993:195〔邦訳 214 頁〕; Crüsemann 1997:99; Schmid 2000:572)。ただし、3 節のナボト自身の言葉とは異なり、6 節のアハブのイゼベルへの事情説明では、この「ハリーラー　リー」の定式には触れられていなかった。それでは、いったいイゼベルはどこからナボトのこの発言について知ったのであろうか。

悪質な冒瀆行為を行った者は、「**石打ち**」(動詞「サーカル」)で殺されることになっていた (レビ 24:10–16, 23; 民 15:32–36; 申 13:11; 17:5; 22:21, 24; ヨシュ 7:25 等参照。なお、使 7:54–60 をも参照)。この処刑は、通常は町や宿営地の外で行われた (レビ 24:14, 23; 民 15:36。なお、ヨシュ 7:24–26 をも参照)。死の穢れを残さないためであろう。ナボトの石打ち刑も、「**彼を町の外に連れ出し**」たうえで行われることになる (13 節)。

11–14 節　ナボトの裁判と処刑、イゼベルへの報告

イゼベルの指示は、彼女がアハブの名で書いた手紙の通りに実行される (11 節)。すなわち、断食が布告され、ナボトは民の先頭に座らされる (12 節)。そして手筈通り、2 人の「ならず者」が偽証人としてナボトを冒瀆罪で告発する (13a 節)。ただし、ここでも一つだけ、興味深い細部の違いが見られる。10 節のイゼベルの指示では、偽証人たちはナボト本人に向けて、「**お前は神と王とを呪った**」と 2 人称で面罵することになっていた。ところが、13 節で「ならず者たち」は「**民の前**」でナボトに関して、「**ナボトは神と王とを呪った**」と 3 人称で訴えている。すなわち、彼らの発言は、イゼベルの指示とは異なり、ナボトに向けられた非難ではなく、民に向けられた客観的な告発となっているのである。ここには語り手の微妙な心理的洞察が表れているように思われる。どれほどの「ならず者」であろうとも、まったくの嘘八百である場合、本人の目を見ながら面と向か

って偽証することはやはりやりにくいのではなかろうか。彼らはおそらく、ナボトの目を見ずに指定された役割を果たしたのであろう（Zakovitch 1984:394; Rofé 1988b:92–93）。

その結果、ナボトは犯罪者として処刑される（13b 節）。前述のように、おそらくは何の反論の機会も与えられなかったのであろう。なお、列王記下 9:26 によれば、この際にナボトの息子たちも殺されたことになっている（ヨシュ 7:25 参照）。それが事実であれば、連帯責任ということか。また、土地の法的相続者を排除するということも意図されていたのかもしれない（Fohrer 1968:80）。

いずれにせよ、すべてが終わった後、ナボトの処刑について報告するため、イゼベルのもとに使者が派遣される（14 節）。イゼベルがアハブの名と印を用いて指示の手紙を書いた（8 節）にも拘わらず、指示の実行の報告が（アハブではなく！）イゼベルに送られることは、当事者たちが、誰が真の影の黒幕なのかをよく承知していたことを示唆している（Zakovitch 1984:390; Cogan 2001:480; Cronauer 2005:159, 175; Pruin 2006:224–225; Begerau 2008:192–193）。

15–16 節　アハブとイゼベル

ナボトの死の知らせを受けたイゼベルは、夫アハブに「**ナボトの葡萄園を手に入れなさい**」と命じる（15 節）。ここでもまた、主導権を握るのは彼女であり、夫のアハブ王は唯々諾々と彼女に従うのみである。なお、七十人訳では、ナボトの死を聞いたアハブが衣を裂き、粗布をまとってナボトへの弔意を示したとする、まるで 27–29 節を先取りするような記述が挟まっている。アハブの罪責を和らげ、イゼベルの悪辣さをさらに際立たせようという、翻訳者たちの二次的な「工夫」であろう。

王自身が直接、目的の土地に出向くのには、その土地に足を踏み入れることで、所有権の取得を象徴的に表現する（創 13:17 参照）という意味があったのかもしれない（Welten 1973:24; Seebass 1974:482; Würthwein 1978:390; 1984:251〔邦訳 530 頁〕; Cogan 2001:481; Albertz 2006:100）。「**下って行**」く（動詞「ヤーラド」）とは、文字通り、山の上のサマリアから平原の端にあるイズレエルに下るということであろう（Wiseman 1993:196

〔邦訳 215 頁〕；Schmid 2000:573; Cogan 2001:481）。前述のように、サマリアとイズレエルでは約 320 メートルほどの高度差がある（本書 257 頁参照）。

17–29 節　アハブとエリヤ――災いの告知

　元来の（申命記史家たち以前の）伝承が 16 節で終わっていたとする見方もある（Würthwein 1978:377, 390; 1984:247, 251〔邦訳 524–525, 530–531 頁〕；Timm 1982:113–114, 117–118; Bohlen 1978:90–171; Fritz 1996:188–189; Beck 1999:52–54, 61–64; Oeming 1986:378–380; Lange 2000:33–36; Lehnart 2003:261–262）が、これではあまりにも尻切れトンボであり、何らかの続きの存在が予測される。そもそも 16 節でアハブは、まだ目的の場所へ移動中であり、所期の目的を達成していない。

　たとえ、その後に「こうしてアハブは、ナボトの葡萄園を手に入れた」といった結びの文章が続いていたとしても、権力者の非道がまんまと成功してしまったというだけでは、読者や聴き手の抱くフラストレーションも大きい。懐疑主義的な厭世家であるコヘレトあたりであれば、不条理で不正、悲惨な出来事を描いたうえで、世のなかそんなものさ、と諦めの境地で悟ったようなことを言うかもしれないが（コヘ 4:1; 5:7; 7:15; 8:2, 10, 11–12a, 14 等参照）、旧約聖書の物語文学や預言文学で、重大な罪が犯されたり悪質な陰謀が成功したことが語られたうえで、それにいかなる批判も処罰もなされない、などという類似例を見出すことは難しい（Schmoldt 1985:42–43; Crüsemann 1997:91–92; Thiel 1999:74; Blum 2000:115–116; Albertz 2006:69–70, 89）。本単元冒頭にも示した左右対称の集中構造や、ダビデとバト・シェバの物語との構造的並行性（本書 253–254 頁参照）から見ても、（申命記史家たち以前の）元の伝承には、やはりアハブやイゼベルの罪を糾弾し、災いを予告する預言者エリヤの言葉があったものと考えられる（Fohrer 1968:24–28; Seebass 1974:482–483; Long 1984:225; Schmoldt 1985:43–51; Nelson 1987:139〔邦訳 219 頁〕；Crüsemann 1997:91–92; Thiel 1991:150, 153; 1999:41; 2019:476–477, 492, 557–558; Otto 2001:125–126, 137–140; Werlitz 2002:189–190; Albertz 2006:69–70, 89–90; Pruin 2006:208–209; Becking 2007:47–48; Na'aman 2008:200）。

　ただし、この部分には、後に見るように、申命記史家たちの手による編

集が大幅に加わっており、ほとんど原形を留めていないほどである。また、この編集により、文脈が色々な意味でおかしくなってしまっている。例えば、18–19 節はヤハウェからのエリヤへの指示であるが、この指示が実行されたことはどこにも記されない（王上 18:1–2 と比較のこと）。おそらく元来の（申命記史家たち以前の）伝承では、19 節に続く文脈でエリヤがヤハウェの指示通りに実行したことが報告されていたのであろう。仮説的に、元来の文言を再構成してみると、ほぼ次のようになろう。

「すると、エリヤは立ち上がり、イスラエルの王アハブに会うために、ナボトの葡萄園に下って行った（18 節参照）。アハブを見ると、エリヤは彼に告げて言った。『ヤハウェはこう言われた。あなたは人殺しをし、また、手に入れもしたのか。また、ヤハウェはこう言われた。犬たちがナボトの血を舐めた場所で、犬たちがあなたの血を舐めるであろう。そう、あなた自身の〔血〕をも』（19 節参照）。すると、アハブはエリヤに言った。『わが敵よ、お前は私を見つけたのか』。すると、彼は言った。『私は見つけましたとも。……（以下不明）』（20a 節）」。

さらに、20b 節は「ヤハウェ」に 3 人称で言及するエリヤの言葉であるが、それに直接続く 21 節は明らかにヤハウェが 1 人称で語るヤハウェ自身の言葉であり、その間に話し手の交替を示すような使者定式（「ヤハウェはこう言われた」などの文章が欠如している。（実は七十人訳の有力な写本の一部には該当箇所［21 節の冒頭］に使者定式に当たるものがあり、私訳でもこれに従って使者定式を補おうとも思ったのであるが、原文の不自然さを表すために、あえて原文のままにした。七十人訳写本の一部の使者定式挿入は、七十人訳の訳者による二次的な文脈円滑化の可能性がある。）

そして何よりも、エリヤが 21–24 節でアハブに伝える言葉は、19 節でヤハウェに指示された言葉とまったく異なるのである。

元来の（申命記史家たち以前の）伝承に含まれていたと考えられるのは、アハブに会いに行くようにという、ヤハウェのエリヤへの派遣命令（17–18 節）、「あなたは人殺しをし、また、手に入れもしたのか」（19a 節）というアハブへの非難の言葉、「犬たちがナボトの血を舐めた場所で、犬たちがあなたの血を舐めるであろう」（19b 節）というアハブへの災いの予告、20a 節のアハブの言葉（「わが敵よ、お前は私を見つけたのか」）、それに答

える「**私は見つけましたとも**」というエリヤの言葉、そして「**イズレエルの塁壁の中で、犬たちがイゼベルを食らうだろう**」（23節）というイゼベルへの裁きの予告である。

17-19節　ヤハウェのエリヤへの言葉

ヤハウェのエリヤへの派遣命令（17節）は、「**ヤハウェの言葉がティシュベ人エリヤに臨ん**」だという言葉の生起定式（Wortereignisformel）で始まる。この定式は、申命記史家たちが頻用するものであるが（王上6:11; 12:22; 16:1; 17:2, 8; 18:1; 21:28等参照）、申命記史家たち以前の預言者的伝承にもすでに含まれていたものであろう（Steck 1968:43; Thiel 1991:150; 2019:43-44; Otto 2001:124）。ヤハウェはエリヤに対し、15節のイゼベルのアハブへの指示の言葉や、それを受けた16節の語り手自身の言葉をそのまま受けたような表現（「立ち上がり（クーム）」、「下って行く」［動詞「ヤーラド」］、「手に入れる」［動詞「ヤーラシュ」］）を用いて、アハブと対決するように命じ、アハブが「**ナボトの葡萄園**」にいることまで教示する。ただし、現在ある18節の文章はやや奇妙である。「ナボトの葡萄園」がイズレエルにあることは物語の当初から明らかであり（1節）、「イズレエル人」（1節）であるナボトの「父祖たち〔以来代々〕の相続地」がイズレエルにあることは自明の理である。ところが18節では、「ナボトの葡萄園」にいるはずのアハブが「サマリアにいる（ベ・ショーメローン）」ともされていて、あたかも「ナボトの葡萄園」がサマリアにあるかの印象が引き起こされる。新共同訳などはこの矛盾を避けるために、該当部分を「サマリアに住む」と訳している。居城は首都サマリアにあるが、今はイズレエルのナボトの葡萄園に来ている、というわけである。しかし原文には「住む」の語はなく、あくまでサマリアが現在地であるように読めるのである（口語訳、新改訳、岩波訳参照）。JBS新共同訳は「直ちにサ・マ・リ・アに下・っ・て・、イスラエルの王アハブに会いに行きなさい」となかなか巧みであるが、原文はそのようには読めない（文法的に関係詞句「アシェル　ベ・ショーメローン」は動詞「ヤーラド（下る）」の目的地にはなり得ない）。

多くの研究者は、この一句を、列王記上22:38を踏まえた後代の加筆と見ている（Napier 1959:368; Miller 1967:313; Fohrer 1968:28; Dietrich

1972:50; Jones 1984b:352, 358; Würthwein 1984:246〔邦訳 521, 524 頁〕; Nelson 1987:138–139〔邦訳 217–218頁〕; McKenzie 1991:69; 2019:109; Fritz 1996:188; Blum 2000:117; Lehnart 2003:263–264)。すなわちそこ（王上 22:38）では、アハブの戦死後、戦車から流れ出た彼の血を犬たちが舐めたとされており、それは本章 19b 節で語られるアハブへの災いの予告の成就と意味づけられている。ところが、後に見るように、本章 19b 節では、犬たちは「ナボトの血を舐めた場所」でアハブの血をも舐めるとされている。ナボトが血を流したところと言えば、当然、ナボトの町であるイズレエルの町の外（13 節参照）のはずである。ところが、列王記上 22:38 では、犬たちがアハブの血を舐めるのは、首都「サマリアの池」なのである。おそらくは、列王記上 22:38 を加筆した人物か、あるいはその記述を読んだ後代の別の人物が、「預言」と「成就」の間の矛盾を回避するために、出来事の舞台をサマリアに移して、「ナボトの葡萄園」があたかもイズレエルではなく、サマリアにあるかのような印象を引き起こすために、この一句（「サマリアにいる」）を加えたのであろう。ことによると、本章 1 節でアハブが、18 節のように通常通り「イスラエルの王」ではなく、「サマリアの王（メレク　ショーメローン）」とされているのも、これと同じような意味での二次的改変なのかもしれない。

　19a 節のアハブへの糾弾の言葉と 19b 節の彼への裁きの予告は、通常の預言者の災いの告知における「叱責の言葉（Scheltwort）」と「威嚇の言葉（Drohwort）」に相当するが、ここではいずれの場合にも、使者定式（「**ヤハウェはこう言われた**」）によってことさらに強調されている。

　19a 節のアハブへの糾弾の言葉（「**あなたは人殺しをし、また、手に入れもしたのか**」）には、十戒の「殺すなかれ」（出 20:13; 申 5:17）の戒めにも用いられている、殺害行為を表す比較的稀な動詞「ラーツァハ」が用いられている。この動詞は、より一般的な殺人行為を表す「ハーラグ」や「ヘーミート」とは異なり、命を奪うという客観的意味だけでなく、行為の違法性、道徳的な罪悪性を内包している。直接手を下したのはイズレエルの町の指導者たちであり（13 節）、それを命じたのはイゼベルであるが（9–10 節）、それらはアハブの名と印章によって行われたのであり（8 節）、また、すべてはアハブの悲願成就のために行われたのであるから（7 節）、道義

的にアハブに殺人の責任が帰されているのであろう。

　なお、十戒の成立時期については諸説があり、この部分の著者が十戒自体を現在の形で踏まえているかどうかは確言ができないが、アハブとイゼベルの一連の行為が実質的に、十戒の「二枚目の板」の倫理的戒めの——姦淫を除く——ほとんどに抵触するものであることは興味深い（Gray 1977:442; Würthwein 1978:381; 1984:251〔邦訳532頁〕; Wiseman 1993:196〔邦訳 215–216頁〕; Provan 1995:158; Beck 1999:58; Schmid 2000:576; Begerau 2008:195–196; Thiel 2019:594–595; Lamb 2021:269–270）。すなわち、アハブは「隣人」であるナボトの葡萄園を「欲しがり」（第十戒）、イゼベルはアハブのために、「偽証」をする「ならず者たち」を用いてナボトを無実の罪に陥れ（第九戒）、彼を殺害（ラーツァハ！）し（第六戒）、彼の財産を盗み取った（第八戒）のである。

　なお、「人殺しをする」という動詞にも「手に入れる」という動詞にも目的語がないが、前者の場合は文脈からナボトが被害者であることは自明である。後者については 15 節でイゼベルが指示し、16 節でもアハブの出発の目的とされている動詞「ヤーラシュ」が用いられており、ナボトの葡萄園のことが念頭に置かれていることは明白である。

　19b 節のアハブ個人に対する同害報復（タリオ）的な災いの言葉（「犬たちがナボトの血を舐めた場所で、犬たちがあなたの血を舐めるであろう」）は、ナボトが暴力的な仕方で惨殺されたことを前提とし、彼の死に実質的な責任を負うアハブにも同じような運命が下ることを予告するものである。ただし、厳密に言えば、「犬たち」がアハブの血を舐めること自体は必ずしもアハブへの裁きではなく、下された災いの結果である（Seebass 1974:482）。アハブが具体的にどのような末路をたどるかについては言及されていない。なお、同じく「犬たち」に言及される 23 節のイゼベルの末路についての言葉や、24 節のアハブの子孫たちの全滅についての言葉についても、基本的には同じことが言える。

　なお、七十人訳では、19b 節でナボトの血を舐めた動物として「犬たち」の語の前に「豚たち」の語が加わっている。周知のように、豚はユダヤ人の間で穢れた動物として忌み嫌われていた。また七十人訳では、19 節の末尾には、「娼婦たち（ポルナイ）があなたの血で身を洗うであろう」

の語が加わっている。これは明らかに、列王記上 22:38 への伏線であり、この事態をもヤハウェの言葉の成就としようとする工夫である。いずれも、七十人訳の訳者（たち）による潤色であろう。

いずれにせよ、アハブへの同害応報的な災いを予告する 19b 節の言葉は、申命記史家たちの創作ではなく、かなり古いものであり、すでに申命記史家たち以前に固定した形で流布していたと考えられる。このことは、まさにそれが現在の申命記史書の文脈とうまく合致していないということからほぼ確実であるように思われる（Fohrer 1968:71; Steck 1968:41-43, 52; Gray 1977:435; Bohlen 1978:300-302; Timm 1982:127-128; Hentchel 1984:127; Thiel 1991:151; 2019:484, 493; Otto 2001:124-129; Albertz 2006:68-70; Pruin 2006:228-229）。

第一に、この言葉では、アハブ自身に「ナボトの血」の責任が帰されており、同じことがアハブにも起こることが同害応報的に予告されているのであるが、前述のように、先行する 1-16 節の物語では、「主犯」は明らかにすべてを計画するイゼベルであって、彼女の指示によって直接手を下すのは、「ナボトの町」の「長老たちや名士たち」である。前述のようにアハブにまったく責任なしとは言えないにせよ、彼は「ナボトの血」については間接的、従属的な役割を果たすにすぎず、「罪状」と「量刑」がかなり不釣り合いであるという印象は否みがたい。

第二に、1-16 節の物語では、ナボトが「町の外」で石打ちにされたことしか語られておらず、「犬たちがナボトの血を舐めた」ことはどこにも描かれていない。したがって、19b 節の犬たちについての言葉は、現にある 1-16 節の物語を踏まえてはおらず、アハブ一人に「ナボトの血」の罪責を帰す、別の伝承を踏まえているように見える。このことは、後述するように、列王記下 9:25-26 にある「ナボトの血」についてのもう一つの伝承との比較からも裏付けられる。

第三に、現在の列王記の文脈では、この予告の成就はアラム人との戦闘の最中でのアハブの戦死を描く列王記上 22:38 に記されているが、その場所は、前述のようにここで言われているような「犬たちがナボトの血を舐めた場所」、すなわちイズレエルの「町の外」ではなく、「サマリアの池」なのである。もし、すべてが申命記史家たちの創作であるとすれば、この

ような齟齬が生じるはずはない。(王上 22:38 を含む王上 22:1–38 は、次の単元でより詳しく扱うように、20 章同様、申命記史家たちよりも後の付加と考えられる。)

　しかも第四に、元来の申命記史書では、アハブはアラム人との戦いで戦死する（王上 22:34–35 参照）のではなく、天寿をまっとうして平穏のうちに葬られたらしい（王上 22:40 と同所への注解［本書 335–336 頁］参照）。したがって、元来の申命記史書のレベルでは、この予告は「預言」としては的中しないのであり、後述するように申命記史家たちは、この不整合を何とか調整しようと骨を折っている（27–29 節と同所への注解参照）。これまでも繰り返し見てきたように、申命記史書で「預言」と「成就」の図式が成立するのは、申命記史書中の「預言」の多くが事後予言だからである。ところが、19b 節のアハブの末路を示唆する預言は、そのままの仕方では的中しないのであり、事後予言ではあり得ない。「成就」しないことが分かっている預言が後から創作されるということは考えにくいからである（Fohrer 1968:71; Hentschel 1984:127; Schmoldt 1985:51; Otto 2001:125–126; Thiel 2019:493）。それ故、少なからぬ研究者や解釈者は、ここにまだアハブの生前に語られた預言者的なアハブ批判の言葉が名残を留めているとさえ考えている（Steck 1968:45, 52; Bohlen 1978:302, 318; Oeming 1986:377; Otto 2001:125–126, 142; Albertz 2006:70; Thiel 2019:493, 562）。

　19a 節と 19b 節に、使者定式（「ヤハウェはこう言われた」）が奇妙な形で二つ並んでいるのも、より古い伝承が「引用」されていることと関連するのかもしれない（Otto 2001:142–143; Albertz 2006:70; Thiel 2019:484, 561）。すなわち、第一の使者定式はこの物語の語り手自身が創作したものであるのに対して、二番目の使者定式の方は、「引用」される言葉の導入文としてより古い伝承に既に含まれていた可能性が考えられてよい。

　19b 節のアハブの末路についての言葉が古い伝承に遡るとすれば、それはおそらく、独立した伝承素材として人口に膾炙していたのであろう（Bohlen 1978:300, 302, 318–319; Thiel 1991:151; Otto 2001:142; Albertz 2006:69–70, 103; Pruin 2006:209–210）。ただし、この言葉が最初からエリヤの言葉として伝えられていた（Thiel 1999:76; 2019:562; Albertz 2006:69–70）のか、それともそれは、もともと匿名の（あるいは別の人物の）言葉

であったのだが、それが伝承史の経過の中で民衆に人気のあるエリヤの言葉と再解釈されるようになったのか（Bohlen 1978:289–290, 318; Oeming 1986:377; Otto 2001:142; Pruin 2006:228）は、如何とも決しがたい。

23 節　イゼベルの災い

これに対し、23 節のイゼベルへの災いの予告は、現にある 1–16 節の物語を明らかに踏まえており、伝承史的にはおそらくこの物語と同じ層に属する（Steck 1968:42–43; Hentschel 1984:127; Jones 1984b:359; Thiel 2019:495, 500）。すなわち、この物語では「ナボト事件」におけるイゼベルの主導的で悪辣な役割が強調され、彼女にも天罰が下って当然だとされるのである。申命記史家たちの記述では、このイゼベルの末路についての「預言」は後のイエフのクーデターの際にもほぼ同じ形で引用され（王下 9:10）、実際にイエフの手によって成就する（王下 9:30–37）。したがって、こちらの言葉の方は明らかに事後予言的な性格のものであり、少なくともイエフのクーデター（前 845 年）以降のものと考えられる。

23 節のイゼベルの末路についての言葉では、おそらくそれ以前からあったアハブへの災いの予告（19b 節）の文言が踏まえられており（「犬たち」！）、それがさらにエスカレートさせられている（Steck 1968:41–42, 52; Otto 2001:132; Pruin 2006:234）。すなわち、犬たちはもはや死者の「血を舐める」のではなく、犠牲者自身の肉を「食らう」のである。このことは、イゼベルの遺体が死後正式の埋葬を受けず、放置されたままになることを示唆する（王下 9:10, 34–37 参照）。アハブの場合には――そしてナボトの場合にも！――、必ずしもそうではなかった（19b 節）。現場に残されるのはあくまで「血（ダム）」だけであり、遺体はきちんと葬られた可能性が考えられるからである（Cronauer 2005:12–13; Pruin 2006:231）。実際に、アハブはサマリアに埋葬されることになる（王上 22:37, 40 参照）。それゆえ、イゼベルに下される災いは、アハブの場合より明らかにより悲惨なのである。

列王記上 18 章や同 19 章（特に 16–18 節）の物語と同様、この物語（王上 21:1–16, 23）にも、後のイエフのクーデターとオムリ王朝や特にイゼベルに対するイエフの暴虐行為（王下 9:30–35 参照）を正当化しようとする

意図が込められているように思われる（Steck 1968:45–46, 52, 71–72; Jones 1984b:351; DeVries 1985:256; White 1994:74–76; 1997:17–24; Otto 2001:142–143; Sweeney 2007:247–248; Thiel 2019:495–496）。それゆえ、物語の原形が成立したのは、やはりイエフ王朝の時代であろう。なお、イゼベルへの災いが実現する場所としての「イズレエルの塁壁（ヘール：חֵל）」への言及は意味不明である。列王記下 9:10, 36–37 によれば、それが実現するのは「イズレエルの地所（ヘーレク：חֵלֶק）」である。本文破損で最後の一文字（コーフ）が脱落したのかもしれない（Burney 1903:250; Bohlen 1978:295; Thiel 1991:152; 2019:458; Beck 1999:50; Cogan 2001:476, 482; Otto 2001:121; Pruin 2006:202）。

　現在ある文脈では、23 節が、アハブの子孫たちの断絶を予告する 22 節と 23–24 節の記述を中断しているように見えるので、23 節を後代の加筆とする見方もある（Noth 1943:83〔邦訳 178–179 頁〕; Welten 1973:22; Gray 1977:436, 443; Würthwein 1978:375, 382; 1984:246, 251〔邦訳 522, 532 頁〕; Timm 1982:129; Hentschel 1984:127–128; DeVries 1985:255, 257; Schmoldt 1985:47; Oeming 1986:381; Rofé 1988b:95; Minokami 1989:53; Schniedewind 1993:653–654; Lehnart 2003:265–266; Cronauer 2005:176–177; Knauf 2019:427, 430, 454; McKenzie 2019:193）が、その必要はなかろう。先行するナボト殺害の物語（1–16 節）でイゼベルが果たす大きな役割から見て、今では失われてしまった元来の物語のエリヤの言葉に含まれていた要素を、申命記史家たちの一人が自分の記述の中に取り込んだものとして十分理解できるからである（Steck 1968:36–37, 41–43; Bohlen 1978:298–299, 301, 319; Thiel 1991:151–152; 2019:491, 500, 577; Pruin 2006:233–236, 242–244）。申命記史家たちが既存の伝承を取り込む際に、前後から挟み込むように編集する手法は他の箇所でも見られる（王上 14:7–14 と同所への注解［第 2 巻 148, 154 頁］参照。なお、同所でも、もともと個人に関わるものであった災いの預言が、王朝全体の断絶の予告に拡張されていることは興味深い）。イゼベルへの災いの言葉がこの位置（24 節の前）に置かれたのは、続く 24 節と内容（犬に食われる！）が並行するからかもしれない。後述するように、24 節を書いた申命記史家が、既存のイゼベルへの災いの言葉（23 節）を模倣した可能性も検討されてよい。

20–22, 24 節　アハブとアハブの家への災い

　釈義上の都合から、23 節の釈義を先にしてしまったが、ここでいったん 18–19 節に戻ろう。現在の文脈で見れば、18–19 節は、アハブに会ってこのように伝えよという、ヤハウェからのエリヤに対する指示である。当然、エリヤがその後ヤハウェの指示通りに行ったことが前提とされているが（王上 18:1–2 参照）、前述のように、現在の文脈では実行報告が文章として欠落してしまっている。続く 20 節では、エリヤがアハブの前に姿を現したことが前提になっている。「**わが敵よ（オーイェビー）**」というアハブの言葉（20a 節）は、列王記上 18:17 におけるこの 2 人のもう一つの出会いの場面を想起させ、後者の箇所と同様、エリヤに対するアハブの敵意を表現する。「**お前は私を見つけたのか**」というアハブの問いには、疚(やま)しいことを行っているという多少の負い目が彼の心にあることが感じられる。彼は言わば、「現行犯」で捕捉されてしまったのである。元の（申命記史家たち以前の）伝承では、この場面でエリヤ、19 節でヤハウェに命じられた通りのことをアハブに告げたことになっていたのであろう（前述［269 頁］の再構成参照）。

　ただし、現在ある列王記上 21 章の文脈では、エリヤがアハブに告げるのは、前述のように、19 節でヤハウェに命じられた言葉とはまったく別の言葉である。「**私は見つけましたとも**」という、直前のアハブの問いを受けたエリヤの返答に続く 20b 節は、「ヤハウェ」について 3 人称で語るので、なおエリヤの言葉の続きと考えられる。そこでは、アハブが「**ヤハウェの目に悪と映ること**」を行ったとする典型的な申命記史家的用語法（王上 16:30 参照。さらに、王上 11:6; 14:22; 15:26, 34; 16:7, 19, 25, 30; 21:25; 22:53; 王下 3:2; 8:18, 27; 13:2, 11; 14:24; 15:9, 18, 24, 28; 17:2, 17; 21:2, 6, 16, 20; 23:32, 37; 24:9, 19 等参照）が現れ、申命記史家（おそらくは第一の申命記史家）たちの一人の編集句が始まる。しかも、ここでは、アハブがそのような悪行に自らすすんで「**身を任せた**」ことが論難されている。訳注 1 にも記したように、この部分を文字通りに訳すと、「自分を売り渡す」という特徴的な表現である（動詞「マーカル」の再帰形）。この表現は、（奴隷として身売りするという文字通りの意味で用いられている申 28:68 を除けば）この箇所（20 節）と 25 節（同所への注解参照）以外では、列王記下 17:17

で北王国イスラエルの滅亡に際して、その原因となったイスラエルの民全体の罪を描く際に用いられているだけである。

なお、ここでアハブが指弾されている「悪」とは、文脈上は当然ながら、ナボトの命と葡萄園を不当に奪ったことにあるが（19a 節の「あなたは人殺しをし、また、手に入れもしたのか」参照）、列王記で北王国の王たちに関連して「ヤハウェの目に悪と映ること」を行ったことが問題にされる際には、通常は「ヤロブアムの罪」、すなわちベテルとダンにエルサレム神殿に対抗する聖所を設け、そこで金の若牛の像を崇拝させたこと（王上 12:28–30 と同所への注解参照）、要するに、申命記主義の二大原則である祭儀集中（Kulteinheit）と祭儀の純粋性（Kultreinheit）に反したこと（第 1 巻 33–34 頁参照）が意味される。ここでは、通常の祭儀的な罪状に関わる慣用表現が個別的な社会的、道徳的悪行にも応用されていることになる。

これに続く 21–22 節は、もはやエリヤの言葉の続きではあり得ず、明らかにヤハウェの 1 人称の言葉であるが、前述のように「ヤハウェはこう言われた」などの導入句が欠けており、文脈がおかしくなってしまっている。そこで告知されるのは、「**見よ、わたしはあなたに災いをもたらし、あなたの後ろを一掃する**」（21 節）という、アハブ自身に対する災いの予告と、アハブの家（すなわちオムリ王朝）の絶滅の予告である。ヤハウェが「災いをもたらす」（原文は文字通りには、「悪（ラーアー）を来させる」）という表現（29 節をも参照）も、悪（ラーアー）を行った王たちに対する神罰の到来を描く際に申命記史家たちが好んで用いる定型句である（王上 9:9; 14:10; 王下 21:12; 22:16, 20 参照）。なお、「（わたしは）あなたの後ろを一掃する（ビアルティー）」という特徴的な表現については、列王記上 14:10; 16:3 と同所への注解参照（特に第 2 巻 158–159 頁）。要するに、子孫を断ち切り、家系を絶やすということである。あくまでアハブ自身への同害報復的な応報を予告していた 19b 節の災いの言葉とは異なり、ここで告知される災いは、アハブ自身に下るだけでなく、アハブの子孫全体を巻き込む破局へと著しく拡大されている。そして、アハブの子孫の絶滅とその王朝の断絶を語るこのエリヤの予告も、やはりイエフのクーデターによって実現する（王下 9:8–9 における前者の表現の引用、および王下 9:10, 36–37; 10:10, 17 を参照）。

これに続く、「あなたの家をネバトの息子ヤロブアムの家と同じように、またアヒヤの息子バシャの家と同じようにする」（22a節）というのも、同じ趣旨である（王上16:3b; 王下9:9参照）。すなわち、ヤロブアムの王朝はバシャによって（王上15:27–30）、そしてそのバシャの王朝はジムリによって（王上16:9–12）断絶された。しかも、そのいずれの場合も、それはそれぞれの王朝の王たちが自らヤハウェの「**怒り**」を「**引き起こし**」（王上14:9; 16:2b参照）、また「**イスラエルに罪を犯させた**」（王上14:16; 16:2b参照）ためなのである（22b節）。ここで用いられている、王がヤハウェの「怒りを引き起こす」（動詞「カーアス」の使役形）という表現（王上14:9, 15; 15:30; 16:2, 7, 13, 26, 33; 22:54等参照）も、王が「イスラエルに罪を犯させ」る（動詞「ハーター」の使役形）という表現（王上14:16; 15:26, 30, 34; 16:13, 19, 26; 22:53; 王下3:3; 10:29, 31; 13:2, 6, 11; 14:24; 15:9, 18, 24, 28等参照）も、申命記史家たちがイスラエルの王たちを断罪する際に好んで用いる定型句である。

ただし、厳密に考えれば、22b節でアハブが「イスラエルに罪を犯させた」ことに触れられていることは、あまりこの章の文脈には合わない。「ナボト事件」にイスラエル全体は何も関わっていないからである。そこで「悪」に連座したのは、せいぜいイズレエルの町の「長老たちと名士たち」だけである。この箇所を「担当」した申命記史家たちの一人は、あまり文脈を考えずに自分たちが頻用する定型表現を紋切り型に繰り返しているようである。

申命記史家たちは、アハブに属する「**壁に放尿する者**」（すなわち男子）であれば、「**捕縛された者や遺棄された者まで断ち滅ぼす**」（21b節）という特徴的な表現と、同じくアハブに属する者は、「**町で死ぬ者は犬たちが〔その死体を〕食らい、野で死ぬ者は空の鳥たちが〔それを〕食らうだろう**」（24節）という表現を、すでにヤロブアムの王朝の断絶（王上14:10–11と同所への注解［第2巻157–158頁］を参照）と、バシャの王朝の断絶（王上16:4, 11参照）についてもほとんど同じ形で用いていた。すなわち申命記史家たちは、定型的表現を繰り返すことで、王国分裂後の北王国の最初の三つの王朝の滅亡と断絶を相互に関連付けているのである（Miller 1967:317–318; Dietrich 1972:9–13; Schmoldt 1985:47–50; Thiel 1991:154;

2019:480, 489, 573; McKenzie 1991:61–69; 2019:30–35; Otto 2001:120–124; Pruin 2006:229–232; Knauf 2019:417–419)。

19節におけるアハブへの災いの告知や23節のイゼベルの末路の予告の場合と同様、24節のアハブの子孫の断絶の予告でも、「犬たち（ケラビーム）」が陰惨な役割を演じている。申命記史家たちは、おそらく彼ら以前の伝承の中にあった19節（アハブへの災い）と23節（イゼベルへの災い）の表現を参考に、死体を啄む鳥たちのモチーフ（申28:26；エレ7:33; 15:3; 16:4; 19:7; 34:20；エゼ29:5；詩79:2等参照）を加えて24節（アハブの王朝の絶滅）を構成し、それをヤロブアムの王朝やバシャの王朝の断絶の記述（王上14:11; 16:4）にも転用したのかもしれない（Pruin 2006:234–235）。

25–26節　アハブとイゼベルの罪

25–26節は、同じく申命記史家的文体を用いるが、文脈の流れを中断する二次的付加とする見方が優勢である（Fohrer 1968:29; Dietrich 1972:36–37; Bohlen 1978:87, 303–304; Timm 1982:130; Hentschel 1984:128; Würthwein 1984:252〔邦訳533–534頁〕; Schmoldt 1985:52; Minokami 1989:51–52; Thiel 1991:150, 154; 2019:491–492, 502, 578, 583; Beck 1999:51; Otto 2001:135–136; Lehnart 2003:260, 265–266; Knauf 2019:456; McKenzie 2019:193）。そこではもはや、アハブに対してエリヤが語るのでもヤハウェが語るのでもなく、語り手自身が読者に向けて、アハブとその家に災いが下るわけを「解説」する。したがってそこでは、アハブに対する2人称の直接的な語りかけではなく、アハブの罪が3人称で客観的に描写される。ただし、この部分の加筆者は、先行する文脈の存在をよく踏まえており、それとの円滑な連結にも心を砕いている。すなわち、この加筆者は、20b節から「ヤハウェの目に悪と映ることを行うことに身を任せた」（訳注1、および20節への注解参照）という特徴的な表現を取り込んでおり（Bohlen 1978:303; Timm 1982:130; Long 1984:229; Lehnart 2003:266; Pruin 2006:212; Thiel 2019:492–493）、しかも、それを「アハブのように、ヤハウェの目に悪と映ることを行うことに身を任せた者はいなかった」という文章に造り変えて、アハブの罪が北王国の王たちのなかでも前代未聞の悪質なものであったことを改めて強調し（王上16:30, 32参照）、同時に、それが

「彼の妻イゼベルが彼を唆した」結果であることを特記して、アハブの罪がイゼベルの教唆によること（8–16 節参照）を今一度強調している。ただし、そこで考えられているアハブの罪は、もはやナボトに対する特定で具体的な道徳的、社会的な不正と蛮行という文脈からは離れ、先住民で異教徒である「**アモリ人**」（レビ 26:30; 申 7:1; 20:17; ヨシュ 24:15, 18; 士 3:5; 6:10; 11:23; 王下 21:11 等参照。なお、王上 14:24; 王下 16:3; 17:8; 21:2 をも参照）と同じように「**もろもろの偶像**（「**ギッルリーム**」複数形）**に従って歩んだ**」という宗教的な罪に一般化されている（申 29:16; 王上 15:12; 王下 17:12; 21:11, 21; 23:24 等参照）。この部分は、おそらく捕囚時代の（第二の）申命記史家の一人による付加であろう。なお、「ギッルリーム」の語については、列王記上 15:12 への注解（第 2 巻 200 頁）を参照。

　この段落（25–26 節）が捕囚時代の第二の申命記史家の手によるものであるとすれば、特に注目すべき点は、ここでイスラエル北王国の最悪の王であったとされるアハブの罪が、「アモリ人」の罪にも等しいものとされている点（王下 21:11 参照）や、それが――もはやバアル崇拝に関わるものでさえなく（！）――偶像（ギッルリーム）の崇拝に関わるとされている点（王下 21:11 参照）で、申命記史書でユダ南王国の最悪の王とされているマナセの罪（王下 21:2–11）と並行関係に置かれているように見えることである（Thiel 1991:154; Schniedewind 1993:659–660; Schmid 2000:101–102; Otto 2001:135–136; Lehnart 2003:266; Sweeney 2017:252; Knauf 2019:456）。マナセの治世についての（第二の！）申命記史家たちの記述では、マナセがユダ王国の滅亡の元凶とされており（王下 21:11–15. なお、王下 23:26–27; 24:3–4 をも参照）、また、マナセとアハブが名指しして比較されている（王下 21:3. 同 13 節をも参照）。ことによるとこの部分（25–26 節）を挿入した第二の申命記史家は、アハブの罪によりかつての北王国が必然的に滅亡したように、南王国ユダの滅亡（それは第二の申命記史家たちとその読者たちにとっても厳然たる既成の歴史的事実である！）もマナセの罪により不可避で必然的なものであったことに思いを馳せるように読者に促しているのかもしれない。

27節　アハブの反応

27節は24節に自然に続く。27節の「**これらの言葉**」とは、（現在の文脈でその直前にある25–26節の言葉ではなく！）明らかに20b–24節のエリヤの言葉を指すからである（Dietrich 1972:37; Schniedewind 1993:654; Bohlen 1978:305; Walsh 1992:196; Lehnart 2003:266; McKenzie 2019:194; Thiel 2019:584–585）。21節の「災いをもたらす」という言葉が、29節で修正されていることを参照。この部分（27節）では、エリヤの伝えたヤハウェの処罰の意志（20b–24節）について聞き知ったアハブの反応が描かれる。ただしここでは、おそらく読者の誰もが予測もしなかったことが起こる。すなわち、意外にも、あのアハブが裁きを告げたヤハウェの前にくずおれ、真摯な懺悔と改悛の姿勢を示すのである。「**着物を引き裂き、粗布を身に纏い、断食した**」というアハブの反応は、驚愕と悲嘆と悔恨を表す（創37:29, 34; サム下1:11–12; 3:31; 12:16; 13:31; 王下6:30; 19:1; 22:11, 19; エス4:1–3; ネヘ9:1; イザ22:12; 37:1; ヨナ3:6–8等参照。なお、本章9節への注解［263頁］をも参照）。これに続いて、アハブが「**粗布の上で眠**」った（サム下12:16–17; ヨエ1:13参照）とされているので、ここで描かれるのは、災いの告知を聞いた後の瞬間的な反応だけでなく、ある程度持続的な生活態度の変容である。すなわちアハブは、一定期間、ここに記されたような改悛の情を示し続けたのである。なお、訳注 q にも記したが、27節で「とぼとぼと」と訳した副詞「アト」は、通常は「優しく、穏やかに、ゆっくりと」を意味する（創33:14; サム下18:5; ヨブ15:11; イザ8:6）。ここでは、意気消沈して力なく歩くさまと解した。

28–29節　ヤハウェのエリヤへの言葉

すると、さらに意外なことに、ヤハウェはアハブのこの態度を、アハブが自分の前に「**へりくだった**」（動詞「ニクナァ」）こととして認め、直前の災いの予告を修正し、罰の緩和を宣言する（29節）。すなわち、アハブ自身の「**治世**」（訳注 r 参照）には「**災いをもたらさ**」ず、彼の「**息子の治世**」（訳注 t 参照）になってから初めて「**災いをもたらす**」というのである。これが、「**彼（アハブ）の家**」――すなわちオムリ王朝――がアハブの治世ではなく、彼の息子であるヨラムの治世になって初めてイエフのクーデタ

ーにより断絶すること（王下 9:1–26; 10:1–11）の事後予言であることは明白である。
　――作劇法的にはやや強引で歴史的にも牽強付会な仕方ではあるが――神学的には、罪人のへりくだりと悔い改めを受け入れ、すすんで罰の執行を猶予する神の姿がここに描かれていることが重要である。北王国史上最悪の王とされるアハブですら、ヤハウェから完全に見捨てられたわけではないのである。そもそも申命記史書では、真摯なへりくだりや悔い改めが神に受け入れられる可能性は、他の箇所でも開かれている。【形態／構造／背景】の項でも指摘したように、バト・シェバとの一件で預言者ナタンの叱責を受けたダビデが、「罪を犯した」ことを告白すると、ナタンはダビデが「死の罰」を免れると宣言する（サム下 12:13–14）。神殿で発見された「律法の書」の呪いの言葉を聞いたヨシヤ王は、「着物を裂き」、女預言者フルダの助言を求めさせる。するとフルダは、ヨシヤがヤハウェの前に「へりくだった」（動詞「ニクナァ」）ために、ヨシヤは災いを見ずに済むとするヤハウェの言葉を伝える（王下 22:11, 19–20）。ソロモンの神殿奉献の祈りでは、罪を告白し「立ち帰った」捕囚民たちの祈りをヤハウェが受け入れてくれるようにという、長大な請願がなされている（王上 8:46–50 と同所への注解参照）。このような悔い改めを受け入れる神のイメージは、後にヨナ書（ヨナ 3:5–10）や歴代誌の著者（代下 12:6–7, 12; 32:26; 33:12–13, 19）によってより発展させられることになる。
　ただし、申命記史書では、悔い改めやへりくだりによっても、神の裁き自体が全面的に撤回されるわけではない。ダビデの代わりに、バト・シェバとの間にできた最初の子が死なねばならないし（サム下 12:14）、ヨシヤの死後にユダの人々は国家滅亡の災禍を体験せねばならない（王下 22:16–17）。この箇所でもまた、アハブへの個人的な罰（19b 節、21a 節）は執行を猶予されたが、アハブの「家」への災い、すなわちオムリ王朝の断絶はあくまで、アハブの息子の世代に先送りされただけである。それ故、彼の息子のヨラム（王下 9:21, 24–26）とその兄弟たち（王下 10:1–17）が「親の因果」の報いを受けることになる。過去の歴史的事実を改変することはできないので、この点については、申命記史家たちも手のほどこしようがなかったのであろう。

アハブの悔い改めとヤハウェによる裁きの仕方の変更に関連して、もう一つ、注意を要することは、ヤハウェがアハブの改悛を受け入れ、彼の生前には災いを下さないと決断したという事情については、エリヤには知らされるが（29 節）、アハブには知らされていないということである。19 節のエリヤに対するヤハウェの指示とは異なり、29 節のヤハウェの言葉で・は、ヤハウェの方針転換についてアハブに伝達するように命じられてはい・ない・。文脈上、アハブが最後に聞いたのは、あくまで彼自身と彼の家に対する直接的な裁きについて語る、21–24 節の裁きの言葉なのである。彼自身への罰の執行が猶予されたことについては、エリヤ（と読者）には知らされるが、アハブ自身には知らされていないのである（Bohlen 1978:89–90; DeVries 1985:238; Kissling 1996:130; Olley 1998:43; Long, Jr. 2002:258; Cronauer 2005:99; Walsh 2006:61; Schmitz 2008:241）。

　この部分（27–29 節）の成立年代をめぐっては、研究者や注解者たちの見解が大きく分かれている。アハブの属するオムリ王朝がアハブの息子の時代になってから初めて滅亡したことは、おそらく歴史的事実であり、申命記史家たち以前にも広く知られていたのであるから、この部分が申命記史家たち以前の伝承に含まれていたとすることも理論的には十分可能である。実際に、「へりくだるアハブ」のイメージが申命記史家たちの反アハブ的な姿勢とはかけ離れていることなどから、27–29 節の基本的部分を申命記史家たち以前の古い伝承の締め括りの部分をなしていたと見る論者も少なくない（Fohrer 1968:28–29; Steck 1968:34, 45–46; Seebass 1974:484; DeVries 1985:255; O'Brien 1989:203–204; Thiel 1991:153; 2019:486–487, 500–501, 583–592; Becking 2007:40）。他方で、この部分（27–29 節）の前の部分との繋がりをあまりにも不自然と見て、この部分を逆に、申命記史家たち以降に加えられた二次的加筆と見る論者も多い（Jepsen 1970:146–154; Bohlen 1978:304–309; Timm 1982:130–131; Hentschel 1984:127; Würthwein 1984:251, 253〔邦訳 523, 534 頁〕; Schmoldt 1985:52; Oeming 1986:381; Rofé 1988b:95; McKenzie 1991:68–69; Fritz 1996:193）。しかし、後述するように、この段落に見られる歴史観や応報感は、まさに申命記史家たちのそれから無理なく説明できるので、この部分もまた、21–24 節で「アハブの家」の断絶を記したのと同じ申命記史家たち自身の筆による

ものと見たい（Miller 1967:313; Dietrich 1972:21–22, 36; Stipp 1995:480–481, 487–488; Beck 1999:59–61; Blum 2000:126; Otto 2001:127–129; Cronauer 2005:7, 189; Albertz 2006:104; Pruin 2006:245–246; McKenzie 2019:194）。

　この段落については、一般的に、一方でアハブの罪がオムリ王朝の滅亡の原因とされながら、他方でそれがアハブの息子ヨラムの治世になってようやく実現するという歴史神学的不整合を合理化しようとするもの、という形で説明されることが多い（Wellhausen 1927:288; Miller 1967:313; Jepsen 1970:147; Seebass 1974:31; Gray 1977:443; Hentschel 1984:127; Jones 1984b:360; Würthwein 1984:252–253〔邦訳 534 頁〕; Rofé 1988b:95; Thiel 1991:152; 2019:590; Brueggemann 2000:262; Cogan 2001:484; Otto 2001:127; Knauf 2019:457）。ただし、この段落を申命記史家たちの手によるものと見る場合、そのような説明には多少の留保、ないし理解の精密化が必要であるように思われる。というのも、先にアハブの家と比較された二つの王朝（22 節）の場合にも、王朝の滅亡は罪を犯し、預言者から王朝の断絶を宣告された王自身の治世ではなく、それぞれその息子の治世に初めて実現しているのである（Provan 1995:159; Stipp 1995:482; McKenzie 2019:194）。すなわちヤロブアムの王朝は、その息子ナダブの治世になってからバシャにより打倒され（王上 15:25–30）、そのバシャの王朝は、バシャの息子エラの治世になってからジムリによって打倒される（王上 16:8–13）。しかも、いずれの場合にも、このことに関して申命記史家たちにより何ら特別の神学的合理化はなされない。ソロモンの死後の王国分裂についての申命記史家の説明（王上 11:12, 34）にも見られるように、申命記史家たちにとっては、「親の因果が子に報いる」ことは十分あり得ることなのであり、因果応報が世代を超えて実現しても何ら神学的な問題は生じないのである（王下 10:30; 23:26–27; 24:3–4 をも参照）。この点で、申命記史家たちの応報観は歴代誌やエレミヤ書 31:29–30; エゼキエル書 18:2–4 のそれとは異なっている（第 1 巻 392, 394 頁参照）。

　ただし、親の罪の故に子孫が罰せられることに問題性があることは、もちろん申命記主義的文書でも踏まえられている。申命記法では「子は父のゆえに死に定められない」（申 24:16）と規定されており、申命記史家たち

はユダの王アマツヤについての記述の中でこの規定を「引用」し、応用している（王下 14:6）。しかし、申命記史家たちにとってはるかにより重要だったのは、神の言葉と意志が歴史を通じて確実に成就していくことを示すことであった。そのためには、あらゆる矛盾を排除しなければならなかったのである。

　申命記史家たちがアハブの改悛を描くことによって解決しようとした神学的なジレンマは、単にアハブの罪とイエフのクーデターによる「アハブの家」の滅亡との時期的な不整合という歴史的な問題であるばかりではなく、もう一つ別のより神学的、神義論的な問題もあったと思われる。すなわち、申命記史家たち以前の伝承で、アハブ自身に対する神の裁きが予告されていたにも拘わらず、（申命記史家たちのレベルでは！）それが成就せず、アハブが何の天誅も受けずに天寿を全うしたように見えるという問題である。すでに見たように、申命記史家たち以前の伝承に遡ると思われる 19b 節では、「犬たちがナボトの血を舐めた場所で、犬たちがあなたの血を舐めるであろう」と宣言されていた。他方で、申命記史家の一人が年代記的資料に基づいて書いたと思われるアハブについての治世結尾定式（王上 22:39–40）では、「アハブは彼の父祖たちと共に眠りについた」とされている。この定式は、直前の単元の【解説／考察】（本書 245–246 頁参照）でも説明したように、通常は自然死して平穏に葬られた王にしか用いられない（王上 22:40 への注解［本書 335–336 頁］をも参照）。後述するように、この申命記史家は、対アラム戦争でのアハブの戦死に関する伝承（現在の王上 22:1–38）の存在をまだ前提にしていなかったと考えられる。もしそうであるとすれば、申命記史家たちにとって、アハブは平穏に天寿を全うした王であり、19b 節の預言は、的中しなかった「外れ」預言であるということになってしまう。この結論を、申命記史家たちは避けたかったのではなかろうか。

　これに関連して興味深いのは、申命記史家による 21 節で、「見よ、わたしはあなたに（エーレーカー）災いをもたらし、あなたの後ろを一掃する」とされていることである。すなわち、ここではアハブ自身（「あなた」！）に直接災いがもたらされ、その結果として彼の王朝が彼の治世に断絶すると宣言されているように読める（Stipp 1995:483–484, 488; Beck

1999:60; Otto 2001:126–127; Cronauer 2005:89; Pruin 2006:248)。ヤロブアムの王朝の断絶の予告の場合には、よく似ているが微妙な違いがあり、「見よ、わたしはヤロブアムの家に災いをもたらす」（王上 14:10）となっていた。それはあくまでヤロブアムの「家」、すなわち彼の王朝に対する災いであり、ヤロブアム個人にそれが及ぶとは読めない。実際に、ヤロブアムは天寿を全うし、「彼の父祖たちと共に眠りについた」（王上 14:20）とされている。バシャの場合には、21 節に並行するような表現（「〜に災いをもたらす」）はなく、バシャへの裁きについては、「見よ、わたしはバシャと彼の家を一掃」する（王上 16:3）とされていて、それはあくまでバシャの「家」への災いであり、バシャ自身への直接的な災いは記されていない。そして、バシャもまた「彼の父祖たちと共に眠りについた」（王上 16:6）とされているのである。

　それゆえこの部分を書いた申命記史家は、彼にとって北王国の王たちのうちでも前代未聞の最悪の王であり（王上 16:30, 33）、しかもナボトの事件を引き起こしたアハブの場合には、おそらくは既存の伝承（19b 節）を受けて、ヤロブアムとバシャの場合よりも重い罰を一度は設定した。すなわち、ヤロブアムやバシャの場合とは異なり、アハブは自分自身でも災いを受け、彼自身の治世に彼の王朝が断絶するという判決を受けたのである（21 節）。しかし、アハブが「へりくだり」、改悛の姿勢を示したため（27 節）、ヤハウェはいわば「罪一等を減じ」て、ヤロブアム、バシャと同じ重さの罰に変更した（Provan 1995:159; Stipp 1995:484; Otto 2001:127; Pruin 2006:246）。すなわち、「彼の息子の治世になってから」王朝断絶という「災い」がくだるようにした（29 節）、というわけである。それゆえヤハウェは、一度発したアハブ個人への災いの予告（19b 節、21 節）を、アハブのへりくだりと悔い改めを受けて訂正したことになる。したがって申命記史家たちにとってアハブの改悛のエピソードは、オムリ王朝の断絶が彼の息子の世代になって初めて起こることについての歴史的な理由付けである以上に、大罪人であるアハブが天寿を全うして「父祖たちと共に眠りにつく」（王上 22:40）という不条理を説明する神学的な理由付けとしての役割を果たしているわけである（Dietrich 1972:21; Schmitt 1972:135; Schmoldt 1985:52; Stipp 1995:488; Blum 2000:126; Otto 2001:127; Pruin

2006:246)。

　もしそうであるとしたら、現にある列王記で、アハブの戦死（王上22:37）について報告している列王記上 22:1–38 と、それへの予告（王上20:42）を含む列王記上 20:1–43 の二つのイスラエルの対アラム戦争についての記事は、最初の申命記史家たちの歴史書には含まれていなかったことになる。このことの当否は、列王記上 22 章の釈義において改めて検討されねばならない。

【解説／考察】

　釈義を通じても見てきたように、列王記上 21 章は内容的にかなり複雑で、章自体の内部での不整合や辻褄の合わない点も少なくない。特に目立つのは、前半（1–16 節）と後半（17–27 節）の形式的、内容的、性格的な乖離である。会話を多用した物語形式で語られる前半では、ナボトの殺害に至る経過でイゼベルの果たした悪辣な役割が大いに強調されるが、預言者エリヤを通じた神の弾劾の言葉を中心とした後半で主たる批判と懲罰の標的となるのは、（23 節を除き）もっぱらアハブ自身（19–20a 節）と彼の王朝（20b–22, 24 節）であり、しかもそこでは、（19a 節に間接的に示唆されるのを除き）前半のナボト事件自体に直接触れられることはない。そこで問題にされるのは、ナボトへの不正ではなく、より一般的な「ヤハウェの目に悪と映ること」（20b, 25 節）であり、「偶像に従って歩んだこと」（25 節）なのである。ナボトの葡萄園に急行してアハブに自らの言葉を告げるようにというヤハウェのエリヤへの指示（17–18 節）の実行は報告されず、しかもエリヤがアハブに告げる言葉（20b–24 節）は、ヤハウェが指示した言葉（19 節）とはまったく別物である。前半の物語には申命記史家たちに特徴的な用語法や観念・思想がまったく見られないのに対し、後半はほとんどそれで埋め尽くされている。このような所見は、このテキストが単一的な成り立ちではなく、現在の形になるまでに紆余曲折のある複雑な形成経過をたどったことを推測させる。

　そして事実、研究者や注解者たちにより、実にさまざまなテキストの成立史が再構成されてきた。それらを概観すると、細かい点の理解や説明の

仕方の違いを度外視して大雑把にまとめれば、正反対の方向に向かう二つのグループに分けられるように思われる。一方は、この章が前半から後半に向けて拡張されたと考えるモデルであり、すなわち、まず申命記史家たち以前にナボトの葡萄園の物語が存在し、これを申命記史家たちが自分たちの意図に合うように加工したと見なす立場である。この立場はさらに、1–16 節のナボト事件の物語が最初は自己完結した形で先在したとする立場（Würthwein 1978:377, 390; 1984:247, 251〔邦訳 524–525, 531 頁〕; Timm 1982:113–114, 117–118; Bohlen 1978:90–171; Fritz 1996:188–189; Beck 1999:52–54, 61–64; Oeming 1986:378–380; Lange 2000:33–36; Lehnart 2003:261–262）と、ナボトの葡萄園の物語は最初からそれに続くエリヤとアハブの対決の場面（少なくとも 17–20a 節の基層）を含んでいたとする立場（Fohrer 1968:24–28; Seebass 1974:482–483; Long 1984:225; Schmoldt 1985:43–51; Nelson 1987:139〔邦訳 219頁〕; Crüsemann 1997:91–92; Werlitz 2002:189–190; Becking 2007:47–48; Na'aman 2008:200）に二分される（本書 268 頁参照）。

　17–20a 節のエリヤとアハブの対決の場面にも申命記史家的な表現がほとんど見られないので、前者の立場によれば、まずナボトの死とアハブによる葡萄園の取得で終わる古い物語（1–16 節）が存在し、その締め括り方に不満を持った（申命記史家たち以前の）預言者的なサークルの何者かがエリヤによるアハブへの糾弾の言葉を付け加え（17–20a 節）、それにさらに申命記史家たちが手を加えて、エリヤの言葉をアハブの家全体への裁きの言葉に拡張した（20b–27 節）という三段階（25–26 節を別の申命記史家の手によるものと見れば四段階）の経過をたどったということになる。後者の視点から見れば、もとの物語はあらかじめエリヤとアハブの対決の面を含んでいたことが前提となるので、これが二段階（25–26 節を二次的とすれば三段階）に単純化されることになる。いずれの場合にも、申命記史家たちの加工によって、先在していた対決の部分の後半が毀損してしまったとされることが多い。

　二番目の立場の大きなグループは、逆に、この物語は後ろから前へと発展したと想定する。すなわち、もともとアハブに対するエリヤの災いの預言（19a 節、19b 節のいずれか、もしくはその双方）が独立した伝承として

伝えられており、ナボトの葡萄園の物語（1–18, 20a 節）は、エリヤの災いの預言の発せられた背景を説明するための状況設定として後から作られた、とする立場である（Steck 1968:44–53; Hentschel 1984:127–128; Otto 2001:124–129; Albertz:2006:69–70; Pruin 2006:209–210; Thiel 2019:492–502）。この場合、アハブに対するエリヤの言葉（19a 節、19b 節のいずれか、もしくはその双方）には、本章の物語における最古の伝承要素として、高度の歴史的信憑性が帰されることが多い。この見方は、前述のように、アハブに対するエリヤの言葉（19b 節）が（少なくとも申命記史家たちのレベルでは）アハブの平穏な自然死（王上 22:40）と整合しないという事実によって補強される（事後予言ではあり得ない！）。この（19 節を含む）1–20a 節の形の物語に、さらに申命記史家たちの編集（20b–29 節）が加わり、災いの対象がアハブ（やイゼベル）個人から「アハブの家」全体に広げられ、アハブの王朝の滅亡の原因譚として再解釈されたとされる点や、その際に物語の終わりの部分が失われたと見られることが多いことは、第一のグループの場合と同じである。

第二のグループの見方によれば、ナボトの物語は、新約聖書の福音書における、イエスの言葉を中心とするアポフテグマのようなものとして構成されたことになる。アポフテグマとは、印象的なイエスの言葉を頂点に、その言葉が発された状況を説明するように構成された小さな物語形式の文学類型（例えばマコ 2:15–17, 18–22; 3:31–34; 10:13–16, 17–22, 35–40; 12:13–17）のことで、もともとイエスの言葉は単独で伝えられていたのであり、状況設定の物語は事後的に構成されたと想定される場合が少なくない。

第一のグループの見方では、もとの物語ではイゼベルが中心的な悪役で、アハブは受動的な脇役にすぎないのに、後から追加されたはずのエリヤの預言ではなぜアハブ自身への災いが強調されるのかの説明が難しい。第二のグループの見方では、逆に、もともとのエリヤの言葉ではアハブ自身が糾弾されていたのに、それが発された状況を説明するはずの物語で、なぜイゼベルの方がより悪辣に描かれるのかの説明が必要である。

ここでは、第二のグループの見方に即して考えてみたい。そうする最大の理由は、19b 節のエリヤの言葉が、前述のように実際のアハブの死に方と符合せず、したがって事後予言ではあり得ない点に加えて、この章で予

告されるイゼベルの死（23 節）やアハブの息子ヨラムの死（27 節）が実現するイエフのクーデターの記述中に、この言葉へのいわば並行伝承と言えるようなもの（王下 9:25–26）があり、この点からもこの言葉（19b 節）がかなり古いものと推測できるからである。

　後者の箇所（王下 9:25–26）では、主君であったヨラム王を殺害した将軍イエフが、居合わせた副官ビドカルに対し、ヨラムの遺体をナボトの「畑の地所（ヘルカト　セデー）」に投げ捨てるように命じたうえで、かつて 2 人で「彼の父アハブ」の後ろに従って戦車を操縦していたときに聞いたヤハウェの「神託（マッサー）」を想起するように促している。それぞれ「ヤハウェの託宣（ネウム　YHWH）」と明言されているその神託とは、「ナボトの血と彼の息子たちの血を、わたしは昨日たしかに見た」というものと、「この地所（ヘルカー）でわたしはあなたに報復する」（王下 9:26）というものである。ここで言われている「あなた」とは文脈上明らかにアハブであり、イエフによる彼の息子ヨラムの殺害が、ヤハウェ（文脈中の「わたし」）による「報復（シッレーム）」として正当化されていることは明白である。「昨日（エメシュ）」（「昨夜」とも訳せる）と言われているので、この「神託」が告げられたのは、ナボトとその息子たちの殺害の翌日ということになる。ここで言われている「畑の地所」とは、イエフがヨラムと直面する場面を描く直前の文脈（王下 9:21）によれば、「イズレエル人ナボトの地所（ヘルカト　ナボト）」である。したがって、ここでもまた、イズレエル人ナボトの血の責任がアハブ自身に問われており、ヤハウェによる「報復」が宣言されている点で、ナボトの葡萄園の物語におけるアハブへの災いの言葉（王上 21:19b）への並行伝承と言うことができるのである。重要なのは、どちらの伝承でも、（イゼベルではなく！）アハブ一人だけに「ナボトの血」の罪が帰されていることである。

　もちろん、両者（王上 21:19b と王下 9:26）の間に相違も少なくない。前者では、ヤハウェの言葉を伝えるのがエリヤであることが明記されているが、後者ではそれが「神託（マッサー）」、「託宣（ネウム）」とされている点で預言者的人物の媒介が示唆されるだけで、誰がその「託宣」を伝えたのかは明記されていない。前者ではナボトの血を舐める犬たちに言及されているが、後者では犬たちに言及されることはなく、その代わりに「ナボ

トの血」に加えて、前者にない「彼の息子たちの血」に言及されており、彼の息子たちも一緒に殺されたことが示唆されている。前者ではナボトの「葡萄園（ケレム）」はイズレエルの王宮の「隣」にあるとされているが、後者ではナボトの「地所（ヘルカー）」はイズレエルの町の城外で、戦車で行くほど離れた場所にあることが前提とされている。前者によれば、アハブが災いに遭うのはナボトの血が流された当の場所であるが、後者では特にそのようには特定されていない（Fohrer 1968:68–71; Bohlen 1978:279–290; Hentschel 1984:127; Rofé 1988b:95–96; White 1994:67–68; 1997:17–18; Crüsemann 1997:90–91; Cronauer 2005:13–19; Pruin 2006:160; Thiel 2019:465–471 等参照）。

　これらの大きな相違から見て、二つの伝承のいずれかが（いずれの方向にせよ）直接的に他方に依存していたり、影響を受けているということは考えにくい。おそらく、同じ出来事に対する二つの異なる預言者的反応なのであろう。もし、王アハブによる農民ナボトの不当な殺害という「事件」がイズレエルで実際に起こったのだとしたら、それに対して預言者たちのサークルの間で複数の怨嗟の声が挙がったとしても不思議ではない。

　二つの預言者的なアハブへの災いの予告の背後にどんな歴史的事態や事情があったのかはもはや明らかではないが、ある程度推測することはできる。それは、おそらく王宮の隣に葡萄園があった、というような御伽噺的なものではなく、もっと現実的な事態であったと思われる。前述のように、イズレエルは政治的・戦略的に要衝と言える位置にあり、同地には前9世紀前半に（おそらくはアハブによって）大規模な城壁と塔を伴う囲い地が設けられた（本書256頁参照）が、それは王室の離宮というよりも軍事的な性格が強いものであったようである。他方で、イズレエルの町は肥沃な同名の平野に面し、囲い地の建設以前から住民がいたことが、より古い層からの土器などの発見から分かっている。王が軍事的な施設を建設するために、農民の土地を「強制収用」し、抵抗した「反対派」の農民の指導者を見せしめ的に処刑したという事態が考えられてもよい（Na'aman 2008:211–214）。これに対し、複数の預言者的な糾弾の声が挙がったが、その一つが列王記下9:26に取り入れられ、別の一つ（ないし二つ）が列王記上21:19に取り入れられたと考えてみたい。後者が実際にエリヤ本人の

言葉であったとしても、まったくおかしくはないと筆者は考えている。

　このエリヤの言葉（とされるもの）が発せられた状況を説明するためにナボトの葡萄園の物語（筆者の想定では、王上 21:1–20a）が後から作られたのであるとすれば、そこではなぜ、アハブよりもイゼベルの方がずっと悪辣に描かれているのであろうか。この問いに対する筆者にとって最も納得のいく説明は、この物語が、エリヤやエリシャが関わる他のいくつかの物語と同様、オムリ王朝を打倒したイエフのクーデター（王下 9–10 章）を背景に、この政変を正当化することを意図して作られた、とするものである（Steck 1968:48–72; Hentschel 1984:127; DeVries 1985:256; White 1994:74–76; 1997:33–36; Thiel 2019:493–496）。このクーデターの際にアハブはすでに死んで久しかった。しかし、イゼベルの方はアハブの死後も生き残り、自分の息子であるアハズヤやヨラムの治世にも――おそらくは太后（ゲビーラー）として（王下 10:13 参照）――特に宗教や祭儀の領域で（王下 9:22 参照）北王国の宮廷での影響力を保ち続けたらしい。ことによると、イゼベルによるバアル崇拝の推進（王上 16:32; 18:19 等参照）やヤハウェの預言者たちの迫害（王上 18:4, 13; 19:2 等参照）は、夫アハブの生前というよりも、息子たちの治世になってから激化したのかもしれない。イエフのクーデターで最初に殺害されたのは、彼女の息子でその時点でイスラエルの王であったヨラムとイゼベル自身である。特にイゼベルの殺され方は惨たらしいものであった（王下 9:33–35）。現在の列王記では、親イエフ王朝的な伝承がもとになっているので、イエフのクーデターがエリシャを通じたヤハウェの意志に基づくものとして肯定的に描かれており（王下 9:1–6 参照）、申命記史家たちもイエフをヤハウェの意志の施行者として相対的に肯定的に評価しているが（王下 9:7–10, 36–37; 10:10–11, 17, 30 等参照）、イズレエルでの惨劇を不当な暴力の行使として批判的に見る人々も少なくなかったことは、100 年近くも後のホセアの預言（ホセ 1:4）にも示されている。イエフ王朝には、自分たちの起源と支配権を神学的に正当化、正統化する必要が十分にあったのである。この章（王上 21 章）の前半で、イゼベルが殊更に悪辣に描かれ、彼女の悲惨な死が天誅であるかのように意味付けられている（23 節）のも、そのようなイエフのクーデターを神の意志に基づくものとして正当化しようとする試みの一環だった

のであろう。この物語（1–20a 節）を構成したのは、おそらくイエフ王朝に近い預言者的なサークル――特にエリシャに関わる人々――、もしくはイエフ王朝に仕える書記たちであったと考えられる（Steck 1968:48–49; DeVries 1985:256; White 1994:76; 1997:36）。

今日の旧約学では「低年代説」がある種のトレンドで、伝承や文書の成立年代を可能な限り押し下げようとする傾向が進んでいる。ナボトの葡萄園の物語についても、言語的特徴などから、それを申命記史家たちよりもずっと後の付加として、捕囚終了後のペルシア時代に初めて付け加えられたものとする見方がある（Rofé 1988b:97–102; Blum 2000:117–119; Cronauer 2005:186–198; McKenzie 2019:188–189, 194–195）。イゼベルが悪辣に描かれているのは、エズラ、ネヘミヤ時代（前 5 世紀後半〜前 4 世紀前半）に深刻な問題とされていた異邦人女性との結婚（エズ 9–10 章；ネヘ 13:23–28 等参照）に警鐘を鳴らすためであったというのである。そのような意図で、そのような時代に、おそらくペルシア帝国の支配下のイェフド（ユダヤ）で書かれた物語が、なぜ北王国イスラエルの町イズレエルを舞台とし、前 9 世紀の北王国の王アハブとイズレエルの農夫ナボトを主人公とする物語になるのかが、筆者にはほとんど理解できない。ナボトの葡萄園の物語の内容をアモスやイザヤやミカなど前 8 世紀以降の文書預言者たちの社会批判と結び付け、この物語が北王国滅亡後、ユダ王国で作られたとする見方（Bohlen 1978:313–317; Lange 2000:37）についても、本質的には同じことが言えよう。

本注解においては、イエフのクーデターを正当化するためにイエフ王朝の周辺で作られたナボトの葡萄園の物語が、北王国滅亡後、ユダ王国に持ち込まれ、おそらくはヨシヤ王の時代に第一の申命記史家たちによって改訂を受け、最初の北王国の本格的な王朝であるオムリ王朝の滅亡が、ヤハウェの意志に基づくものと意味づけられるようになったという前提に立つ。申命記史家たちはこの政変を、北王国で頻繁に繰り返される神意による一連の王朝交代（すなわち、ある種のイスラエル版「易姓革命」）の一つと位置づけている（王上 14:9–11; 16:2–4; 21:21–22, 24; 王下 9:8–9 参照）が、そこには、ヤハウェにより永遠の存続を約束された（と彼らが信じた）「万世一系」のダビデ王朝の安定性（王上 11:13, 36; 15:4; 王下 8:19）との対比も目

指されているのであろう（王上 11:37–39 と同所への注解［第 1 巻 416–419 頁］、および第 2 巻「第 II 部へのまえがき」22–37 頁参照）。

列王記において預言者エリヤは、後の預言書の中で描かれる「古典的」な文書預言者たちの元型のような姿で描かれている。すなわち彼は、バアル崇拝という形での為政者の宗教的逸脱を批判しただけでなく（王上 18 章；王下 1 章）、ここ（王上 21 章）では権力者による正義の蹂躙と社会的不正を告発し、神の名においてその審判を告知している。同じように、前 8 世紀以降の文書預言者たちは、一方では異教的要素の受容や祭儀の形骸化などの宗教的な堕落を批判し（アモ 5:21–27；ホセ 4:11–14；イザ 1:11–17；ミカ 3:5–7, 11；エレ 2:8, 27–28；エゼ 8:7–18 等参照）、他方では強者による弱者の抑圧や社会的不正を糾弾した（アモ 5:10–12；ホセ 4:1–3；イザ 3:13–15；ミカ 3:1–4；エレ 7:1–11；エゼ 22:6–12 等参照）。エリヤがアハブと対決したように、後の預言者たちも王や権力者たちと対決することを恐れなかった（アモ 7:10–17；ホセ 7:3–7；ミカ 3:9–12；イザ 7:3–17；エレ 22:1–30；エゼ 19:1–14 等参照）。宗教的な掟と社会的な掟を並置した十戒（出 20:3–17；申 5:7–21）にも示されているように、神との正しい関係と同胞である人間に対する正しい関係の不可分の結合は、言わば表裏一体をなす旧約聖書の宗教の精髄であった。エリヤから捕囚時代までの預言者たちがいずれも宗教批判と社会批判を展開したことは、預言者たちこそこの旧約聖書的宗教の伝統の中心的な担い手であったことを示している。この精神は、「最も重要な掟」として「神への愛」と「隣人への愛」を並置したイエス（マタ 22:34–40；マコ 12:28–34）によって受け継がれ、しかもそれが「愛」と結び付けられることによって新しい次元を獲得している。

土地は農民にとって命の基盤である。それだけに、旧約聖書では権力者が力ずくでそれを奪うことがとりわけ悪質な罪と見なされた（ミカ 2:1–5；イザ 5:8–9 等参照）。しかし、同じような事柄は、古今東西を問わず繰り返し行われ続けてきた。近代国家においては、それがしばしば、戦争や公共の建築物や施設建設のための国家や地方政府による「強制収用」や「行政代執行」という形で行われることが多い。現代では、成長と近代化を最優

先課題とする権威主義的な統制国家である中国において、このことが甚だしいという。わが国でも、空港（成田、静岡）や基地（沖縄辺野古、砂川）やさらには道路、ダム、発電所の建設のために、土地の強制的な「収用」が「公共の利益」という口実のもとに国や地方自治体の手によって行われてきたし、これからも行われ続けることであろう。そのような場合には、それが本当の意味で「公共の利益」に適うものなのかどうかが厳しく批判的にチェックされ、監視されねばならない。その際には、われわれ国民の一人一人が「エリヤ」にならなければならない場合も出てくるであろう。

(9) 対アラム戦争（その二）（上 22:1-40）

【翻訳】

アハブとヨシャファト——対アラム戦争での同盟

22 章

【[1] 彼らは3年間、動かずにいた[a]ので、アラムとイスラエルの間には戦争がなかった。[2] その3年目に、】ユダの王ヨシャファトがイスラエルの王のもとに下って来た。[3] イスラエルの王は、彼の家臣たちに言った。「お前たちは、ラモト・ギレアドが我々のものであることをよく知っているであろう。それなのに、我々は黙ったまま、アラムの王の手からそれ[b]を取り戻そうとしないでいる」。[4] 彼はヨシャファトに言った。「私と一緒に行って、ラモト・ギレアドで戦っていただけませんか」。すると、ヨシャファトはイスラエルの王に言った。「私はあなたと一心同体です[c]。私の民はあなたの民と一心同体です。私の馬たちはあなたの馬たちと一心同体です」。

アハブとミカヤ——預言者たちの託宣

[22:5] しかし、ヨシャファトはイスラエルの王に言った。「最初に、どうかヤハウェの言葉を求めてください」。[6] そこでイスラエルの王は、400人ほどの預言者たちを集め、彼らに言った。「私はラモト・ギレアドに行って戦うべきであろうか。それとも私は〔それを〕控えるべきであろうか」。すると、彼らは言った。「攻め上りなさい。わが主[d]は王の手に渡されました[e]」。[7] しかし、ヨシャファトは言った。「ここには、我々が伺いを立てることのできる他のヤハウェの預言者はいないのですか」。[8] すると、イスラエルの王はヨシャファトに言った。「ヤハウェに伺いを立てるための男なら、他にもう一人います。でも、私は彼を憎んでいるのです。彼が私について預言するのは、いつも[f]幸いなこと[g]ではなく、災い[h]ばかりだからです。それは、イムラの息子ミカヤです」。ヨシャファトは言った。「王たる者が、そのようなことを言ってはなりません」。[9] そこで、イスラエルの王は一人の宦官を呼び寄せて、言った。「直ちに、イムラの息子ミカヤを〔連れて来なさい〕」。

[10] イスラエルの王とユダの王ヨシャファトは、サマリアの城門の入口にある脱

穀場で、それぞれ正装したうえで自分の王座に座っていた。すべての預言者たちが、彼らの前で預言していた。¹¹ ケナアナの息子ツィドキヤは、自分で数本の鉄の角を造ってきており ⁱ、言った。「ヤハウェはこう言われた。『あなたはこれらでアラム〔軍〕を突き、彼らを全滅させなさい』」。¹² すると、〔他の〕すべての預言者たちも同じように預言して、言った。「ラモト・ギレアドに攻め上り、勝利を得なさい ʲ。ヤハウェは王の手に渡されます ᵏ」。

¹³ ミカヤを呼びに行った使者は、彼に告げて言った。「どうか、お含みおきください ˡ。預言者たちの言葉は、異口同音に王にとって幸いなことばかりです。どうか、あなたの言葉も彼らの一人の言葉と同じようにして、あなたも幸いなことを語ってください」。¹⁴ するとミカヤは言った。「ヤハウェのお命〔にかけて〕、ヤハウェが私に言われること〔だけ〕を、私は語ります」。

¹⁵ 彼が王のもとにやって来ると、王は彼に言った。「ミカヤよ、我々はラモト・ギレアドに行って戦うべきであろうか。それとも我々は〔それを〕控えるべきであろうか」。すると、彼は彼に言った。「攻め上って、勝利を得なさい。ヤハウェは王の手に渡されます ᵐ」。¹⁶ そこで、王は彼に言った。「いったい私がお前に何度誓わせれば、お前はヤハウェの名において私に真実だけを語るようになるのか ⁿ」。

ミカヤの見た第一の幻——散らされるイスラエル

²²:¹⁷ すると、彼は言った。「私は見ました。山々の上で、全イスラエルがまるで牧人のいない羊の群れのように散り散りばらばらになっているのを。すると、ヤハウェがこう言われました。『これらの者たちには主人たちがいない。彼らを無事におのおのの家に帰らせよ ᵒ』」。¹⁸ イスラエルの王はヨシャファトに言った。「私があなたに言った通りではありませんか ᵖ。彼が私について預言するのは、いつも ᑫ 幸いなことではなく、災いばかりなのです」。

ミカヤの見た第二の幻——「偽りの霊」

【²²:¹⁹ すると、彼は言った。「それゆえ、ヤハウェの言葉を聞きなさい。私は見ました。ヤハウェが彼の玉座に座し、天の万軍のすべてが彼のそばで左右に立っているのを。²⁰ すると、ヤハウェが言われました。『誰がアハブを惑わし、彼が攻め上って、ラモト・ギレアドで倒れるようにするのか』。すると、或る者

はああ言い、別の者はこう言いました。²¹ やがて、あの霊ʳが進み出て、ヤハウェの前に立ちました。そして彼は言いました。『この私ˢが、彼を惑わしましょう』。すると、ヤハウェは彼に言われました。『どのようにするのか』。²² 彼は言いました。『私は出て行って、彼のすべての預言者たちの口にあって、偽りの霊になります』。すると、かれは言われました。『お前が惑わせば、きっとうまくいくだろう。出て行って、そのように行え』。²³ 今、ご覧ください。ヤハウェが、あなたのこれらのすべての預言者たちの口に偽りの霊を与えられたのです。すなわち、ヤハウェがあなたについて災いを語られたのです」。】

アハブとミカヤ──ミカヤの逮捕

²²:²⁴ すると、ケナアナの息子ツィドキヤが近づいて来て、ミカヤの頬を殴り、言った。「どのようにヤハウェの霊が私から離れ、お前に語ったというのか」。²⁵ ミカヤは言った。「見なさい、あなたが身を隠すために奥まった部屋ᵗに逃げ込む日になれば、そのことが分かるでしょうᵘ」。
²⁶ すると、イスラエルの王は言った。「ミカヤを捕らえ、町の知事アモンと王子ヨアシュに引き渡しなさい。²⁷ そして、あなたはこう言いなさい。『王はこう言われた。こいつめᵛを牢屋に入れ、私が無事に〔帰って〕来るまで、わずかなパンとわずかな水ʷ〔だけ〕で彼を養え』。²⁸ すると、ミカヤは言った。「もし、あなたが万一ˣ無事に帰って来るようなことがあれば、ヤハウェは私を通して語られなかったことになります」。【彼は〔また〕、言った。「すべての諸民族は、聞くがよい」。】

アハブとヨシャファト──対アラム戦争におけるアハブの死

²²:²⁹ イスラエルの王とユダの王ヨシャファトは、ラモト・ギレアドに攻め上って行った。³⁰ イスラエルの王はヨシャファトに言った。「〔私は〕変装して戦いに臨みますが、あなたは正装し〔たままでい〕てください」。こうしてイスラエルの王は、変装して戦いに臨んだ。
³¹ さて、アラムの王は、彼の率いる戦車隊の隊長たち【32人】に命じて、言った。「お前たちは、誰かれかまわずにʸ戦うのではなく、ただイスラエルの王だけと〔戦うのだ〕」。³² 戦車隊の隊長たちがヨシャファトを見ると、彼らは、「彼こそ、イスラエルの王に違いない」と思った。そこで、彼らは彼の方に向

299

きを変えて戦おうとした。ヨシャファトは叫び声を挙げた。^33 戦車隊の隊長たちは、彼がイスラエルの王ではないことが分かると、彼の後ろから転じて引き返した。^34 ところが、或る者^z が何気なく弓を引くと、〔矢は〕イスラエルの王の鎧の小札(こざね)の隙間を射抜いた^aa。そこで、彼は彼の戦車の御者に言った。「手綱を返して、私を陣営から連れ出してくれ。私は傷を負ってしまったのだから」。^35 しかし、その日、戦いはますます激しくなっていった。王はアラム〔軍〕を前にして戦車の中で支えられて立っていた^bb が、彼は夕方には死んだ。【傷口から血が戦車の床に流れ出た。】^36 日没の頃、「おのおの自分の町へ、おのおの自分の土地へ」という叫び声が陣営内を行き交った。^37 王は死んでサマリアに〈運ばれた〉^cc。〔人々は〕^dd 王をサマリアに葬った。【^38〈彼らは^ee〉サマリアの池でその戦車を洗った。すると、〔そこで〕犬たちが彼の血を舐め、また、遊女たちが身を洗った。ヤハウェが語った言葉の通りである。】

アハブについての治世結尾定式

22:39 アハブの事績についての残りのこと、すなわち彼が行ったすべてのこと、また、彼が建てた象牙の家、彼が建てたすべての町々については、『イスラエルの王たちの年代記』に記されてはいないだろうか。^40 アハブは彼の父祖たちと共に眠りについた。彼の息子アハズヤが彼に代わって王となった。

a: 原文は文字通りには、「彼らは座っていた」(動詞「ヤーシャブ」)。

b: 原文の接尾辞は文字通りには、「彼女」。町は通常、女性名詞として扱われる。

c: 原文は文字通りには、「私はあなたのようです」。以下の「民」と「馬たち」についての二つの表現も同様。当該箇所への注解をも参照。

d: 原語は「アドナーイ」(わが主)。原語は厳密には「わが主たち」という複数形であるが、一般的には神を表す尊厳複数形として説明される。なお、「ヤハウェ」の神名を用いる12節、15節をも参照。

e: 原文では動詞がすでに起こったことを表す形(ワウ+未完了形)で、ヤハウェがすでに「渡す」ことを決定しているという、確実性を表現している。なお、原文には、何を「渡す」のかの目的語が欠けている。12節、15節でも同様。注解本文該当箇所を参照。

f: 原文では「預言する」の動詞(ヒトナッベー)が未完了形で、繰り返し同じ

ようなことが起こったことを表す。18 節でも同様。

g: 原語（トーブ）は文字通りには「良いこと」。以下でも同様。

h: 原語（ラーァ）は文字通りには「悪いこと」。以下でも同様。

i: 動詞を大過去的に解す。すなわち、あらかじめ準備して、持ってきたということ。なお、「角（ケレン）」の語は複数形。

j: 原文は文字通りには、「成功しなさい」（動詞「ツァーラハ」）。文脈を顧慮してこのように訳す。15 節でも同様。

k: 6 節とは異なり、ここでは動詞の形が将来の出来事を表す形（ワウ＋完了形）になっている。なお、6 節と同様、ここでも原文には目的語がない。

l: 原文は文字通りには、「ご覧ください（ヒンネー）」。

m: 訳注 *k* を参照。

n: 原文の後半は文字通りには、「私に真実（エメト）以外を語らなくなるのか」という否定文。

o: 原文は文字通りには平叙文で、「彼らは無事に（ベ・シャローム）それぞれの家に帰って行く」であるが、文脈上このように訳す。

p: 原文は、「私はあなたに言いませんでしたか」という修辞疑問文。

q: 8 節、および注 *f* を参照。

r: 原文では「霊（ルーアハ）」の語に定冠詞が付いており、既知の特定の霊のことが言われているように読める。

s: 原文では、文法的に必要のない「私（アニー）」の語が文頭に置かれ、強調されている。

t: 原文（ヘデル　ベ・ヘデル）は文字通りには、「部屋の中の部屋」。該当箇所への注解を参照。

u: 原文は文字通りには、「（あなたは）目撃者となるでしょう」。

v: 原文は文字通りには、「これ（ゼ）」。通常は人ではなく物を表す語で、侮蔑的な表現。王上 20:7 と同所の訳注をも参照。

w: 原文は文字通りには、「苦境（ラハツ）のパンと苦境（ラハツ）の水」。該当箇所への注解を参照。

x: 原文では、「帰って来る」という動詞（シューブ）を別の形（不定形＋未了形）で二重に用いる、ヘブライ語特有の強調表現が用いられている。

y: 原文は「小さい者（カートーン）や大きい者（ガードール）と」。反対の性

格をなすものを対で挙げて全体性を表す修辞（メリスム）。創 19:11; サム上 5:9; 30:2, 19; 王下 23:2; 25:26; エレ 8:10; 31:34; 42:1, 8; 44:12 等参照。

z: 原語は文字通りには、無冠詞の「男（イーシュ）」。該当箇所への注解を参照。

aa: 原文は文字通りには、「彼（射手）はイスラエルの王を、小札（デバキーム：複数形）と鎧（シルヤーン：単数形）との間で打った」。注解の該当箇所をも参照。

bb: 原文（モオマード）は文字通りには、「立たされていた」という受動態（穂ファル）の分詞。

cc: 原文は文字通りには、「彼はやって来た」（動詞「ボー」）。死んだはずの人間が自分でサマリアにやって来たかのように見える、奇妙な表現。七十人訳では非人称の男性 3 人称複数形で、「彼らは（サマリアに）行った」。

dd: 原文に主語はなく、動詞が男性 3 人称複数形（「彼らは葬った」）。

ee: 七十人訳、ウルガタに従い、動詞を複数形で読む。原文は動詞が男性単数形（「彼は……洗った」）で、あたかも 34 節で言及された御者が戦車を洗ったかのように読める。

【形態／構造／背景】

　列王記上 20 章同様、この列王記上 22 章もまたアハブの対アラム戦争を描く。もとになった伝承は、20 章の伝承と同様、かつては列王記下 6:8–23 や同 6:24–7:20 などの対アラム戦争の物語とセットで伝えられていたのであろう。それ以外にも、この単元には列王記上 20 章とのいくつもの共通性がある。例えば、預言者エリヤはここでもまったく姿を現さない。その代わりに、この章（および並行記事である代下 18 章）だけに登場するイムラの息子ミカヤと、やはりここ（および並行記事である代下 18 章）にしか現れないツィドキヤなる預言者を頭とする約 400 名ものアハブの預言者たちが重要な役割を果たす。やはり列王記上 20 章と同様、ほとんどの場合「イスラエルの王」は匿名であり、（申命記史家の一人による定型的な治世結尾定式の 40 節を除けば）「アハブ」の名は――明らかに二次的な文脈に属する―― 20 節の一箇所のみにしか現れない。これに対し、ユダの王ヨシャファトが「イスラエルの王」の同盟者として脇役で登場する。

アハブの場合とは異なり、ヨシャファトの名は繰り返し名指しされる。また、最後の部分（35–37節）では、列王記上20:42; 21:19bで予告されたアハブの死の実現が確認される。

　登場人物が多く、全体の構成はかなり複雑だが、両側にアハブとヨシャファトの対アラム戦争についての記述があり（A–A'）、その内側に、戦いの可否についての預言者たちへの諮問とそれに答える預言者たちの託宣について語るエピソードが置かれ（B–B'）、中央部分にミカヤが見たという二つの幻についてのミカヤの証言（C–C'）が位置するという、左右対称的な集中構造になっている。

（A）　1–4節　アハブとヨシャファト——対アラム戦争での同盟
　（B）　5–16節　アハブとミカヤ——預言者たちの託宣
　　（C）　17–18節　ミカヤの見た第一の幻——散らされるイスラエル
　　（C'）19–23節　ミカヤの見た第二の幻——「偽りの霊」
　（B'）24–28節　アハブとミカヤ——ミカヤの逮捕
（A'）29–37節　アハブとヨシャファト——対アラム戦争におけるアハブの死

　もともと独立して存在していた二つの物語（一方は主として2b–9節、15–18節、26–37節、他方は主として10–14節、19–25節）を編集者が相互に組み合わせたものとする見方（資料仮説）もある（DeVries 1985:265–266; 1989:300–302）が、比較的単純な物語が基層として存在し、そこに段階的に手が加えられて、物語が次第に複雑なものに発展していったとする編集史的な再構成が試みられることが多い。その場合、ツィドキヤのいない形の前段階（Würthwein 1967:251–252; 1984:255–260〔邦訳540–551頁〕; Seebass 1973:113, 116; Stipp 1987:228; Lehnart 2003:455–457; Oswald 2008:3–4; McKenzie 2019:208–212）、ヨシャファトのいない形の前段階（Schweizer 1979:16–17; Steck 1983:88–93; Stipp 1987:194–195, 228; Weippert 1988:460–466; McKenzie 1991:92; 2019:208–212; Lehnart 2003:455–457; Knauf 2019:485; Hentschel 2020:193–195）、それどころかミカヤすらいない前段階（Weippert 1988:460–466; Knauf 2019:485）を想定する見方もある（本単元末の【解説／考察】の項をも参照）。

素材の内容から原伝承は北王国起源のものであろうが、ユダの王ヨシャファトの姿がかなり好意的に描かれていることから、それにユダ的な「改訂」が加えられたうえで現在の文脈に取り入れられたことが想定できる（Schmitt 1972:45; Stolz 1972:147; Gray 1977:444, 449; Steck 1983:92; Jones 1984b:361, 364; Crüsemann:1997:109; Otto 2001:215; Lehnart 2003:457; Hentschel 2020:194–195）。

　列王記上20章の場合と同様、戦争記事の部分はもともとは世俗的な性格の伝承であったと思われるが、現在の形では暗黙裡に背後での神の歴史統御ということが前提にされており（34節と同所への注解を参照）、戦争記事と預言者の託宣の層を完全に分離することはできない。

　戦争記事においても、預言者たちの託宣のエピソードの部分にも、また「偽りの霊」の幻の部分にも、申命記史家的な用語法や文体、特徴的な観念は特に見られない。列王記上20章の場合と同様、この部分の主たる編集者と申命記史家の歴史的前後関係が問われねばならない。

　なお最後の部分（39–40節）には、申命記史家たちの手による定型的な治世結尾定式が見られるが、20章の解説でも述べたように、その内容と対アラム戦争記事（特にアハブの戦死）の内容の整合性にも問題がある。

　この物語全体を通じて、キーワード的な役割を果たしているものとしては、まず、戦争がテーマなので、「戦い（ミルハーマー）」の語（1, 4, 6, 15, 30, 35の各節）やその動詞形「戦う（ラーハム）」（31, 32節）が挙げられるが、その反対語の「平和／無事（シャローム）」も何箇所かで皮肉な役割を果たしている（17, 27, 28節）。戦いから「無事に」戻って来るつもりでいたイスラエルの王がそのようにはならず、一般の兵士だけが「無事に」故郷に帰って来るからである。戦いに関連しては、「攻め上る」と訳した動詞「アーラー」（原義は「上がる」）も重要な役割を果たす（6, 12, 15, 29の各節、なお35節と同所への注解をも参照）。前半では、神の意志の伺いがテーマになるので、「求める（ダーラシュ）」という動詞が目立っている（5, 7, 8節）。これに関連して、「幸い／善（トーブ）」と「災い／悪（ラーァ）」の対語も特徴的な用いられ方をする（8, 13, 18, 23節）。預言者たちがたくさん出てくるので、「預言者（ナービー）」の語（6, 7, 10, 12, 13, 22の各節）、およびその動詞形「預言する（ヒトナッベー）」も頻用される（8, 10, 12, 18

節)。数は多くはないが、動詞「見る(ラーアー)」も重要な箇所で印象的な役割を果たしている(17, 19, 25, 33 節)。

【注解】

1–4 節　アハブとヨシャファト——対アラム戦争での同盟

　1–2a 節はおそらく、この章の対アラム戦争の記事を列王記上 20 章の対アラム戦争の記事に結び付けようとした、(おそらくは 20 章と 22 章の双方を現在の文脈中に挿入した) 編集者ないし「挿入者」による経過句。新しい物語が主語なしで、「**彼らは 3 年間、動かずにいた**」(訳注 a 参照) という文章で始まるということはおよそあり得ない。本注解では、列王記上 20 章と同様、申命記史家たちよりも後の挿入者により申命記史書に後から挿入されたことを前提とする。

　アラムとイスラエルの間に「**戦争がなかった**」というのは、以前の対アラム戦争の最後 (王上 20:34) で、アハブとベン・ハダドの間に和平「協定」が結ばれたことを踏まえたもの。「**3 年間**」というのは、中期的な時の経過を表す定型的な概数 (サム下 13:38; 21:1; 王上 2:39; 10:22 等参照) で、必ずしも厳密な時間的量を表すと解する必要はない (DeVries 1985:266; Cogan 2001:489; Moberly 2003:4; McKenzie 2019:208; Thiel 2019:629)。

　2 節では、「**ユダの王ヨシャファト**」が「**イスラエルの王**」を訪問したことが報告される。ユダ王としてのヨシャファトについては、彼のユダ王としての即位を描く列王記上 15:24、ユダ王としての治世を描く本章の 41–51 節、およびイスラエル王ヨラムのモアブ遠征への彼の参加を描く列王記下 3 章を参照 (他に、多くの独自の素材を含む歴代誌下 17–20 章をも参照)。「**下って来た**」とされているのは、エルサレムからということ。この部分の語り手の視点は、エルサレム中心的である。訪問先は明記されていないが、当然北王国の首都サマリアであろう (10 節参照)。「下る」(動詞「ヤーラド」) という表現には、エルサレム (海抜約 740 メートル) とサマリア (同約 430 メートル) の実際の高度差が意識されているのかもしれない (Thiel 2019:630)。

　訪問の目的も記されていないが、この訪問が友好的なものであったこと

が当然のこととして前提とされている。この時代の歴史的状況から見て、ユダが事実上イスラエルの属国のような状態にあったと想定し、属王として謁見のために宗主のもとにやって来たとする見方もあるが（Würthwein 1967:248–249; 1984:255〔邦訳 541 頁〕; Walsh 1996:344; Sweeney 2007:259; McKenzie 2019:208）、少なくともこの物語の描き方では、2 人の王は対等、同格であるように見える。例えば、4 節での「イスラエルの王」のヨシャファトへの語りかけは、丁寧なもので、宗主―臣下の関係が前提にされているようには見えない（Gray 1977:448–449; Cogan 2001:489; Thiel 2019:635）。

　王国分裂（王上 12 章参照）後、しばらくの間は北王国イスラエルと南王国の間に争いが続いたが（王上 14:30; 15:6, 16–22, 32 参照）、オムリ王朝の時代に入ると両国の対立は止んだ。オムリやアハブは積極的な国際協調政策を推し進めたのである。アハブはフェニキアのシドンと同盟していた（王上 16:31 と同所への注解を参照）だけでなく、すでにユダとも同盟していた（王上 22:45 参照）。おそらくは、子供たちの間での政略結婚もすでに行われていたのであろう（王下 8:18, 26 参照）。歴史上のアハブが同盟や条約政策の名手であったことは、カルカルの戦いに言及するアッシリアのシャルマナサル 3 世の碑文からも確認できる（第 2 巻 273–275 頁参照）。ユダの王がヨシャファトであるとされているのは、彼がアハブとほぼ同時代人だからで（本章 41 節参照）、伝承のすでにこの段階（ヨシャファトが登場する段階）で、本来匿名であった「イスラエルの王」がアハブと同一視されていたことが示唆されている。

　王が単身でやって来るということは考えられないので、ヨシャファトは相応の数の随員を引き連れていたのであろう。ことによると、29 節以下の共同遠征の相談のために、アハブの側からヨシャファトを招いたのかもしれない。その場合には、ヨシャファトが一度ユダに戻ったようには見えないので、すでにユダ軍を率いてサマリアに来たのであろう（兵員や戦車隊が同行していることを示唆する 4 節のヨシャファトの言葉を参照）。

　1 節の経過句の存在にもかかわらず、列王記上 20 章との連結は必ずしも円滑ではない。後者の最後近くで、アラムの王ベン・ハダドがイスラエルの「町々」をアハブに「返還」すると約束したことが語られている（王上 20:34）のに反し、3 節では、「**ラモト・ギレアド**」が「**アラムの王の手**」

に握られたままであるとされている。ことによると、アラムの王が約束を守らなかったことが前提にされているのであろうか。ただし、この町がアラム側に奪われたことはそもそもこれまでどこにも語られていなかった。「ラモト・ギレアド」はギレアド、すなわちヨルダン川東岸中部地方の中心的な町（421 頁の地図を参照）で、部族的にはガドに属し（申 4:43; ヨシュ 20:8; 21:38）、列王記上 4:13（同所への注解参照）によれば、ソロモン時代の第六行政区の州都であった。現在のヨルダンの首都アンマンの北方約 60 キロメートルに位置するテル・ラミトと同定されている（ABD 5:621; NIDB 4:734; Aharoni 1967:383）。

ラモト・ギレアドは、アラム人の勢力圏との境界上に位置し、北と南を結ぶヨルダン川東岸の重要な交通路（いわゆる「王の道」）に面するなど、交易的、戦略的にも重要な町であるが、これがアラム人との争奪戦の対象になるのは、アハブの息子ヨラムの時代（王下 8:28; 9:1, 14）以降で、しかもヨラムの対アラム戦争の場合でも、ラモト・ギレアドはなおイスラエル側にあることが前提となっている。ヨラムは、ラモト・ギレアドを「守る」（動詞「シャーマル」）ために戦っているからである（王下 9:14 参照）。ギレアド地方がアラム人の手に落ちるのは、イエフ王朝の時代になってからであろう（王下 10:32–33 参照）。前述のように、歴史的には、アハブの時代のイスラエルはむしろ反アッシリア同盟でアラムと盟友関係にあった（第 2 巻 273–275 頁、および本書 242 頁を参照）。ここにもまた、素材となった伝承が歴史的にアハブ時代に由来するものでないことが示唆されている。

3 節で奇妙なのは、直前の 2 節でユダの王ヨシャファトの来訪が記されたにも拘わらず、「イスラエルの王」がヨシャファトの存在を無視するかのように自分の「**家臣たち**」にラモト・ギレアドの奪回計画（「**取り戻そう**」）について語っていることで、ここから前述のように、一部の研究者はこの物語の古い形には、ヨシャファトの姿が（まだ）含まれていなかったと想定している。その場合には、3 節は直接 6 節と 9 節に続いていたとされることが多い（Schweizer 1979:16; Steck 1983:92; Stipp 1987:228; Lehnart 2003:455; McKenzie 2019:208 等参照）。

4 節になって、「イスラエルの王」はようやくヨシャファトに対し、ラモト・ギレアド遠征への参加を要請する。イスラエルがユダと同盟してい

たのであれば、イスラエルの王がヨシャファトに「**私と一緒に行って、……戦っていただけませんか**」と依頼すること（4節）はむしろ当然のことである。古代世界の国家間の条約関係は、ほとんどの場合、軍事同盟の性格を持っていた。これに対するヨシャファトの、「**私はあなたと一心同体です。私の民はあなたの民と一心同体です。私の馬たちはあなたの馬たちと一心同体です**（カモーニー　カモーカー、ケアンミー　ケアンメカー、ケスーサイ　ケスーセーカー、訳注b参照）」という全面肯定的な同意は、同じヨシャファトのイスラエル王ヨラムとのモアブへの共同遠征について語る列王記下3:7にもまったく同じ形で現れる。25年間ユダの王であった（本章42節参照）ヨシャファトは、アハブの息子たちであるアハズヤ（52節参照）やヨラム（王下3:1参照）の同時代人でもあったのである。

　この「一心同体」さを強調する肯定的な応答が同じ文言であるばかりでなく、列王記下3章でもまた、ヨシャファトの方から「我々がヤハウェに伺いを立てることのできるヤハウェの預言者」を通じた神意の確認を求める（王下3:11．本章8a節と比較のこと）。このような一致はおよそ偶然とは考えられない。このような現象の説明としては、(1) 別の著者たちがこのような場面でよく見られる定型句を用いている（Würthwein 1984:256〔邦訳541頁〕；Wiseman 1993:198〔邦訳217頁〕；Schmid 2000:586）、(2) 二つの箇所は同じ著者（たち）ないし編集者（たち）の手による（Wellhausen 1899:284; Miller 1966:447; Schmitt 1972:44–45; Stolz 1972:149; Lehnart 2003:457; Na'aman 2005b:466; 2007:163–164; Hentschel 2020:194–195）、(3) 列王記上22章が列王記下3章の形成に影響を与えている（DeVries 1985:298–299; Smelik 1992:89）、(4) 列王記下3章が列王記上22章の形成に影響を与えている（Schweizer 1974:32–35; 1979:11; Steck 1983:95; Hentschel 1984:131; Jones 1984b:363; Stipp 1987:222; Weippert 1988:467; Otto 2001:216–217; Knauf 2019:485, 497; McKenzie 2019:269, 273）という四通りの可能性が考えられるが、私見によればこの番号順に後ろに行くほど蓋然性が高い。該当箇所への注解でも詳述する予定であるが、列王記下3章に描かれたモアブへの遠征は、モアブの王メシャの反乱との関係で、かなりの歴史性が認められ、ユダ王ヨシャファトがイスラエルの同盟者として実際にその遠征に参加した可能性も少なくない。これ

に反し、列王記上22章の方は、前述のように歴史性にかなり問題があり、ヨシャファトの姿も必ずしも物語の流れに深く根付いているとは言い難い。列王記下3章がエリシャと結び付いた物語として比較的早い段階で申命記史書に取り入れられたと考えられるのに対し、後に詳述するように列王記上22:1–38は、列王記上20:1–34のもう一つの対アラム戦争の物語と同様、申命記史書に後から挿入された可能性が強い。列王記上22:1–38の物語が現在の形に発展するうえで、列王記下3章の物語が応用された可能性が考えられてよい。ちょうど列王記上20:1–21のアラム軍のサマリア攻囲の物語の形成に、列王記下6:24–7:20が影響を与えたと考えられるように（本書213頁参照）。この可能性の方が、少なくとも（列王記上22章が列王記下3章に影響を与えたとする）逆の可能性よりも、ずっとありそうなことに思われる。ことによると、同盟者、共闘者としてのユダの王ヨシャファトの人物像自体も、この形態化のプロセスの中で列王記下3章からこの物語の中に二次的に取り入れられたのかもしれない。

5–16節　アハブとミカヤ——預言者たちの託宣

　4節では、遠征参加の要請に二つ返事で快諾したヨシャファトであるが、5節ではヨシャファトの側から一つの条件を提示する。すなわち、ヨシャファトは「**イスラエルの王**」に対し、「**最初に、どうかヤハウェの言葉を求めてください**」と要求するのである。前述のように、この展開もまた列王記下3章と並行する。ここで、戦いを仕掛けるべきかどうかまずヤハウェの意志を確認するべきである、と主張するヨシャファトの姿には、彼の敬虔さが好意的に表現されている。戦闘行為に先だって神意の伺いがなされるというのは、古代イスラエルではごく当たり前のことであった（士1:1–2; 20:18, 23, 27–28; サム上14:37; 23:2–4; サム下5:19, 23等参照）。通常は、祭司がその祭服の一部をなすエフォドに入っている「ウリムとトンミム」という一種の籤で戦運を占ったが（サム上23:9–12; 28:6; 30:7–8等参照）、この場合のように預言者を通して神意の伺いがなされることもあった（王下3:11, 16–18参照）。列王記上20章では、どこからともなく「預言者」や「神の人」が自発的に現れて勝利の神託を与えたが（王上20:13–14, 22, 28）、ここではイスラエルの王が預言者たちを召集する。

すぐに集められたというのであるから、もともと宮廷に関連のあった、ある種の宮廷預言者たちだったのであろう。集まったのは、「**400人ほど**」の「**預言者たち**（ネビイーム）」である（6節）。神託伺いのためとしては驚くほど多数であり、数字はあくまで誇張であろうが、イゼベルのもとにいた「バアルの預言者450人とアシェラの預言者400人」（王上18:19）を想起させる。

これについては、面白い見方がある。列王記上18章によれば、カルメル山上でエリヤと対決したのは、このうち「バアルの預言者450人」（王上18:22）だけであり、彼らは最後にキション川のほとりで皆殺しにされる（王上18:40）。それゆえ、ここに集められた「400人」は、残っているはずのアシェラの預言者だ、という解釈である（Hens-Piazza 2006:214; Knauf 2019:496, 498; McKenzie 2019:203, 208. 可能性として、Weippert 1988:467; Provan 1995:162; Walsh 1996:345; Long, Jr. 2002:262; Schmitz 2008:246）。ただし、5節でヨシャファトはあくまで「ヤハウェの言葉」を求めたのであり、400人の預言者たちはその要請に応えて集められたのである。後にこれらの預言者たちは、実際に「ヤハウェ」の名によって勝利を予告し（本章12節）、彼らのリーダーは「ツィドキヤ」という、「ヤハウェは正義」を意味する立派なヤハウェ系の名前を持っている。後の第二の幻の場面（本章19–23節）でも、あくまでヤハウェ自身がそれらの預言者たちの口に「偽りの霊」を与えたことになっている。したがって、この見方は穿ちすぎであろう。後述するように、ここで神学的に問題になるのは、ヤハウェの預言者同士が正反対の預言で対立しあうという事態なのである。「400人」は、あくまで非常な多数を意味する定型的な概数（創32:7; 33:1; 士21:12; サム上22:2; 25:13; 30:10等参照）であろう（Thiel 2019:639–640）。

6節でイスラエルの王が、「**私はラモト・ギレアドに行って戦うべきであろうか。それとも私は〔それを〕控えるべきであろうか**」と、戦いの可否を問うと、預言者たちは一斉に、「**攻め上りなさい。わが主**（訳注d参照）**は王の手に渡されました**」という一見して肯定的な応答を行う。これは、このような戦いの可否について神意を問う場合にしばしば見られる「譲渡定式（Übergabeformel）」（士20:28; サム上23:4; サム下5:19; 王上20:13, 28;

王下 3:18 等参照。なお王上 20:13 への注解をも参照）の変形である。ただし、この場合には注目すべき点が少なくとも二つある。第一に、「預言者たち」の言葉には、通常、預言的な文脈でよく使われる使者定式（11 節参照）などがなく、ヤハウェ自身が語る 1 人称の言葉でもなく、あくまで語られているのは預言者たち自身の見解にすぎない、ということである。すなわち、それは厳密な意味での「預言」とは言えないのである。

　第二の点はやや微妙なのであるが、原文では、預言者たちの言葉には、威勢のいい内容にも拘わらず、奇妙な曖昧さが含まれているのである（Walsh 1996:345; 2006:69; Crüsemann 1997:112–113; Long, Jr. 2002:263; Oswald 2008:7–8; Schmitz 2008:248–249, 263; Miller 2014:49–51; Wray Beal 2014:384; McKenzie 2019:203）。まず、通常の「譲渡定式」では、「ヤハウェ」が敵を戦い手に渡してくれると、神名（いわゆる神聖四字）が明記されることが多いが、ここでは後に神聖四字の読み替え語となる「わが主（アドナーイ）」が主語となっており、しかもこれは文法的には複数形である（訳注 *d* 参照）。さらに、通常はヤハウェが戦士の手に「誰を」渡すのか、敵の名等が明記されるのであるが、ここでは目的語がない。実は、この文章は、原文では二つの異なる意味に解せる曖昧さを持っているのである。すなわち主語を「彼（ヤハウェ）」、目的語を「アドナーイ」、「王」をアラムの王と解せば、もう一つの意味は「彼（ヤハウェ）はわが主君たち（アハブとヨシャファト）を（アラムの）王の手に渡されました」となる。

　ここで想起されるのは、ヘロドトス（『歴史』I, 50–56, 91）が伝えるリュディアの王クロイソスの逸話である。クロイソスがペルシア出兵の可否をデルフォイの神託に諮ったところ、出兵すれば「大帝国を滅ぼす」という答えを得た。クロイソスは「大帝国」をペルシア帝国のことだと早合点して出兵し、大敗を喫した。「大帝国」とは彼自身の帝国だったのである（Walsh 2006:69; Oswald 2008:8; Schmitz 2008:248–249）。

　もちろん、本章で後に出る「譲渡定式」（12 節、15 節参照）では主語が「ヤハウェ」になっているので、この箇所の文言の曖昧さはテキスト破損や事後的な書き換えの結果にすぎず、前述の見方も穿ちすぎかもしれない。しかし、12 節と 15 節でも「渡す」の目的語が欠けていることは何とも奇妙である。

いずれにせよ、後に 19–23 節で種明かしされるように、400 人の預言者たちの発言は、実は「偽りの霊」に操られたものであり、アハブを「惑わす」ためのものである。しかし、預言者たちの言葉は、実はまったくの嘘八百というわけではなく、読み方によっては真実にも解せる、曖昧で多義的なものなのである。「偽りの霊」は、ずいぶん手の込んだことをするものである。

　400 人もの預言者が異口同音に、しかも楽観的に聞こえる預言をしたことは、かえってヨシャファトの猜疑心を強めたらしい（7 節）。6 節での預言者たちが・ヤ・ハ・ウ・ェの名を挙げなかったことを訝ったのか、ヨシャファトは「伺いを立てる」（動詞「ダーラシュ」）ことのできる、「ヤハウェの預言者」は他にいないのか、とイスラエルの王に質す（王下 3:11 参照）。現代流に言えば、ヨシャファトは念のため「セカンド・オピニオン」を求めたわけである（Nelson 1987:147〔邦訳 231 頁〕；Hamilton 1994:652; Moberly 2003:5; Miller 2014:50）。「イスラエルの王」は、「ヤハウェに伺いを立てるための男」が「他にもう一人いる」ことを渋々認めるが、その男を召喚して神意を質すことには気が進まない様子である（8 節）。その人物が自分について預言するのは、「いつも幸いなことではなく、災いばかり」（訳注 f, g, h 参照）だからだというのである。このイスラエルの王は、自分の聞きたいことだけを聞きたがり、耳の痛いことは聞きたがらない人物のようである。また、ここには、イスラエルの王とミカヤがすでに顔見知りであり、王がすでに以前に何度も彼の預言を聞いたことがあることが前提とされている（Schmid 2000:588）。しかし、彼の言葉は常にイスラエルの王にとってははなはだ都合のわるいものばかりであった。ミカヤはいわば、このイスラエルの王の「天敵」というわけである。なお、後 1 世紀後半に活動したユダヤの歴史家ヨセフスは、このミカヤを、列王記上 20:42 で聖絶規定の違反に関連してアハブの「命」への災いを予告した、「預言者の子ら」の一人である匿名の人物と同一視している（『ユダヤ古代誌』8:389）。

　これに対するヨシャファトの応答は、動詞が 3 人称で、「王たる者（メレク）」にふさわしくない行動を一般的に諫めているようで面白い。この言葉を受けて、イスラエルの王は渋々ながらも、その人物、「イムラの息子ミカヤ」を呼び出すように「一人の宦官」に命じる（9 節）。ミカヤがど

こにいるかは記されていないが、どこに行けばミカヤに会えるのか、王も使者も承知していることが前提とされている。これにより、多数の預言者たちに一人の預言者が単独で対決するという、列王記上 18 章を彷彿とさせるような状況が準備されることになる。なお、「宦官」と訳された「サーリース」の語は、オリエント世界の宮廷の高位の役人（創 37:36; 39:1; 40:2, 7; サム上 8:15; 王下 8:6; 9:32; 24:12; ダニ 1:3, 7, 11, 18 等参照）であるが、後宮などの管理にも当たるため、去勢されていることが多かった（王下 20:18; エス 1:10–15; 2:3, 14–15, 21; 4:4–5; イザ 56:3–4 等参照）。

　ミカヤが到着するまでの間、2 人の王は、首都「**サマリアの城門の入口**」にある「**脱穀場**」で、それぞれ「**自分の王座**」に座して、400 人の預言者たちの預言ぶりを見守っていた（10 節）。彼らが「**正装**」していた——すなわち王位を示す冠や装束を身に付け、威儀を正して座っていた——とされていることは、後の戦闘の物語中の重要なエピソードのための伏線になっている（本章 30–33 節参照）。その場所があえて「脱穀場（ゴーレン）」であったとされていることに特別な意味はないであろう。穀物の脱穀には、風通しの良い、広い空間が必要とされる。脱穀場として使用されるのは収穫期だけであるから、その他の時期にはそのような広い空間が市場や祭り、軍隊の演習など、さまざまな行事に利用されたと考えられる（Schmid 2000:590; Cogan 2001:490; Walsh 2006:70; Wray Beal 2014:284; Thiel 2019:649–650）。ちなみに、エルサレム神殿の場所もかつてはエブス人の脱穀場であった（サム下 24:18–25）。400 人もの預言者が恍惚状態で暴れまわる空間は、狭い城内にはなかったのであろう。なお、「預言する」（動詞「ヒトナッベー」）とは、恍惚状態になって異言を語るということ。イスラエルでは、しばしば集団的狂騒現象として見られた（民 11:25–29; サム上 10:5–6, 10–13; 19:20–24; 王上 18:29 等参照）。

　11 節に登場する「**ケナアナの息子ツィドキヤ**」なる人物は、400 人の預言者の一人で、おそらくはそのリーダー格だったのであろう。6 節の大勢の預言者たちとは異なり、ツィドキヤは「**ヤハウェはこう言われた**」という使者定式を用いている（11 節）。彼の預言は、「**数本の鉄の角を造ってきており**」（訳注 *i* 参照）、「**あなたはこれらでアラム〔軍〕を突き、彼らを全滅させなさい**」という、イスラエルの王に対する檄である。角を造って示す

313

というのは、いわゆる預言者の象徴行為（王上 11:29–31 等参照）であり、後の古典的な預言者（文書預言者）たちも、さまざまな道具を用いた象徴的行動を行って、自らの使信を補強した（イザ 20:2–6; エレ 13:1–11; 19:1–13; 27:1–15; 32:6–14; エゼ 4–5 章；12 章；37:15–28 等参照）。それらは、もともとは類感呪術的な意味を持っていたのであろうが、今ではデモンストレーション・パフォーマンスといった意味で理解されている。なお、「**角（ケレン）**」は、力や破壊力の象徴（申 33:17; 詩 22:22; 132:17; エゼ 34:21; ミカ 4:13; ゼカ 2:1–4）。オリエント世界の神々は、しばしば角のついた冠をかぶった姿で描かれた。ここでも、ツィドキヤが 2 本の角つきの兜か冠を造り、それをイスラエルの王に進呈したということが考えられているのかもしれない（Hentschel 1984:133; Würthwein 1984:259〔邦訳 548 頁（誤訳あり！）〕; Dion 1999:259–260; Schmid 2000:590; Thiel 2019:655）。もし、ツィドキヤがわざわざ角を造ってきたのであるとすれば、預言者たちはあらかじめ自分たちが何のために呼ばれたのかを察知しており、その解答をすでに準備してきた、ということになろう。

「**〔他の〕すべての預言者たち**」も、これに追随するかのように、再び「**ラモト・ギレアドに攻め上り、勝利を得なさい。ヤハウェは王の手に渡されます**」と、勝利を預言する（12 節）。6 節とは異なり、これは正規の「譲渡定式」であり、ヤハウェの名が明記されているし、「勝利を得なさい（ハツェラハ）」（訳注 j 参照。動詞の形は命令形）の語が付加されており、6 節よりも曖昧さがなくずっと肯定的に読めるが、ここでも目的語がないし、「王」が誰を指すのかもはっきりしない。これを聞いても、ヨシャファトの心は満足できず、白けたままだったのであろうか。

13 節で、場面は映画の編集のように切り替わり、ミカヤの住居（場所不明）となる。彼を迎えに行った「**使者**（マルアク、冠詞付き）」（おそらくは 9 節の「宦官」と同一人物）は、王の望んだような結果を得ようと、独断で巧みに「根回し」を行う。他の預言者たちが「**異口同音**」（原文は文字通りには、「一つの口（ペ・エハド）」）に語っているように、「**幸いなことを語ってください**」というのである。多数派に迎合して、王の気に入るような言葉を語るようにという、同調圧力をかけているわけである。いかにも目先の利く、小役人的な忖度ではある。なお、「**お含みおきください**」と訳

した原語は、文字通りには「ご覧ください（ヒンネー）」（注1参照）。相手の注意を喚起する際などによく用いられる間投詞である。これに対し、ミカヤは毅然として、「ヤハウェが私に言われること〔だけ〕を、私は語ります」と答える（14節）。あくまで真実のみを語る、というのである。この言葉は、モアブの王バラクに招聘された霊能者バラムが繰り返す言葉（民22:35, 38; 23:12, 26; 24:13）を想起させる。なお、ここでは「ヤハウェが……言われる」も「私は語ります」も、動詞が未完了形になっており、この時点ではミカヤがまだ何の啓示も受けていないことを示唆している（17節、19節の完了形「私は見ました」と対比のこと）。ちなみに、「**ヤハウェのお命〔にかけて〕**」という宣誓の定式については、列王記上1:29への注解（第1巻73–74頁）を参照。

ミカヤが「**王のもとにやって来ると**」、イスラエルの王は彼に、6節で400人の預言者たちに尋ねたのとほぼ同じ質問をする（ただし、主語が「**我々**」と複数形になっているのはおそらくヨシャファトの存在を顧慮したもの）。すなわち、「**ラモト・ギレアドに行って戦う**」べきか否か、と（15a節）。これに対するミカヤの答えは、直前の14節のヤハウェの言葉通りに語るという宣誓にもかかわらず、12節の預言者たちの託宣と――目的語が欠けていることをも含めて！――まったく同じである（15b節：「**攻め上って、勝利を得なさい。ヤハウェは王の手に渡されます**」）。これは、直後の17節で直ちに明らかになるように、真実の啓示に基づく預言ではない。ここでミカヤは、まるで13節の「使者」の勧告に従ったかのようにも見える（Knauf 2019:500; Thiel 2019:660）。

これをどう理解するべきであろうか。ことによると、後に明らかにされる「偽りの霊」（本章20–23節参照）がミカヤの預言にも影響を与えた、ということであろうか（Steck 1983:93; Crüsemann 1997:115; Fretheim 1999:125; Hens-Piazza 2006:218; Oswald 2008:5; Knauf 2019:500–501; McKenzie 2019:204; Thiel 2019:660–601, 675）。テキスト生成論的に見れば、二つの異なる伝承ないし「資料」を組み合わせた結果生じた矛盾なのであろうか。それとも、事態をあえて錯綜させ、緊張を高めるための文学的技法が駆使されているのであろうか。いずれにせよ、現在の文脈によれば、イスラエルの王は明らかにこの答えに満足せず、「**真実（エメト）だけ**」を語るよう

にミカヤに要求する（16 節）。常に自分について「災いのみを預言する」（8 節）ミカヤが、このときばかりは打って変わって「幸いなこと」を預言したので、その真実性に猜疑心が湧いてきたのであろう（Fretheim 1999:124; Cogan 2001:491; Tiemeyer 2005:339; Hens-Piazza 2006:217; McKenzie 2019:204; Thiel 2019:663）。「真実」を知ろうとするここでの王の態度は、自分にとって不利な預言を聞くのを忌避しようとした彼の 8 節における態度とは微妙な変化を見せている。

17–18 節　ミカヤの見た第一の幻──散らされるイスラエル

　これを受けて、ミカヤは初めて「真実」を語る。現在の本章の文脈の中で見れば、ミカヤは今や「偽りの霊」の影響を脱して、真の預言者として振舞うということになろう。「**私は見ました（ラーイーティー）**」という完了形（17 節）は、この間にミカヤに啓示が下ったことを示唆している（14 節への注解を参照）。ここでは、「霊」（24 節）に取り憑かれて恍惚状態となり、集団で預言するタイプと、単独で行動し、幻を見るタイプの二つの預言者のタイプが対比され、前者が否定的に、後者が肯定的に見られているようである（Würthwein 1984:259–260〔邦訳 549 頁〕; Rofé 1988a:146–147; Lehnart 2003:455–458）。後の古典的な預言者の多くも、単独で行動し、しばしば幻を通じて啓示を与えられた（アモ 7:1–8:3; 9:1–4; イザ 1:1; 6:1–6; エレ 1:11–13; 4:23–26; 24:1–10; エゼ 1:4–28; 10:1–22; ゼカ 1:7–6:8 等参照）。

　ミカヤの見た幻は、未来の事柄に関わっている。それは、「**山々の上で、全イスラエルがまるで牧人のいない羊の群れのように散り散りばらばらになっている**」光景である（17a 節）。これが、ラモト・ギレアドへの出陣の行き着くべき真実の結果なのである。牧人を失った羊の群れは、散り散りばらばらにならざるを得ない（民 27:17; エレ 10:21; 23:1–2; 50:6; エゼ 34:5–6, 12; ナホ 3:18; ゼカ 10:2; 13:7 等参照。なお、マタ 9:36; 26:31; マコ 6:34; 14:27 等をも参照）。しかも、「牧人（ローエー）」の語はしばしば王を表す隠喩に用いられる（サム下 5:2; 7:7; エレ 3:15; 23:4; エゼ 34:23; 37:24; 詩 78:70–72 等参照）。それゆえここでは、軍隊司令官としてのイスラエル王アハブの死がすでに暗示されている。なお、「羊の群れ」と訳した原語（「ツォーン」）は、通常は羊と山羊からなる小家畜の群れを指す。パレスチナでは

通常、羊と山羊を一緒に放牧する（創 30:32–35; マタ 25:32–33 参照）。

ミカヤは幻を見ただけではなく、同時にヤハウェの言葉も聞く（17b 節）。ここでは視覚的な啓示と聴覚的な啓示が表裏一体をなしている。ヤハウェは「**主人たち**（アドニーム）」を失った敗残兵たちを「**無事に**（ベ・シャローム）」各自の家に「**帰らせよ**」（動詞「シューブ」）と命じる。ヤハウェの意図は、アハブを「倒れ」させる（20 節参照）ことだけなのであり、「全イスラエル」（17 節参照）は無傷で故国に復員すべきなのである（Thiel 2019:666–667）。この記述は、後にイスラエルの王が、自分は「無事に（ベ・シャローム）」戦いから帰って来ると楽観的な見通しを口にすること（27–28 節）と皮肉な対照をなす（Gray 1977:451）。民は「無事に／平和に」家に帰れるが、王はそうすることができないのである（37 節参照）。なお 17 節で「主人たち」と複数形になっているのは、ヨシャファトの存在を顧慮したものか（Schmitz 2008:276）。ただし、それならここで「全イスラエル」のみについて語られていて、参戦しているはずのユダ軍について語られていないのは奇妙である。直前の「牧人（ローエー）」についての言及は単数形である。

ここでミカヤが「真実（エメト）」を語ったということは、ある意味で王に対する警告を意味する（Moberly 2003:8）。イスラエルの王にとっては、ミカヤの語った幻の啓示を深刻に受け止め、災いを避けるべく行動を変える可能性が開かれたはずである（Thiel 2019:668）。しかし、「真実」を聞いたはずなのに、王の態度はそれによって動かされることはなく、その態度は以前の頑なさに戻ってしまう。彼は、以前のミカヤに対する憤懣（8 節）をヨシャファトに繰り返す。「**私があなたに言った通りではありませんか。彼が私について預言するのは、いつも幸いなことではなく、災いばかりなのです**」（18 節）。王は、ミカヤの言葉に「真実」も「警告」も見出すことができず、ただ自分に向けられた悪意だけしか感じ取れないのである。このようなイスラエル王の態度の不自然な振幅を見ると、15b–16 節は、二次的な加筆と見た方がよいかもしれない。

19–23 節　ミカヤの見た第二の幻——「偽りの霊」

19 節は、主語が明記されていないが、内容から見てミカヤの発言であ

ることは明らかである。したがって、ここでミカヤは突然、アハブの発言を遮る形で、問われもしないのに自発的に、彼が「見た」もう一つの幻について語り始めたことになる。ただし、この部分は、18節から24節へと続く文脈を不自然な形で分断しており、テキスト生成論的には、多くの研究者や注解者によって、後から付け加えられた補説的な省察と考えられている（Würthwein 1967:252; 1984:260〔邦訳 550–551 頁〕; Schmitt 1972:43; Seebass 1973:113; Hentschel 1984:131; Stipp 1987:223–224, 228; Weippert 1988:471–477; Fritz 1996:197, 199; Otto 2001:215; Lehnart 2003:457; Hentschel 2020:191–193）。このことは、400 人の預言者たちが勝利を預言した真相を、ミカヤがここで「偽りの霊」の作用によるものとして種明かししたにもかかわらず、それがその後のイスラエルの王の態度や行動に何ら影響を与えない、という不自然な展開によっても裏付けられる。この部分を挿入するための編集上の工夫として、17 節にあった「**私は見ました（ラーイーティー）**」の語がここでも再び用いられている（19 節）。

　この補説で問題にされるのは、なぜ「偽りの預言」ということが起こり得るのか、である。もし、ミカヤの見た幻（17a 節）が「真実」であるとすれば、400 人の預言者たちの預言は、その「真実」に相反するものなので、当然「偽り」ということになり、400 人の預言者たちは皆、「偽預言者」ということになる。しかし、もし預言者たちが意図的に虚言を弄したのでないとすれば、なぜ、ヤハウェの名によって語られた預言が偽りであるのか、ということが問題になる（エレ 5:31; 6:13; 8:10; 14:14–15; 20:6; 23:14, 25–26, 32; 27:14–16; 29:9, 21, 23 等参照。なお、イザ 9:14–15; ゼカ 13:3 等をも参照）。

　この問題は、特にユダ王国滅亡期の実際の体験を通じて、捕囚前後の時代にとりわけ深刻なものになっていた（エレ 23:9–32; 27–29 章; エゼ 13 章; 哀 2:14; 4:13 等参照）。ユダ王国の滅亡の直接的な原因は、ユダの最後の王たちがバビロニア王ネブカドネツァルに対する無謀な反乱を繰り返したことであるが、その背景には、安易に勝利や救済を約束する偽預言者たちの暗躍があったからである。

　まず、ヨヤキム王が反逆を試みたが、これはバビロニア（カルデア）軍とその支配下にある「多国籍軍」の鎮圧遠征によって無残な失敗に終わる

（王下 24:1–2）。その攻囲中にヨヤキムは死に（王下 24:6）、息子のヨヤキンが 18 歳で王になったが、わずか 3 か月間（王下 24:8）しか王位にいなかった彼にとってできることと言えば、開城して自ら投降することだけであった（王下 24:12）。ネブカドネツァルは彼を王族や高官、戦士や武器を作る技術者たちとともに捕囚に送り（王下 24:14–16）、ヨヤキムの異母兄弟に当たるマタンヤをユダの王に任命し、王座名としてゼデキヤを名乗らせた（王下 24:17）。すなわち、王の首はすげ変えたが、ユダ王国の存続自体を一応は許したのである。

　ゼデキヤの治世のユダでは、今後バビロニアに対してどのような態度をとるかで国論が二分していた。主戦論のタカ派はあくまで再反乱に踏み切るべきだと主張したが、慎重論のハト派は、そのような愚行は国としての自殺行為だと反対した。預言者たちも、両派に分かれた。預言者エレミヤは慎重派の代表であり、ネブカドネツァルの支配をユダ王国が犯してきた罪へのヤハウェの罰と受け止め、バビロニアの支配という「軛」を自ら首を差し出して負うこと以外に未来はないと説き、実際に軛を自分の首にはめるという象徴行動によって自分の主張のデモンストレーションを行った（エレ 27 章）。これに対し、抗戦派の預言者ハナンヤは、「2 年のうちに」ヤハウェが「バビロン王の軛」を打ち砕くと説き、人々に再反乱への決起を促し、また、エレミヤの首から軛を奪ってそれを人々の前で打ち砕いて見せるという対抗象徴行動を行った（エレ 28 章）。ハナンヤ以外にも、バビロニアへの服従拒否を訴えたり（エレ 27:14）、捕囚からの早急な帰還を約束したりする（エレ 29:8–9）抗戦派の預言者たちが数多くいたらしい。そのような救済預言者たち（エレ 8:10–11; 28:9 を参照）に鼓舞された主戦論者たちが、ゼデキヤ王を強いて（エレ 38:5 参照）無謀な再反乱に踏み切らせたことが、結局はユダ王国の滅亡に繋がったのである。

　二派の預言者が、同じヤハウェの名において正反対の預言をするという事態は、それを見聞きした人々にとって、大きな当惑を引き起こすものであったにちがいない。ここでは、おそらくそのような体験が踏まえられている。したがって、もとになった北王国に由来する対アラム戦争の物語伝承が拡張され、預言者物語化されて、400 人の救済預言者たち（およびツィドキヤ）対災いの預言者であるミカヤの対決という構図に発展したのは、

おそらく王国時代末期から王国滅亡時にかけてのユダにおいてであったと考えられる（Würthwein 1967:252–253; 1984:261–262〔邦訳 552–553 頁〕; Jones 1984b:364; Rofé 1988a:149–150; Weippert 1988:477–478; Otto 2001:215–216; Moberly 2003:22; Hentschel 2020:192–195）。神託伺いで主導権を発揮するのが、ユダの王ヨシャファトであること（5 節、7–8 節）も、そのようなユダ的背景の反映であろう。この時代における宗教的な中心問題は、もはやエリヤの時代のように「ヤハウェかバアルか」（王上 18–19 章；王下 1 章）ではなく、ヤハウェ信仰自体の中で正反対な預言が対立し合うという状況だったのである。

「偽預言」という現象についての最も単純素朴な説明は、「彼らはあなたたちに偽りの預言をしているのだ。わたしは彼らを遣わしていない、とヤハウェは言われる。それなのに、彼らはわたしの名を使って偽りの預言をしているのだ」（エレ 27:14–15）というものであろう（なお、エレ 14:14–15; 23:16–17, 21; 28:15; 29:31 等をも参照）。これは、もしある預言者の言葉が実現しないならば、それはその預言者自身が「勝手に」語ったのであり、ヤハウェの啓示によらないものだとする申命記の合理主義（申 18:21–22）に通じるものである（なお、エレ 28:9 をも参照）。ただし、この申命記の判定基準の難点は、言うまでもなく、結果が出るまで預言の真偽が判断できないということである。

400 人の預言者たちとミカヤの対決の場面（5–18 節）の語り手も、おそらくはそれと同じように考えていたのであろう。しかし、この部分（19–23 節）の補説者は、この問題をもう一歩踏み込んで考えたようである。もし、400 人の預言者たちが意図的に虚言を弄したのではなく、彼らもまた「霊」に促されて語った（24 節参照）のであるとすれば、その預言が結果的に「偽り」となるのはなぜであろうか。補説者が出した結論は、ヤハウェが意図的に「偽りの霊」を送ってアハブを惑わし、滅びに至るようにした、ということであった（エレ 20:7; エゼ 14:9 等参照。なお、Ⅱテサ 2:9–11 をも参照）。

このような考え方の背景には、いかなる超自然的な力の由来もヤハウェ以外に認めないという、一神教的な観念があるにちがいない。サウルに超能力的な行為を行わせた霊（サム上 10:10–11; 11:6–7）だけでなく、彼を苛

んだ「悪霊」（サム上 16:14–16; 18:10; 19:9）もヤハウェから来るとされたように、旧約聖書では、ヤハウェはすべての超自然的な力の源泉でなければならない（DeVries 1985:272）。もちろん、このような見方には、真理と善を本質とするはずの神が偽りと悪しきことの原因となるという神学的な背理が含まれている。しかし、この部分の補説者は、敢えて超自然的な諸力の起源の唯一性の方を優先させたのである（イザ 45:7 参照）。これはある意味で、「ヤハウェ信仰にとって耐えうる限界に進む言説」（Würthwein 1967:252）とも言える。ここには、神が「サタン」を用いて義人ヨブを苦しめる（ヨブ 1:12; 2:6）ということにも似た神義論的な問題性が含まれている。しかし、ヨブの場合とは異なり、ここではアハブが罪人であることが前提とされていることも考え合わされるべきであろう。アハブに下る災いは、義人への不条理な苦難ではなく、あくまで悪人に対する義なる神の制裁なのである。

　第一の幻（17 節）を含む 400 人の預言者たちとミカヤの対決の物語が、前述のようにユダ王国末期の状況を反映していたとすれば、偽りの預言の由来について思弁するこの部分（19–23 節）が付加されたのは、すでに捕囚時代に入ってからか、あるいは捕囚後の時代になってからであろう。いずれにせよ、前 4 世紀末と推測される歴代誌（代下 18 章参照）の成立以前の段階で、列王記上 22:1–37 のテキストがほぼ現在の形になっていたことは確実である。

　第一の幻（17 節）が未来に起こるべき敗戦の予告であったのに対し、第二の幻（19–22 節）は、すでに天上で行われた決断を回顧するものである。19 節の「**ヤハウェが彼の玉座に座し、天の万軍のすべてが彼のそばで左右に立っている**」という描写は、ヨブ記冒頭の天上の集会の場面（ヨブ 1:6; 2:1）や、イザヤの召命の場面（イザ 6:1–3）を想起させる。天におけるヤハウェの「玉座（キッセー）」については、イザヤ書 6:1; 66:1; 詩編 9:8; 11:4; 45:7; 47:9; 103:19; 哀 5:19 等を参照。ここで言う「万軍（ツァーバー）」とは、ヨブ記の「神の子ら」（ヨブ 1:6–12; 2:1–6）に当たる、天上の会議（エレ 23:18, 22）でヤハウェを取り囲む天使的存在のことである（詩 29:1; 89:6–7; 103:21; 148:2; ダニ 7:9–10 等参照。なお、ルカ 2:13–14 をも参照）。イスラエルにおける多神教的観念の痕跡というよりも、周辺世界の多神教

的イメージがイスラエルにも影響を及ぼしたものであろう（詩 82:1–7）。

「玉座／王座（キッセー）」に「座す（動詞「ヤーシャブ」の分詞形）」ことについては、10 節で、イスラエルの王とユダの王について語られていた。ここでは、地上の王座の場面と天上の神の玉座の場面の間に鮮やかな対比が成立しているように見える（Steck 1983:91; Crüsemann 1997:109; Dafni 2000:367, 376; Schmid 2000:594; Moberly 2003:6, 9; Walsh 2006:70, 72; Sweeney 2007:260; Schmitz 2008:280; Miller 2014:54; Wray Beal 2014:285; Thiel 2019:622, 648, 670）。地上の王座の前では、預言者たちが狂騒状態で好戦的な「預言」を吐き続けている（10 節）。これに対し、天上の玉座では天の「廷臣たち」がヤハウェの左右に整然と居並んでいるのである。

第一の幻の場合と同様、第二の幻でも、視覚的な幻に聴覚的な啓示が加わる。それらの天的存在の群れに対して、玉座に座すヤハウェは呼びかけ、彼らの中から、「**アハブを惑わし**」（動詞「パーター」）、彼が「**ラモト・ギレアドで倒れる**（動詞「ナーファル」）**ようにする**」者を募る（イザ 6:8 参照）（20 節）。前述のように、本章で「イスラエルの王」が「アハブ」と名指しされるのはこの箇所だけである。

地上の王座の前では、400 人もの預言者たちが「異口同音に」（13 節。原文は文字通りには「一つの口で」）威勢のよい勝利を約束していたのに対し、天上の玉座の周りでは、「**或る者はああ言い、別の者はこう言い**（ワッヨーメル　ゼ　ベ・コー、ウェ・ゼ　オーメール　ベ・コー）」と議論百出の様子である（20b 節）。この議論の中から、一つの特定の「霊（ルーアハ）」（訳注 r 参照）が名乗りを上げる（「**この私が、彼を惑わしましょう**」）（21a 節）。ヨブ記の天上の集会においても「サタン」という、やや「天の邪鬼」で風変わりな存在がいたことが想起される。ただし、ヨブ記のサタンが神に挑戦する「敵対者」（「サーターン」という語の原義）であったのに対し、この「霊」はヤハウェの意志の忠実な代執行者である点では正反対の存在である。

ヤハウェは、自ら惑わし役を買って出たその霊に対し、「**どのようにするのか**（バッマー）」と、その方法を尋ねる（21b 節）。具体的な方法については、その「霊」の主体的な工夫に委ねられるのである。ここでは、霊の働きを究極的にはヤハウェの意志によるものとしながらも、ヤハウェが直接的、能動的に「偽預言」を引き起こしたのではないことが強調されて

いるのかもしれない（Hentschel 1984:134; Dafni 2000:379）。少なくとも現にある文脈では、ヤハウェはどこでも「惑わす（ピッテー）」という動詞の主語になってはいない（Schmitz 2008:283）。なお、「惑わす」と訳された動詞「ピッテー」の原義は「説得する」ないし「誘惑する」である。ちなみに、ヨブ記の冒頭でも、ヤハウェは受身であり、「サタン」の「挑戦」に「反応」するだけである（ヨブ 1:9–12; 2:4–6）。

　その「霊」は、「出て行って」、「すべての預言者たちの口」にあって「**偽りの霊（ルーアハ　シェケル）**」になるという（22節）。すなわち、偽預言を引き起こすのである。ここで注意すべきは、この「霊」そのものが必ずしも「偽り」を本質とするもの（Dafni 2000:378–379）とはされていないということである。この「霊」はあくまで「天の万軍」の一員であって、それがヤハウェの意志を実現させるために一時的に「偽りの霊」（22節）になるのである（Schmitz 2008:292）。そのヤハウェの意志とは、「アハブを惑わし」て、戦いで「倒れるようにする」こと（20節）なのである。

　ここでは偽預言、すなわち偽りの預言であっても霊の作用によるものであることが前提とされている。しかし、それはあくまで「偽りの霊」の作用によるものなのである（23節参照）。なお、22節でも23節でも、預言者たちが「**彼の／あなたの**（すなわち、アハブの）**すべての預言者たち**」とされていることには、彼らが実際にはミカヤのような「ヤハウェの預言者」（7節）ではないことが暗示されている。

　ヤハウェは「霊」の提案を認可し、それを実行するように命じる（22b節：「**出て行って、そのように行え**」）。こうして、天上の玉座の前から地上のサマリアの王座の前（10節）に霊が「偽りの霊」になるべく派遣される。ここから見れば、すでに語られた400人の預言者たちの勝利宣言（6b節、12節）も、ツィドキヤの勝利の預言（11節）も──そしてミカヤの最初の預言（15b節）も！──、この「偽りの霊」の作用だったことになる。

　ちなみに、『タルムード』（サンヘドリン89a）にある或るラビの解釈によれば、ここに登場する（冠詞付きの！）「霊（ルーアハ）」は、前章で殺されたナボトの亡霊である（Goldenberg 1982:96; Schmitz 2008:290）。したがってこの解釈によれば、これから本章で展開されることは、言わばナボトの復讐戦なのである。前章の終わりで、アハブの悔恨によってヤハウェは

アハブを赦したが（王上 21:27–29 参照）、ナボトの方はアハブを決して赦さなかったことになろう（Knauf 2019:459）。

なお、さきには通時的、テキスト生成論的な観点から、この段落（19–23 節）が 15–18 節と 24 節以下の文脈の流れを中断しているように見えることと並んで、ここで「アハブを惑わす」というヤハウェの手の内を明かしてしまうことの不自然さを挙げて、この段落の二次的性格を推測した（318 頁参照）が、この段落を現在あるこの章のなかで共時的に読めば、別の理解も可能になる。すなわち、「真実」のみを語れというアハブの要求（16 節）を受けて、ミカヤは（あるいはヤハウェは）、ここで敢えて事の真相を明らかにし、手の内を晒して、ヤハウェの真意がアハブへの「**災い（ラーアー）**」（23 節）であることを示すことによって、アハブを決断的状況に置き、選択を迫った、と解するのである（Hamilton 1994:658; Walsh 1996:350; 2006:73, 77; Fretheim 1999:124–125, 127; Dafni 2000:381; Schmitz 2008:285, 295, 302; Miller 2014:53–56; McKenzie 2019:215; Thiel 2019:703–705）。第一の幻の場合と同様、これは最後の警告でもある（Moberly 2003:9–10; Tiemeyer 2005:339–340; Miller 2014:45）。事の真相を知ったうえで、敢えて出陣する道を選ぶのであれば、それはもはやアハブの「自己責任」なのである。

24–28 節　アハブとミカヤ――ミカヤの逮捕

　前述のように、24 節は元来 18 節に続いていたのであり、もともとは 19–23 節の「偽りの霊」の一件は前提にされていなかったと考えられる（318 頁参照）。したがって、「**ケナアナの息子ツィドキヤ**」がミカヤに反発したのは、自分の預言が「偽りの霊」によるとされたからではなく、イスラエルの敗退を示唆する 17 節のミカヤの預言が自分たちの勝利の預言と対立するからであろう。「**頬を殴**」る（24 節）ことは、相手に対する最高度の侮辱の表現（哀 3:30；ミカ 4:14；ヨブ 16:10 等参照。なお、マタ 26:67；ヨハ 18:22 をも参照）。彼の言葉の「**どのようにヤハウェの霊が私から離れ、お前に語ったというのか**」という、否定的なニュアンスの修辞疑問文は、ツィドキヤは自分自身の預言（11 節）が「霊」によるものであることに自信を持っていることを示す。それゆえ、それと対立するミカヤの預言（17

節）は「霊」によるものではあり得ない、というのである。ツィドキヤは、いわばミカヤを「偽預言者」として告発しているわけである。これに対し、ミカヤは自分の預言が「霊」によるものだとはどこにも言っていない（Schmid 2000:597）。前述のように、ここでは幻と霊感という、二つの異なるタイプの預言が対立しているのである。

　これに対するミカヤの返答（25節）は、ツィドキヤにとっての個人的な災いを暗示する。「**奥まった部屋に逃げ込む**」という表現については、列王記上 20:30 と同所への注解を参照。同一の特徴的な表現が用いられていることには、列王記上 20 章と 22 章に同じ編集者の手が加えられていることが示唆されている。ここでは、ラモト・ギレアドの戦いでイスラエル側が敗北するだけでなく、首都サマリア自体も占領されることが示唆されているのかもしれない（Würthwein 1984:260〔邦訳 549 頁〕; Knauf 2019:475; Thiel 2019:680）。ただし、歴史的には、サマリアがアラム軍によって征服されることはなかった。実際にツィドキヤがサマリアで必死で逃げ回るような事態が起こったとすれば、おそらくイエフのクーデターの際であろう。イエフはアハブの家の者だけでなく、「アハブの家の者およびアハブについていた有力者、親友、祭司を皆打ち殺し、一人も残さなかった」（王下 10:11）とされるので、アハブのお抱えの預言者も当然「粛清」の対象となったはずである。

　26節の「**イスラエルの王**」の言葉も、17 節のミカヤの預言に反応するものであろう。王は「真実」（16 節）に耳を傾けようとはせず、不吉な預言をしたミカヤを「**捕らえ**」（26 節）、「**牢屋に入れ**」るように命じる（27 節）。26 節の王の命令の言葉は、原文ではいずれも単数形の命令文であるが、誰に対して命じられたのかはっきりしない。直前にあるミカヤ以外の個人名はツィドキヤ（24 節）であるので、ツィドキヤに対する命令（Stipp 1987:219）のようにも見えるが、むしろ「宦官」（9 節）ないし「使者」（13 節）に対する命令と解するべきであろう（Steck 1983:93; Schmid 2000:597）。

　26節で名を挙げられている「**知事アモン**」と「**王子ヨアシュ**」については、他の箇所から何も知られていない。「知事（サル　ハー・イール）」については、士師記 9:30; 列王記下 10:5; 23:8 を参照。ここで「王子」（文字

通りには「王の息子（ベン　ハッ・メレク）」とされているヨアシュと、アハブの息子でやがて王となるアハズヤ、ヨラムとの関係も不明である。研究者の一部には、この王子が北王国のイエフ王朝の3代目の王となるヨアシュ（王下 13:10-13 参照）と同名であることから、現在の形の本章ではアハブと同一視（20節参照）されている匿名の「イスラエルの王」が、もとの伝承ではヨアシュの父ヨアハズ（王下 13:1 参照）であったのではないかと推測する見方もある（Miller 1966:445-446; 1968:338; Jones 1984b:361, 365; Stipp 1987:198-199, 201, 220）。ただし、列王記下 13:3-7 等によればヨアハズの治世はハザエル治下のアラムに一方的に押しまくられ、ほとんど武装解除されたような状態にあった。ラモト・ギレアドがアラム側に奪われている状況が前提にされている（3節参照）点では、ヨアハズの時代と合うが、ヨアハズがアラムと戦ったという形跡はなく、おそらく歴史的、軍事的状況からして不可能だったであろう。ヨアハズが同時代のユダの王と同盟したという痕跡もない。

　他方で、預言者エレミヤの捕縛に関連して、2回にわたって「王子（ベン　ハッ・メレク）」という言葉が出ることから（エレ 36:26; 38:6）、この表現は王の実子を意味するのでなく、政治犯を取り締まる役職の称号だった可能性を考える見方もある（De Vaux 1961:119-120; Gray 1977:453-454; Schmitt 1972:43-44; Walsh 1996:352; 2006:108; Cogan 2001:492-493; Sweeney 2007:260-261; Schmitz 2008:299; Thiel 2019:683. 等参照）

　なお、訳注 w に記したように、27節の**「わずかなパンとわずかな水」**と訳した表現は、文字通りには「苦境のパン（レヘム　ラハツ）」と「苦境の水（マイム　ラハツ）」である（イザ 30:20 参照）。敵に包囲されたような苦境の中で、生き残るうえで最小限必要な量の食糧と水ということであろう（Nelson 1987:149〔邦訳 234頁（誤訳アリ！）〕; Schmid 2000:598; Cogan 2001:493; Schmitz 2008:299; Knauf 2019:476; Thiel 2019:684-685）。

　ミカヤを牢に入れたことは、刑罰という意味での禁固というよりも、未決囚として留置しておくということであろう（レビ 24:12; 民 15:34）。「イスラエルの王」は、戦いから帰った後に改めてミカヤの処分を決めようと考えているのである。彼は、まだ自分が戦いから「**無事に（ベ・シャローム）**」帰って来られるものと思い込んでいるのである（27節）。そうならな

いことは、ミカヤの見た第一の幻（17b節。該当箇所への注解参照）ですでに示唆されていた。

ミカヤはこの言葉尻を捕らえて、本当に王が「**無事に（ベ・シャローム）**」帰って来るようなことがあれば、「**ヤハウェは私を通して語られなかった**」ことになると言う（28節）。逆に言えば、ミカヤが本当の預言者であれば、イスラエルの王は決して「無事に」は戻って来られない、ということである。ここでミカヤは、申命記法における真の預言者と偽の預言者の識別基準（申18:22. なお、エレ28:9をも参照）に正確に準拠して語っている（Würthwein 1984:259〔邦訳547–548頁〕; Weippert 1988:469; Cogan 2001:493; Knauf 2019:507–508; McKenzie 2019:205; Thiel 2019:686）。王が本当に無事に帰って来れば、ミカヤの預言は虚偽となり、ミカヤは偽預言者だったことになる。しかし、王が無事に帰れなければ、ミカヤの預言の真理性が立証されることになる（37節参照）。牢に入れられたはずのミカヤがその後どうなったのかは、不明である。

28b節でこれに続く3語、「**すべての諸民族は、聞くがよい（シムウー　アンミーム　クッラーム）**」は、ミカ書1:2の冒頭句と同一であり、おそらくその引用である。この一句は七十人訳に欠けており、後代の個別的挿入とされる場合が多い。そもそも現在の文脈に「すべての諸民族」（複数形であり、単に「すべての民」ではない！）は何ら関係がない。この加筆者はおそらく、このミカヤ・ベン・イムラを正典預言者であるモレシェトのミカと混同、ないし意図的に同一視しているのである（Jones 1984b:369–370; Würthwein 1984:254〔邦訳538–539頁〕; Nelson 1987:149–150〔邦訳234–235頁〕; Stipp 1987:26; Walsh 1996:352; 2006:101–102; Crüsemann 1997:102–105; Cogan 2001:493; Long, Jr. 2002:268; Sweeney 2007:261; Schmitz 2008:301–302; Knauf 2019:509; McKenzie 2019:201; Theil 2019:623, 686–687; Hentschel 2020:190等参照）。事実、ミカという人名は、「誰（ミー）がヤハウェ（ヤ）のよう（カ）であろうか」を意味するミカヤという名前の短縮形と考えられている。ミカもまた、偽預言者の活動を厳しく批判した預言者であった（ミカ3:5）。歴史的には、もちろん、ユダのモレシェトの住民であるミカ（ミカ1:1参照）は、北王国のアハブの宮廷と関係があるはずはない。なお、この加筆は、歴代誌の成立以前にすでに加えら

れていたらしい（代下 18:27 参照）。

ただし、この一句に関しては、直前に「彼は言った（ワッヨーメル）」の語があるので、28a 節と 28b 節の間に主語の交代を想定し（19 節参照）、28b 節をミカヤではなくイスラエルの王の言葉として読むという解釈も提案されている（Bodner 2003:537–541）。その場合には、ミカヤの不吉な言葉に反発した王が、自身が「無事に」帰って来ることを確信しながら、周囲の者たちに「よく聞いておけ」と証人になることを求めていることになる。ただし、そのように解釈する場合、「アンミーム　クッラーム」の語はミカ書 1:2 におけるように「すべての諸民族」ではなく、その場に居合わせたイスラエルとユダの二つの「民（アム）」（4 節）ということになるが（Bodner 2003:540）、用いられている語の形から見て、やはり、やや無理であろう。

29–37 節　アハブとヨシャファト——対アラム戦争におけるアハブの死

2 人の王は、当初の計画通り、「ラモト・ギレアドに攻め上って行った」（29 節）。預言者たちへの神託伺いの場面全体（5–28 節）が伝承史的に二次的であるとすれば、伝承の最も古い段階では、29 節以下は直接 4 節に続いていたのかもしれない。ただし、現在あるこの章の文脈の中で共時的に読めば、前述のように、アハブは神の手の内を明らかにしたミカヤの警告（19–23 節）を無視して、自分を支持する預言者たちの勧めに従って戦争を仕掛けたことになる。それにしても、当初あれほどヤハウェへの託宣伺いに拘ったヨシャファトが何の躊躇もなく参戦したことは不思議という他はない。

その際にイスラエルの王は、自分は「変装して」戦うが、ヨシャファトは「正装」したままでいてほしいと提案する（30 節）。王は、きらびやかな装束を纏い、王冠などを付けているので一目でそれと分かる。「変装する」（動詞「ハーファス」の再帰形）とは、一般の兵士と同じような格好で戦うということであろう。これが敵の攻撃をヨシャファトに集中させる計略であることは明白である（Würthwein 1984:256〔邦訳 541–542 頁〕; Fritz 1996:196; Crüsemann 1997:108; Schmid 2000:602; Cogan 2001:493; Sweeney 2007:261; Miller 2014:56; Thiel 2019:688）。なお、七十人訳ではさ

らに手が込んでいて、イスラエルの王は自分が変装するだけでなく、ヨシャファトに自分の服を着せる。盟友を犠牲にして自分は生き延びようという卑怯な作戦であり、ヨシャファトがこれを無邪気に受け入れたとしたら、たいへんなお人好しということになろう。ただし、申命記史書では、王が変装に関わると、当人にとってろくな結果にならない（サム上 28:8–19; 王上 14:2–17; 20:38–42. なお、代下 35:22–24 をも参照。Coggins 1991; Werlitz 2002:198; Wray Beal 2014:286; Knauf 2019:510; Thiel 2019:689 等も参照）。現在の文脈で見るなら、イスラエルの王は、預言者ミカヤから不吉な預言（17 節）を聞かされたので、策を弄してその運命を免れようとした、ということになろう（Seebass 1973:115; Würthwein 1984:261〔邦訳 552–553 頁〕; Schmid 2000:602; Long, Jr. 2002:269, 274–275; Bodner 2003:540–542; Tiemeyer 2005:339; Hens-Piazza 2006:218, 222; Miller 2014:56; Wray Beal 2014:286–287; McKenzie 2019:208, 211; Thiel 2019:619, 688, 704）。

　案の定、「**アラムの王**」はもっぱら「**イスラエルの王だけ**」を狙って戦うように「**戦車隊の隊長たち**」に指示していた（31 節）。総力戦に持ち込まず、無駄な犠牲を最小限に止めようという、なかなか賢明な戦術である。ただし、この作戦は、35 節で戦いがほとんど総力戦となっていることとは辻褄が合わない。なお、3 年前（1 節参照）の対アラム戦争の際のアラムの王はベン・ハダドであったが（20 章参照）、ここでのアラムの王は匿名である。ここには、二つの対アラム戦争の伝承が元来は相互に独立していたことが示唆されている。戦車隊の隊長たちが「**32 人**」だったというのは、第一の対アラム戦争（王上 20:1, 16 参照）と結び付きを強めるための付加（Jones 1984b:370; Stipp 1987:227–228; Cogan 2001:494; Knauf 2019:476; Thiel 2019:623）で、並行伝承である歴代誌下 18:30 にはこの数字が欠けている。隊長たちは、戦場でただ一人、目立った冠や華やかな王の装束を身に着けたヨシャファトを見ると、「**彼こそ、イスラエルの王に違いない**」と思い込み、彼に攻撃を集中させた（32 節）。ここまでは、イスラエルの王の狙い通りである。窮地に陥ったヨシャファトは、「**叫び声を挙げた**」。単に悲鳴を挙げたというより、自分が「イスラエルの王」でないことを必死で訴えたのであろう（Jones 1984b:370; Wiseman 1993:201〔邦訳 222 頁〕）。ユダ特有の鬨の声を挙げたとする見方（Gray 1977:454; Würthwein

1984:256〔邦訳542頁〕）や、自軍の助けを求めた（Schmid 2000:603; Thiel 2019:691）とする見方もある。いずれにせよ、敵軍の隊長たちには、それで彼が「**イスラエルの王ではない**」ことが分かったので、彼らはヨシャファトを離れて「**引き返した**」（動詞「シューブ」）（33節）。アラム軍の戦車隊の隊長たちは、彼らの王の命令（31節）に忠実に従ったわけである。なお、歴代誌下18:31では、この「叫び」がヤハウェの助けを求めるものと解され、ヤハウェがそれを聞き届けてヨシャファトを救った次第が付記されている。ちなみに、その後ヨシャファトがどうなったのかについてはここで何も記されないが、アハブの息子であるアハズヤ（52節参照）やヨラム（王下3章参照）の時代までユダの王を務めていることから見て、何とか無傷でユダの地に逃げ帰ったのであろう。歴代誌下19:1–3では、ヨシャファトが「無事に（ベ・シャローム）」エルサレムに帰ったことが明記されているが、彼はそこで、ハナニの息子イエフという預言者に、アハブとの同盟と共闘について指弾されている。

　他方、「イスラエルの王」の方は、「**或る者**」（訳注zに記したように、原文では文字通りには「男（イーシュ）」）が「**何気なく**」弓で矢を射ると、矢は王の「**鎧の小札の隙間**」を「**射抜いた**」（34節）。「何気なく（レ・トゥムモー）」（原語は文字通りには、「彼の純粋性において」、すなわち「無邪気に」）とは、特定の狙いを定めてではなく、アト・ランダムにということ。戦闘の中で無茶苦茶に射まくられた矢の1本が、自己を守るために変装していたイスラエルの王に命中したのである。なお、この射手がどちら側の陣営に属する兵士だったのかは定かでない。当然、敵側だったと考えがちであるが、味方の矢であったという可能性も排除できない（Weippert 1988:460–461）。弓兵は戦場で弓に弦を張って試し射ちをする。自軍の兵士が試し射ちした矢が「大将」である王に当たってしまったのだとすれば、事態はより悲喜劇的で救いようのないものとなる。その場合には、矢は後ろから飛んできたことになろう。

　古代オリエントの兵士の鎧は多くの場合、革製の本体の上に金属の小片（小札、原語では「デベク」）をうろこのように繋ぎ合わせて補強した小札鎧（シルヨーン・カスカッシーム）で、これは「うろことじの鎧」（サム上17:5）とも呼ばれた。その小札と小札の間の極めて狭い隙間に流れ矢が命

中したというわけである。これは、確率論的にはほとんどあり得ないことである。語り手の言わんとするのは、もちろん、これは単なる偶然ではなく、摩訶不思議な力がそこに働いている、ということである（Coggins 1991:58; Long, Jr. 2002:269; McKenzie 2019:206–207, 211, 214; Thiel 2019:696–697; Lamb 2021:283）。ヤハウェはすでに「イスラエルの王」の死を定めている。その摂理の前には、小賢しい変装や精巧な武具など無意味なのである。この点で、この物語は単なる世俗的な戦争記事ではなく、奇跡物語的な要素を持っている。

「**傷を負っ**」た王は、自分を「**陣営から連れ出して**」くれるように「**戦車の御者**」に求める（34 節）。もちろん、治療のためであろう（王下 8:9; 9:15 参照）。しかし、その日の「**戦いはますます激しくなっていった**」（35a 節）ので、それはもはや不可能であった。なお、ここで「ますます激しくなっていった」と訳した原語は、文字通りには「上がっていった」（動詞「アーラー」）である。ここにも、この章の物語のキーワードの一つが用いられているわけである。前述のように、ここでは全軍入り乱れての総力戦になっていることが前提になっている。「**アラム〔軍〕を前にして**」という表現から見て、「陣営（マハネー）」はすでにアラム軍に囲まれていたのかもしれない。戦線から脱出できない王は、「**戦車の中で支えられて立っていた**」（訳注 bb 参照）が、「**夕方**」には「**死んだ**」（35b 節）。出血多量であろう。「**傷口から血が戦車の床に流れ出た**」という描写は、列王記上 21:19b におけるアハブの死を予告するエリヤの言葉の成就を報告する後の 38 節の伏線となっている。ただし、矢が当たった後、王が「夕方まで」戦車の中で支えられて立っていて、ようやく死んだ後に「血が流れ出た」というのは辻褄が合わない。新共同訳や岩波訳はこの矛盾を避けるために、「血が流れ出ていた」と状態文で訳している（口語訳、新改訳、JBS 共同訳等を参照）。35b 節の血についての言及は、38 節と共に付加された加筆であろう（Würthwein 1984:255〔邦訳 538–539 頁〕; DeVries 1985: 265; Thiel 2019:623–624, 697）。

「**日没の頃**」、戦いの終了を告げる「**おのおの自分の町へ**（イーシュ　エル・イーロー）、**おのおの自分の土地へ**（イーシュ　エル・アルツォー）」という叫び声が「**陣営内を行き交った**」（36 節）。ミカヤが幻で聞いたヤハウェ

331

の言葉（17b 節）の成就である。すなわち、牧人を失った羊の群れであるイスラエルの兵士たちは、今や無事に（ベ・シャローム）に故郷に戻ることができるのである。同時に、イスラエルの王が「無事に（ベ・シャローム）」戻ることができなかったことによって、ミカヤの預言の真実性も立証された（27–28 節参照）。

なお、この「叫び（リンナー）」が誰の声だったのかは記されていないが、七十人訳では、「軍団の伝令官（ストラトケーリュックス）」が叫んだことになっている。

戦いの最終的な帰趨については、はっきり語られていないが、王以外が「無事に」（17 節参照）帰郷できるからと言って、イスラエル側の戦勝（Miller 1966:445–446; 1968:341; Knauf 2019:483–485, 503; McKenzie 2019:207, 209）だったとは到底思えない。ラモト・ギレアドを取り戻すという所期の目的（3 節参照）も達せられたようには見えない。イスラエル軍は勝利して解散したのではなく、あくまで「散らされた」（17 節参照）のである。日没（36 節参照）とともに事実上の停戦となり、最高司令官を失ったイスラエルが撤退したことにより、戦い自体は最終的な決着のつかない「痛み分け」に終わったというのがせいぜいのところであろう（Thiel 2019:698）。

王の死は、37 節でももう一度報告される。そもそもこの章でアハブの死については 3 度も語られる（35b, 37a, 40a の各節）。35b 節と 37a 節の間には、兵士の撤退についての記述が挟まっているので、文脈再取（Wiederaufnahme）されているのかもしれない（McKenzie 2019:202; Knauf 2019:481, 513）。王の死についての二つの記述は、新共同訳では「息絶えた」と「死んで」と訳し分けられているが、原文ではまったく同じ、「ワッヤーモト（彼は死んだ）」である。なお、七十人訳では、37 節における王の死についての言葉は先行する「軍の伝令官」の発言（36 節）の続きで、「王が亡くなられたのだから」となっている。死んだ王は、人々によって「**サマリアに〈運ばれ〉**」（37 節。訳注 *cc* 参照）、そこに葬られた。

38 節の「**〈彼らは〉**（訳注 *ee* 参照）**サマリアの池でその戦車を洗った。すると、〔そこで〕犬たちが彼の血を舐め**」た、という記述は、明らかに、列王記上 21:19b でエリヤがナボトの死に関連してアハブに発した、「犬た

ちがあなたの血を舐めるであろう」という預言を受けたものである（「**ヤハウェが語った言葉の通りである**」）。その「預言」が、戦車を洗った水に混じった血を犬たちが舐めることによって間接的に成就した、というわけである。なお、七十人訳では、列王記上 21:19b（同所への注解参照）におけると同様、血を舐めた動物に「豚たち」が加わっている。

いずれにせよ、この部分は、戦車の床に流れた血についての 35b 節の言及ともども、列王記上 20 章と同 22 章をエリヤ物語の文脈にはめ込んだ挿入者の手によるものであろう。これによってこの挿入者は、この「イスラエルの王」の死が単に列王記上 20:42 の匿名の預言者の預言の成就であるばかりでなく、他ならぬ預言者エリヤの預言（王上 21:19b）の成就でもあることを示すとともに、それが匿名の「イスラエルの王」の死ではなく、あくまでエリヤが災いを予告したアハブ本人の死であることを強調しようとしたのであろう。

ただし、申命記史家たちのレベルで見れば、アハブに向けられたエリヤの災いの予告（王上 21:19b）は、アハブがへりくだり、改悛の情を示したことによって撤回され、災いは彼の息子の世代に先送りされたはずである（王上 21:27–29 と同所への注解参照）。22 章の物語を付け加えた後代の編集者は、おそらくこの「解決」に納得がいかなかったのであろう。彼は、天罰はあくまで罪を犯した人物本人に下るべきだという、個人応報の信念（エレ 31:29–30; エゼ 18:2–4 等参照）を持っていたと考えられる。既存の申命記史書にあったはずのアハブの悔い改めと災いの順延について見れば、この編集者は、次世代に先送りされた災いはあくまでアハブの「家」（王上 21:29 参照）に対するもの——すなわち王朝の断絶——だけであり、アハブ個人に対する災いの予告（王上 21:19b）はあくまで有効だと考えたのかもしれない。

いずれにせよ、これにより、列王記上 21:27–29 に示された申命記史家たちの見解に反し、いまやアハブ個人にヤハウェの神罰が下ったことになる。しかもそれは、あくまでナボトを不当に死に追いやった不法に対する裁きなのである。このように、列王記上 20 章、同 22 章をエリヤ物語の文脈にはめ込んだ挿入者は、明らかに申命記史家たちよりも後の人物で、ヤハウェの罰が次の世代に延期されたとする申命記史家の考え方（王上

21:27–29)を修正し、あくまでアハブ自身にもヤハウェの罰が下ったことを強調しようとしたのである。

ただし、この二次的な預言―成就の図式の設定により、小さな矛盾が生じてしまった。エリヤの預言は、「犬たちがナボトの血を舐めた場所で、犬たちがあなたの血を舐めるであろう」というものであり、列王記上 21 章の注解でも見たように、ナボトが殺されたのは明らかにイズレエルの町の城外であった（王上 21:13 参照）。ところが、ここで犬たちがアハブの血を舐めるのは、「サマリアの池」なのである。この編集者にとって、エリヤの預言の成就を記し、アハブへの個人的な神罰の実現を強調することこそが重要だったので、この程度の小さな矛盾は大目に見ることができるものであったのだろう（Nelson 1987:147〔邦訳 230 頁〕; Walsh 1996:358; 2006:98; Wray Beal 2014:286; Knauf 2019:488; McKenzie 2019:206–207; Thiel 2019:701; Hentschel 2020:191）。

最後にある、その池で「**遊女たちが身を洗った**」ことについては、アハブに対するエリヤの預言（王上 21:19b）には触れられていなかった（ただし七十人訳の同所にはそれが二次的に加えられている）。遊女たち（ゾーノート）とは穢れた存在（レビ 21:7, 14; 申 23:19; ホセ 5:3）であり、これはアハブの死にさらなる不名誉さを加えるために付け加えられた二次的要素かもしれない（Fohrer 1968:71; Schmitt 1972:200; Würthwein 1984:255〔邦訳 539 頁〕; Fritz 1996:195; Thiel 2019:624, 702）。

39–40 節　アハブについての治世結尾定式

申命記史家たちによる久しぶりの治世結尾定式で、列王記上 16:29–30 のアハブについての治世導入定式に対応する。元来の申命記史書の文脈では、列王記上 21:27–29 のアハブの悔い改めの部分に続いていたものと考えられる。通常の『イスラエルの王たちの年代記』への言及の前に、アハブが建てたとされる「**象牙の家**」とその他の「**町々**」について特記されている（39 節）。「**象牙の家**」（アモ 3:15; 詩 45:9 参照）とは、象牙でできた家ということではなく、象牙細工の装飾品がたくさんある建物の意味であろう。もちろん、象牙はたいへんな高級品であった（王上 10:18, 22 参照）。サマリアの宮殿の遺構からは、500 を超える象牙細工の工芸品が発見され

ているが、その多くはデザインなどから
フェニキア産と考えられている。シドン
出身の妻を持つアハブがフェニキアと
活発な交易活動を行ったことの名残り
であろう。贅沢さの象徴としてのサマリ
アの象牙の家具については、アモス書
6:4 をも参照。アハブの時代の建築活動
については、列王記ではエリコの改築
(王上 16:34) 以外に言及がないが、考古
学的には、サマリアの王宮がこの時代に
大規模に拡張されているほか、イズレエ

サマリアで発見された精巧な象牙細工。意匠はフェニキア風、輸入品か。

ル、メギドやハツォルでも、アハブの時代と思われる活発な建築活動が確
認されている (Mazar 1992:406–416〔邦訳 261–267 頁〕)。アハブ時代は軍
事的にも経済的にもイスラエル王国が活況を呈した時期なので、町々の建
設の面でも大きな発展があったのであろう。

　注目すべきは、アハブが「**父祖たちと共に眠りについた**」とされている
ことで、これは通常、天寿を全うして平穏な死に方をした王だけにしか用
いられない表現である (王上 2:10 [ダビデ];11:43 [ソロモン];14:20 [ヤ
ロブアム], 31 [レハブアム];15:8 [アビヤム], 24 [アサ];16:6 [バシャ], 28
[オムリ];22:51 [ヨシャファト];王下 8:24 [ユダのヨラム];10:35 [イエ
フ];13:9 [ヨアハズ];13:13;14:16 [イスラエルのヨアシュ];14:29 [ヤロブ
アム 2 世];15:7 [アザルヤ], 22 [メナヘム], 38 [ヨタム];16:20 [アハズ];
20:21 [ヒゼキヤ];21:18 [マナセ];24:6 [ヨヤキム。第 2 巻 26 頁参照])。
これに対し、暗殺された王 (王上 15:31 [ナダブ];16:14 [エラ];王下
12:20 [ユダのヨアシュ];14:18–22 [アマツヤ (ただし 14:22 参照)];15:11
[ゼカルヤ], 15 [シャルム], 26 [ペカフヤ], 31 [ペカ];21:25 [アモン]) や、
自殺に追い込まれたジムリ (王上 16:20)、ヤハウェの罰で病死したイスラ
エルのアハズヤ (王下 1:17–18)、エジプト王ネコに殺されたヨシヤ (王下
23:28) の場合には、この定型句は用いられていない。なお、イエフのクー
デターで倒されたイスラエルのヨラムとユダのアハズヤ、廃位されて連
行されたイスラエルのホシェア、ユダのヨアハズ、ヨヤキン、ゼデキヤの

335

場合には、そもそも治世結尾定式が存在しない。

　一見して唯一の例外に見えるのは、ラキシュで暗殺されユダの王アマツヤについての列王記下 14:22 であるが、これはあくまで治世結尾定式の記述ではなく、アマツヤについての治世結尾定式に後ろに、あたかも付け足しのように続いている文章である。しかも、同所への注解で詳しく述べる予定であるが、これは非常に奇妙で断片的な文章で、直訳すれば、「エイラトを建設してそれをユダに復帰させたのは、この彼である。（それは、）その王が彼の父祖たちと共に眠りについた後のことである」であり、主語の「彼」が誰であるのかも、冠詞付きの「王（ハッ・メレク）」が誰のことなのかもはっきりしない（口語訳、岩波訳参照）。直前にアマツヤについての治世結尾定式があるので、新共同訳、新改訳、JBS 共同訳などでは「アマツヤ」の固有名詞が補われている（！）が、この同定については異論もある。ことによると、申命記史家たちの治世結尾定式の原則を知らない加筆者が、治世結尾定式の文体をまねて書いたものかもしれない。

　したがって、申命記史家たちはアハブが天寿を全うして穏やかな死に方をしたと考えていたようである。それが、史実にも近いのであろう。申命記史家たちが、アハブのへりくだりと懺悔の結果、アハブ自身には災いを下さないというヤハウェの約束を記したのも（王上 21:27–29）、まさにそのような歴史認識の故であろう。したがって申命記史家たちは、対アラム戦争におけるアハブの戦死（本章 34–37 節）についてまだ知らずにいるのである。アハブの対アラム戦争について語る、列王記上 20 章と同 22 章は、やはり申命記史家たちよりも後の段階で付け加えられたものなのである。

　なお、アハブが「彼の父祖たちと共に」眠りについたとされているが、この部分を「担当」した申命記史家がこの定式をまったく形式的、因習的に用いていることは明白である。サマリアはアハブの父オムリが新たに開いた王都のはずなので（王上 16:24 参照）、そこに王家の墓があったとしても、すでに「眠っている」のはオムリだけのはずである（王上 16:28 のオムリについての治世結尾定式と同所への注解をも参照）。

　「彼の息子アハズヤが彼に代わって王となった」（40b 節）。いわゆる王国分裂後のイスラエル北王国で、王朝創始者（この場合にはオムリ）から数えて 3 代目が王位に就くのは、これが最初の例である。

【解説／考察】

　【形態／構造／背景】の項や注解本文でも繰り返し触れたように、列王記上 22:1–40 の物語には、列王記上 19 章や 20 章、21 章に負けず劣らず、さまざまな問題が孕まれているように思われる。歴史的に見れば、20 章の場合と同様、描かれた出来事が本当にアハブの時代を背景にしているとは考え難い。少なくとも治世の末期の前 853 年には、アハブはダマスコのアラム王アダド・イドリ（ハダドエゼル）と共にアッシリア王シャルマナサル 3 世とカルカルで戦っているからである（第 2 巻 273–275 頁参照）。アハブと彼の同時代のアラムの王は、敵対者同士というよりも、盟友、戦友だったのである。

　純粋に物語として観察した場合でも、奇妙な点が多い。ここでは、イスラエルの王とユダの王のアラム人に対する共同遠征が描かれているわけであるが、イスラエルの王が「アハブ」と名指しされるのは 20 節たった一箇所であるのに対し、ユダの王はほとんどの場合、「ヨシャファト」と本名が明記される。物語内部に、辻褄の合わない点や、内容的緊張も少なくない。それ故、この物語は単一な性格のものではなく、複雑な形成経過の最終的な産物であると見て、その成立史を編集史的に再構成しようとする研究者も少なくない。

　その場合、列王記上 20 章のもう一つの対アラム戦争の場合（208–209 頁参照）と同様、まず世俗的な戦争物語が先在し、それに預言者による神意の伺いという要素が二次的に付加されて、物語に宗教的な性格が付け加えられた、と想定される場合が多い。ただし、20 章の場合には、預言者や「神の人」が問われもしないのに自発的に登場し、勝利を予告して「イスラエルの王」を一方的に激励する（王上 20:13, 22, 28）のに対し、この章ではユダの王ヨシャファトの要請に応じて預言者たちが召集され、しかも正反対の内容の二つの預言によって 2 組の預言者が対立し合う、という点で状況がずっと複雑になっている。そのぶん、再構成される成立経過もより複雑になる傾向がある。

　例えば、エルンスト・ヴュルトヴァイン（Würthwein 1967:247–253; 1984:255–260〔邦訳 539–551 頁〕）によれば、基層をなしたのは 2b–4,

19–37節（個別的な加筆を除く。以下でも同様）からなる戦争物語で、そこではイスラエルの王が変装によってユダの王を身代わりにしようと画策するが、かえって自分の方が射殺されてしまう。この物語は、事実上イスラエルにより属国化されていたユダで成立した、「騙された騙し手（der betrogene Betrüger）」というよくあるテーマの伝説（Sage）であって、宗主であるイスラエルの王に対するある種の「他人の不幸を喜ぶ気持ち（Schadenfreude）」と共に語り伝えられていたものであるという（Würthwein 1984:257〔邦訳543頁〕）。これに、神の意志の伺いをめぐる400人の預言者とミカ・ベン・イムラの対決の場面（5–18, 26–28a節）がまず挿入され、さらに次の段階でツィドキヤの登場する場面（10–12, 24–25節）が加えられた。最後に、全体の文脈を分断するように天上の宮廷の幻の場面（19–23節）が挿入された。そして事後的に、20章のもう一つの対アラム戦争の物語との結びつきを設定する1–2a節と、ミカヤを『ミカ書』の預言者ミカと同一視する28b節が加筆された、とされる。

これに対し、基層が純粋に世俗的な戦争物語であったと見ず、物語には最初から神意の伺いという要素が含まれていたとする見方も少なくない。比較的最近の研究で興味深いのは、注解本文でも触れたように、もとになった物語には当初、ヨシャファトの人物像が含まれていなかったという仮説が複数提出されていることである。このような見方に先鞭をつけたハラルド・シュヴァイツァー（Schweizer 1979:16–19）によれば、(1) もとの物語ではあくまで「イスラエルの王」が単独で神託伺いをし、遠征も単独で行っていた（3, 6, 9, 15–16, 19–28a, 29〔ヨシャファトへの言及を除く〕, 34–35a節）。これに、(2)「ヨシャファト改訂」が加えられ、神託伺いのイニシアチブが新たに導入されたこのユダの王に移された（1–2, 4–5, 7–8, 10–11, 13–14, 17a, 18, 30–33, 36節）。これに、さらに (3) 個別的な加筆（12, 17b, 28b, 29〔ヨシャファト〕, 35b, 38節）が加えられて現在の形が出来上がった、というのである。

これをさらに「薄切り」にしたのが、ヘルマン＝ヨーゼフ・シュティップ（Stipp 1987:228–229）の再構成で、(1) 基層（3, 6, 9, 13–14（?）, 15–17, 29〔ヨシャファトへの言及を除く〕, 30b, 31（?）, 34, 36–37節）には、400人の預言者とミカヤの対決、第一の幻が含まれる。これに (2)「ツィドキヤ

改訂」(11–12, 13–14 (?), 24–28a 節)、(3) 天の宮廷の幻 (19–23 節)、(4)「ヨシャファト改訂」(2b, 4, 5, 7–8, 10, 18, 29 [ヨシャファト], 30a, 32–33 節)、(5) 預言成就 (35, 38 節)、が順次加えられた。1–2a, 31 節は、どの段階に属すか不確かである、という。

ほぼ同時期に発表されたヘルガ・ヴァイペルトの提唱する再構成 (Weippert 1988:460–477) は、これとはまったく異なっている。この仮説によれば、最初にいた預言者はツィドキヤであり、400 人の預言者もミカヤも後から付け加えられたのだという。(1) 基層 (3a, 11, 29 [ヨシャファトへの言及を除く], 34–35a 節)、(2) 他の対アラム戦争物語との結び付け (1–2a, 36–37 節)、(3) アハブ物語への取り入れ (35b–38, 39–40 節)、(4) 極めて大規模な「ヨシャファト改訂」(2b, 4–10, 12–28a, 29 [ヨシャファト], 30–33 節)、(5) 『ミカ書』と結び付ける加筆 (28b 節)。

他にも、細部を異にする実にさまざまな再構成が提案されている (Schmitt 1972:42–45; Hossfeld/Meyer 1973:29–36, 167–168; Seebass 1973:113–117; Steck 1983:88–94; Jones 1984b:360–362; DeVries 1985:263–266; Lehnert 2003:455–459; Walsh 2006:108–110; Oswald 2008:3–4; Schmitz 2008:338; Hentschel 2020:190–196 等参照)。以上の極めて「抜き取り調査的」な研究史の紹介だけからも、列王記上 22:1–40 の物語に関して、それが文学的に単一ではなく、複合的な性格のものであることについては広く衆目が一致しているが、テキスト生成論に関しては、研究者たちの間でのコンセンサスにはほど遠い状態にあることが容易に読み取れよう。

私見によれば、列王記上 20 章やその他の対アラム戦争の記事(王下 6:8–23; 6:24–7:20 等)の場合と同様、列王記上 22:1–38 の物語の原形も、もともと北王国で成立し、同地で伝えられていたものであろう。研究史上の最近のトレンドに反するようであるが、もとになった伝承には元来「イスラエルの王」だけが登場し、ユダの王ヨシャファトの人物像は後の段階で初めて付け加えられた、と想定する必要はないと考えられる。というのも、この物語に少なくとも素材を提供した可能性のあるものとして、同じく「イスラエルの王」と「ユダの王」がアラム軍と戦うために共同遠征する伝承があり、それが現在でも列王記の別の箇所に残されているからである。それは、結果的にイエフのクーデター(王下 9 章)の前哨戦となる、

イスラエルの王ヨラムとユダの王アハズヤによる対アラム遠征の物語（王下 8:28–29; 9:14b–15a, 21–29）である。

列王記上 22 章におけると同様、そこでも「イ・ス・ラ・エ・ル・の・王」と「ユ・ダ・の・王」が共同遠征しており、ラモト・ギレアド（!）でアラム軍と戦っている（王下 8:28）。そのいずれでも、「イスラエルの王」は戦車（レケブ）に乗っており（王上 22:35; 王下 9:21）、敵に弓（ケシェト）を射られて傷を負う（王上 22:34; 王下 9:24）。イスラエルの王が難を逃れようとする際に、「手綱を返す（ハフォーク・ヤード）」という特徴的な表現がいずれの場合にも用いられているが（王上 22:34; 王下 9:23）、この表現が見られるのは旧約聖書全体でも（王上 22:34 の並行箇所である代下 18:33 を除けば）この 2 箇所だけなのである。このような顕著な一致はおよそ偶然によるとは思われない。

それゆえ、多くの研究者や注解者は、列王記上 22 章の物語に登場する「イスラエルの王」はもともとアハブではなく、彼の息子に当たるヨラムだったのであり、ユダの王もヨシャファトではなく、アハズヤであったと考えている（Whitley 1952:148–149; Schmitt 1972:61–62; DeVries 1985:302; Halpern/Vanderhooft 1991:284–285; Robker 2012:144, 151–152; Lipński 2018:94–95; Knauf 2019:490–491; Thiel 2019:628; Hentschel 2020:196–198）。列王記上 20 章の対アラム戦争の物語では、登場する「イスラエルの王」はもともとイエフ王朝の王ヨアハズかヨアシュであった可能性があるが（242 頁参照）、本章の「イスラエルの王」は、オムリ王朝の最後の王であるヨラムだった可能性が高い。アハブの死が前 852 年、イエフによるヨラムの死が前 845 年であったとすれば、アハブを主人公とする現在の物語では、時代が 7 年ほど遡られていることになる。捕囚時代以降にまで及ぶと考えられる長い伝承史を前提とすれば、わずかな時間的誤差ともいえる。

もちろん、二つの物語の間に違いも多い。列王記上 22 章のアハブはラモト・ギレアドでその日のうちに死ぬが（王上 22:35 参照）、列王記下 9 章のヨラムはラモト・ギレアドでは負傷しただけで、後日イズレエルで療養中（王下 8:28–29; 9:15 参照）にイエフのクーデターで殺害されるのである。ただし、殺される際にヨラムは、前述のように戦車上で、弓で射抜かれる。

しかもその際に矢は、「両肩の間（ベーン　ゼローアーウ）」を射抜いて彼を即死させる（王下 9:24）。これは列王記上 22:34 で、矢がアハブの鎧の「小札の間（ベーン　ハッ・デバキーム）」を射抜いたことを想起させる。列王記下 9 章では居合わせたユダの王アハズヤもクーデターに巻き込まれて殺されるが（王下 9:27）、列王記上 22 章ではユダの王は九死に一生を得た模様である（王上 22:33）。現在の形の物語では、ユダの王がヨシャファトと同定されており、ヨシャファトはアハブの死後もユダの王として留まるので（王上 22:51; 王下 3:1 参照）、ここで死なせるわけにいかなかったことは理解できる。

　要するに、ヨラムとアハズヤの遠征の伝承は、あくまで列王記上 22 章の物語の基層が成立するうえでの素材、ないし雛型になったということにすぎないのである。おそらくすでに北王国で伝えられている段階で、「イスラエルの王」も「ユダの王」も匿名化して、伝承は歴史物語というよりも民話化、伝説化していたのであろう。ヴュルトヴァインが想定するように、この段階ですでに「変装」と「身代わり」のモチーフが含まれていた可能性も十分考えられてよい。

　この伝承が、北王国の滅亡に伴って南王国ユダに伝えられたが、そこでこの物語には、イスラエルの王とユダの王が共同遠征するもう一つの別の物語のイメージが重ねられたと考えられる。それが、イスラエルの王ヨラムとユダの王ヨシャファト（および現在の形では匿名のエドムの王が加わる）のモアブ遠征の物語である（王下 3 章）。この物語は、現在の形ではエリシャ物語群の一部をなしているが、おそらくわれわれの物語（王上 22:1–38）よりも早い段階で申命記史書に取り入れられていたと思われる。

　注解本文でも触れたように、列王記下 3 章の物語でも、「イスラエルの王」はユダの王ヨシャファトに対し、同じような言葉で自分の遠征への参加を求める（王下 3:7a // 王上 22:4a）。これに応えて、ヨシャファトはやはり同じような言葉で「一心同体」性を強調して受諾の意を表明する（王下 3:7b // 王上 22:4b）。該当箇所の注解（308–309 頁参照）でも述べたように、ここでは明らかに列王記下 3 章の方が列王記上 22 章の形成に影響を与えていると思われる。それだけではない。列王記下 3 章でも、ヨシャファトがイスラエルの王に対し、同じような言葉で預言者による神意の伺いを

提案するのである（王下 3:11// 王上 22:7）。ただし、この時点以降、二つの物語の並行性は途絶える。列王記下 3 章では王たちがエリシャのもとに行って神意を伺うが、下されるのはまったく異なる神託であり、その後の物語の展開も列王記上 22 章とはおよそ異なるものとなる。

　おそらく、ユダにおけるこの伝承の担い手（たち）は、神意の伺いというテーマのヒントを列王記下 3 章の物語から受け取り、それをやがて列王記上 22 章になる物語にも取り込んだのであろう。それとともに、もとの伝承で匿名であった「ユダの王」も「ヨシャファト」と同一視され、彼の名前が随所に繰り返されることになった。彼が神意を「求める」敬虔な王と描かれているのも、ユダ的な心情の反映であろう。

　この伝承のユダにおける担い手（たち）は、おそらくユダ王国末期の時代の人物で、――『エレミヤ書』に見られるように――偽預言者の問題、あるいは少なくとも、特定の政治的問題に対して同じヤハウェの名で語る預言者同士の使信の内容が正面から衝突し合うという状況に直面していた。多数派の救済預言と、少数派の災いの預言の衝突である。後者が伝えようとしたメッセージは、安易に多数派の救済預言を信じて選択を誤れば、滅びに繋がる、ということであったろう。この物語の担い手を、エレミヤの人格と使信から直接影響を受けた、「エレミヤの弟子たちの一人」と考える研究者さえいる（Rofé 1988a:150）。

　列王記上 22:1-38 の物語を現在の位置（王上 21 章と王上 22:39-40 の間）に組み込んだ挿入者は、列王記上 20 章のもう一つの対アラム戦争の物語を列王記上 21 章の直前に挿入した人物とおそらく同一であり、この伝承のユダにおける担い手（たち）の後継者であったと考えられる。この挿入者は少なくとも（ヨシヤ王時代の）第一の申命記史家たちよりも後の人物で、時代はおそらく、すでにユダ王国滅亡後、捕囚時代に入っていると思われる。用語法や思想から見て、捕囚時代の第二の申命記史家たちとは異なると思われるが、両者の時間的前後関係については確言できない。

　列王記上 20 章の【解説／考察】の項でも述べたように、この挿入者は申命記史書の熱心な読者の一人であったと思われるが、彼は申命記史書で描かれているアハブの処遇に不満であったようである。すなわち、列王記上 21 章の注解と【解説／考察】を通じて述べたように、申命記史書のレ

ベルでは、アハブはナボトの死の一件でヤハウェの怒りを買い、エリヤによって災いを予告されるが（王上 21:19b）、アハブがへりくだって改悛の情を示したので、ヤハウェはアハブに対する直接的な災いを撤回し、「アハブの家」に対する災いを彼の息子の世代に先延ばしする（王上 21:27–29）。そしてアハブ自身は天寿を全うして自然死するのである（王上 22:39–40 と同所への注解を参照）。

　おそらくは個人応報論（申 24:16; エレ 31:29–30; エゼ 18:2–4 等参照）の熱心な信奉者であったこの編集者にとって、このような事態はどうしても納得のいかないものであった（245–246 頁参照）。そこでこの編集者は、アハブ自身にも相応の罰を与えることにした。そのためにこの編集者は、一方では一連の対アラム戦争の物語のシリーズの一つとして伝わっていた、「イスラエルの王」に非常に好意的な内容の伝承（王上 20:1–34）を「改造」して、聖絶違反の故に預言者にアハブの死を予告させ（王上 20:35–43）、他方で同じシリーズの中にあり、すでに預言者同士の対決の要素を含むものとなっていたこの伝承（王上 22:2b–18 + 24–37）をもアハブの戦死の物語に「改造」して（王上 22:20 の「アハブ」の語を参照）、問題の列王記上 21 章を両側から挟み込むように配置したのであろう（246 頁参照）。

　この編集者にとって好都合だったのは、彼が手にした段階でのこの伝承では、ラモト・ギレアドに遠征する王たちのうち、「ユダの王」の方はすでにヨシャファトと同一視されていたが、「イスラエルの王」の方はおそらく匿名のままであったことである。25 年間ユダを統治したヨシャファト（王上 22:42 参照）は、ヨラムの同時代人（王下 3:1 参照）であると同時に、ヨラムの父であるアハブの同時代人でもあった（王上 22:41）。そこで、必要な作業といえば、匿名の「イスラエルの王」をアハブと同定するだけでよかったのである。

　物語中、「アハブ」への唯一の言及（王上 22:20）を含む天上の宮廷の幻の場面（19–23 節）を付加したのも、同じこの挿入者だったと考えてよかろう。この挿入者は、すでに物語に含まれていた偽預言者の問題、あるいは少なくとも、同じヤハウェの名によって語られる預言が救済預言と災いの預言として正面から衝突し合うという問題を、一歩踏み込んで省察した。そして究極的にはヤハウェ自身が自己の意志を実現するために「偽りの

霊」を用いて偽りの預言をさせているのだという、極めてユニークな結論を引き出したのである。ちなみにこの編集者は、預言者が偽るという事態について、必ずしも否定的に見ていなかったふしがある（王上 13:18; 20:38–41 参照）。彼にとっては、偽りすらもまた、ヤハウェの歴史的意志が実現するための手段の一つなのである。

　物語の終わりの部分（35b, 38 節）に、戦車の床に流れる血のモチーフを付け加えて、アハブ自身に向けられたエリヤの災いの預言（王上 21:19b）を成就させたのも、同じこの挿入者かもしれない。該当箇所への注解（333 頁）で記したように、その際には、エリヤの預言について、申命記史家たちとは異なる理解がなされたに違いない。たとえアハブのへりくだりと悔恨（王上 22:27）によって災いが彼の息子の時代まで先延ばしにされたにせよ、延期されたのはあくまで「彼の家」（＝王朝）に対する災い（王上 21:29）だけであり、アハブ自身への災いの予告（王上 21:19b）は、あいかわらず効力を失っていないのである。

　かくしてアハブは、少なくとも現在ある列王記の形では、三つの預言の相乗作用により、天寿を全うできずに対アラム戦争で討ち死にすることになった（王上 22:35–37）。それは、一つには、聖絶の伝統を無視した故の「預言者の子ら」の一人の預言（王上 20:42）の結果であり、二つには、ナボトの一件によるエリヤの預言（王上 21:19b）の結果であり、三つには、本章におけるイムラの息子ミカヤの預言（王上 22:17）の無視の結果なのである。

　38 節の末尾では、申命記史書のあちこちに散見される、申命記史家たちによる預言成就定式（「ヤハウェが語った言葉の通りである（キ　デバル　YHWH　アシェル　ディッベル）」）が明らかに模倣されている。しかし、他の箇所（王上 14:18; 15:29; 16:12; 王下 1:17; 10:17; 14:25 等参照）とは異なり、誰によって（ベ・ヤド＋預言者名）語られたヤハウェの言葉通りなのかがここで語られていないことも、このことと関連するのかもしれない。

　なお私訳では、この最終的な挿入者によると思われる部分と、さらに後の個別的な加筆と思われる部分にのみ【　】を付けた。400 人の預言者たちとミカヤの対決の部分は、明らかに第一の申命記史家たちによるものではないが、第一の申命記史家たちとの時間的前後関係（いずれもユダ王国

末期と想定される）については、ここでも確言できない。いずれにせよ、それはより古い伝承に対し、申命記史家たちとは異なるサークルの中で付加されたのであろう。

　この章の釈義を通じて、宗教と戦争の関係について改めて考えさせられた。宗教は本来、世界平和と万人の幸福を希求すべきものであろうが、他方で宗教が対立や敵意を煽り、戦いを正当化する働きを持つことも残念ながら事実である。また、戦いを進める側も、しばしば宗教の持つそのような力を利用する。旧約聖書には、明らかに侵略的な戦争行為を神の意志によるものとし、聖戦として正当化する、好戦的な記述が満ちている（出 23:20–33; 申 7:1–5; 20:1–4; ヨシュ 1:2–9; 6:2–5; サム上 15:2–3; ヨエ 4:9–12 等々）。ある統計学的調査（Schwarz-Barcott 2018. 大川玲子 2021:62–63 による）によれば、全旧約聖書中、戦いや暴力に関わる章句は 5.15％あるという（新約聖書では 1.84％、コーランでは 11.9％）。

　キリスト教でも、アウグスティヌスやトマス・アクィナスによって「正戦論」が唱えられ、「正しい戦争」が神学的に正当化された。1095 年、クレルモン教会会議で教皇ウルバヌス 2 世によって提唱された最初の十字軍は、「神、それを望み給う（deus vult）」という民衆の熱狂的、かつ「預言者」的な絶叫の中で送り出された。宗教改革以降のヨーロッパでの宗教戦争は当然ながらキリスト教徒同士の戦争であり、双方の側で同じ神に、戦いでの勝利や敵の撃滅が祈願された。20 世紀に 2 度起こった世界大戦でのヨーロッパ戦線や、戦後のアイルランド紛争、旧ユーゴ紛争にも同じことが言える。冷戦時代のアメリカの右派的な教会では、エゼキエル書やヨハネ黙示録に出てくる「ゴグとマゴグ」がソ連と同一視され、反共主義的な説教が繰り返された。湾岸戦争やイラク戦争時にも、福音派的な教会では、戦争肯定的、戦意高揚的な説教が牧師たちによってなされたという。

　わが国のキリスト教会も、戦時中は国家と軍部の強制によるとはいえ、カトリックとプロテスタントを問わず、戦争協力を強いられた。特にプロテスタントは、「宗教団体法」により 1941 年、事実上強制的に「日本基督教団」に統合され、宮城遥拝や戦勝と武運長久を祈ることが強制された。当時の「日本基督教団信仰問答」には、教団の本領として、「我が教団の

本領は皇国の道に則りて、基督教立教の本義に基き国民を教化し以て皇運を扶翼し奉るにある」とある。

　戦争が巻き起こす高揚した熱狂的な愛国的機運の中では、主戦論は常に圧倒的多数派であり、非戦論、反戦論は少数派として掻き消され、また容易に弾圧されがちである。ただし、「真実（エメト）」がどちらの側にあるのかについては、常に「正しい判断」が求められる。多数派の主戦論は「偽りの霊」に惑わされたものでないのか、「真実」を語っているのは誰のかを見極める知恵と力とをこの章の物語からも学ぶべきであろう。

　戦後20年以上を経た1967年に、当時の教団総会議長であった鈴木正久の名で発表された「第二次大戦下における日本基督教団の責任についての告白」の一部を引いておきたい。

　「『世の光』『地の塩』である教会は、あの戦争に同調すべきではありませんでした。まさに国を愛する故にこそ、キリスト者の良心的判断によって、祖国の歩みに対し正しい判断をなすべきでありました。

　しかるにわたくしどもは、教団の名において、あの戦争を是認し、支持し、その勝利のために祈り努めることを、内外にむかって声明いたしました。

　まことにわたくしどもの祖国が罪を犯したとき、わたくしどもの教会もまたその罪におちいりました。わたくしどもは『見張り』の使命をないがしろにいたしました。心の深い痛みをもって、この罪を懺悔し、主にゆるしを願うとともに、世界の、ことにアジアの諸国、そこにある教会と兄弟姉妹、またわが国の同胞にこころからのゆるしを請う次第であります」。

(10) ユダの王ヨシャファト（上 22:41–51）

【翻訳】

ヨシャファトについての治世導入定式

22 章

[41] アサの息子ヨシャファトがユダの上に〔立つ〕王となったのは、イスラエルの王アハブの〔治世〕第 4 年のことである。[42] ヨシャファトは王になったとき、35 歳であった。彼は 25 年間にわたってエルサレムで王として治めた。彼の母の名はアズバといい、シルヒの娘であった。[43] 彼は、彼の父アサのすべての道を歩み、そこから逸れることはなく、ヤハウェの目に正しく[a]映ることを行った。[44] ただし、高台聖所群はなくならなかった。民は依然として高台聖所群で犠牲を捧げ続け、香を焚き続けていた[b]。

ヨシャファトの事績

22:45 ヨシャファトは、イスラエルの王と和平を結んだ。

ヨシャファトについての治世結尾定式（1）

22:46 ヨシャファトの事績についての残りのこと、彼が成し遂げ、かつ彼が戦った[c]彼の武勲については、『ユダの王たちの年代記』に記されてはいないだろうか。

ヨシャファトの事績（続き）

22:47 彼の父アサの治世からなお残っていた聖婚要員の生き残りを、彼はこの地から一掃した。

[48] エドムには王がおらず、王の代官がいた。

[49] ヨシャファトは、タルシシュの船団を〈造った〉[d]。金を求めてオフィルに行くためである。しかし、それはうまくいかなかった[e]。船団がエツヨン・ゲベルで難破してしまったからである。[50] その頃、アハブの息子アハズヤがヨシャファトに言った。「私の家臣たちをあなたの家臣たちと一緒に船団で行かせよう」。しかし、ヨシャファトは同意しなかった。

ヨシャファトについての治世結尾定式（2）

22:51 ヨシャファトは、彼の父祖たちと共に眠りについた。彼は、彼の父祖たちと共に、彼の父祖であるダビデの町に葬られた。彼の息子ヨラムが彼に代わって王となった。

- *a*: 原語は文字通りには「真っすぐに（ヤーシャール）」。
- *b*: 動詞の形は分詞形で、継続ないし反復して行われる行為を描く。王上 3:2-3、および同所への訳注を参照（第 1 巻 120, 122 頁）。
- *c*: 原文は、「彼の武勲（ゲブーラートー）」の語に二つの関係詞節がぶら下がっている、奇妙な文章。当該箇所への注解を参照。
- *d*: 原語は「アーサール」で、数字の「10」（隻？）。ケレーに従って「造る（アーサー）」に読み替える。
- *e*: 意訳。原文は動詞が男性 3 人称単数形（ウェ・ロー　ハーラーク）で、「彼は行かなかった」。主語はヨシャファトか（？）。なお、「船団」の語は女性名詞の複数形（オニッヨート）。

【形態／構造／背景】

　王国分裂後第 4 代目のユダの王ヨシャファトについてのこの単元は、通常通りの申命記史家たちによる治世導入定式で始まるが、その事績についての情報が二つに分かれ、その後半が治世結尾定式を中断するという奇妙な構成になっている。

- （X）41–44 節　ヨシャファトについての治世導入定式
  - （Y¹）45 節　ヨシャファトの事績：イスラエルとの和平
- （X'）46 節　ヨシャファトについての治世結尾定式（1）
  - （Y²）47 節　ヨシャファトの事績：聖婚要員の払拭
  - （Y³）48 節　ヨシャファトの事績：エドムの支配
  - （Y⁴）49–50 節　ヨシャファトの事績：オフィルへの船団派遣の失敗
- （X'）51 節　ヨシャファトについての治世結尾定式（2）

なぜこのような形になったのかは不明である。後半の部分（47–50節）を後代の付加（Würthwein 1984:264〔邦訳558頁〕; Campbell/O'Brien 2000:408; Knauf 2019:524; Thiel 2019:742）と見る必要はなかろう。内容から見て、それらは「ユダの王たちの年代記」から取られたものと理解することができる。治世結尾定式への同じような「挿入」は、より小規模な形では列王記上14:30; 15:7, 23; 列王記下12:21–22; 14:19–21; 15:37; 23:29等にも見られる。文の順序が乱れているとして、46節を51節の直前に移せばよいとの見方もある（McKenzie 2019:216–217, 222, 224）。

なお、七十人訳ではヨシャファトの治世についての記述が混乱している。少なくとも、最も信頼できる写本の一つとされているバチカン写本（LXX^B）によれば、ヨシャファトの治世についての一部共通する記述が列王記上16:28の後ろ（王国Ⅲ 16:28^(a–h)）と、マソラ本文に対応する場所（王国Ⅲ 22:41以下）に二つ存在するのである。前者によればヨシャファト（ギリシア語では「ヨーサファト」）はイスラエルの王オムリ（ギリシア語では「アンブリ」）の「治世第11年」にユダ王になったとされるので、ヨシャファトについての治世導入定式が、アハブの治世より前の、オムリの治世についての記述の直後に置かれたのであろう。後者によれば、ヨシャファトはマソラ本文同様、イスラエルの王アハブ（ギリシア語で「アカアブ」）の「治世第4年」に即位している。

この混乱は、七十人訳が列王記では、上1–21章では後代の校訂を受けていない比較的意訳調の古ギリシア語本文（OG）を採用しているのに対し、上20章–下25章ではよりヘブライ語本文に近づける「カイゲ（Kaige）」と呼ばれる校訂済の本文を採用しているという特殊事情とも関連していると考えられる。

【注解】

41–44節　ヨシャファトについての治世導入定式

アハブ時代のエリヤを中心とする物語が長く続いたので、治世導入定式が出るのはアハブについての列王記上16:29–30以来である。ユダの王についての単元としてはアサについての列王記上15:9–24以来であるが、

これはヨシャファトの父アサが41年間という長い治世（王上15:10）を享受したためで、この間にイスラエルでは、7人の王（ヤロブアム、ナダブ、バシャ、エラ、ジムリ、オムリ、アハブ）が入れ替わった。ヨシャファトが父アサの後継者として即位したことについては、すでに列王記上15:24で報告されていた。

　治世導入定式の形式は、南北王国並立時代のユダの王の治世導入定式では珍しく、王の名前で始まる王名先行型（パターン②。第2巻19頁参照）である（ユダの王では他にレハブアムについての王上14:21のみ）。周囲のイスラエルの王アハブとその息子たちの治世導入定式が王名先行型なので（王上16:29; 22:52; 王下3:1参照）、その影響を受けたのかもしれない。周知のように、アハブの王朝の時代のイスラエルとヨシャファトの時代のユダは、緊密な同盟、姻戚関係にあった（王上22:45; 王下8:18参照）。両国が密接な関係にあったことが治世導入定式にも反映しているのかもしれない（Bin-Nun 1968:426–427; Weingart 2020:130–131, 139）。

　「ヨシャファト」の名は、「ヤハウェはお裁きになった」を意味する（HALOT 2:397）。列王記では、神名「ヤハウェ」の要素を含む名前を持った最初の王ということになる（歴代誌では、ヨシャファトの祖父に当たる「アビヤ（わが父はヤハウェ）」が最初。ただし後者は列王記では「アビヤム」）。ほぼ同時期に、北王国イスラエルでも最初のヤハウェ系の名前を持ったアハズヤ、ヨラムが出ている。古代イスラエル史研究では、ヨシャファトの治世は前868–847年頃と想定されている。なお、ヨシャファトの歴史的実在を裏付ける聖書外史料は、今のところ発見されていない。

　ユダの王ヨシャファトについては、本章のアハブとの共同遠征の記事（2–30節）で先取りされていたが、ここで時は、改めて「**アハブの〔治世〕第4年**」に戻る（41節）。新王の即位時の年齢（「**35歳**」）が記されるのはレハブアムの即位（王上14:21）以来であるが（ただし、サム下5:4参照）、これ以降、ユダの王の治世導入定式ではこれが定例的な要素となる。即位時の年齢が比較的高めなのは、父アサの治世が41年間（王上15:10参照）と長かったことと関連しよう。

　ただし、ヨシャファトが「**25年間にわたってエルサレムで王として治めた**」という記述（42節）が歴史的に正確であるかどうかは不確かである。

他の箇所の記述によれば、ヨシャファトから息子のヨラムに王位が受け継がれるのは、同名のイスラエルの王ヨラムの第5年（王下 8:16）であるが、そのイスラエルのヨラムが即位したのはヨシャファトの治世第18年であったとされているからである（王下 3:1）。それゆえヨシャファトの治世は22〜23年間ぐらいであった可能性がある（Hentschel 1984:135–136; Thiel 2019:730）。ただし、父アサや息子ヨラムとの共治期間が算入されている可能性もある。とりわけ、彼の父アサが晩年足の病気になったことが特記されている（王上 15:23b）ことは、ヨシャファトが摂政や共治者として統治を代行した可能性を考えさせる（王下 15:5 のヨタムの例を参照）。「25年」という数字には、その期間が算入されているのかもしれない。

「**母の名**」が記されるのは、少なくともユダ王国においては、王の母が「太后（ゲビーラー）」として、宮廷内で重要な地位を占めていたこと（王上 15:13 参照）と関連しよう（Gray 1977:457; Jones 1984b:373; Thiel 2019:731）。また、古代イスラエルの王家は一夫多妻制であったので、どの母親から生まれたのかも重視されたのであろう。母の名「**アズバ**」とその父「**シルヒ**」については、他の箇所から何も知られていない。「ヤハウェはお裁きになった」というその名にふさわしく、この王は「**ヤハウェの目に正しく映ることを行った**」と肯定的に評価されている（43節）。「**彼の父アサ**」が正しく歩んだことについては、列王記上 15:11 を参照。

ただし、アサの場合（王上 15:14）と同様、「**高台聖所群（バーモート）はなくならなかった**」ことが付記され（44節）、ヨシャファトの治世への肯定的評価が多少割引されている。「高台聖所」（単数で「バーマー」）はエルサレム神殿以外の地方祭儀場のことで（王上 14:22–24 への注解［第2巻175頁］を参照）、エルサレム神殿以外の聖所の正統性を認めない申命記史家たちにとってはその存在が大きな関心事であった。ただし、ヨシヤ王時代の第一の申命記史家たちの段階では、それらはまだ異教の祭儀の場とは見なされてはおらず、あくまでヤハウェのための聖所であるが、申命記的な祭儀集中（Kulteinheit）の原則から、正統性を欠くものと見なされていたものと思われる（王下 18:22; 23:9 等参照）。なお、（高台聖所群が）「なくならなかった（ロー　サールー）」という特徴的な表現については、列王記上 15:14 への注解（第2巻 202–203 頁）を参照。

歴代のユダの王たちの中で、このような高台聖所群を「取り除いた」ことで申命記史家たちの最大級の賛辞を浴びているのはヒゼキヤ（王下 18:4, 22）とヨシヤ（王下 23:8, 13, 19）の 2 人だけであり、その他の肯定的に評価されているユダの王の場合には、必ずこの限定句が付記され、肯定的評価がやや割引されている（王上 15:14［アサ］；22:44［ヨシャファト］；王下 12:4［ヨアシュ］；14:4［アマツヤ］；15:4［アザルヤ］；15:35［ヨタム］）。ただし、それらの場所で**犠牲を捧げ続け、香を焚き続けていた**（訳注 b 参照）のはあくまで「**民（ハー・アーム）**」であり（44 節）、これによってそれぞれの王自身が非難されているわけではない（Weippert 1972:310–311）。もちろん、そのような事態を放置し、積極的な対策を取らなかったという点では、それぞれの王たちに責任がないとは言えない。しかし、それはあくまで、申命記史家たちにより基本的に肯定的に評価されている王たちの治世における「玉に瑕」のようなものなのである。

45 節　ヨシャファトの事績

ヨシャファトが「**イスラエルの王と和平を結んだ**」（動詞「シッレーム」）ことは、王国分裂後イスラエルとユダの間に 60 年近くも続いた交戦状態（王上 14:30; 15:6–7, 16–22, 32）や緊張関係（王上 12:21–24）に終止符を打つものであった。条約相手は当然、同時代のアハブであったと思われる。これが、アラム人やアッシリアの脅威に対抗するための軍事的同盟の意味を持つことは明らかである。おそらく、ヨシャファトの息子ヨラムとアハブの娘アタルヤの政略結婚（王下 8:18. なお、代下 18:1 をも参照）も、このような同盟政策に関連したものに違いない（Wiseman 1993:203〔邦訳 224 頁〕; Cogan 2001:499, 501; Wray Beal 2014:287; McKenzie 2019:221–222; Thiel 2019:741–742）。現在の列王記の文脈で見れば、ヨシャファトがアハブのアラム遠征（王上 22:2–36）やイスラエルのヨラムのモアブ遠征（王下 3:6–27）に参加するのも、そのような同盟関係に基づくものということになろう。この条約・同盟関係が、どの程度対等、同格なものであったかはよく分かっていない。当時、面積のうえでも人口のうえでも、また経済的にも軍事的にも、イスラエルの方がユダよりもはるかに強大だったことや、ユダ軍がイスラエルの軍事遠征に「動員」されていること（王上

22:1–36; 王下 3:1–27) などから、歴史的にはユダが事実上オムリ王朝のイスラエルの属国的な地位にあったと想定する研究者も少なくない (Donner 1986:250; Ahlström 1993:574; Frevel 2018:234–235; Schipper 2018:42–43〔邦訳 60–61 頁〕; Knauf/Niemann 2021:189;)。ただし、少なくとも列王記の文脈では、ヨシャファトが同時代の北王国の王たちと同格であったかのように描かれている。

46 節　ヨシャファトについての治世結尾定式（1）

「『ユダの王たちの年代記』」への通例通りの参照指示が見られる。王の「**武勲（ゲブーラー）**」については、父のアサの場合にも触れられていた（王上 15:23）。ヨシャファトが「**戦った**」ことについての言及は、現在の列王記ではヨシャファトがアハブのアラム遠征（王上 22:1–36）やイスラエルのヨラムのモアブ遠征（王下 3 章）に参戦したことになっていることを踏まえた二次的付加か。訳注 c にも記したが、原文は「彼の武勲（ゲブーラートー）」の語に「彼が成し遂げた（アシェル　アーサー）」と「彼が戦った（アシェル　ニルハーム）」という二つの関係詞節がぶら下がっているやや奇妙な文章。他の王たちの治世結尾定式で「武勲」に触れられる場合（王上 15:23–24 への注解［第 2 巻 210 頁］を参照）には、このような現象は見られない。なお、七十人訳では、二つ目の関係詞節（「彼が戦った」）が欠けている。

47–50 節　ヨシャファトの事績（続き）

ヨシャファトの「善政」の一つは、異教的要素を取り除く祭儀改革であった。異教的な豊穣祭儀に従事する存在としての「**聖婚要員（カーデーシュ）**」（47 節）については、列王記上 14:24 と同所への注解（第 2 巻 176–177 頁）を参照。また、「**彼の父アサ**」がこれを排除したことについては、列王記上 15:12 を参照。アサの努力にもかかわらず、悪弊は一部にしぶとく残っていたのであろう。これを取り除いたとされることが、申命記史家たちによるヨシャファトの高評価の直接的な理由であったのかもしれない（申 23:18 参照）。なお、この祭儀的な悪弊の残滓が最終的に除去されるのは、ヨシヤの宗教改革に際してである（王下 23:7 参照）。

次に、南方の「エドム」について唐突に言及される（48節）。エドムは、ダビデが征服してイスラエルの支配下に置いたとされる（サム下 8:13–14）。列王記ではこれまでエドムについては、王子ハダドがイスラエルからの独立を企てて「ソロモンに敵対した」次第が物語られていた（王上 11:14–22 と同所への注解を参照）。その顛末は明らかではないが、この箇所の書きぶり（「**エドムには王がおらず、**（ユダの）**王の代官がいた**」）から見ると、ユダ王国のエドムへの支配はヨシャファトの時代にまでなお保たれていたらしい。なお「代官」と訳された語（ニッツァブ）は、列王記上 4:7–19 に出るソロモンの「知事」たちと同じ語。ちなみに、エドムが反乱を起こしてユダから独立し、自分たちの王を立てるのは、（王下 3 章における「エドムの王」への言及にもかかわらず）ヨシャファトの息子である（ユダの）ヨラムの時代になってからのことである（王下 8:20–22）。

南のエドムへの支配が盤石であったからこそ、ヨシャファトはかつてソロモンが大きな成果を挙げた紅海交易（王上 9:26–28; 10:22）を再開し、「**金を求め**」て「**オフィル**」に「**船団**」を派遣する企てを起こすことができたのであろう（49a 節）。なお、「オフィル」とその地の「金」については列王記上 9:28; 10:11 と同所への注解（第 1 巻 351–352, 362–363 頁）を、また「**タルシシュの船団**」については列王記上 10:22 と同所への注解（第 1 巻 372–373 頁）を参照。しかし、結局この事業は「**うまくいかなかった**」（訳注 e 参照）。船団が港のある「**エツヨン・ゲベル**」（王上 9:26 と同所への注解〔第 1 巻 351 頁〕を参照）で「**難破**」してしまったからである（49b 節）。すなわち、まだ港から出る前に沈んでしまったことになる。難破の理由は不明であるが、次節のアハズヤの発言（50 節）から見て、操船技術の稚拙さが関連していたのかもしれない（Würthwein 1984:264〔邦訳 559 頁〕; McKenzie 2019:220; Thiel 2019:751）。ヨシャファト治下のユダ王国は比較的平穏安泰だったようであるが、ソロモンの——少なくとも理念的な——「黄金時代」と比べれば、さまざまな意味で国力が衰退していたということとなのであろう。

北王国イスラエルではすでに王が代替わりして、「**アハブの息子アハズヤ**」の治世になっていた（本章 52–54 節を参照）。25 年間（42 節参照）統治したヨシャファトは、オムリ王朝の 3 代の王（アハブ、アハズヤ、ヨラ

ム）たちと同時代人であった。アハズヤは自分からヨシャファトに接触して、（おそらくは使者を通じて）「**私の家臣たちをあなたの家臣たちと一緒に船団で行かせよう**」と申し出る（50a 節）。50 節の「**その頃（アーズ）**」という時の指定は曖昧であり、直前に描かれた船団の難破とアハズヤの提案の時間的前後関係ははっきりしない（Würthwein 1984:264–265〔邦訳 559 頁〕; Cogan 2001:500; Thiel 2019:752）が、もし、海難事故の報知を受けての提案であるとすれば、同盟関係にある隣国に善意で技術援助しようとしたのであろう。ソロモンは航海をフェニキア人の技術に頼ったが（王上 9:27 参照）、おそらくはフェニキア人の母（王上 16:31 参照）を持つアハズヤは、フェニキアと同盟関係にあった自国の専門家の方が優れた航海技術を持っていると考えたのであろう（Jones 1984b:375; Würthwein 1984:265〔邦訳 559 頁〕; McKenzie 2019:220）。

しかし、「**ヨシャファトは同意しなかった（ロー　アーバー）**」（50b 節）。その理由も不明である。なりたての隣国の若い王（彼の治世はわずか 2 年にすぎない。52 節参照）に「後進国」扱いされるのが腹にすえかねたのかもしれない。いずれにせよ、ヨシャファトの態度からは、ユダとイスラエルの「同盟」関係が（少なくともこの時点では）主従関係や宗主・臣下関係的なものではなく、両国の関係においてユダがかなりの独立性を保っていたことが読み取れる（Fritz 1996:202; Wray Beal 2014:287）。

他方で、実際には事前に行われていたアハズヤの提案が、事後的な事情説明という形で後置されている（「実は……という事情があったのである」）のであるとすれば、ヨシャファトはアハズヤからの協力の提案を黙殺して、あくまで自力による単独での航海事業を敢行しようとして、ものの見事に失敗したことになる。

なお、歴代誌下 20:35–37 では事実関係が逆転されている。すなわち歴代誌では、ヨシャファトがアハズヤと「協定」を結んだことがヤハウェの怒りを引き起こし、その結果船団が難破するのである。歴代誌の著者にとって、（イスラエルを含む）外国との「協定」や「同盟」は、ヤハウェの力に頼らない背教行為なのである（代下 16:7–9; 19:2 等参照）。

51節　ヨシャファトについての治世結尾定式（2）

「父祖たちと共に眠りについた」と記されているので、ヨシャファトもまた天寿を全うし、平穏な死に方をしたのであろう（王上22:40への注解［本書335–336頁］を参照）。享年60歳（42節参照）ということであるので、決して長寿だというわけではない。「ダビデの町」への埋葬への言及も、通常の治世結尾定式の構成要素の一つである（王上11:43; 14:31; 15:8, 24等参照）。

なお、七十人訳におけるヨシャファトの治世についての単元の位置と二重性については、列王記上16:27–28への注解（第2巻259頁）および本書349頁を参照。

【解説／考察】

列王記では、ヨシャファトはあまり重要な役割を演じているとは言えない。ヨシャファト自身の治世に当てられている紙幅は、わずかこの11節にすぎず、そのうち具体的な事績に触れているのはわずか45節、47–50節の五つの節にすぎない。他の箇所に登場する場合でも、彼はあくまでイスラエル王アハブ（王上22:2–36）やヨラム（王下3:6–27）の「脇役」を演じるだけである。これに対し歴代誌では、ヨシャファトはヒゼキヤと並んで最も重要な王としての扱いを受けている。列王記においては三つの文脈に散在していたヨシャファトについての記事が、歴代誌では1箇所に集められ、四つの章にまたがる長大な文脈を構成している（代下17–20章）。そこには国民の律法教育（代下17:7–9）や軍制改革（代下17:12–19）、司法改革（代下19:4–11）、東からの諸民族の連合軍の侵略を撃退する物語（代下20:1–30）などについての、列王記に見られない数多くの特殊記事が含まれている。歴代誌が列王記（ないし申命記史書）を主要な資料としていることは広く認められているが、それらの特殊記事が列王記とは別の独立した資料によるものなのか、あるいは（例えば「ヤハウェは裁いた」を意味するこの王の名をインスピレーションの源泉とする）自由な創作なのかについては、歴代誌研究者の間でも理解が分かれている。

なお、ヨエル書で神の世界審判が行われる場所とされる「ヨシャファト

の谷」（ヨエ 4:2, 12 参照）がこのヨシャファトと関連するかどうかについても、確かなことは分からない。
　ユダの他のほとんどの王たち同様、新約聖書ではヨシャファトの名は、マタイ福音書のイエスの系図に言及されるのみである（マタ 1:8）。

⑾ イスラエルの王アハズヤ（上 22:52-下 1:18）

【翻訳】

アハズヤについての治世導入定式
22章
[52] アハブの息子アハズヤがサマリアでイスラエルの上に〔立つ〕王となったのは、ユダの王ヨシャファトの〔治世〕第 17 年のことである。彼は、2 年間[a]にわたってイスラエルを王として治めた。[53] 彼はヤハウェの目に悪と映ることを行った。彼は彼の父の道、彼の母の道、そしてイスラエルに罪を犯させたネバトの息子ヤロブアムの道を歩んだ。[54] 彼はバアルに仕え、これにひれ伏した。彼は、彼の父が行ったのと同じようなすべてのことによって、イスラエルの神ヤハウェを怒らせた。

アハズヤとエリヤ
列王記下 1 章
[1] アハブの死後、モアブはイスラエルに反逆した。
[2] アハズヤは、サマリアにある彼の階上の部屋の格子窓から落ちて、怪我をした[b]。彼は使者たちを遣わそうとして、彼らに言った。「エクロンの神、バアル・ゼブブのところに行って、私がこの怪我[c]から生き延びることができるかどうか、伺いを立ててほしい」。
[3] すると、ヤハウェの使いがティシュベ人エリヤに告げた。「立ち上がり、サマリアの王の使者たちに会うために上って行き、彼らにこう告げなさい。『あなたたちがエクロンの神、バアル・ゼブブに伺いを立てに行こうとしているのは、イスラエルに神がいないからなのか。[4] それゆえ、ヤハウェはこう言われた。「あなたが上った寝台から、あなたは決して降りることはない。あなたは必ず死ぬからだ[d]」』と」。そこで、エリヤは出かけて行った。
[5] 使者たちが〔アハズヤ〕[e]のもとに戻って来たので、彼は彼らに言った。「お前たちは、なぜ戻って来たのだ」。[6] すると、彼らは彼に言った。「1 人の男が私たちに会うために上って来て、私たちにこう言ったのです。『あなたたちを遣わした王のもとに戻って行き、彼にこう告げなさい。ヤハウェはこう言われた。

「あなたがエクロンの神、バアル・ゼブブに伺いを立てるために〔人を〕遣わそうとしているのは、イスラエルに神がいないからなのか。それゆえ、あなたが上った寝台から、あなたは決して降りることはない。あなたは必ず死ぬからだ^d』」と。⁷ そこで、〔アハズヤ〕^fは彼らに告げた。「お前たちに会うために上って来て、そんな言葉をお前たちに告げたその男は、どのような様子だったのか^g」。⁸ すると、彼らは彼に言った。「それは毛深い男^hで、自分の腰に革帯を締めていました」。そこで、彼は言った。「彼は、ティシュベ人エリヤに違いない」。

第一の五十人隊の派遣

^{1:9} 〔アハズヤ〕ⁱは五十人隊の隊長と彼の五十人隊を〔エリヤ〕^jのもとに遣わした。〔隊長〕^kが〔エリヤ〕のもとに上って行くと、見よ、彼は山の頂上に座っていた。そこで、〔隊長〕は〔エリヤ〕に告げた。「神の人よ、王が『下って来い』と告げておられるぞ」。¹⁰ すると、エリヤは五十人隊の隊長に答えて、告げた。「もし、私が神の人であれば、天から火が下って、あなたとあなたの五十人隊を焼き尽くすだろう^l」。すると、天から火が下って、彼と彼の五十人隊を焼き尽くしてしまった^l。

第二の五十人隊の派遣

^{1:11} 〔アハズヤ〕はもう一度、別の五十人隊の隊長と彼の五十人隊を〔エリヤ〕のもとに遣わした。〔隊長は〕〔上って行き^m〕、〔エリヤ〕に告げた。「神の人よ、王はこう言われた。『すぐに下って来い』と」。¹² すると、エリヤは答えて、彼らに告げた。「もし、私が神の人であれば、天から火が下って、あなたとあなたの五十人隊を焼き尽くすだろう^l」。すると、天から神の火が下って、彼と彼の五十人隊を焼き尽くしてしまった^l。

第三の五十人隊の派遣

^{1:13} 〔アハズヤ〕はもう一度、第三の五十人隊の隊長と彼の五十人隊を遣わした。第三の五十人隊の隊長は上って行き、やって来て、エリヤの前で跪き、彼に懇願して、彼に告げた。「神の人よ、どうかお願いです。私の命と、これら50人のあなたの僕(しもべ)たちの命をあなたの両目ⁿで尊んでください。¹⁴ ご覧く

ださい、天から火が下って、〈先の２人の五十人隊の隊長と彼らそれぞれの五十人隊を〉[o]焼き尽くしてしまいました[l]。今回は、私の命をあなたの両目で[n]尊んでください」。[15] すると、ヤハウェの使いがエリヤに告げた。「彼と一緒に下って行くがよい。彼を恐れるには及ばない」。そこで、彼は立ち上がり、彼と一緒に王のところに下って行った。

アハズヤとエリヤ

[1:16] 〔エリヤ〕は〔アハズヤ〕に告げた。「ヤハウェはこう言われた。『あなたがエクロンの神、バアル・ゼブブに伺いを立てるために使者たちを遣わしたのは、イスラエルにみ言葉を伺うべき神がいないからなのか。それゆえ、あなたが上った寝台から、あなたは決して降りることはない。あなたは必ず死ぬからだ[d]』」。[17a] すると、〔アハズヤ〕は死んだ。エリヤが告げたヤハウェの言葉通りである。

アハズヤについての治世結尾定式

[1:17b] そして、〈彼の兄弟である〉[p]ヨラムが彼に代わって王となった。【――これは、ユダの王ヨシャファトの息子ヨラムの〔治世〕第２年のことである――】。そのわけは、〈アハズヤ〉[q]に息子がいなかったからである。[18] アハズヤの事績についての残りのこと、すなわち彼が行ったすべてのことは、『イスラエルの王たちの年代記』に記されてはいないだろうか。

    a: 原語（シェナーターイム）は、「年（シャーナー）」の語の双数形。
    b: 原文は文字通りには、「病気になった／弱った」（動詞「ハーラー」）。
    c: 原語（ホリー）は文字通りには、「病気／苦しみ」。
    d: 原文（モート　タームート）では、「死ぬ」を意味する動詞「ムート」を異なる形（不定形＋未完了形）で二重に用いる、ヘブライ語独特の強調法が用いられている。6節、16節でも同様。当該箇所への注解をも参照。
    e: 原文では、「彼」。文脈からアハズヤへの言及と解する。
    f: 原文には主語がなく、動詞が男性３人称単数形（「彼は言った」）。文脈から、アハズヤが主語と解する。
    g: 原文は文字通りには、「どのような種類（ミシュパート）だったのか」。
    h: 原文は文字通りには、「毛の持ち主（バアル　セーアール）」。「バアル（主人、

所有者)」の語は、ある人間の顕著な特徴を表すことがある（創 37:19; コヘ 10:11; 箴 22:24 等参照）。

i: 原文には主語がなく、動詞が男性 3 人称単数形。この段落（9–16 節）では、動詞の主語がほとんど記されていない。文脈から、アハズヤが主語と解する。以下でも同様。

j: 原文では、「彼」。文脈から、エリヤへの言及と解する。以下でも同様。

k: 原文には主語がなく、動詞が男性 3 人称単数（「彼が上って行くと」）。文脈から五十人隊の隊長が主語と解する。以下でも同様。

l: 原文は文字通りには、「食い尽くす」（動詞「アーカル」）。以下でも同様。

m: 原文は文字通りには、「答えて」。七十人訳、ウルガータ、BHS の脚注の読み替え指示に従い、「ワッヤアン（答える）」を 9 節、13 節と同様、「ワッヤアル（上る）」と読み替える。次の 12 節冒頭の「ワッヤアン」の文字に引きずられた写字生の誤記であろう。

n: 原文で「目（アイン）」の語は複数形。14 節でも同様。

o: 原文は文字通りには、「最初の五十人隊の 2 人の隊長と彼らの五十人隊を」。

p: 七十人訳の写本の一部やウルガータに従い、補う。本節末の理由説明（「そのわけは、彼に息子がいなかったからである」）には、理由を説明すべき特殊事情の記述が先行していたはずである。

q: 原文では、「彼（ロー）」。文脈から、アハズヤについての言及と解する。

【形態／構造／背景】

いわゆる王国分裂後の 8 人目の北王国イスラエルの王で、オムリ王朝では 3 代目に当たるアハズヤの短い治世についての単元。現在ある聖書の形では、このアハズヤの治世の途中で、列王記が上から下に切り替わるが、列王記全体への「緒論」（第 1 巻 18 ページ）でも述べたように、この上下の二分割は元来のヘブライ語正典にはなく、七十人訳で初めて導入されたものであり、それが 15 世紀前半以降になって初めてヘブライ語聖書の写本や印刷本に逆輸入されたものである。それにしてもこの王のわずか 2 年間の治世の途中、しかも定型的な治世導入定式の直後という、奇妙で不自然な箇所で切ったものであるが、そのあり得る理由については、列王記

下1章1節の注解（本書367頁）を参照のこと。アハズヤの治世についての記述（王上 22:52–王下 1:18）を単一の単元として見ると、両側に申命記史家たちによる治世導入定式と治世結尾定式（X–X'、王上 22:52–54; 王下 1:17b–18）があり、その中間にアハズヤが自分の怪我の回復について使者を立ててエクロンの神バアル・ゼブブに伺いに行かせようとしたエピソードと、これに対するエリヤの批判と災いの告知、およびその成就についての記述が挟まっている（Y–Y'、王下 1:2–8, 15–17a）。列王記上 16:31–33; 18章; 19:18 に続いて、再びオムリ王朝の王とバアル崇拝の問題が取り上げられているわけである。さらに、この文脈の中央部分には、アハズヤがエリヤを捕らえるために再三軍隊を派遣する場面（Z、王下 1:9–14）が置かれている。こうして見ると、全体は以下のようなシンメトリックな集中構造をなしていることが分かる（Long 1991:14; Begerau 2008:139–140 の分析を多少修正）。

(X) アハズヤについての治世導入定式（王上 22:52–54）
　　エドムの反逆（王下 1:1）
　　(Y) アハズヤとエリヤ（王下 1:2–8）
　　　　(y) アハズヤの怪我（2 節）
　　　　(y^1) アハズヤへの叱責と災いの告知（3–4 節）
　　　　　　――「神の使い」による
　　　　(y^2) アハズヤへの叱責と災いの告知（6–8 節）
　　　　　　――使者たちによる
　　　(Z) 五十人隊の派遣（9–14 節）
　　　　　(z^1) 第一の五十人隊の派遣（9–10 節）
　　　　　(z^2) 第二の五十人隊の派遣（11–12 節）
　　　　　(z^3) 第三の五十人隊の派遣（13–14 節）
　　(Y') アハズヤとエリヤ（15–17a 節）
　　　　(y^3) アハズヤへの叱責と災いの告知（15–16 節）
　　　　　　――エリヤによる
　　　　(y') アハズヤの死（17a 節）
(X') アハズヤについての治世結尾定式（17b–18 節）

このうち、中央にある 3 度にわたる五十人隊の派遣の場面は、多くの研究者が想定するように、伝承史的には二次的に付け加えられたものかもしれない（Fohrer 1968:42–43, 49–50; Dietrich 1972:125; Koch 1981:228–229; Jones 1984b:376; Würthwein 1984:267〔邦訳 564, 567 頁〕; Hentschel 1985:5–6; Fritz 1998:10; Beck 1999:139–140; Otto 2001:147–149; Lehnart 2003:267, 271; Albertz 2006:71–72, 113–114; Wray Beal 2014:292; McKenzie 2019:235）。しかし、その場合でも、すでに申命記史家たち以前の段階——ことによると口伝段階（？）——での拡張と考えられる（Steck 1967:547; Thiel 1991:146–147; Campbell/O'Brien 2000:409–410）。

全体として繰り返しが目立つが、これはサスペンスを高めるための文学的技法とも考えられる。アハズヤの背教行為への叱責と災いの告知は、それぞれ話者を異にして 3 回繰り返され（y^1–y^3, 3–4 節、6 節、16 節）、エリヤ捕獲のための五十人隊の派遣も 3 度繰り返される（z^1–z^3, 9–10 節、11–12 節、13–15 節）。ただし、いずれも単純で機械的な繰り返しではなく、よく見ると微妙なバリエーションが付けられている。また、全体を通じて、それぞれの箇所で意味を異にする「使者／使い（マルアク）」の語（2, 3［2 回］, 5, 15, 16 の各節）と、「遣わす（シャーラハ）」という動詞（2, 6［2 回］, 9, 11, 13, 16 の各節）がしばしば繰り返されて、このエピソードが「使い」が中心的な役割を果たす物語であることを特徴づけており、さらにさまざまのニュアンスで「上がる／上る（アーラー）」（3, 4, 6［2 回］, 7, 9, 11［改訂テキスト］, 13, 16 の各節）と「下る／降りる（ヤーラド）」（4, 6, 9, 10［2 回］, 11, 12［2 回］, 14, 15［2 回］, 16 の各節）という対になる対義語の動詞が著しく多用され、全体を統合するキーワードの役割を果たしている（Begg 1985:81; Hobbs 1985:11; Begerau 2008:133–134; Burnett 2010:291; Olley 2011:206; Wray Beal 2014:293; McKenzie 2019:230）。また、単元の両端近くでは、神託を「伺う」という意味の動詞「ダーラシュ」（2, 3, 6, 16 の各節）が繰り返されて、いかなる神に伺いがなされるべきかという物語の主題が示され、また「死ぬ（ムート）」という動詞（4, 6［2 回］, 16［2 回］, 17 の各節）が物語の不吉な行く末を暗示する。治世導入定式と治世結尾定式を別にすれば、特に申命記史家的な用語法は、17a 節のアハズヤ

の死についての説明以外には見当たらない。独立して存在していた伝承を、申命記史家たちがほぼそのままの形で取り入れたものと考えられる。

【注解】

上 22:52–54　アハズヤについての治世導入定式

「アハズヤ」の名は、「ヤハウェが（加護のために手を）摑んでくださった」を意味する（HALOT 1:32）。命名者が父アハブであったとすれば、――きょうだいであるヨラムやアタルヤの名を含めて――子供たちが神名ヤハウェの要素を含んだ名前を持っていることは、申命記史家たちによって異教崇拝や偶像崇拝の汚名（王上 16:31–32）を着せられているにも拘わらず、アハブが個人的にヤハウェ信仰を保持していたことを示唆する。なお、同名のユダ王（王下 8:25–29; 9:27–29）がおり、混同しないように注意が必要である（ただし、380 頁以下の「トピック 6」をも参照）。また、イスラエル王ヨアハズ（王下 13:1–8）および同名のユダの王（王下 23:31）、ユダの王アハズ（王下 16 章［短縮形］）の名も、意味的にはほぼ同じである。古代イスラエル史研究では、イスラエルの王アハズヤの治世は前 852–851 年頃であったと考えられている。イスラエルの王としてのアハズヤの歴史的実在を裏付ける聖書外史料は、今のところ発見されていない。

治世導入定式の形式としては、先行するアハブ（王上 16:29）、ヨシャファト（王上 22:41）の場合と同様、王名で始まり、これにシンクロニズムが続く王名先行型（第 2 巻の「まえがき」における②）で書かれている（他では、王上 14:21［レハブアム］；王上 15:25［ナダブ］；王下 3:1［イスラエルのヨラム］；王下 15:13［シャルム］）。この形の場合、動詞「マーラク」が 2 度用いられるので、「マーラク」という動詞が「王となる」と「王として治める」二つの意味を兼ねて用いられるという問題（第 2 巻 19 頁参照）は起こらない。オムリ以降のすべてのイスラエルの王の場合と同様、アハズヤがそこでイスラエルの王に即位し、そこから国を統治した居城の場所は、首都「**サマリア**」である。

アハズヤと、同時代のユダの王である「**ヨシャファト**」の関係については、すでにヨシャファトの治世の記述の中で、ヨシャファトの船団交易に

アハズヤが協力を申し出て、ヨシャファトに断られた次第が語られていた（王上 22:49–50 参照）。ただし、アハズヤの即位がユダの王ヨシャファトの「〔治世〕第 17 年」であったとするシンクロニズムの記述（52 節）は、ヨシャファトがアハブの治世第 4 年に即位したとする記述（本章 41 節）、およびそのアハブが 22 年間イスラエルの王であったという記述（王上 16:29）とは厳密に見れば噛み合わない（Hentschel 1984:137）。アハブが死んですぐにアハズヤがイスラエルの王となったとすれば、それはヨシャファトの治世第 18 年か 19 年だったはずだからである。アハブの治世末期に 1～2 年間のアハズヤとの共治があったのかもしれない。

アハズヤの治世は「**2 年間**」と短いが、これはナダブ（王上 15:25）やエラ（王上 16:8）の場合のように即位して間もなくクーデターで倒されたわけではなく、転落事故による怪我の傷の悪化で死ぬからである（王下 1:16–17 参照）。「2 年間」といっても、もちろん正確な数字ではなく概数であり、年の変わり目を挟めば、数カ月ということもあり得る。ここでは明らかに、「満」ではなく「数え年」の方式（antedating, Vordatierung）、すなわち即位の年を治世第 1 年とする数え方で治世が数えられている（王上 22:52 と王下 3:1 を比較のこと）。この数え方によれば、先任者の最後の年と新たな即位者の第 1 年は同じ年であり、当該王の最後の年は後任者の第 1 年と重なり合うのである。

他のすべての北王国の王たちと同様、アハズヤも申命記史家たちにより、「**ヤハウェの目に悪と映ることを行った**」と否定的に評価されている（53 節）。申命記史家たちは、特にオムリ王朝に対して厳しい見方をする。王朝の創始者オムリは、北王国の王たちのうちでも「彼以前の誰にもまして」悪かったとされ（王上 16:25）、その後継者アハブはその父よりもさらに悪を行った（王上 16:30）と最低の評価を下されている。その息子アハズヤも父アハブと同格視されているのであるから、同じく最低評価ということである。わずか 2 年間に満たない治世で、しかもその大半を病床で過ごした（王下 1:2, 4 参照）ことを考えれば、それほど多くの「悪」を行うことはできなかったと思われるのではあるが。

彼の罪は、「**ネバトの息子ヤロブアムの道**」を歩むこと（53 節）、すなわちベテルとダンの金の若牛の像と高台聖所群（バーモート）をそのまま維

持したこと（王上 12:26–33 と同所への注解［第 2 巻 82–91 頁］を参照）だけでなく、「**彼の父**」（すなわちアハブ）と「**彼の母**」（すなわちイゼベル）の「**道**」を歩んだこと、すなわち「**バアルに仕え、これにひれ伏した**」（54 節）ことである（王上 16:31 と同所への注解［第 2 巻 266–270 頁］を参照）。カルメル山での対決の物語（王上 18:20–40）の場合と同様、ここでもヤハウェとバアルの対決が主題化されていることになる。イスラエルの王たちの異教的行為や偶像崇拝的な所業が「**ヤハウェを怒らせ**」ること（動詞「カーアス」）については、列王記上 14:9 と同所への注解（第 2 巻 156 頁）を参照。アハズヤがどのように（エクロンの）バアル（・ゼブブ）に頼ろうとしたかについては、列王記下 1:1–17 で具体的に描かれる。

下 1:1–8　アハズヤとエリヤ

1 節の「**アハブの死後、モアブはイスラエルに反逆した**」という一文は、後続するアハズヤの治世の物語とは直接的に何の関係もない。それはむしろ、アハズヤの兄弟で次の王となるイスラエルのヨラムのモアブ遠征（王下 3 章）に関わり、列王記下 3:5 にほぼ対応する文章がある。何らかの理由で、ここで二次的に先取りされているのかもしれない（Noth 1943:83〔邦訳 179 頁〕; Fohrer 1968:42; Koch 1981:237–238; Thiel 1991:146; Fritz 1998:8）。ただし、実際にモアブのイスラエルへの反乱が、強大な王であったアハブの死後すぐに始まり、申命記史家たちが用いた年代記的資料（『イスラエルの王たちの年代記』？）のアハズヤに関わる項に記されていたという可能性も排除できない。その場合には、アハブの死後、それまでイスラエルの支配下にあったモアブが反旗を翻したが、アハズヤは怪我で重傷を負い（2 節）、モアブの反乱の企てに有効な対処ができなかったということになろう（Nelson 1987:154〔邦訳 242 頁〕; Cogan/Tadmor 1988:22; Miller/Hays 2006:316, 322; Wray Beal 2014:294）。申命記史書の文脈では、ダビデによる征服（サム下 8:2）以来、モアブはイスラエルに服属していたことになる。当時のイスラエルとモアブの関係については、列王記下 3 章への注解をも参照。このモアブの反乱の記事に、新しく王となったばかりのアハズヤの事故と短命に終わる彼の王位についての記事（2–18 節）が続くので、この時期のイスラエルが内憂外患に悩まされ、オムリ王朝が

動揺、弱体化し始めた、という印象が惹起される（Hens-Piazza 2006:226; McKenzie 2019:229, 236; Stulac 2021:144）。

　ことによると、列王記上と列王記下（七十人訳では「王国（バシレイア）」ガンマとデルタ）が二次的にアハズヤの治世について記述の途中の不自然な箇所で分けられたのは、この箇所が列王記のほぼ中央に当たるということと並んで、ここ（王下1:1）にアハブの死について言及があったことが切っ掛けになったのかもしれない（Werlitz 2002:13–14; Begerau 2008:130, 132）。旧約聖書の歴史書では、冒頭で重要な人物の死に言及され、時代の画期が強調されることが多いからである。例えば、ヨシュア記はモーセの死への言及で始まり（ヨシュ1:1）、士師記はそのヨシュアの死への言及で（士1:1）、サムエル記下はサウルの死への言及（サム下1:1）で始まる。

　アハズヤは「**サマリア**」の宮殿の「**階上の部屋（アリッヤー）**」（王上17:19, 23参照）から「**落ちて**」大怪我（訳注 b 参照）を負った（2a節）。「**格子窓（セバーカー）**」と訳した語が具体的にどのような構造、役割のものかはよく分からない。ソロモンの神殿の柱頭の描写にもこの語が出てくる（王上7:17, 18, 20, 41, 42. 同所では「格子模様」と訳した）。同じ語は、別の文脈では「網」を意味する（ヨブ18:8）。当時窓にガラス板が取り付けられていたとは考えられないので、格子模様の開閉式の鎧板のようなものが窓に取り付けられていたのかもしれない。あるいは、バルコニーに取り付けられた欄干か。落下の原因や事情も不明である。アハズヤは、落下して怪我をした後で、バアルに伺いを立てようとするのであるから、この落下と怪我自体が神罰的なものと考えられているわけではなかろう。単なる事故であろう。

　古代オリエントで、病気や怪我の際に預言者や「神の人」に回復できるかどうかの伺いがなされることはよくあった（王上14:1–3; 王下8:7–8参照）。なお、「**伺いを立て**」と訳した動詞「ダーラシュ」（原意は「求める」）は、神託を求める際に用いられる専門用語（創25:22; 出18:15; 士1:1; 20:18; サム上14:37; 23:2, 4; アモ5:5等参照）。イスラエルでは、当然ながら通常はヤハウェに伺いが立てられる。ところが、「ヤハウェは摑んでくださった」を意味する立派なヤハウェ系の名前（王上22:52–54への注解［本書364頁］参照）を持つアハズヤの問題点は、ヤハウェにではなく、「**エクロ**

II・4・(11)　イスラエルの王アハズヤ（上22・52―下1・18）　注解　下1・1―8

367

ンの神、バアル・ゼブブ」に自分が「生き延びることができるかどうか」伺いを立てるために、「使者たち（マルアキーム）」を派遣しようとしたことにある（2b 節）。エクロンはペリシテ人の五大都市（ペンタポリス）のうち最北の町であり（サム上 5:10; 6:17 等参照）、イスラエルとペリシテの境界近くにあった（421 頁の地図参照）。エルサレムの西方約 35 キロメートル、アシュドドの東約 20 キロメートルに位置するテル・ミクネと同定されている（ABD 2:415; NIDB 2:228; Aharoni 1967:376）。ペリシテ人の主神はダゴンであったが（サム上 5:2）、ペリシテ人はこの頃までにはカナン文化に同化し、ダゴンとバアルを同一視していたのかもしれない（Gray 1977:461）。エクロン＝テル・ミクネでの比較的最近の発掘で、聖所跡と思しき遺跡から発見された貯蔵用の甕には、「バアルのために」という文字が記されていたという（Albertz 2006:109）。

「バアル・ゼブブ」という神名について記す聖書外史料は今のところ見つかっていないが、この神名は直訳すると「蠅のバアル」ないし「蠅の主」となる（七十人訳の「バアル　ムイーア（ン）」を参照）。北シリアのウガリト文書からは「高貴な」ないし「君主」を意味する「ゼブール」がバアル神の称号であったことが知られており、おそらくは「バアル・ゼブール」を意図的に崩して蔑称化したものであろう（Steck 1967:548; Gray 1977:461; Würthwein 1984:267〔邦訳 565 頁〕; Hentschel 1985:6; Crüsemann 1997:125–126; Beck 1999:276–277; Cohn 2000:5; Werlitz 2002:202; Lehnart 2003:296; Albertz 2006:108; Olley 2011:205; Wray Beal 2014:294–295; McKenzie 2019:234）。新約聖書で、「ベルゼブル」という名前の悪霊が言及されていることをも参照（マコ 3:22; マタ 10:25; 12:24; ルカ 11:15）。

アハズヤがヤハウェにではなく、バアルに伺いを立てるために使者を遣わしたのは、彼が父（アハブ）や母（イゼベル）の影響を受け、すでに「バアルに仕える」（王上 22:53–54 参照）ようになっていたからであろう。ただし、サマリアにもバアルの神殿があったはずなので（王上 16:32 参照）、なぜわざわざ外国であるエクロンのバアルに伺いが立てられたのかははっきりしない。新約聖書で「ベルゼブル」が悪霊払いと関連付けられていることから見て（上記の福音書の箇所を参照）、この神に特に癒しの力があると信じられていたのかもしれない。

これに対し、「ヤハウェの使い」が「ティシュベ人エリヤ」に現れ、「**サマリアの王の使者たち**」に伝言するように命じる（3a 節）。まさに、「ヤハウェの使い（マルアク、単数形）」が「王の使者たち（マルアキーム、複数形）」に対抗するのである（Begg 1985:76–77; Hobbs 1985:9; Long 1991:12–13; Brueggemann 2000:284; Begerau 2008:133; Dharamraj 2011:155; Olley 2011:206; Bodner 2013:41; Wray Beal 2014:293; Heller 2018:101; McKenzie 2019:230）。なお、「ヤハウェの使い」とエリヤの関係については、列王記上 19:5, 7 を参照。エリヤの出身地「ティシュベ」については、列王記上 17:1 と同所への注解（本書 24 頁）を参照。「**上って行き（アーラー）**」という語で表される位置関係がよく分からないが、エリヤがヨルダン東岸地方のティシュベにいるとすれば、山地にあるサマリアに行けということか。もしそうであるなら、エリヤは王の使者たちがサマリアを出たすぐのところで彼らと出会ったことになる。北王国イスラエルの王を表す「サマリアの王」という表現については、列王記上 21:1 を参照。

　伝言の内容は、預言者の言葉によく見られる「叱責の言葉（Scheltwort）」（罪の告発）と「威嚇の言葉（Drohwort）」（災いの告知）の二部構成であるが（Westermann 1960:92–98）、前者がここでは、「**バアル・ゼブブに伺いを立てに行こうとしているのは、イスラエルに神がいないからなのか**」（サム上 17:46 参照）という修辞疑問文になっている（3b 節）。イスラエルにいながら、ヤハウェにではなく外国の神に伺いを立てることは、「イスラエルの神」であるヤハウェを無視する行為に他ならず、ヤハウェに対する正面からの背信行為なのである。この言葉は、形式的には王の使者たちに向けられている（「あなたたちが……行こうとしている」）。ただし、彼らは王の命令でエクロンに行こうとしているのであり、その責任は当然王自身に問われる。災いの告知はまさに王自身に直接向けられ、「**あなたが上った寝台から、あなたは決して降りることはない**」というものである（4 節）。ここでも「上がる（アーラー）」と「降りる（ヤーラド）」が対で用いられている。要するに、アハズヤは傷から回復することなく、間もなく死ぬということである。ここで「**あなたは必ず死ぬ**」と訳された「モートムート」という同じ語根の動詞を重ねた強調表現（訳注 d 参照）は、エデンの園で善悪の知識の木から実を取って食べないようにヤハウェがア

ダムに与えた警告の言葉（創 2:17）とまったく同じであり、命に関わる強い警告（創 20:7; 王上 2:37, 42）を意味するだけでなく、事実上の死刑判決をも意味し得る（サム上 14:44; 22:16; エレ 26:8; エゼ 3:18; 33:8, 14 等参照。出 21:12–17 等をも参照）。これにより、エクロンのバアル・ゼブブに伺いを立てに行くことはもはや無意味となる。「怪我から生き延びることができるかどうか」というアハズヤの伺いに対しては、ここですでに明確な答えが下されたからである。それも、アハズヤが神託伺いのために「遣わした」神とは別の神によって！（Steck 1967:553; Wiseman 1993:205〔邦訳227 頁〕; Fretheim 1999:133; Albertz 2006:111; Konkel 2006:369; Dharamraj 2011:156）

なお、注意すべきは、ここではその直前に「**ヤハウェはこう言われた**」という「使者定式」があり、この災いの告知だけがヤハウェの言葉の直接の引用とされていることである。これが、6 節と 16 節では微妙に変化してくる。

興味深いのは、ヤハウェの使いの指示に対し、「**エリヤは出かけて行った**」ことが確認されるだけで、エリヤが実際に王の使者たちに出会い、ヤハウェの使いの言葉を伝える場面が記されていないことである（王上 21:19–20 参照）。これもある種の文学的技巧なのであろうか（Steck 1967:550; Nelson 1987:155〔邦訳 242 頁〕; Cogan/Tadmor 1988:26; Dharamraj 2011:156; Wray Beal 2014:295; Heller 2018:102）。あるいはテキストに欠落がある（Gray 1977:461; McKenzie 2019:234）のであろうか（七十人訳では、「エリヤは出かけて行き、彼らに言った」になっている）。ただし、これに続く使者たちの王への報告（6 節）からは、エリヤがヤハウェの使いの命令をそのまま忠実に実行したことが分かる。

5 節の場面は、アハズヤの立場から見られている。使者たちが王のもとに「**戻って来た**」ことは、彼らが絶対的であるはずの王の命令の実行を中断して、突然彼らの眼前に出現した見知らぬ——彼らにとってはおそらくそうである（6 節、8 節を参照）——「男」の言い分を優先させたことを意味する。それは、「男」から託された伝言の衝撃的な内容とも関連するのかもしれない。もし、エリヤがサマリアのすぐそばで王の使者たちに出会ったとすれば（3a 節への注解を参照）、使者たちはごく短時間で王のもと

に戻って来たことになる。王はこれを訝って、「**お前たちは、なぜ戻って来たのだ**」と尋ねる。すると使者たちは、4節以下で記述が欠落していた出来事について報告する。すなわち、「**1人の男（イーシュ）**」が「**上って来て**」（動詞「アーラー」）、「**王のもとに戻って行き**」、伝言するように求めた、というのである（6節）。伝言の内容は、3–4節のヤハウェの使いの言葉とほぼ同じであるが、使者定式（「**ヤハウェはこう言われた**」）が引用の冒頭に移され、「**叱責の言葉**」と「**威嚇の言葉**」の双方が神の言葉とされており、また3節とは異なり、「**叱責の言葉**」が直接王自身に向けられたものに修正されている（「**あなたが……〔人を〕遣わそうとしている**」）。

　使者たちはエリヤとは面識がなかったらしい。アハズヤが「**その男は、どのような様子だったのか**」（7節、訳注 *g* 参照）と尋ねると、使者たちは「**毛深い男で、自分の腰に革帯を締めていました**」と答えた（8節）。「毛深い」と訳した原語の表現は、文字通りには「毛の持ち主（バアル　セーアール）」（訳注 *h* 参照）で、2節の「バアル・ゼブブ」と対になっているように見える（Nelson 1987:155〔邦訳242頁〕；Cohn 2000:6；Wray Beal 2014:295；Heller 2018:103；McKenzie 2019:230；Stulac 2021:146）。文字通りにとれば、髪や髭が長く、顔がほとんど毛で覆われていたという意味に解せる（七十人訳やウルガータを参照）。別のエリヤ物語でエリヤの身に着けていた外套が重要な役割を果たすこと（王上19:13, 19；王下2:8, 13–14）からか、新共同訳、新改訳、岩波訳、JBS共同訳等は「毛衣を着て」などと訳すが、原文に衣服についての言及はない。毛皮の外套が預言者一般のトレードマークだったとしても（ゼカ13:4参照）、そのような服装だけから問題の人物がほかならぬエリヤだと特定することはできなかったはずである。ただし、これに直接続いてその人物が「腰に革帯を締めて」いたとされることからは、「らくだの毛衣を着、腰に革の帯を締め」ていたという、後の洗礼者ヨハネの姿（マコ1:6）が連想されることもたしかである。

　それを聞いて、王は直ちに「**彼は、ティシュベ人エリヤに違いない**」と判断する（8b節）。アハズヤはエリヤの風貌を知っていたのであろう。

1:9–14　五十人隊の派遣

　この段落では、3度にわたって「五十人隊」がエリヤのもとに遣わされ

371

る。国家権力の軍隊と単独の「神の人」との対決である。多勢に無勢であるが、神の人には凄まじい超自然的な力があることが示される。まさに一騎当千である。なお、同じようなことの繰り返しは、物語にある種のリズムを与え、また、物語の進行を意図的に遅滞させてサスペンスを高める効果もあるが、旧約聖書では同じことが3度繰り返され、3度目に決定的な出来事が起こる、というパターンが多い（創 8:6–12; サム上 3:2–18; 19:19–24; 王下 2:1–14; 9:17–24 等参照）。

9–10 節　第一の五十人隊の派遣

イスラエルの軍隊は、千人隊、百人隊、五十人隊、十人隊の単位からなっていたらしい（出 18:21 参照）。このうち「**五十人隊（ハミッシーム）**」は、実戦に際しての最も一般的な部隊であった（サム上 8:12; サム下 15:1; 王上 1:5; 王下 15:25; イザ 3:3 等参照）。アハズヤが彼らを「〔**エリヤ**〕**のもとに遣わした**」（9節）理由は明記されていないが、当然、不吉な予告をした預言者を捕縛するため（王上 13:4; 18:10 参照）であろう（Würthwein 1984:268〔邦訳 567 頁〕; Hobbs 1985:10; Provan 1995:169; Brueggemann 2000:285; Dharamraj 2011:157; Wray Beal 2014:295–296）。好ましからざる告知をした預言者に権力者が圧迫を加えようとすることは列王記でも珍しくない（王上 13:1–7; 17:1–6; 19:1–2; 22:26–28）。たった一人の人物を拘束するために「**隊長**」の率いる五十人隊とは、一見しただけではいささか大袈裟であるが、何しろ相手は「神の人」である。これを制圧するためには 50 人でも足りないことが直ちに示される。

五十人隊の隊長に、エリヤがどこにいるのかがどのようにして分かったのかは不明である。エリヤは「**山の頂上に座っていた**」とされるが、この「山（ハル）」の語には冠詞（ハー）が付いており、特定の周知の山であることが示唆されている。ことによると、カルメル山のことが考えられているのかもしれない（王上 18:42 参照）。直後の場面で繰り返し「天からの火」が下るのであるから、なおさらそうであろう（王上 18:38 参照）。隊長は（おそらく部隊と共に）「〔**エリヤ**〕**のもとに上って行**（動詞「アーラー」）」き、彼に「**神の人よ（イーシュ　ハー・エロヒーム）**」と呼びかけたうえで、王の命令を伝える（9節）。「神の人」については、列王記上 12:24, 31 へ

の注解（第2巻76–77, 109頁）、およびこの単元末の【解説／考察】を参照。なお、エリヤが「神の人」と呼ばれるのは、ここ以外では列王記上17:17–24だけで、いずれの場合にも「神の人」に潜む超自然的で、不気味さを含む奇跡を引き起こす超能力に結び付いている。隊長がエリヤに伝える王の命令は非常にぶっきらぼうで強圧的なもので、動詞たった一語の命令文「**下って来い**」（動詞「ヤーラド」の命令形）である。

　これに対し、エリヤはいわば売り言葉に買い言葉で、「もし、**私が神の人であれば、天から火が下って**（動詞「ヤーラド」）、**あなたとあなたの五十人隊を焼き尽くすだろう**」と答える（10a節）。隊長は「神の人」という言葉を用いながらも、まだその威力がほんとうには分かっていない、ということなのであろう。エリヤは天から火を下す（動詞「ヤーラド」）ことの名人なのである（王上18:38参照）。しかも、列王記上18章とは異なり、ここでは火を下すためにエリヤがヤハウェに切々たる祈りや嘆願（王上18:36–37参照）を捧げることさえない。そして、実際にエリヤが予告した通りのことが起こる。「**天から火が下って、彼と彼の五十人隊を焼き尽くしてしまった**」（10b節）。王の命令で任務を果たそうとしただけなのに、あっけなく全滅とは、隊長も五十人隊も可哀そうなものである。

11–12節　第二の五十人隊の派遣

　王は再び、「**別の**（アヘール）」隊長が率いる別の五十人隊を派遣する。後の第三の隊長の語る言葉（14節）から見て、第一の五十人隊に何が起きたのかはすでに宮廷に知れ渡っていたものと思われるが、王はまったく意に介さない風情である。結果は、同じことが再び繰り返される。第二の隊長も、エリヤのもとに「上って」行く（動詞「アーラー」、11節の訳注 *m* を参照）。ただし、第一の隊長とは異なり、今度の隊長は、より荘重な「**王はこう言われた**」という使者定式を用いる（11節）。ここにもまた、ヤハウェの言葉の使者定式（4節、6節、16節）と王の言葉の使者定式の対決が示唆されている（Crüsemann 1997:131; Dharamraj 2011:159）。王の命令もより要求度を高めたもので、「**すぐに**（メヘーラー）」の語が「**下って来い**」（動詞「ヤーラド」の命令形）に加わっている。しかし今回も、「**下って**」（動詞「ヤーラド」）来たのはエリヤではなく、「**神の火**（エーシュ　エロヒー

ム）」であった（12節）。後者の表現は、「神の人（イーシュ　ハー・エロヒーム）」との語呂合わせになっているように見える（Gray 1977:464; Koch 1981:229; Jones 1984b:379; Begg 1985:86; Nelson 1987:155〔邦訳243頁〕; Cogan/Tadmor 1988:26–27; Heller 2018:105; Dharamraj 2011:163）。これで合計102人が「神の人」の犠牲となった。

13–14節　第三の五十人隊の派遣
さらに、「**第三の**」五十人隊が派遣される（13節）。しかし、今回の隊長は過去の出来事から学ぶことを知っていたらしい。彼は、前の2組の五十人隊とその隊長たちに何が起きたかを明らかに知っていた（14節）。彼はいわば、王の厳格な命令と自分たちを待ち受けているはずの過酷な運命との板挟みになっているわけである。彼が選んだ道は、自分の命と部下の命を守るために、王の意図と命令を無視することであった。すなわち、彼の2人の先任者とは異なり、この第三の隊長は、派遣されたそもそもの目的であるはずの「下りて来い」という王の命令をエリヤに伝えようともせず、「**エリヤの前で跪き**」、前2回の五十人隊の派遣の結果を引き合いに出し、自分たちの「**命をあなたの両目で尊んで**」ほしいと訴える（13節、14節）。この表現は、情けをかけて命を取らずにおくことを意味する（サム上26:21参照）。彼はエリヤの前にへりくだって、自分と部下たちの命乞いをしたのである。語り手は、これこそ人が「神の人」と呼ばれる存在に対してとるべき相応しい態度と考えているわけである。

1:15–17a　アハズヤとエリヤ

これに対するエリヤの反応は直接的には語られない。その代わりに、再び「**ヤハウェの使い**」（3節参照）が現れ、「**彼と一緒に下って行く（動詞「ヤーラド」）がよい**」とエリヤに命じる。それも、第一、第二の隊長とは異なり、第三の隊長はエリヤに「下って来る」ように命じてはいないにも拘わらず、である。そこで、エリヤは「**彼と一緒に王のところに下って行った**」（動詞「ヤーラド」）（15節）。第三の隊長と彼の部下たちは、命拾いしたことになろう。それどころか、この隊長は、王の命令をエリヤに伝えなかったにも拘わらず、エリヤを王のもとに連れて行くことによって、図ら

ずも王の命令を果たしたことになる。

　ことによると、15節の「ヤハウェの使い」への言及とその言葉は、3節をヒントにした後代の付加かもしれない。その場合には、エリヤは最初の2人の隊長の高圧的な態度は退けたが、第三の隊長がへりくだった態度を示したので、主体的に判断して王の要求を受け入れた、ということだったのであろう。それは、人が「神の人」に対していかなる態度で接するべきかを示す教訓的な物語であったことになる。しかし、この加筆が加わることにより、エリヤは相手の態度を見て主体的に反応を変えたのではなく、あくまでヤハウェの指示に従って王の前に出たことにニュアンスが変えられたことになる。

　多くの研究者が想定しているように、五十人隊の派遣について語る9–14節が伝承として二次的であるとしたら、15–16節もそれに合わせて加えられたものであろう。そこでは、エリヤ自身がアハズヤの前に呼び出された状況が前提にされているからである。ここでもエリヤが語ることの内容は、3–4節、6節とほぼ同様である。エクロンのバアル・ゼブブに伺いを立てたことを非難する「叱責の言葉」と死の到来を予告する「威嚇の言葉」の二部構成を取り、6節同様、「使者定式」（**ヤハウェはこう言われた**）が両者の前に置かれて、双方が神の言葉の引用と見なされている（16節）。しかも、ここでは6節の分詞形とは異なり、犯された悪事がもはや取り返しのつかないものであることを強調するかのように、「**使者たちを遣わした**」と完了形で表現されている。

　最後の17a節では、このエリヤの災いの予告に対するアハズヤの反応については何も語られず、ただ単にアハズヤが「**死んだ**」ことが報告される。おそらくエリヤの言葉と同時に即死したのであろう。文脈から見れば、それはもはや事故で怪我をした結果ではなく、バアル・ゼブブに頼ろうとしたことへのヤハウェの神罰であり、エリヤが伝えた預言（4節、6節、16節）の成就である。それが、「**エリヤが告げたヤハウェの言葉通り**」であったという説明は、申命記史家たちの一人によるものであろう（王上14:18; 15:29; 16:12, 34; 17:16; 王下2:22; 4:44; 7:16; 10:17; 14:25; 23:16; 24:2等参照）。

1:17b–18　アハズヤについての治世結尾定式

　通常のイスラエルの王の治世結尾定式では、資料である「『**イスラエルの王たちの年代記**』」への言及→王の死去の報告→埋葬場所についての報告→次の王の王位継承の順に記される（第 2 巻 24–28 頁参照）が、ここでは内容的理由でいくつかの点で例外的になっている。まず、資料への言及がここでは最後にきている（18 節）。次に、クーデターで倒された王たちの場合（王上 15:31; 16:14, 20）と同様、「彼は彼の父祖たちと共に眠りについた」という記述が欠けているが、これは明らかにアハズヤが天寿を全うすることなく、神罰により病死したからであろう（王上 22:40 への注解［本書 335–336 頁］を参照）。直前の物語の最後でアハズヤの死が描かれているので（17a 節）、王の死についての報告は省略されている。埋葬場所についても言及がない。申命記史書の文脈では、アハブの子孫はまともな埋葬を受けることができないはずなのである（王上 21:24 参照）。

　さらに、後継者が息子ではなく「〈**彼の兄弟**〉」（訳注 p 参照）である「**ヨラム**」であったので、「**そのわけは、〈アハズヤ〉に息子がいなかったからである**」という説明が付いている（17b 節）。通常ならば、王位は親から息子に継承されるはずである（王下 23:30–24:8 等参照）。問題なのは、その兄弟による王位継承とその理由説明を不自然に分断する形で、「**これは、ユダの王ヨシャファトの息子ヨラムの〔治世〕第 2 年のことである**」という形でヨラムの即位年が記されていることで、これはイスラエルのヨラムの即位が「ユダの王ヨシャファトの治世第 18 年」であったとする列王記下 3:1 の情報と端的に矛盾する（王下 8:16 をも参照）。すでに父ヨシャファトの第 16 年にその息子ユダのヨラムが共治者になっていたということで両者の矛盾を解消しようとする試み（Gray 1977:65–66, 465; Hentschel 1985:5; Wiseman 1993:207〔邦訳 229 頁〕; Provan 1995:171; Werlitz 2002:204; Wray Beal 2014:297）もあるが、この注記はむしろ不適切な加筆であろう。そもそも、このような同時代の隣国王との治世の対観（シンクロニズム）は、治世結尾定式ではなく、治世導入定式の方につくのが通例である。なお、七十人訳にはこのシンクロニズムに当たる記述がなく、代わりに列王記下 3:1–3 にほぼ対応する記述が入っている。

　この加筆者は、おそらく、列王記上 22:51 にすでにヨシャファトの死と

その息子（ユダの）ヨラムの即位についての記述があり、それに直接、イスラエルのアハズヤの治世が「2年間」であったという記述が続いていた（王上 22:52b）ので、アハズヤを継いだイスラエルのヨラムの即位がユダのヨラムの「治世第2年」であったと誤解したのであろう（Dietrich 1972:126）。実際には、ヨシャファトの方がイスラエルのアハズヤよりも後まで生きたのである（王下 3:1 参照）。アハズヤの即位がユダの王ヨシャファトの治世第 17 年（王上 22:52a）であり、そのアハズヤの治世が（即位年を含めて）2 年間（王上 22:52b）であったとすれば、そのアハズヤを継いだイスラエルのヨラムの即位がユダのヨシャファトの治世第 18 年であったとする列王記下 3:1 の記述は、一応は計算が合っている。

【解説／考察】

注解本文でも述べたように、ここでは——列王記上 17:18, 24 におけると同様——エリヤが「神の人（イーシュ　ハー・エロヒーム）」と呼ばれている。これは、神と特別に密接な関係を持った霊能者を指し、その多くは預言者的な性格の人物像である（サム上 2:27–36; 王上 13:1–31; 20:28; 王下 8:7–12 参照）。旧約聖書で他に「神の人」の称号で呼ばれているのは、天使の場合（士 13:6–8）は別として、モーセ（申 33:1; ヨシュ 14:6; 代上 23:14; 代下 30:16; エズ 3:2; 詩 90:1）、サムエル（サム上 9:6–10）、ダビデ（代下 8:14; ネヘ 12:24, 36）、王国分裂時代のシェマヤ（王上 12:22; 代下 11:2）、エリヤ（王上 17:18, 24; 王下 1:9–14）、エリシャ（王下 4:7, 9, 16–27, 40, 42; 5:8–20; 6:6, 9–15; 7:2–19; 8:2–5, 7–11; 13:19）、エレミヤ時代のハナン（エレ 35:4）、そして何人かの匿名の預言者的人物（サム上 2:27–36; 王上 13:1–31; 20:28; 王下 23:16–17; 代下 25:7–9）である。

用例分布を見れば、モーセやダビデをこの称号で呼ぶのは、いずれも比較的遅い時代の文書であり、これに反し、比較的早い時代の伝承に遡ると思われる伝承では、圧倒的にエリシャ物語にこの用語が集中している。それらの箇所では特に、無尽蔵に油を湧き出させ（王下 4:1–7）、不妊の女性を身籠らせ（王下 4:8–17）、死んだ子供を甦らせ（王下 4:18–37）、毒性の食物を無害化し（王下 4:38–41）、食べ物を増やし（王下 4:42–44）、汚れた

病気を癒し（王下 5:1–27）、鉄の斧を水に浮かせ（王下 6:1–7）、敵の動きを予知し（王下 6:8–23）、攻囲の終わりを予告し（王下 7:1–20）、飢饉の到来を言い当て（王下 8:1–6）、ダマスコの王の死と王位交代を預言し（王下 8:7–15）、戦勝を約束する（王下 13:14–19）、エリシャの超人的な神通力や超自然的な能力が強調される。

これに対し、注解本文でも指摘したように、エリヤが「神の人」と呼ばれるのは、列王記上 17:18, 24 と本章の 9–14 節だけであり、しかもこれらの二つの箇所では、いずれもエリヤが著しく「エリシャ的」な色彩で描かれている（Koch 1981:229; Lehnart 2003:271; McKenzie 2019:235）。前者の箇所を含む列王記上 17:17–24 は、同所への注解でも見たように、「神の人」が死んだ子供を生き返らせる話で、列王記下 4:18–37 のエリシャの物語（同所への注解をも参照）と並行し、おそらくは後者をもとに、それを換骨奪胎してエリヤ物語化したものと考えられる。本章においても、「神の人」の称号が、伝承史的に二次的と思われる 9–14 節だけに出てくることは注目に値する。そこでは、エリシャの場合（王下 2:23–24; 6:15–17 参照）と同様に、「神の人」としてのエリヤが不気味で危険な力によって守られており、一般の人間が危害を加えることができないことが強調されている。

エリヤ物語とエリシャ物語はいずれも前 9 世紀後半の北王国起源で、その担い手たちはイエフ王朝（前 845–747 年）の宮廷と関係のある預言者的なサークル——次章以降に活躍する「預言者たちの子ら」？——で、イエフによるオムリ王朝の打倒と王朝交替を肯定的に見ており、その正当性を強調するために、アハブ——およびイゼベル——やアハズヤといったオムリ王朝の王をことさらに罪深く不信仰な王として描こうとしたと考えられる。その際に、エリヤ伝承を担った集団とエリシャ伝承を担ったサークルは、立場や性格、オムリ王朝への反感やイエフ王朝に対する親和的な態度などを共有しながらも、相互にある種の競合、ないしライバル的な関係にあったのではなかろうか。その際に、超人的な神通力という点ではエリシャの方が有名だったのであろう。そこで、エリヤのサークルは、エリシャの奇跡の物語の翻案物や、エリシャに匹敵する「神の人」としてエリヤの物語を創作して、エリヤにもエリシャと同じような超能力があったと主

張し、またエリヤがエリシャの先駆者であることを強調したのであろう（王上 19:16, 19–21）。エリシャのグループでも、エリシャが時代的に先行するエリヤの「霊」と「力」をそのまま受け継ぐその後継者であったとすること（王下 2:8–14 参照）は、自分たちが担ぐこの「神の人」の威信を高めるのに有用であったのであろう。

トピック6
2人のアハズヤ（？）、2人のヨラム（？）

　列王記上22章から列王記下1章にかけて、イスラエルとユダにヨラムという同じ名前の王が登場した。すなわち、ユダの王となるヨシャファトの息子ヨラム（王上22:51）と、イスラエルの王となるアハブの息子でアハズヤの兄弟であるヨラムである（王下1:17）。さて、ユダの王ヨラムの息子でユダの王位を継承する人物もアハズヤという名を持つ（王下8:25）。イスラエルのアハズヤとユダのアハズヤは、系図上はおじと甥の関係にある。さらに、ユダのアハズヤの息子で後継者となるのはヨアシュであるが（王下12:1）、このユダ王の治世と一部重なる時期に北王国イスラエルの王座にあったのは、イエフ王朝——この間にクーデターで王朝が代わっていた——3代目に当たる同名のヨアシュであった。

　いささかややこしいが、このように、前9世紀後半のイスラエルとユダの歴史の大きな特色の一つは、南北両王国に同じ名前の王が、しかもほぼ同じ時期に出ていることである。この時期はまた、同盟関係や政略結婚などを通じて、両王国が特に密接に関わり合った時期でもある。両国の王家の関係を、推定上の治世年代とともに図示すると、左下のようになる。

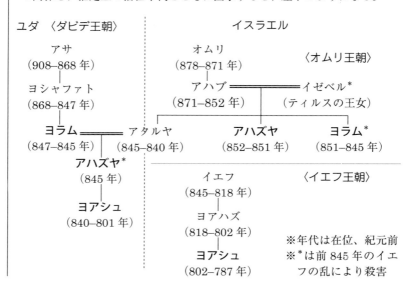

380

一見して明らかなように、ほぼ重なり合う時期に、南北両王国にそれぞれ「アハズヤ」、「ヨラム」、「ヨアシュ」という王が出ている。しかも、いずれも、「ヤハウェ」という神名要素を含む王名である。これが単なる偶然にすぎないという可能性も、もちろん捨てきれない。しかし、古代イスラエル史研究者のなかには、これらの同名のイスラエルの王とユダの王の少なくとも一部が、実は同一人物であったとする見方もある。最初に問題視されたのは、2人のヨラムである。列王記におけるそれぞれのヨラムについての単元でより詳しく述べる予定であるが、北王国の王アハブの息子ヨラムと南王国の王ヨシャファトの息子ヨラムについての列王記の記述には、治世に関わる年の数字を含めて、それぞれ問題がある。数え方によっては、両者の治世年はほとんど重なり合う（Hayes/Miller 1977:682–683 参照）。筆者の知る限り、両者が同一人物ではないかという推測は、『ケンブリッジ古代史』の第3巻（*Cambridge Ancient History III*, 1925, 367）でS.A.クック（Cook）がほとんど思いつきのように書いたのが最初である。1975年にデンマークの旧約学者ストランゲは、この見方を、列王記の記述の詳細な検討によって裏付けようと試みた（Strange 1975:94–95）。この仮説によれば、イスラエルのアハブとユダのヨシャファトは、アハブの娘アタルヤとヨシャファトの息子ヨラムの結婚を通じて同盟関係にあった（王下8:18）が、すでにヨシャファトの治世末期に、ヨラムはユダで父ヨシャファトの共治者になっていた。イスラエルでは、アハブが死んで彼の息子アハズヤが王となった。しかし、アハズヤは翌年には事故死し（王下1章）、彼に息子がいなかった（王下1:17）ため、アタルヤとの結婚でアハズヤの義兄弟であったユダのヨラムがイスラエルの王位を継承した。その後、ヨシャファトが死んで、ヨラムはユダの単独の王ともなった。したがって、ヨラムのもとで、イスラエルとユダは事実上再統一され、あるいは少なくとも同君連合として一体化していたことになる。両王国の王となったヨラムは、ユダの統治を委ねるために息子のアハズヤをユダ王国の共治者に任じた。2人はアラム人との戦いでラモト・ギレアデに遠征するが（王上22章）、そこでイエフのクーデターによって一緒に殺される（王下9章）。
　したがって、この見方によれば、オムリ王朝末期の時代はユダ出身の王ヨラムがイスラエルの王を兼ねていたのであり、イエフのクーデターはオ

トピック6　2人のアハズヤ（？）、2人のヨラム（？）

ムリ王朝を打倒するためのものというよりも、「ユダの王」によるイスラエル支配を断ち切るためのものであったことになる。この見方は長らく珍奇な（著者の名の通り strange！）極論としてあまり顧みられることはなかったが、英語圏での古代イスラエル史の概説として評価の高いミラー／ヘイズの『古代イスラエルとユダの歴史』（Miller/Hays 2006:320–323. 初版は 1986 年）が積極的に取り入れて以来、にわかに注目を浴びるようになった（Hays/Hooker 1988:33–35 をも参照）。

　これとは別の再構成を試みたのが、ポーランド系ベルギー人の古代イスラエル史学者リピンスキーである（Lipiński 2018:96–97）。この見方によれば、ヨラムはあくまでアハブの息子であり、兄アハズヤの事故死によりまずイスラエル王になった。その後、アハブ時代以来事実上属国関係にあったユダの王ヨシャファトの共治者になって（王下 8:16 参照）、ユダにも睨みをきかせるようになった。（なお、リピンスキーはアタルヤをヨラムのではなくヨシャファトの妻と見なしている。そうしなければ、近親婚になってしまうからであろう。）その後ヨシャファトが死ぬと、ヨラムはヨシャファトの後継者となり得る彼の息子たちを殺して（代下 21:4 参照！）ユダの単独の王となり、イスラエルとユダの王を兼ねることになる。「ダンからベエル・シェバまで」というイスラエルの境界の古典的な定義は、このとき初めて生まれた（リピンスキーはダビデ・ソロモン時代の「統一王国」の存在を認めない）。その後、ヨラムはユダの統治を息子アハズヤに委ねる。両者はアラム人に対抗してラモト・ギレアドに一緒に遠征し、イエフの乱で殺されることになる。この見方の重要な点は、ダビデ王朝の血統は実はヨシャファトの代で途切れたことになる点である。その後の歴代のユダの王たちは、実はダビデ王朝ではなく、オムリ王朝の末裔だったことになる。

　列王記の注解者では、最近のマッケンジー（McKenzie 2019:372–373）がやはり両ヨラムの同一人物説を唱えている。リピンスキーと同様、マッケンジーもそのヨラムが（ユダではなく）イスラエルの出身であり、イゼベルが彼の母（王下 9:22）であるということから出発する。しかもマッケンジー説の前提になるのは、イスラエルのアハズヤとヨラムの兄弟関係（王下 1:17）と、アタルヤがユダのヨラムの妻であるという情報は後代の創作であり、歴史的でないということである。アタルヤはアハブの娘（王

下 8:18）ではなく、オムリの娘（王下 8:26 原文）であり、彼女が嫁いだのはヨシャファトの息子であるユダのヨラムではなく、ヨシャファトの名の知れぬ別の息子である。ヨシャファトはアハブに従属していた（王上 22:45）ので、アタルヤの息子であるアハズヤは、おじに当たるアハブのユダにおける代理人として何らかの公的役割を果たしていた。したがって、アハブの息子であるヨラムとこのアハズヤは、（王下 8:25 に記されているように）親子ではなく、（いずれもオムリの孫で）いとこ同士に当たる。

　イスラエルのヨラムは王位につくとユダの統治に介入し、ヨシャファトを退位させて北王国流にヨシャファトの息子たちを皆殺しにし（代下 21:4）、ユダの実権をも握った。そのヨラムがラモト・ギレアドで負傷したので、いとこであるアハズヤがイズレエルに見舞いに行き、2 人はイエフの乱で殺されたのである。後に「ユダの王ヨラム」の人間像が創作されたのは、「ダビデ王朝の永続」の約束の担い手とするためである（王下 8:19 参照）。

　これらいずれの仮説でも、ヨラムは同一人物だとしても、2 人のアハズヤは同名異人である。しかし、これをさらに一歩進め、「ヨラム」のみならず、2 人の「アハズヤ」も、さらには 2 人の「ヨアシュ」も同一人物だという急進的な見方を提唱したのが、ドイツのカトリックの旧約学者フレフェルである（Frevel 2018:188–192, 236–240, 250–253）。この見方によれば、アハブの時代にユダは事実上イスラエルの衛星国ないし属国になっており、すでにヨシャファトがユダの王であった時代に、アハブの息子ヨラムがユダの共治者ないし「対立王」になっていた。アハブが死ぬと、彼のもう一人の息子アハズヤがイスラエル王となった。すなわち南北両王国は、同時に、アハブの息子であるアハズヤ、ヨラム兄弟によってそれぞれ統治されたのである。アハズヤが事故死したというのは、バアル崇拝批判と、預言者とオムリ王朝の対立とを主題とするフィクションであり、アハズヤはこの時点では死んではいない。イスラエルでは王がアハズヤ→ヨラムの順となっており、ユダでは逆にヨラム→アハズヤの順となっているが、これは、2 人の王が途中で役割を交替したからにすぎない。2 人は対アラム戦争で（もしくはイエフのクーデターで）殺され、イスラエルではイエフ王朝が樹立されたので、ユダではオムリ王朝の支配を継ぐ者は（ヨラム

383

の腹違いの姉妹でかつ妻であった［！］）アタルヤだけとなった（フレフェルは王家内の近親婚を認める）。しかし、ユダの貴族たちや祭司たちは、イスラエルのイエフ新政権との関係を良好に保つ必要性から、やがてオムリ王家の生き残りであるアタルヤを打倒し、イエフの孫であるヨアシュをユダの新しい支配者に迎え入れた。すなわち、再び北王国系の王がエルサレムの王座に座すことになったのである。しかし、この間にイスラエルの王になっていたイエフの息子でヨアシュ自身の父であったヨアハズが死ぬと、ヨアシュはユダ王位を（息子の？）アマツヤに譲って北王国に帰った。したがって、南北両王国の「アハズヤ」も「ヨラム」も「ヨアシュ」も、それぞれ同一人物なのである。

　これらの学者たちはいずれも、後の申命記史家（たち）は、事実関係に反して、南北両王国の同名の王たちをあくまで別人格と捉えたと見るが、それが無知や誤解によるのか、それとも意識的、意図的な歴史の改竄であるのかを決めあぐねているようであるが、もしこれが意図的な操作であるとしたら、特にマッケンジーやフレフェルの見方に立った場合、ユダ王家がダビデの末裔でないことを隠す狙いがあったと考えることもできよう。

　興味深い諸学説なので紹介したが、仮説相互間の大きな違いにも容易に見てとれるように、現在の学会でこのような見方が広く共有されているとは言い難い。それはあくまで試論的な少数意見に止まっているというのが実情であろう（Schipper 2018:42〔邦訳 60 頁〕; Sergi 2023:214）。列王記上 22:1–40 に関連して紹介した同単元の「薄切りスライス」的な編集史的諸仮説の場合と同様、これらの学説には、旧約学者や古代イスラエル史学者という人種が普段からどんなことを考え、どのような議論をしているのかの一端が示されているといえよう。読者のなかには、学者たちの歴史的想像力の豊饒さ（ないし暴走ぶり）に呆れられた方もいるかもしれない。

トピック 6　2 人のアハズヤ（？）、2 人のヨラム（？）

⑿エリヤの昇天とエリシャによる
エリヤの「霊」の継承（下 2:1–18）

【翻訳】

道行き

2章

¹ᵃ ヤハウェがつむじ風〔を起こして〕ᵃ エリヤを天に引き上げたᵇ ときのことである。

¹ᵇ エリヤとエリシャはギルガルから出発したᶜ。² エリヤはエリシャに言った。「どうか、ここに留まっていてほしい。ヤハウェが私をベテルにまで遣わされたからだ」。するとエリシャは言った。「ヤハウェのお命〔にかけ〕、またあなた自身のお命ᵈ〔にかけて誓います〕。私は決してあなたを離れませんᵉ」。そこで、彼らはベテルに下って行った。³ すると、ベテルの預言者たちの子らがエリシャのところに出て来て、彼に言った。「あなたはご存じですか、今日、ヤハウェがあなたのご主人様をあなたの頭上から取り去ろうとされていることを」。すると彼は言った。「そのことは私も知っています。でも、黙っていなさい」。

⁴ エリヤは彼に言った。「エリシャよ、どうか、ここに留まっていてほしい。ヤハウェが私をエリコに遣わされたからだ」。するとエリシャは言った。「ヤハウェのお命〔にかけ〕、またあなた自身のお命ᵈ〔にかけて誓います〕。私は決してあなたを離れませんᵉ」。そこで、彼らはエリコにやって来た。⁵ すると、エリコの預言者たちの子らがエリシャに近付いて来て、彼に言った。「あなたはご存じですか、今日、ヤハウェがあなたのご主人様をあなたの頭上から取り去ろうとされていることを」。すると彼は言った。「そのことは私も知っています。でも、黙っていなさい」。

⁶ エリヤは彼に言った。「どうか、ここに留まっていてほしい。ヤハウェが私をヨルダン川に遣わされたからだ」。するとエリシャは言った。「ヤハウェのお命〔にかけ〕、またあなた自身のお命ᵈ〔にかけて誓います〕。私は決してあなたを離れませんᵉ」。そこで、2人は出かけて行ったᶠ。⁷ᵃ すると、預言者たちの子らのうち 50 人の男たちがやって来て、遠く離れて〔彼らに〕向かい合って立った。

385

⁷ᵇ 2人は、ヨルダン川のほとりに立った。

エリヤの昇天

²:⁸ エリヤは彼の外套を手に取り、〔それを〕丸めて水を打った。すると、それは左右に ᵍ 分かれた。そこで2人は乾いた土の上を渡って行った。⁹ 彼らが渡り終えると、エリヤはエリシャに言った。「何なりと願うがよい。私があなたのもとから取り去られる前に、私があなたに何をしてあげればよいのか」。すると、エリシャは言った。「どうか、あなたの霊の二つ分が私のものになりますように」。¹⁰ すると彼は言った。「あなたはずいぶん難しいことを願ったものだ。もし、私があなたのもとから取り去られるのをあなたが見れば、あなたにそのことが起こる。しかし、もしそうでないなら、そうはならない」。
【¹¹ 彼らがまだ、話しながら歩き続けていると、見よ、火の戦車と火の馬たちが〔現れて〕2人の間を分けた。】すると、エリヤはつむじ風の中を天に上がって行った。
¹² エリシャは〔これを〕見ていた ʰ。そして、彼は叫び続けた ʰ。「わが父よ、わが父よ、イスラエルの戦車よ、その馬たち ⁱ よ」。しかし、彼には彼の姿がもはや見えなくなっていた。そこで、彼は自分の着物を摑み、それを二つに引き裂いた。¹³ それから、彼は、〔エリヤ〕ʲ のもとから落ちてきたエリヤの外套を拾い上げ、引き返してヨルダン川の岸辺に立った。¹⁴ 彼は、〔エリヤ〕ʲ のもとから落ちてきたエリヤの外套を手に取り、〔それで〕水を打った。そして彼は言った。「エリヤの神、ヤハウェはどこにおられるのですか。彼もまた ᵏ」。そして彼が水を打つと、それは左右に ᵍ 分かれた。そこで、エリシャは渡って行った。

エリシャによるエリヤの霊の継承

²:¹⁵ エリコの預言者たちの子らが正面から彼を見て、言った。「エリヤの霊がエリシャの上に留まっている」。彼らは彼のもとにやって来て、彼の前で地にひれ伏した。¹⁶ そして、彼らは彼に言った。「どうか、ご覧ください。あなたの僕(しもべ)たちのもとには50人の屈強な男たちがおります。どうか、彼らを行かせて、あなたのご主人様を探させてください。ヤハウェの霊が彼を運び上げて、いずれかの山々の一つか谷々の一つに彼を投げ落としてしまったのかもしれませ

んから」。しかし彼は言った。「あなたたちは〔彼らを〕遣わしてはならない」。
[17] しかし、彼らがあまりにも執拗に[f]彼に対して言い張ったので、彼は言った。「それなら〔彼らを〕遣わすがよい」。そこで、彼らは50人の男たちを遣わした。彼らは3日間にわたって探しまわったが、〔エリヤ〕[j]を見つけることはできなかった。[18] 彼らが〔エリシャ〕[j]のもとに戻って来たとき、彼はまだエリコに留まっていた。彼は彼らに言った。「私はあなたたちに『行くな』と言わなかったかね」。

a: 原文は文字通りには、「つむじ風によって」。この場合の前置詞「ベ」は手段を表す。

b: 原文は「上がる」を意味する動詞（アーラー）の使役形（ヒフィル）で、文字通りには「上がらせた」。

c: 原文は文字通りには、「歩いて行った」。原文では、主語が「エリヤとエリシャ」なのに動詞が単数形の奇妙な文。ただし、このような現象は旧約聖書にはよく見られる。

d: 原文は文字通りには、「あなたの魂の命」。「魂（ネフェシュ）」の語はその人物の人格そのものをも意味し得る。

e: 原文は文字通りには、「見捨てません」（動詞「アーザブ」）。以下4節、6節でも同様。直訳すれば「もし私があなたを見捨てれば（イム　エエズベカー）」であるが、この表現については、該当箇所への注解参照。

f: 原文は文字通りには、「歩いて行った」。

g: 原文は文字通りには、「あちらとこちらに（ヘンナー　ワー・ヘンナー）」。14節でも同様。

h: この部分の二つの動詞（「見る」、「叫ぶ」）はいずれも分詞形で、一回的な行為ではなく、持続的に続く行為ないし状態を表す。

i: 原文では「馬（パーラーシュ）」の語は複数形。戦車は通常は馬二頭立てで引く。原語は「騎兵」とも訳せるが、該当箇所への注解参照。

j: 原文は「彼」。文脈からエリヤへの言及と判断する。原文では、この語は「エリヤ」の名前よりも後ろにある。次節でも同様。

k: ここにある「アフ　フー」の語の意味はよく分からない。本文破損か。該当箇所への注解参照。

l: 原文は文字通りには、「恥ずかしく感じるほど」、ないし「恥に至るまで」（アド　ボーシュ）。

m: 原文は「彼」。文脈から、エリヤへの言及と判断する。

n: 原文は「彼」。文脈から、エリシャへの言及と判断する。

【形態／構造／背景】

　列王記下 2 章は、イスラエルの王アハズヤの治世結尾定式（王下 1:17–18）と、彼を継いで次のイスラエルの王となるヨラムの治世導入定式（王下 3:1–3）の間に挟まっており、いわば世俗的な王国の歴史の流れを一時中断して、預言者の職位の引き継ぎという超自然的、霊的な出来事について扱う（Nelson 1987:158〔邦訳 247 頁〕; Fretheim 1999:136–137; Long 1991:19; Bergen 1999:55–56; Brueggemann 2000:293; Cohn 2000:10; Long, Jr. 2002:287; Dharamraj 2011:167; Bodner 2013:44）。だからといって、この単元を申命記史書への後代の挿入と見なす（Schmitt 1972:131–138; Stipp 1987:384; Beck 1999:154; Otto 2001:225, 238–239; Sauerwein 2014:108; McKenzie 2019:249）必要はない。同じような、王の治世の枠の外部での物語の展開は、エリシャの死を描く列王記下 13:14–21 にも見られる。

　列王記下 2 章に含まれる個々のエピソードの多くは、もともと独立して存在していた可能性があるが、現在の形態では、それらがエリシャによるエリヤの霊や力の継承とその証明という有機的な文脈にまとめられている。細部に辻褄の合わない部分があり、二次的な付加（特に 2–6 節と 16–18 節）がなされている可能性（ただし、おそらく申命記史家以前のもの）もあるが、現在の文脈では、全体が、個々のエピソードの舞台となる場所を通じて、クライマックスをなすエリヤの昇天を軸とする、次に示すような左右対称的な集中構造にまとめられている（Long 1991:30; Bergen 1999:57; Cohn 2000:10–11; Long, Jr. 2002:288; Begerau 2008:141–147; Burnett 2010:288–289; Wray Beal 2014:302; Heller 2018:127; McKenzie 2019:242 等の分析を多少修正）。

（A）ギルガル（1–2節）
　　（B）ベテル（3–4節）
　　　（C）エリコ（5–6節）
　　　　（D）ヨルダン川西岸（7–8a節）
　　　　　（E）渡河（8b節）
　　　　　　（F）ヨルダン川東岸（9–13節）　昇天
　　　　　（E'）渡河（14節）
　　　　（D'）ヨルダン川西岸（15–17節）
　　　（C'）エリコ（18–22節）
　　（B'）ベテル（23–24節）
　（A'）カルメルとサマリア（25節）

　なお、現在の形では、最初の（A）（ギルガル）と最後の（A'）（カルメルとサマリア）の部分でシンメトリーが崩れているが、そのあり得る理由については、25節への注解（416–417頁）を参照。

　列王記下2章全体は、大きく見て前後の二つの部分に分かれ、前半（[Ⅰ]、1–18節）ではエリヤの昇天と、エリシャによるエリヤの「霊」の継承が描かれ、後半（[Ⅱ]、19–25節）にはエリシャの神通力を示す二つのエピソードが置かれている。したがってこの章は、一つの全体として見ると、エリヤ物語群の大団円（前半）をなすと同時に、エリシャ物語群の冒頭（後半）をなすことになる（Long, Jr. 2002:287）。

（Ⅰ）エリヤの昇天と、エリシャによるエリヤの「霊」の継承（1–18節）
　（a）1–7節　道行
　　（a¹）1–3節　ベテルへ
　　（a²）4–5節　エリコへ　　　　　　　　　　ヨルダン川西岸
　　（a³）6–7節　ヨルダン川へ
　（b）8–14節　エリヤの昇天
　　　（x）8節　川の水、分かれる
　　　　（y）9–10節　エリシャの願い（霊の継承）
　　　　　（z）11節　エリヤの昇天　　ヨルダン川東岸

389

　　　　　　　（y'）12 節　エリシャの反応
　　　　　（x'）13–14 節　川の水、分かれる
　　（c）15 節　エリシャによるエリヤの霊の継承　　　ヨルダン川西岸
　　（c'）16–18 節　50 人の男たちによるエリヤの捜索

（Ⅱ）エリシャの神通力（19–25 節）
　（d）19–22 節　エリコの泉の「癒し」（ポジティブ）
　（e）23–25 節　ベテルの悪童たちへの呪い（ネガティブ）

　この単元で扱う前半部分（[Ⅰ]、1–18 節）は、さらに三つの場面（a, b, c）に分かれ、それぞれヨルダン川西岸、同東岸、再び同西岸が舞台となる。第一の場面（[a]、1–7 節）では、ヨルダン川西岸でのエリヤとエリシャの「道行き」が描かれ、そこでは 2 人の間で同じような会話が 3 度繰り返される。次に、ヨルダン川の水が分かれるという奇跡が起き、2 人はヨルダン川東岸に渡る（8 節）。

　ヨルダン川東岸を舞台とする第二の場面（[b]、8–14 節）では、エリヤがエリシャに、自分が「取り去られる」前に願い事をするように勧め、エリシャはエリヤの「霊」の継承を望む（9–10 節）。すると、突然「火の戦車と火の馬たち」が出現し、エリヤは「つむじ風」に乗って天に昇る（11 節）。エリシャは大きな驚愕と叫びをもってこれを見送る（12 節）。再び川の水が分かれるという奇跡が起き、エリヤの霊と神通力がエリシャに継承されたことが示される。エリシャはヨルダン川西岸に戻る（13–14 節）。

　第三の場面（[c]、15–18 節）では、まず、西岸に留まっていた「預言者たちの子ら」が、エリシャの上にエリヤの「霊」が「留まって」いるのを確認する（15 節）。これに続く脱線的なエピソード（16–18 節）では、「預言者たちの子ら」がいなくなったエリヤの捜索を提案するが、それは当然ながら徒労に終わる。このエピソードは、エリヤが本当に天に昇って地上のどこにもいなくなったことを裏付ける働きをしている。

　次の単元で扱う第二部（[Ⅱ]、19–25 節）では、今やエリシャに宿ることになった神通力を示す二つのエピソードが描かれるが、これらも現在の列王記下 2 章の文脈では、エリシャが実際にエリヤからカリスマ的な力

を受け継いだことを証明する機能を果たしている（Schmitt 1972:76; Fretheim 1999:138; Cohn 2000:16; Otto 2001:223–224; Hens-Piazza 2006:233, 236–237）。そのエピソードの一つ（[d]、19–22節）は、毒性のある泉の水を「癒す」というポジティブ（肯定的、積極的、建設的）な奇跡を扱い、もう一つ（[e]、23–25節）は、エリシャをからかった悪童たちが雌熊たちに引き裂かれるという、ネガティブ（否定的、消極的、破壊的）な奇跡を扱う。

列王記下2章全体を通じて、キーワード的な役割を果たしている語は、列王記下1章に続き「上がる」を意味する動詞「アーラー」（1, 11, 23［4回！］の各節）——ここではそれがエリヤの「昇天」にも関連付けられている——、「取る」／「取り去る」を意味する動詞「ラーカハ」（3, 5, 8, 9, 10, 14, 20［2回］の各節）、そして「見る」を表す動詞「ラーアー」（10, 12［2回］, 15, 19, 24の各節）であろう。また、要所に現れる「霊＝風（ルーアハ）」の語（9, 15, 16の各節）も内容的に重要な働きをしている。

この単元では、「預言者たちの子ら」と呼ばれる集団が目立った役割を果たす（3, 5, 7, 15の各節）が、エリシャについての伝承はおそらく、エリシャの周辺にいたこの集団（王下4:1, 38［2回］; 5:22; 6:1; 9:1）に属する人々が、自分たちの指導者エリシャの預言者としての権威と正統性を示すために語り伝えていたものと考えられる（Sekine 1975:46; Rofé 1988a:22; Long 1991:34–35; Otto 2001:227, 261–262; Lehnart 2003:444–471; Albertz 2006:159）。

申命記史家たちに特徴的な観念や用語法は、特に見当たらない。申命記史家たちは、既存の伝承をほとんど手を加えずにそのまま取り入れたのであろう。

【注解】

1–7節　道行

エリヤとエリシャの「道行」。2人はヨルダン西岸の三つの場所を訪れる。エリヤはなぜか、エリシャを後に残し、単独でこの訪問を行おうとするが、エリシャは誓いを立ててまで同行することに固執する。エリヤはその都度、

結局はエリシャの同行を黙認する。三つの場所では、いずれも「預言者たちの子ら」と呼ばれる集団が、2人を迎えたり、2人について来たりする。奇妙なことに、誰もがこれから起こること——エリヤの「取り去り」——について薄々知っているようである。

1–3節　ベテルへ

1a節はある種の標題で、これから物語られるクライマックスの真相をあらかじめ先取りしている（創 22:1 参照）。「つむじ風（セアーラー）」の語には定冠詞が付されており（「例のつむじ風」といったニュアンス）、この出来事が周知のものだったことを示唆している（Gray 1977:473; Dharamraj 2011:168; Sauerwein 2014:17）。ただし、「**ヤハウェがつむじ風〔を起こして〕エリヤを天に引き上げ**」ることをあらかじめ種明かししてしまい、以下の「取り去られる」という謎めいた表現（3節、5節、9節）をめぐるサスペンスを弱めてしまっているので、比較的後の段階で加えられた加筆かもしれない（Schmitt 1972:102; Sauerwein 2014:17）。それは同時に、「つむじ風」によるエリヤの「昇天」が自然現象による偶然でも、エリヤの自力の行為——11節ではそう読めなくもない——でもなく、あくまでヤハウェの意図に基づく「被昇天」であることを明確化して、伝承を「神学化」している（Würthwein 1984:274〔邦訳下 6–7 頁〕; Sauerwein 2014:17; Wray Beal 2014:302）。申命記史家の一人による付加か。

2節以降、久しぶりに、エリヤの従者となった「**エリシャ**」が登場する。エリシャの経歴と、彼がヤハウェに、預言者として「**エリヤ**」の後継者になるべく定められた経緯については、列王記上 19:16, 19–21 と同所への注解を参照。2人の「道行」の出発点をなすのは、「**ギルガル**」である（1b節）。なお、このギルガルは後にエリシャと彼の率いる集団の活動拠点の一つとなる（王下 4:38 参照）。列王記では初出であるが、この名で最もよく知られている場所は、ヨシュアがヨルダン川の水を奇跡的にせき止めてイスラエルを渡らせたとされる土地のそばにある、エリコに近いヨルダン渓谷内の町で（ヨシュ 4:19–24; 5:9–10; サム下 19:16, 41 等参照）、正確な場所はまだ分かっていない（NIDB 2:272–573 参照）が、エリコの南東 3.5 キロメートルに位置するヒルベト・エル・メフジルの付近とする見方が比較

的有力である（Aharoni 1967:377; ABD 2:1023.『大事典』398–399）。王国時代には、イスラエル（北）王国の人気のある巡礼聖所であったらしい（ホセ 4:15; 12:12; アモ 4:4, 5:5）。

ただし、2 節の最後では 2 人がそこから「ベテルに下って行った（動詞「ヤーラド」）」とされているが、エフライム山地にあるベテル（海抜約 880 メートル）は海面下 200 メートルを超えるヨルダン渓谷よりも 1000 メートル以上高い位置にある（創 35:1; 士 20:18; サム上 10:3; ホセ 4:15 等で、ベテルへの移動に関して「上る（アーラー）」という動詞が用いられていることをも参照）。しかも、ここでは全体として西から東への動きが描かれているのに、そのまま受け取るとヨルダン渓谷のギルガルからまずエフライム山地のベテルへと西に大きく移動し、そこからまたヨルダン渓谷にあるエリコに戻ったことになり（距離の総計は 65 キロメートルにも及ぶ。しかも、一日のうちに！［繰り返される「今日」の語を参照］）、地理的に不自然である（421 頁の地図を参照）。それゆえ、ヨシュア記の有名なギルガルとは別の場所とされることも多い（例えば岩波訳）。実際に、「（石の）サークル」を意味する「ギルガル」の名で呼ばれる場所は、複数存在した可能性がある（申 11:30; ヨシュ 15:7; サム上 7:16 等参照）。その場合は、ベテルの北約 12 キロメートルに位置する現在のジルジリアが候補地となる（Burney 1903:264; Montgomery 1951:353; Gray 1977:474; Cogan/Tadmor 1988:31; Long, Jr. 2002:287. なお、ABD 1023 をも参照）。

別の見方に立てば、もともとの伝承では、エリヤたちはヨルダン渓谷のギルガルからすぐそばにあるヨルダン川の岸辺に直接行ったことになっていたのだが（1b 節→ 7b 節）、物語が語り伝えられるうちに、ベテルやエリコへの訪問（2–6 節）が二次的に付け加えられた結果、「道行き」の不自然なルートが出来上がってしまった可能性も考えられる（Schmitt 1972:104–105; Jones 1984b:383; Würthwein 1984:274–275〔邦訳下 6 頁〕; Fritz 1998:14; Sauerwein 2014:19）。もしそうであれば、この物語はベテルやエリコの「預言者たちの子ら」のグループの間でも語り伝えられていたのであろう。その場合、彼らはそれぞれ、偉大な預言者エリヤとエリシャを二次的に自分たちの本拠と関連付けたことになる。

2 節以下におけるエリヤのエリシャに対する態度は、いささか奇妙であ

る。列王記上 19:16 でエリヤは、ヤハウェからエリシャを「あなたに代わる預言者とせよ」と命じられたはずである。同 19:19–21 でエリヤがエリシャを召し出したのは、あくまで個人的な従者としてであって、エリシャはまだ正式にエリヤの後継者に任命されたわけではない。それなのに、自分がヤハウェよって「取り去られる」ことになっているまさにこの日（3節、5節の「**今日**」を参照）、エリヤはエリシャを置き去りにしようとしているように見える（2a節「**どうか、ここに留まっていてほしい**」）。「留まる」と訳した動詞「ヤーシャブ」の文字通りの意味は、「座る」、「住む」。なお、原文では命令文に懇願のニュアンスを持つ「ナー」の語（「どうか」）が伴っており、口調はむしろ丁寧で、穏やかなものである。

ここでエリヤが、エリシャを置き去りにしようとしているように見えることを、エリヤが意図的にヤハウェの意志に反し、エリシャが自分の後継者になることを妨げようとしていると解釈する（Provan 1995, 172; Kissling 1996:146; Olley 1998:41, 45–46; Long, Jr. 2002:289; Heller 2018:114）のは、おそらく邪推であろう。自分の後継者になるうえでのエリシャの覚悟と用意のほどを敢えて試している、と理解するのがよいかもしれない（Nelson 1987:159〔邦訳 249 頁〕; Wiseman 1993:207〔邦訳 229 頁〕; Hens-Piazza 2006:234; Dharamraj 2011:168–169; Bodner 2013:46; McKenzie 2019:243）。後に続く部分（3–8節）からも分かるように、エリシャを自分の後に残そうとするエリヤの意志は、必ずしも強いというわけではないようである。

エリシャは、その場に留まるようにというこの要請を断固拒否し、「**私は決してあなたを離れません**」と誓うことで、そのような覚悟と用意のほどを示す（2b節）。なお、訳注 c にも記したように、この箇所の原文は、文字通りには「もし私があなたを見捨てれば（イム　エエゼベカー）」であるが、宣誓的な文脈において、仮定詞「イム」に導かれた文章が強い否定文的な意味（「決して～しない」）を持つことについては、列王記上 17:1 への注解（本書 26–27 頁）を参照。

「**ヤハウェのお命**〔**にかけ**〕（ハイ　YHWH）」という、宣誓の際に用いられる定型句については、列王記上 1:29 と同所への注解（第 1 巻 73–74 頁）を参照。ここではそれに「**あなた自身のお命**〔**にかけて**〕」が加わって、非

常に強い表現となっている（王下 4:30 と同所への注解をも参照）。このような表現は、ここではエリシャの不退転の決意を示す。そこで、2 人は「ベテル」に向かう。エリヤはエリシャの同行を黙認したようである。「ベテル」（現在のテル・ベイティン）は北王国の国家聖所があった場所（王上 12:29 への注解を参照、第 2 巻 87 頁）。ただし、この文脈では、そこに正統的ならざる聖所があったことや、そこに「ヤロブアムの罪」の元凶であったはずの金の若牛の像が置かれていたこと（王上 12:28–33）は特に問題にされていない。

すると、「ベテルの預言者たちの子ら」がエリヤとエリシャのもとにやって来る（3 節）。「預言者たちの子ら（ベネー　ハッ・ネビイーム）」とは、しばしば団体で行動する預言者たちの集団で、エリシャは後に彼らの指導者になる（王下 4:38–41; 6:1–7; 9:1）。旧約聖書でこの集団については、分裂王国時代の北王国イスラエルに関わる文脈でのみ言及され、しかも、列王記上 20:35–43 とアモス書 7:14（単数形）を例外として、もっぱらエリシャに関連してのみ触れられる（Hobbs 1985:25–27; Long, Jr. 2002:289）。

彼らは妻子を持つことができ（王下 4:1）、集まるための固有の建物を持ち（王下 6:1）、そのような集まりでエリシャの指導を受けていたらしい（王下 4:38; 6:32）。ここでいう「子ら」とは、親子関係ではなく特定の集団、範疇への帰属を意味する（王上 21:20「ベリアルの子ら」＝「ならず者たち」を参照）。彼ら自身もまた、預言者であった（王上 20:35–43; 王下 9:6–10 参照）。

彼らはエリシャに、ヤハウェが「今日（ハッ・ヨーム）」、エリヤ（「**あなたのご主人様**」）を「**取り去ろう**」としていることを知っているか、と質す。「預言者たちの子ら」が、エリヤ自身も居合わすなかでこのようにエリシャに問うたとは、もちろん考えられない。エリヤが一時的に離れたときか、エリシャをエリヤのもとから連れ出して密かに尋ねたのであろう。「取り去る」（動詞「ラーカハ」）という謎めいた表現は、もちろん 11 節でエリヤが生きたまま天に挙げられることを暗示するものである。旧約聖書では他に、創世記の系図でエノクが「神隠し」にあう場面で同じ動詞が用いられている（創 5:24）。そこで後には、人類の中でエノクとエリヤだけが生きながら天に挙げられたと信じられるようになり、紀元前後のユダヤ教では、

エノクが「取り去られた」後に見た天上の光景を描写する黙示文学が書かれた（旧約偽典『エチオピア語エノク書』、『スラブ語エノク書』が残存）。

エリヤに戻ろう。したがって、「預言者たちの子ら」も、これから起こる前代未聞の出来事についてある程度予知していたのである。彼らがどのようにしてそのことを知ったのかについては、何も語られていない。これに対し、エリシャは「**そのことは私も知っています（ガム　アニー　ヤーダアティー）**」と答える。だからこそエリシャは、自分と別れようとするエリヤの試みにあのように激しく抵抗したのであろう（2節）。ただし、エリシャはそのことについて「**黙っていなさい（ヘヘシュー）**」と「預言者たちの子ら」に命じる。それはあくまで「公然の秘密」にしておかねばならないことなのである。ここでエリシャがこれから起きることについて知っていたとされることは、実際にエリヤの昇天を目撃したときの彼の激しい驚愕的な反応（12節）と相容れないので、この部分（2–6節）は伝承史的にはやはり二次的付加の可能性がある（Schmitt 1972:104–105, 107; Würthwein 1984:274, 277〔邦訳下 3, 6 頁〕; Hentschel 1985:9; Fritz 1998:12; McKenzie 2019:249）。

4–5節　エリコへ

次に二人は「**エリコ**」に向かうが、同じようなやり取りがエリヤとエリシャの間（4節）と、エリシャと「エリコの預言者たちの子ら」の間（5節）で繰り返される。物語にリズムを与え、緊張を高める技巧としての3度の繰り返しについては、列王記下 1:9–14 と同所への注解（本書372頁）を参照。なお、「エリコ」はヨシュアが征服したとき城壁が崩れ落ちたことで有名（ヨシュ 6:20–21）。ヨルダン渓谷の西岸のオアシスにある町で、現在のパレスチナ自治区ヨルダン川西岸地区にあるテル・エッスルタンと同定されている（ABD 3:723; NIBD 3:236; Aharoni 1967:379）。海面下 258 メートルに位置し、世界で最も低い位置にある町とされる。列王記上 16:34 への注解（第2巻270頁）をも参照。

6–7節　ヨルダン川へ

6節には、エリヤとエリシャの3度目のやりとりが描かれる。内容は前

回と同じで、エリシャは断固としてエリヤを離れようとしない。エリヤとエリシャが「**ヨルダン川のほとり**」につくと、（おそらくはエリコから、15節参照）「**預言者たちの子ら**」のうち、「**50人の男たち**」がついて来ていて、2人を見送る（7節）。「50人」はエリシャ物語で好まれる数字であるが（王下1:9–14; 2:16参照）、もちろん正確な数字というよりも一定数の人数を表す概数であろう。列王記下1章でも2章でも、エリヤに関わったのが「50人」の集団であったことが繰り返されるのは、二つの章を相互に緊密に結び合わせるための編集者の技法なのであろうか（Provan 1995:175–176; Cohn 2000:13; Sweeney 2007:273; Begerau 2008:152; Stulac 2012:152）。

8–14節　エリヤの昇天

　この段落では、奇跡的な場面が次から次へと展開する。エリヤとエリシャはヨルダン川の西の岸辺に立っている。エリヤが彼の外套を丸めて川の水を打つと、川の流れがせき止められ、2人は「乾いた土」を踏みしめて東岸にわたることができる。東岸で、2人が話していると、突如「火の戦車と火の馬たち」が出現して2人の間を分ける。そしてエリヤは、エリヤのもとから引き離されたエリシャが見守るうちに、「つむじ風」に引き上げられ、天に「上がって行った」（動詞「アーラー」）。ひとり地上に残されたエリシャは、エリヤのもとから落ちてきた彼の外套を拾い上げ、エリヤがやったようにヨルダン川の水をそれで打つと、やはり川の水は分かれ、エリシャは単独で西岸に戻る。このことは、エリヤの力と「霊」がエリシャに継承されたことを示唆する。

8節　川の水、分かれる

　エリヤが、彼のトレードマークとも言える「**外套（アッデレト）**」（王上19:13, 19参照）を丸めてヨルダン川の水を打つと、「**それは左右に分かれた**」。これは、出エジプトの際のイスラエルの「葦の海」の横断（出14:21–22）や、カナン侵入の際のヨシュアのヨルダン川渡渉（ヨシュ3:13–17）を彷彿とさせる奇跡である。言ってみれば、ここではエリヤの昇天とエリシャによる預言者職の継承という事態に、出エジプトやカナン征服という根本的な救済史の出来事に匹敵する重要性が与えられていることになる。こう

して、2人は「**乾いた土（ハラバー）の上**」を通ってヨルダン川の東岸に渡る。ちなみに、ヨルダン東岸には、エリヤの出身地とされるティシュベもある（王上 17:1 への注解を参照）。

9–10 節　エリシャの願い

　ヨルダン川東岸に来ると、それまでエリシャを遠ざけようとしていたかのように見えたエリヤの態度が一変する。現在の文脈で見れば、エリシャはエリヤの後継者になるための「試験」に合格したということであろう（2 節への注解を参照）。自分が「**取り去られる**」（動詞「ラーカハ」の受動態）前に、何をしてほしいのか、「**何なりと願うがよい**」というのである（9a 節）。いわば、後継者に対する「最後の置き土産」というわけである。これに対し、エリヤは「**あなたの霊の二つ分が私のものになりますように**」と願う。エリシャは決して、エリヤの霊の二倍の霊を受け継ぎたいと言っているのではない。この「二つ分（ピー　シェナイム）」（文字通りには「二口」）という表現は、申命記 21:17 では、長男が他の息子たちに対して持つ遺産相続上の特権を表している。したがって、「霊（ルーアハ）」を受け継ぐことで、預言者としての正統的な後継者となる、ということを意味していよう（Carroll 1969:405; Schmitt 1972:201; Gray 1977:475; Hobbs 1985:21; Kissling 1996:161; Wray Beal 2014:304）。他方で、ゼカリヤ書 13:8 では、同じ表現が「3 分の 2」を意味している。もし、ここでもこの表現が同じ意味を持つとすれば、それはエリシャの謙遜を表現することになろう。すなわち、エリヤの「霊」の全部ではなく、それよりも少ない分を受け継ぎたいというのである（Schmitt 1972:110; Würthwein 1984:276〔邦訳下 8 頁〕; Schäfer-Lichtenberger 1989:215; Crüsemann 1997:140; Bergen 1999:63; Albertz 2006:154）。なお、預言者的な「霊」が他人に移るという表象については、民数記 11:16–17, 24–26 を参照。

　これを聞いて、エリヤはそれが「**難しい**」願いだ（「ヒクシーター」、文字通りには、「あなたは（願いを）難しくした」）と評し、それが実現するかどうかは、エリヤが「**取り去られる**」（動詞「ラーカハ」の受動形）のをエリシャが「**見る**」（動詞「ラーアー」）ことができるかどうかにかかっていると言う（10 節）。霊の付与は、あくまでヤハウェの専権事項であり、人

間にすぎないエリヤの一存では約束できない、ということであろう（Wiseman 1993:208〔邦訳 230 頁〕; Schäfer-Lichtenberger 1989:217–218; Albertz 2006:155; Dharamraj 2011:181–182; Wray Beal 2014:304; McKenzie 2019:244）。ただし、結果から見れば、エリシャの望み通りになったことが三重の仕方で確認されることになる（12 節［エリシャはエリヤが「取り去られる」のを見る］、14 節［エリシャが川の水を打ってもそれは分かれる］、15 節［エリヤの霊がエリシャの上に留まっているのを「預言者たちの子ら」が認識する］）。

11 節　エリヤの昇天

彼らがまだ「話しながら歩き続けている」と、突然、「**火の戦車**（レケブ エーシュ）」と「**火の馬たち**（スーセー　エーシュ）」が出現して「**2 人の間を分けた**」（11a 節）。旧約聖書において、火はしばしば神顕現の随伴現象であり（出 3:2; 19:18; 24:17; 申 4:12, 15, 24, 33; 5:4–5, 22–26; 王上 19:12; エゼ 1:4, 13 等参照）、その「戦車」や「馬たち」が神に属することを示唆する。ただし、一般的に誤解されているようだが（すでにシラ 48:9 参照）、エリヤはこの「火の馬たち」に引かれた「火の戦車」に乗って天に昇ったのではない（Schmitt 1972:103; Jones 1984b:386; Würthwein 1984:274〔邦訳下 4, 8 頁〕; Nelson 1987:159〔邦訳 250 頁〕; Wiseman 1993:208〔邦訳 230 頁〕; Fretheim 1999:13; Brueggemann 2000:297; McKenzie 2019:245）。それは「2 人の間を分けた」だけであり、エリヤはあくまで「**つむじ風の中を**」天に「**上がって行った**」（動詞「アーラー」）のである（11b 節、なお 1 節をも参照）。なお、「つむじ風（セアーラー）」とは非常に強い風（イザ 40:24; 41:16; エレ 30:23; 詩 107:25, 29 等参照）で、神顕現的な描写でもしばしば言及される（エゼ 1:4; 13:13; イザ 29:6; エレ 23:19; 25:32 等参照）。ヨブ記の最後で、ヤハウェはこの大風の中からヨブに語りかけた（ヨブ 38:1; 40:6）。ここではおそらく竜巻を表す。「火の戦車と馬たち」は、対アラム戦争に関連して列王記下 6:17 にも言及される。火の戦車と馬のイメージ自体は、同所でも二次的である可能性があるが（同所への注解参照）、内容的には戦争を直接扱う列王記下 6:17 の方が文脈に合うので、同所からさらにここにも取り入れられた可能性が考えられてよい。その場合は、おそ

399

らく申命記史家たちによる編集よりも後の段階での加筆であろう。

12 節　エリシャの反応

エリシャがこの一部始終を「見ていた」とされるので、前述のように、10 節でエリヤが「霊」の継承に付した条件（「もし……あなたが、見れば」）が満たされたことになる。なお、訳注 h にも記したように、動詞の形はこの「見る（ローエー）」も続く「叫ぶ（メツァエーク）」も分詞形で、これは一回的、瞬間的な行為ではなく、ある行為を継続的に行っている状態を描く。エリシャが叫ぶ「**わが父よ、わが父よ、イスラエルの戦車よ、その馬たちよ**（アビー　アビー　レケブ　イスラエル　ウ・ファラシャーウ）」という言葉の正確な意味はよく分からないが、英雄的な人物を讃える定型句であったらしい。イスラエルにとっての「強い味方」がいなくなってしまうことを嘆いたものかもしれない（Burney 1903:265; Rofé 1988a:48; Brueggemann 2000:297; Dharamraj 2011:186）。後にはエリシャ自身が、逝去時にヨアシュ王にこの称号で呼びかけられることになる（王下 13:14 参照）。

エリヤが「わが父よ（アビー）」と呼びかけられているのは、預言者的人物への敬意と依存感を表現しているのであろう（王下 6:21; 13:14 参照）。「パーラーシュ」の語は、戦車を引く馬（王上 1:5; 10:26 等参照）と乗馬する騎兵（王上 20:20; エゼ 23:6, 12 等参照）の双方を意味し得る（王上 1:5 への注解〔第 1 巻 64–65 頁〕参照）。時代的にここでは「騎兵」も可能であるが、直前に「火の戦車と火の馬たち（スーシーム）」への言及があるので、馬の意味に解した（Galling 1956:132–133; Wray Beal 2014:264 参照）。

いずれにせよ、戦車と馬たちを並べるこの表現は、顕著な軍事的イメージを伴うが、後のエリシャ（王下 3:13–20; 6:8–23; 7:1–20; 9:1–3; 13:4–19）とは異なり、エリヤは軍事的な出来事に直接関与することはなかったので、直前にある「火の戦車や火の馬たち」のイメージと同様、この叫びもエリシャ物語からエリヤ物語に二次的に取り入れられたのかもしれない（Galling 1956:129–135; Schmitt 1972:104; Gray 1977:472, 476; Jones 1984b:386–387; Würthwein 1984:275, 365〔邦訳下 9, 192 頁〕; Hentschel 1985:10; Rofé 1988a:45; Albertz 2006:157; Sauerwein 2014:18–19; Weingart 2018:258, 268;

McKenzie 2019:242, 251）。エリヤの物語の場合と同様、一連のエリシャ物語もすでに申命記史家たち以前の段階で一つの大きな文脈に纏められていたと思われるが、その文脈の編集者は、エリシャ物語の最初（王下 2:12）と最後（王下 13:14）にこの特徴的な言葉を配置することで、エリヤの預言者としての活動の文脈に枠を設定したのかもしれない（Otto 2001:221–222; Burnett 2010:287; Bodner 2013:54; Sauerwein 2014:18–19）。同時に、エリヤとエリシャに同じ称号が与えられることによって、エリシャがエリヤの役割を継承したことがこの面からも裏付けられる形になっている。

　エリヤの姿が見えなくなると、エリシャは「**自分の着物を掴み、それを二つに引き裂いた**」。これは伝統的な悲嘆の表現で、特に死者への悼みを表すが（創 37:34; サム上 4:12; サム下 1:11; 13:31; ヨブ 1:20 等参照）、エリシャは、エリヤがもはや「この世」にいなくなってしまったことを嘆いたのであろうか。しかし、同時にこのような動作は、大きな衝撃や驚愕への情動的な反応をも意味し得る（王上 21:27; 王下 5:7; 11:14; 22:11 等参照）。

13–14 節　川の水、分かれる

　エリシャは、「**落ちてきたエリヤの外套**」を手にして、「**ヨルダン川の岸辺に立った**」（13 節）。エリヤの外套（アッデレト）は、かつてエリヤがエリシャを従者に任命するために彼に投げかけたものであり（王上 19:19 参照）、直前の場面で、エリヤがヨルダン川の水を分けるために用いたものである（8 節）。

　これに続く場面（14 節）では、何がどんな順序で起こったのかがやや曖昧であり、特にエリシャがヨルダン川の水を何回打ったかが問題となる。日本語訳等では、不自然さを回避するためにぼかして訳す場合が多いのだが、ヘブライ語原文では、エリシャが水を 2 度打ったように読めるのである（Kissling 1996:102–103; Cohn 2000:15; Brueggemann 2000:297; Long, Jr. 2002:291; Albertz 2006:158; Sauerwein 2014:19; Wray Beal 2014:305; Heller 2018:119–120）。

　すなわち、エリシャはまず、上から落ちてきたエリヤの外套を手に取り（動詞「ラーカハ」）、それで川の「**水を打った**」（動詞「ナーカー」）。次に、エリシャは（おそらくヤハウェに対して）「**エリヤの神、ヤハウェはどこにお**

られるのですか（アッイェー　YHWH　エロヘー　エリヤフー）」と問いかける。そして改めて「水を打つ」（動詞「ナーカー」）と、それが「**左右に分かれた**」というのである。エリシャはなぜ、「ヤハウェはどこにおられるのですか」と叫んだのであろうか。8節におけるエリヤの奇跡の場合には、何ら言葉は発されず、1度の打撃で水は分かれた。14節のエリシャの場合には、1度目の打撃では効果が表れず、エリシャが切羽詰まってヤハウェの助けを求めると、2度目の打撃で初めて水が分かれたというふうに読める。七十人訳やウルガータではこの見方がより明確化されており、1度目の打撃の後に、「しかし、それ（水）は分かれなかった（カイ　ウー　ディエステー／ et non sunt divisae)」の一文が挿入されている。

疑問文の形をとったエリシャのこの神への呼びかけは、川の水を分ける奇跡は外套の中に宿る呪術的な力によるのでなく、あくまでヤハウェの力によることを強調しようとした、二次的加筆だとする見方もある（Hentschel 1985:10; Sauerwein 2014:19–20, 123)。その場合には、前後の2回の打撃は二次的な加筆を踏まえた文脈再取（Wiederaufnahme）として説明できよう。しかし、加筆者がエリシャの奇跡の場合にはそのような操作を行ったが、エリヤのそれの場合（8節）には同じような工夫を凝らさなかったのはなぜか、という問題が残る。素直に読めば、エリシャはまだエリヤの「霊」を引き継いだばかりで、超自然的な力の行使に習熟していない、という印象を受けるのも事実である。死んだ子供をエリシャが蘇生させる奇跡物語で、エリシャが2度、子供の上に身をかがめていること（王下 4:34–35）をも参照。

いずれにせよ、2度目の打撃で「水は左右に分かれた」。これは、直前の「ヤハウェはどこにおられるのですか」というエリシャの問いへの答えでもある。すなわち、今やヤハウェはエリシャと共に「おられる」のである。それは同時に、エリヤの霊と力がエリシャに受け継がれたことの第二の証しでもある。

なお、ヘブライ語の原文では、14節のエリシャの問いの言葉の最後に「アフ　フー」という不思議な言葉が加わっている（訳注 *k* 参照）が、これは何とも訳しようがない。「フー」は「彼」の意味であるが、誰を指すのであろうか。「アフ」の語は非常に強い感情を表す接続詞（創 3:1 等；申

31:27 等参照）なので、「ほんとうに彼は」、「いったい彼は」とでも訳せるかもしれない。その場合には、「彼」はヤハウェということになろう（「どこにおられるのですか」）。なお、「アフ」の語には英語の also に当たる「〜もまた」の意味もある（創 40:16; 申 2:11, 20 等参照）ので、後ろの「彼は打った」の語に掛けて、（以前エリヤが行ったように）「彼（＝エリシャ）が打っても水は分かれた」と訳す解釈もある（新改訳、JBS 共同訳）。しかし、動詞「ナーカー（打った）」の前に連結接続詞（ウェ）があり、文章がいったん切れた形になっているので、この解釈も文法的にやや苦しい。岩波訳の「天に上げられたエリヤフを指す」という脚注には賛成できない。エリヤがどこに行ったかは、まさにエリシャがいちばんよく知っているはずだからである。七十人訳は匙を投げたか、ヘブライ語原文をそのまま「アッフォー（αφφω）」と音写している。口語訳や新共同訳はこの二語を端的に無視している。

15–18 節　エリシャによるエリヤの霊の継承

　エリシャがエリコの預言者たちの子らのもとに戻ると、彼らはエリシャが「エリヤの霊」を受け継いだことを認め、平伏して表敬する。しかし、同時に彼らは、エリヤがどのように「取り去られた」かを理解せず、地上でエリヤを探し回る。エリシャは彼らの実りのない捜索を呆れて傍観しているかのように見える。

15 節　エリヤの霊

　エリシャがヨルダン川を渡り西岸に戻ると、そこでは「**エリコの預言者たちの子ら**」がそのまま待ち受けていた（7a 節参照）。そして彼らは、「**エリヤの霊がエリシャの上に留まっている**」のを見る。預言者のグループの成員なので、一般人には見えない「霊（ルーアハ）」を見ることができたのであろう。これは、エリシャが彼の希望通りエリヤの霊を受け継いだことの、三つ目の証しである。預言者たちの子らはエリシャの前で「**ひれ伏し**」て、彼を自分たちの指導者と見なすようになる（16 節、19 節の「ご主人様（アドーニー）」の語を参照）。

16–18 節　50 人の男たちによるエリヤの捜索

　この段落は、前の部分との繋がりが悪く、前述のように二次的付加の可能性がある（Galling 1956:129; Schmitt 1972:105–106; Jones 1984b:383–384, 387; Würthwein 1984:274, 276〔邦訳下 5, 10 頁〕; Hentschel 1985:8; Stipp 1987:56–57, 364; Fritz 1998:12; Lehnart 2003:378; Albertz 2006:151; Sauerwein 2014:20–21, 133）。16 節の主語「**彼ら**」は 15 節の「預言者たちの子ら」でしかあり得ないが、彼らは「今日」エリヤが「取り去られる」ことをすでに予知していたはずなのに（3 節、5 節参照）、彼らがここではエリヤが超自然的な仕方で姿を消したことを俄かには信じようとせず、あくまで地上で彼を捜索しようとするのはややおかしい。7 節によれば「50 人」だったはずの「エリコの預言者たちの子ら」が、明らかに彼ら自身とは別の「**50 人の屈強な**（ベネー　ハイル）**男たち**」（16 節）——すなわち「**3 日間**」（17 節）不眠不休で捜索できるような男たち（Hobbs 1985:22）——に言及するのも、あまりしっくりとしない。また、直前でエリシャの上にエリヤの「霊（ルーアハ、動詞の形から女性名詞として扱われている）」が留まっているのを目撃したばかりの彼らが、「**ヤハウェの霊**（ルーアハ、動詞の形から男性名詞として扱われている）」がエリシャをどこかに運び去ってしまった可能性を考えるのも奇妙である（Schmitt 1972:105–106）。

　いずれにせよ、エリコの「預言者たちの子ら」は、いなくなったエリヤの捜索を提案する。現在ある文脈で見るなら、なるほど「預言者たちの子ら」は、「今日」エリヤがエリシャのもとから「取り去られる」ことはあらかじめ知っていた（3 節、5 節参照）。しかし、それが具体的にどのような形で実現するかまでは、彼らは知らなかったことになる。ここでは、エリヤの昇天を直接見ることができたのはエリシャだけであったことが前提となっている。実際のところ、エリヤが「つむじ風（セアーラー）」の中で「天（シャーマイム）」に上ったことを語るのは、語り手の文章（1a 節、11 節）だけである（Bergen 1999:65; Dharamraj 2011:172）。そしてエリヤの昇天は、対岸で待ち受けていた 50 人の「預言者たちの子ら」（7a 節）からは見えないところで起こったのであろう。彼らが目撃したのは、エリヤとエリシャが——ヨルダン川の水を分けて——対岸に渡り、しばらくしてエリシャだけが単独で——同じようにヨルダン川の水を分けて——自分た

ちのもとに戻って来たことだけである。──エリシャとは異なり──エリヤの昇天の場面を直接目撃していない彼らは、エリヤがまだ地上のどこかにいると考えているのである。「ヤハウェの霊」がエリヤをどこかに運び去ってしまうという面白い表象（16b節）については、列王記上 18:12 と同所への注解（本書 70 頁）を参照。なお、ここで預言者たちの子らが、ヤハウェの霊がエリヤを「**運び上げ**」た（動詞「ナーサー」）だけでなく、どこかに「**投げ落とし**」た（動詞「シャーラク」）可能性を考えていることは、彼らがエリヤはもう死んでしまっていると考えていることを示唆する。旧約聖書で「シャーラク」という動詞は、しばしば死体の処理に関連して用いられるからである（王下 9:25–26; 13:21; ヨシュ 8:29; 10:27; アモ 8:3; エレ 22:19 等参照）。エリヤが「取り去られる」という、彼らの以前の認識（3 節、5 節）は、その程度のものだったのかもしれない。もしそうであるなら、彼らがエリヤ（の死体）の捜索に固執したことも理解できる。遺骸を正しく葬ることは、縁者や知人の重要な義務だったからである（Wiseman 1993:209〔邦訳 231 頁〕; Provan 1995:174; Dharamraj 2011:194）。

　これに対し、事の真相を知っているエリシャは、当初は反対するが、預言者たちの子らが執拗に言い張るので、最後は根負けしたかのように妥協する（17a 節）。訳注 1 にも記したように、「**あまりにも執拗に**」と訳した原語の表現は、文字通りには「恥に至るまで（アド　ボーシュ）」であるが、これはある行為が過剰なこと、度を越したことを表す成句である（士 3:25; 王下 8:11 参照）。

　当然ながら、「**50 人の男たち**」の「**3 日間**」にわたる捜索は不調に終わる（17b 節）。最後の「**私はあなたたちに『行くな』と言わなかったかね**」（18 節）というエリシャの言葉は、エリシャ物語では珍しく、皮肉なユーモアさえ感じさせる。くだけて訳せば、「ダカラ云ッタジャナイノ」といったところであろう（年が分かってしまうな）。ただし、厳密にいえば、エリシャが実際に言った言葉は、「あなたたちは行ってはならない（アル　テレクー）」（18b 節）ではなく、「あなたたちは遣わしてはならない（ロー　ティシュラフー）」（16b 節）である。

　すでに述べたように、現在の文脈では、この段落はエリヤの昇天が真実であり、エリヤが超自然的な仕方でこの世界から姿を消したことを改めて

証明する機能を果たしている（Schmitt 1972:106; Hobbs 1985:23; Kissling 1996:163; Brueggemann 2000:299; Cohn 2000:17–18; Werlitz 2002:208; Hens-Piazza 2006:236; McKenzie 2019:247, 252）。

【解説／考察】

　注解本文中でも指摘したように、エリヤとエリシャがそれぞれヨルダン川の水を分けて乾いた土の上を渡る場面（8, 14節）は、モーセの「葦の海」の奇跡の場面（出 14:21–22）や、カナン侵入時のヨシュア率いるイスラエルのヨルダン川渡渉の場面（ヨシュ 3:13–17）を連想させる。言うまでもなく、ヨシュアはモーセの後継者である。エリヤの預言者職のエリシャによる継承を描くこの部分の語り手は、物語を造形化するに当たって、水が分かれるというイメージ以外にも、モーセの指導者的地位のヨシュアによる継承のイメージと、エリヤの預言者的地位のエリシャによる継承のそれとを意図的に重ね合わせようとしているふしがある。エリヤはわざわざヨルダン川の東岸に渡ったうえで、地上からいなくなる。モーセもヨルダン川の手前（すなわち東側）でネボ山に登ってこの世を去る（申 34:1）。もちろん、エリヤとは異なり、モーセは天に昇るわけではない。しかし、モーセについては、ヤハウェ自身が彼の遺体を葬ったので、「だれも彼が葬られた場所を知らない」（申 34:6）とされている。去り行く旧指導者は2人とも、常人の手の届かぬところに行ってしまったのである。死ぬ前に、モーセは自分の後継者としてヨシュアを任命する。その際に重視されるのは、後継者が「霊（ルーアハ）」に満ちていることである（民 27:15, 18; 申 34:9）。エリシャがエリヤの「霊」を受け継いだことは、「預言者たちの子ら」によっても確認される（王下 2:15）。ヨシュアがモーセの「葦の海」での奇跡を繰り返してヨルダン川の水を分け、東から西に渡ったように、エリシャもエリヤの奇跡を再現し、乾いた土を踏んでヨルダン川を東から西に渡る。ヨシュアもエリシャも、西岸に渡ったところで人々から指導者としての承認を受ける（ヨシュ 1:16–17; 王下 2:15）。もし本章の冒頭（1節）に言及される「ギルガル」がヨルダン川沿いの場所であるなら、そこ

はかつてヨシュアがヨルダン川の渡渉を記念して石柱の記念碑を立てたところに他ならない（ヨシュ 4:19–24）。ヨルダン西岸に渡ったヨシュアが最初に征服する町はエリコであり、ヨシュアはこの町が再建されないように呪いをかけた（ヨシュ 6:26）。ヨルダン西岸に渡ったエリシャが最初に赴く町はエリコであり、彼はその町の泉を「癒す」（王下 2:19–22）。エリコの「水が悪い」こともある意味でヨシュアの呪いの結果であるとすれば、エリシャはいわばその呪いを解き、エリコを「健全」な町に蘇らせたことになる。何よりもまず、「ヨシュア」と「エリシャ」は名前の意味するところが似ている。すなわち、ヨシュア（イェホシュア）は「ヤハウェは救ってくださる」を意味し、エリシャは「神（エル）は救ってくださる」を意味する。これらの一致や類似性がすべて偶然の産物とは思われない。語り手は、救済史の時代の偉大な指導者たちの職務継承の場面を重ね合わせることによって、物語の形の面からも、エリヤの預言者職のエリシャによる継承の正統性を強調しようとしているのであろう（Carroll 1969:410–413; Schäfer-Lichtenberger 1989:210–222; Moore 1990:139; Long, Jr. 2002:291; Dharamraj 2011:174–176, 205–208; Bodner 2013:49; Wray Beal 2014:306–307）。

　旧約聖書で、預言者の職務の継承が具体的に描かれるのは、この箇所だけである（Carroll 1969:403）。おそらくエリシャ伝承の主たる担い手であった「預言者たちの子ら」の中では、エリシャに先駆けて活動したもう一人の預言者的人物エリヤとエリシャの間にある種の師弟関係があったと考えられるようになったのであろう。ただし、歴史的にもエリヤとエリシャの間に関係があったかどうかは確言できない（ただし、王下 3:11 参照）。いずれにせよ、このような預言者の職務継承の観念から、申命記的運動ではさらに、ヤハウェが各時代に「モーセのような」預言者を遣わしてくれるという考え方が発展した（申 18:15, 18–19）。同時に、その時代には、あまり当てにならない預言者たちも多数出現したために、「真の」預言と「偽預言」を識別する判断基準が求められるようにもなった（申 18:20–22）。そして、国が滅び、預言的な運動が信用性を失い後退し始めた時代（ゼカ 13:2–5 等参照）になると、一部の人々は、天に昇ったはずのエリヤの再臨を待ち望むようになる。

注解本文でも述べたように、少なくとも後代のユダヤ教では、エリヤはエノク（創 5:24 参照）とともに、生きながら天に挙げられた、たった二人の人物のうちの一人と信じられた。イエスが十字架に架けられたとき、見物人がイエスの「わが神、わが神（エロイ、エロイ）」という叫びを聞いて、「そら、エリヤを呼んでいる」と誤解した（マコ 15:34–35）のも、エリヤが今なお天にいて、困苦した人々を助けてくれるという信仰を反映している。イエスの山上の変貌の場面では、律法を代表するモーセと並んで、エリヤが預言者を代表する存在として姿を現す（マコ 9:2–8; マタ 17:1–8; ルカ 9:28–36）。

　預言者マラキは、そのエリヤが最後の審判をもたらす「ヤハウェの日」に先駆けて地上に再臨すると予告した。現在のキリスト教の聖書では、まさにこの預言が旧約聖書の最後の言葉となっている（マラ 3:23–24）。ユダヤ人は今日でも、過越祭（ペサハ）の食事（セデル）の際に、一人分多くの席を設けてそこに葡萄酒を満たした「エリヤの杯」を置く。エリヤがいつ帰って来てもよいようにするためである。この信念を受け継いだ、キリスト教へと通じるユダヤ人の一部は、再臨のエリヤをメシアの先駆者と見るようになった。イエスがさまざまな奇跡を行ったとき、一部のユダヤ人は彼をエリヤの再来ではないかと疑ったらしい（マコ 6:14–15; 8:27–28）。しかし、イエスこそメシア（キリスト）と見るキリスト教の中では、洗礼者ヨハネが再来のエリヤと位置づけられた（ただし、ヨハ 1:21, 25 をも参照）。

　「すべての預言者と律法が預言したのは、ヨハネの時までである。あなたがたが認めようとすれば分かることだが、実は、彼は現れるはずのエリヤである」。（マタ 11:13–14）

　「言っておくが、エリヤは既に来たのだ。人々は彼を認めず、好きなようにあしらったのである」。（マタ 17:12）

　「彼はエリヤの霊と力で主に先立って行き、父の心を子に向けさせ、逆らう者に正しい分別を持たせて、準備のできた民を主のために用意する」。（ルカ 1:17）

(13) エリシャの最初の二つの奇跡（下 2:19-25）

【翻訳】

エリコの泉の「癒し」

2章

[19] その町の男たちはエリシャに言った。「どうか、ご覧ください。ご主人様がご覧になる通り、この町は立地条件はよいのですが、水が悪いので、この地では流産ばかり起こるのです[a]」。[20] すると、彼は言った。「新しい器を私のところに持って来て、その中に塩を入れなさい」。そこで、彼らは彼のところに〔それを〕持って来た。[21] すると、彼は水源に出て行き、そこに塩を投げ入れた。そして、彼は言った。「ヤハウェはこう言われた。『わたしはこの水を癒した。もはやここから死も流産も起こらないであろう』と」。[22] すると、水は癒され、今日に至っている。エリシャが告げた言葉[b]の通りである。

ベテルの悪童たちへの裁き

2:23 〔エリシャ〕[c]は、そこからベテルに上った。彼が道を上って行くと、幼い少年たちが町から出てきて、彼をからかって彼に言った。「上って行け、禿げ頭。上って行け、禿げ頭」。[24] 彼は後ろを振り向いて、彼らを睨みつけた[d]。そして彼は、ヤハウェの名によって彼らを呪った。すると、森から２頭の雌熊が出てきて、彼らのうち 42 人の子供たちを引き裂いてしまった。[25] 彼はそこからカルメル山に行き、そこからサマリアに帰った。

- a: 動詞の形（メシャッカーレト）は分詞形で、一回的な出来事ではなく、持続的に続く事態や連続的に起こる出来事を表す。該当箇所への注解参照。
- b: 原文は文字通りには、「彼が告げたエリシャの言葉」。ただし原文では、エリシャの名の方が動詞「彼が告げた」よりも前にある。日本語での語順を考えて、このように訳す。
- c: 原文には主語がなく、動詞が男性３人称単数形（「彼は上った」）。文脈から、エリシャが主語と解する。
- d: 原文は文字通りには、単に「彼らを見た」。

【形態／構造／背景】

「つむじ風」の中での奇跡的な昇天の物語をもって、エリヤを主人公とする一連の物語は終わり、ここからは、エリシャを主人公とする新たな物語群が始まる。エリシャ物語の本体は、次巻で扱われることになるが、注解書の巻を章の途中で区切ることは好ましくないので、列王記下2章の後半にある最初の二つのエリシャ物語も、本巻で扱うことにする。

列王記下2章の第二部では、今やエリヤの後継者となったエリシャによる最初の二つの奇跡が描かれる。前述のように、現在の列王記下2章の文脈では、この部分は、エリシャがエリヤから奇跡を引き起こす力と預言者の職務を確かに継承したことを改めて裏付ける役割を果たしている。しかもここで描かれる二つの奇跡は、それぞれ救い（19–22節）と災い（23–25節）という正反対の結果を引き起こすエリシャの神通力に関わっている（Long 1991:31, 33; Fretheim 1999:138; Cohn 2000:12; Lehnart 2003:378; Wray Beal 2014:305）。

申命記史家たちに特有の用語法や思想は特に見られない。ただし、二つのエピソードのいずれの場合にも、もともとエリシャ自身が持つ呪術的な超能力を描いていた物語を、あくまでヤハウェの力による出来事として神学的に再解釈する、申命記史家たちの改訂が加えられている可能性がある。

【注解】

19–22節　エリコの泉の「癒し」

現在の文脈では、19節の「**その町**（ハー・イール）」はエリコ（18節参照）ということになり、そこの「**男たち**（アナシーム）」といえば、「預言者たちの子ら」（15節参照）ということになろう。ただし、もしこの伝承が元来独立して存在していたとすれば、どこか別の場所が舞台であった可能性もある。いずれにせよ、この町は、「**立地条件**（モーシャブ）」はよいが、「**水**（マイム）」が悪いので、「**流産**」が多発する（訳注 a 参照）のだという。この文章は、原文では「**地**（ハー・アーレツ）」が主語なので、敷衍的に「不毛なのです」などと訳されることも多い（新共同訳、JBS 共同訳

参照）が、その場合には、土地の生産性が低いこと、農耕に適さないことが問題になっている、と誤解されるおそれがある。ここで用いられている「メシャッカーレト」という表現の語根である「シャーカル」という動詞は、他の箇所ではもっぱら「子を失う」（創 27:45; 42:36; 43:14; イザ 49:21 等参照）、ないし「流産する」（創 31:38; 出 23:26; ヨブ 21:10; ホセ 9:12 等参照）という意味で用いられている。21 節におけるエリシャの言葉では、この言葉が「死（マーヴェト）」の語と並行関係に置かれているので、やはり流産のことが言われていると見るべきであろう（Würthwein 1984:277〔邦訳下 12–13 頁〕; Cogan/Tadmor 1988:36; Heller 2018:123; Lamb 2021:305）。妊婦がこの泉の水を飲むと、胎児に悪影響が出るということなのであろう。土壌に含まれていた放射能が影響した（Gray 1977:479–450）のだとか、現地で発見されている巻貝の一種を宿主とする住血吸虫が疾患を引き起こしたとする見方（Hentschel 1985:11）もあるが、合理的に過ぎよう。エリコは、少なくとも申命記史書においては、イスラエルによる征服時にヨシュアが呪いをかけた場所ということになっている（ヨシュ 6:26; 王上 16:34 参照）。

　この訴えに対し、エリシャは「**新しい器**」に「**塩**」を入れて持ってくるように指示する（20 節）。宗教的な目的に用いるためには、俗用されたことのない「新しい」道具が必要なのである（サム上 6:7; サム下 6:3; 王上 11:29 参照）。塩は祭儀的な清めを行う力があると信じられ、供物を捧げる場合には必ず塩が加えられた（レビ 2:13; エゼ 43:24 等参照）。

　エリシャの奇跡を扱う類似したエピソードの形から見て、物語の古い形では、エリシャが「**水源**」に「**塩を投げ入れ**」ると、ひとりでに水源が清められた次第が語られていた可能性が考えられてよい（王下 4:38–41; 6:1–7 と比較のこと。いずれの場合にも、動詞「シャーラク（投げ入れる）」が用いられていることに注意）。その場合には、このエピソードは、霊能者の持つ呪術的な力を描く伝承だったと考えられる。

　ところが現在の形では、21 節に、使者定式（「**ヤハウェはこう言われた**」）を通じてヤハウェの言葉（「**わたしはこの水を癒した**」）が挿入され、奇跡があくまでヤハウェの力によるものであると再解釈されている（Rofé 1988a:17–18; Lehnart 2003:378–379）。さらに、一部の解釈者は、使者定式

だけが付加だと考える（Schmitt 1972:106–107; Würthwein 1984:277〔邦訳下 13 頁〕; Hentschel 1985:11; Sauerwein 2014:28–29, 123, 267; McKenzie 2019:252）。もしそうだとすれば、元来エリシャ自身の言葉だったもの（他に王下 4:16; 5:10; 6:9; 8:1 をも参照）がヤハウェの言葉に変えられ、エリシャも超能力者から神の言葉を伝える「預言者」に変えられたことになる。すなわち、ここで言う 1 人称単数形の「私」は、もともとはエリシャ自身であったのだが、これが二次的にヤハウェの「わたし」に再解釈された可能性が考えられてよい（山我 2023:12–14）。霊能者自身の神通力からヤハウェの力への関心の移行は、申命記史書にしばしば観察される（王上 14:2–14; 17:14–16, 20–22 と該当箇所への注解を参照）。

　最後に加えられた、「**エリシャが告げた言葉の通りである**」（22 節）という言葉も注目に値する。他の多くの箇所における申命記史家たちによる「ヤハウェの言葉」の成就の確認（王上 12:24; 14:18; 15:29; 16:12, 34; 17:16; 王下 1:17; 4:44; 7:16; 9:26; 10:10, 17; 14:25; 23:16; 24:2 等参照）の場合とは異なり、ここでは「エリシャの告げたヤハウェの言葉」とはされていないからである。このことも、21b 節の言葉がもともとは――ヤハウェの言葉ではなく！――エリシャ自身の言葉であったことを強く示唆する。したがってこの奇跡物語は、(1) エリシャの呪術的な行為による水の癒し → (2) エリシャの言葉による水の癒し（申命記史家たち以前）→ (3) ヤハウェの言葉（使者定式！）による水の癒し（申命記史家たち）の三段階にわたる「進化」を体験した可能性が考えられてよい（山我 2023:12–14）。

　現在、このエピソードに言及される「水源」は、テル・エッ・スルタン（古代エリコの遺跡）の東側にある泉アイン・エッ・スルタン（現在は「エリシャの泉」とも呼ばれる）と同一視されている（Montgomery 1951:355; Schmitt 1972:180; Gray 1977:477; Hobbs 1985:23; Cogan/Tadmor 1988:36; Fritz 1998:15; Sweeney 2007:274）。列王記にしばしば見られる「**今日に至っている**」という定型句と、それに関わる問題については、列王記上 8:8; 9:13, 21; 12:19; 列王記下 8:22; 10:27; 14:7; 16:6; 17:23 と該当箇所への注解を参照。

　エリコは前述のようにオアシスの町であり、海面下 250 メートルを超えるヨルダン渓谷の底にあって、年間降水量 140 ミリメートルに満たな

いこの乾燥した地域で、アイン・エッ・スルタンは現在なお、毎分 3800 リットルという豊かで良質な水を湧き出している。この泉のおかげで、周囲には果樹園などが多い。この物語によれば、初めからそうだったわけではなく、「美味しい水」が飲めるのは、大昔にエリシャが——現在の文脈によればヤハウェの言葉によって——引き起こした奇跡のおかげなのである。なお、モーセに関わるこの物語と同じようなエピソードとして、出エジプト記 15:22–25（動詞「シャーラク」に注意！）を参照。

23–25 節　ベテルの悪童たちへの裁き

　第二のエピソードは、霊能者に宿る災いを引き起こす不気味な力を描く（王下 1:9–14 参照）。エリシャは再び「**ベテル**」（2 節参照）に向かう。「**そこから**」がエリコからだとすると、前述のように、海面下 258 メートルから海抜 880 メートルまで、1000 メートル以上の急勾配を「**上った**」（動詞「アーラー」）ことになる。

　すると、「**幼い少年たち**（ネアリーム　ケタンニーム）」が「**町から**」出てきて、エリシャの「**禿げ頭**（ケーレーアハ）」をからかった（23 節）。ここで言われている冠詞付きの「**町**（ハー・イール）」とは、一般的には、直前に名を挙げられているベテルと解されている（例えば、Gray 1977:479; Würthwein 1984:278〔邦訳下 14 頁〕; Cogan/Tadmor 1988:38; McKenzie 2019:252）。ただし、これについては異論もある。24 節でエリシャは、「**後ろを振り向いて**」少年たちを睨みつけている。したがって、位置関係から言えば、少年たちはエリシャよりも後ろ（上下関係で言えば下）にいる。それゆえ、エリシャがエリコを去ってベテルに向かった後、エリコの町から出てきた少年たちが、エリシャに自分たちの町から離れて行くように「**上って行け**」と悪態をついた、と解するのである（Schmitt 1972:180–181; Jones 1984b:389; Lamb 2021:306）。ただし、この見方をとるためには、23 節冒頭の文を「彼はそこからベテルに上った」とではなく、「彼はそこからベテルに向かって上り始めた」とでも訳さなければならない。原文の「ワッヤアル　ミッ・シャーム　ベート　エール」をそのように訳し得るかどうかは、同様の表現が用いられた他の箇所（創 35:1; 士 20:18; サム上 10:3; ホセ 4:15 等）と比較して、かなり疑わしい。この表現はむしろ、エ

リシャがすでにベテルに到着していることを示唆する。

　ここで顧慮されるべきなのは、エリシャが「ベテルに上った」とされていても、そこに何か特別の用務があったようには見えないことである。「往路」においても、——エリヤが「ヤハウェが私をベテルにまで遣わされた」と言っているにも拘わらず（！）——エリヤとエリシャはベテルの町には入らず、逆にベテルから「預言者たちの子ら」が「出てきて」（動詞「ヤーツァー」）、エリシャに話しかけている（2–3節参照）。この「復路」においても、エリシャにとってベテルは単なる通過点にすぎないのではないか。エリシャがベテルの前を通り過ぎたとき、たまたま（ベテルの！）「町から」悪童たちが「出てきて」（動詞「ヤーツァー」）、エリシャを「からかった」と解せばよいのではないだろうか。

　「**からかっ**」たと訳した動詞「カーラス」（ヒトパエル形）は、「あざける」、「嘲笑する」をも意味し得る。「からかい」の対象は、エリシャの「**禿げ頭**」であった。エリヤは毛深かったようであるが（王下1:8と同所への注解参照）、エリシャは髪の毛が薄かったらしい。中世の修道士のように頭頂部を剃髪していた（トンスラ）という見方もある（Montgomery 1951:355; Schmitt 1972:181–182; Gray 1977:480; Jones 1984b:390; Würthwein 1984:278〔邦訳下15頁〕）が、イスラエルでは髪を剃ることが異教的な振る舞いとして禁じられていたので（レビ21:5; 申14:1参照）、自然の脱毛であろう（Hobbs 1985:24; Cogan/Tadmor 1988:38; Wiseman 1993:211〔邦訳233頁〕; Fritz 1998:16; Sauerwein 2014:31; McKenzie 2019:248）。旧約聖書で「禿げ」について触れられるのは、この箇所以外では、レビ記の「ツァーラアト」と呼ばれる疾患の診断に関する部分（レビ13:40, 42–43）だけなので、詳しいことは分からないが、あまり名誉なことでなかったことは想像に難くない。少なくとも、人為的に髪の毛を剃り上げられることは、大きな屈辱であった（士16:19; イザ15:2; 22:12; エレ47:5; 48:37; エゼ7:18; アモ8:10; ミカ1:16等参照）。

　以前、わが国でも、秘書に「このハゲー！」と罵倒したのを録音され、離党、次期選挙落選、政界引退に追い込まれた女性国会議員がいたが、特定の人物の身体的特徴を取り上げて揶揄や嘲笑や罵倒の対象とすることは、今日でいえば「パーソナルハラスメント」であり、「政治的な正しさ（ポ

リコレ)」に反する人権侵害に他ならない。今から3000年近くも前の古代イスラエルに、「人権」などという概念がなかったことは言うまでもない。しかも、この種の「差別」や「イジメ」に関しては、多少は「良識」や「遠慮」を備えた大人たちより、幼い子供たちのほうが容赦のないことが多い。24節で挙げられている人数から見て、かなりの数の「少年たち」が寄ってたかってこの罵詈雑言に参加したらしい。なお、七十人訳の写本の一部（ルキアノス校定本［LXX^L］）によれば、その際に少年たちはエリシャをからかっただけでなく、彼に向けて石を投げている。

　これに対し、エリシャが彼らを睨みつけて（動詞「ラーアー」）、彼らを「**呪**」う（動詞「カーラル」）と、森から「**2頭の雌熊**」が現れて子供たちを引き裂いてしまう（24節）。ここでも、それが「**ヤハウェの名**（ベ・シェーム　YHWH）」による呪いとされていることは、超自然的な出来事を引き起こす力がエリシャ自身にではなく、あくまでヤハウェに由来することを示そうとする、申命記史家の一人による再解釈であろう（Würthwein 1984:278〔邦訳下15頁〕; Sauerwein 2014:31, 268）。ちなみに、「ヤハウェの名」による呪いについて語られているのは、旧約聖書ではここだけである（ただし、サム上26:19等をも参照）。通常は、呪いの言葉を口にすればそれが自動的に作用するという、呪術的観念が支配的である（創9:25; 民22:6; 士5:23; サム上14:24, 28等参照）。いずれにせよ、エリシャも、また申命記史家も、イエスやパウロの寛容の精神にはまだまだ達していないようである（ルカ6:28; ロマ12:14）。

　古代イスラエルでは、熊は獅子と並んで猛獣として恐れられていた（サム下17:8; 箴17:12; ホセ13:7–8; アモ5:19等参照）。ここで言われているのは、ヒグマの一亜種シリアグマ（Ursus arctos syriacus）であろう。日本のエゾヒグマ等よりもやや小型で、体重は100〜160キログラム程度。トルコ、シリア、イラク、レバノン等に生息している。パレスチナでも19世紀頃までは目撃されていたが、現在ではほぼ絶滅したようである。熊を指すヘブライ語（単数形「ドーブ」、複数形「ドゥッビーム」）は男女同形であるが、ここでは動詞（「出て来る」、「引き裂く」）がいずれも女性複数形なので、2頭が雌であることが分かる。

　無邪気ともいえる悪童たちのいたずらへの報いとしては過重とも思える

災いである。大した過失を犯したとも思えない人物がいきなり獅子に殺される列王記上13:24; 20:36 や、直前のエピソードにある、王の命令でエリヤを捕まえに行った兵士たちが天から下る火で焼き殺される列王記下1:9–12 の場面を連想させる、不条理とも感じられる結末である。列王記下1:9–14 同様、「神の人」や預言者に敬意をもって接すべきことを教えようとする教訓的な物語なのであろうが、現代の読者から見て、大人気ないようにも見えるし、あまり後味のよい話ではない。ある注解者はこのエピソードを、旧約聖書全体の中でも「最も困惑させる（most disturbing）物語の一つ」と評している（McKenzie 2019:247）。別の注解者は、この種の物語を生み出した共同体の「道徳的な水準（moral level）」を嘆いている（Gray 1977:479）。

「**42人**」という膨大な犠牲者の数が、後のイエフのクーデタ―で殺されるユダのアハズヤ王の親族たちの数（王下10:14）と同じなのは、偶然の一致であろうか（士12:6; 黙11:2; 13:5 をも参照）。42 という数は、聖なる数字7の――7倍でなく！――6倍ということで、不吉な数と見なされていたのかもしれない（Werlitz 2002:209）。

その後、エリシャは奇妙に遠回りの道を歩んだ（25節）。エリシャがエリヤの記念の場所（王上18章）でもある「**カルメル山**」に行ったとされるのは、後にこの山がエリシャの居場所として言及されること（王下4:25）の伏線であろう。最後に彼が「**サマリア**」に行ったとされるのは、次章でサマリアから出発するモアブへの遠征軍（王下3:6 参照）にエリシャが同行している（王下3:11–20）ことを踏まえた編集上の伏線である可能性がある（Schmitt 1972:76; Hentschel 1985:11; Hobbs 1985:15, 24; Stipp 1987:442; Cogan/Tadmor 1988:39; Long 1991:30; Lehnart 2003:380; Burnett 2010:289; Sauerwein 2014:32, 120; McKenzie 2019:249）。そもそも、ここではエリシャがサマリアに「**帰った**」（動詞「シューブ」）とされているが、列王記のこれ以前の文脈でエリシャがサマリアにいたことは一度もない。この章全体の左右対称の構造（本書389頁参照）から見て、もともとは出発点（1b節）である「ギルガルに帰った」とされていた（王下4:38 参照）のが、二次的に現在の形に変えられたのかもしれない（Stipp 1987:442–443）。その場合、エリシャ伝承の発展の初期の一時点では、エ

リヤの預言者的職務のエリシャによる継承を物語るこの章の物語に、ギルガルを舞台とする列王記下 4:38–41（あるいは王下 4:38–44）が直接続いていたという可能性が考えられてよい。その後、カルメルがエリシャの拠点であることを前提とする（王下 4:25 参照）シュネムの女とエリシャについての物語（王下 4:8–37）がその前に置かれ、さらにもう一段階後で、サマリアを出発点（王下 3:6 参照）とする列王記下 3 章のモアブ遠征の物語がその前に挿入されたため、現在の 25 節のベテル→カルメル→サマリアという（シンメトリーの構造を破る）奇妙な旅程が帰結したのかもしれない（Schmitt 1972:76–77; Hentschel 1985:11; Stipp 1987:442–443）。

【解説／考察】

　この二つのエピソードは、「奇跡行為者」としてのエリシャのいわば「デビュー」である。【形態／構造／背景】の項でも指摘したように、ここではエリシャの超常的な能力の（救いや幸福をもたらす）積極面と、（害や災いをももたらす）消極面の双方が示されている。宗教哲学者のルドルフ・オットーが名著『聖なるもの』で示したように、人は理解や日常性を超えた「聖なるもの」に直面した場合、魅惑と戦慄という正反対の感情を同時に抱くものである。第一のエピソードではその前者の面が、第二のエピソードでは後者の面が強く出ていると言えよう。

　これ以降、エリシャは数多くの奇跡を起こしていくが、その多くは——少なくともイスラエルの側で見れば——救いや幸いをもたらす積極的な性格のものである（例外は王下 5:25–27; 7:2, 17–20）。それらを語る奇跡物語は大きく見て、二つのパターンに分かれるように思われる。一方は、この単元の第一の物語（19–22 節）が典型であるが、匿名の市井の人々——多くは貧しい者——やエリシャの周辺にいた「預言者たちの子ら」の関係者たちが死活的な困難に直面するが、エリシャが奇跡的な行為で介入し、困難を除去し、「問題」を「解決」するというものである。そこには多くの場合、(1) 問題を抱えた人物（たち）がエリシャに助けを求める→ (2) エリシャの指示や行動→ (3)「問題」が奇跡的に「解決」する、という共通のパターンが見られる。この手の物語は概して短く、構造も単純で、数節

で終わってしまうものが多い（王下 4:1–7, 38–41, 42–44; 6:1–7; 8:1–6; 13:20–21）。それらは、物語中にエリシャの「相手」として登場してくるような、市井の庶民や「預言者たちの子ら」を担い手として伝えられていたものであろう。

　もう一つのパターンでは、エリシャはイスラエル（やユダ）の王たちと直接関わり、モアブ遠征（王下 3 章）や対アラム戦争（王下 6:8–23; 6:24–7:20; 13:14–19）、さらにはイスラエル国内でのクーデターと王朝交代（王下 9–10 章）といった政治的、軍事的な問題に積極的に参与し、それを超能力で「解決」していく。こちらの方は規模も大きく長いものが多く、構造も複数の主題やモチーフを扱うなど複雑なものが多い。この手の物語は、サマリアの宮廷——特にクーデターで成立したイエフ王朝——に近い知識人層によって担われたものであろう。

　両者のパターンの中間に位置すると言えるのが、エリシャとシュネムの婦人を扱うエピソード（王下 4:8–37）とシリアの将軍ナアマンの癒し（王下 5 章）、そしてダマスコでのエリシャの活動のエピソード（王下 8:7–15）であろう。第一のエピソードは、内容的には奇跡的な子供の誕生と急死した子供の蘇生という、個人的ないし家庭内の「問題」の「解決」の物語であるが、30 節と長く、実質的には二つの奇跡物語を一つにした複雑な構造のもので、物語としてかなり発展している。第二、第三のエピソードも、内容的には病気の治癒の可否という個人的「問題」を扱うが、第二のエピソードの当事者は、匿名の庶民ではなくシリアの名だたる軍人ナアマンであるし、アラムの王やイスラエルの王まで巻き込むものであり、まるまる 1 章を占めるほど長大で、構造も複雑である。第三のエピソードも病気の当事者はアラムの王であり、しかも結果としてアラムにおける王位交代を引き起こすもので、政治的性格が強い。

　いずれのパターンの奇跡物語の場合でも、この単元の二つの奇跡物語（19–22 節、23–25 節）の注解でも指摘したように、本来は奇跡行為者（エリシャ）の超常的な能力の「凄さ」を誇張する性格のものであった伝承に対し、ヤハウェの関与を示唆するような編集が加えられ、エリシャの役割が後退し、奇跡の本来の主体がヤハウェ自身であるように再解釈された経過が推測できる場合が多い（山我 2023 参照）。このことについては、次巻

において、個々の単元の注解を通じて指摘していきたい。

Ⅱ・4・⒀ エリシャの最初の二つの奇跡（下2・19―25）解説／考察

イスラエル王国王名表

（イスラエル統一王国）
サウル（1012–1004）
ダビデ（1004–965）
ソロモン（965–926）

イスラエル王国（北）	ユダ王国（南）
ヤロブアム1世（926–907）	レハブアム（926–910）
ナダブ（907–906）×	アビヤム（910–908）
バシャ（906–883）	アサ（908–868）
エラ（883–882）×	
ジムリ（882）（七日天下）×	

ダビデ王朝

オムリ王朝
- オムリ（878–871）
- アハブ（871–852）
- アハズヤ（852–851）
- ヨラム（851–845）×

	ユダ王国
	ヨシャファト（868–847）
	ヨラム（847–845）
	アハズヤ（845）×
	アタルヤ（845–840）×

イエフ王朝
- イエフ（845–818）
- ヨアハズ（818–802）
- ヨアシュ（802–787）
- ヤロブアム2世（787–747）
- ゼカルヤ（747）×

シャルム（747）×
メナヘム（747–738）
ペカフヤ（737–736）
ペカ（735–732）×
ホシェア（731–723）

722–720 サマリア、アッシリアにより陥落。イスラエル王国滅亡。生存者の強制移住。

＊年代は在位。紀元前。
＊横線は王朝交代を示す。
＊×はクーデターで倒れた王、もしくは暗殺された王を示す。

ユダ王国（続き）
- ヨアシュ（840–801）×
- アマツヤ（801–787/773）×
- アザルヤ（ウジヤ。787–736）
- ヨタム（摂政。756–741）
- アハズ（741–725）
- ヒゼキヤ（725–697）
- マナセ（696–642）
- アモン（641–640）×
- ヨシヤ（639–609）
- ヨアハズ（609）
- ヨヤキム（609–598）
- ヨヤキン（598–597）
- ゼデキヤ（597–587）

ダビデ王朝

587–598 エルサレム、バビロニアにより陥落。ユダ王国滅亡。神殿破壊。バビロン捕囚。

420

参考文献

〔文献関係略語表〕

第 1 巻	山我哲雄『VTJ 旧約聖書注解　列王記上 1 〜 11 章』（日本キリスト教団出版局）
第 2 巻	山我哲雄『VTJ 旧約聖書注解　列王記上 12 〜 16 章』（日本キリスト教団出版局）
『大事典』	『旧約新約　聖書大事典』（教文館）
『考古学大事典』	『聖書考古学大事典』（講談社）
AB	Anchor Bible
ABD	Anchor Bible Dictionary
ABG	Arbeiten zur Bibel und ihrer Geschichte
ABS	Archaeology and Biblical Studies
AfO	Archiv für Orientforschung
AJBI	*Annual of the Japanese Biblical Institute*
ANET	Ancient Near Eastern Texts Relating to the Old Testament, Third Edition
ANEP	Ancient Near East in Pictures Relating to the Old Testament
AOTC	Apollos Old Testament Commentary
ATD	Das Alte Testament Deutsch
ATD Erg.	ATD Ergänzungsreihe
AThANT	Abhandlungen zur Theologie des Alten und Neuen Testaments
ATSAT	Arbeiten zu Text und Sprache im Alten Testament
BAR	*Biblical Archaeology Review*
BASOR	*Bulletin of the American Schools of Oriental Research*
BB	Biblische Beiträge
BBB	Bonner biblische Beiträge
BE	Biblische Enzyklopädie
BEATAJ	Beiträge zur Erforschung des Alten Testaments und des Antiken Judentums
BETL	Bibliotheca ephemeridum theologicarum lovaniensium

423

BHS	Biblia Hebraica Stuttgartensia
Bib	*Biblica*
BJS	Brown Judaic Studies
BKAT	Biblischer Kommentar. Altes Testament
BN	*Biblische Notizen*
BTCB	Brazos Theological Commentary on the Bible
BWANT	Beiträge zur Wissenschaft von Alten und Neuen Testament
BZ	*Biblische Zeitschrift*
BZAW	Beihefte zur Zeitschrift für die alttestamentliche Wissenschaft
CB.OT	Coniectanea Biblica. Old Testament Series
CBQ	*Catholic Biblical Quarterly*
CBQMS	Catholic Biblical Quarterly Monograph Series
COS	Context of Scripture
DCH	Dictionary of Classical Hebrew
EH	Europäische Hochschulschriften
EvTh	*Evangelische Theologie*
FAT	Forschungen zum Alten Testament
FOTL	Forms of the Old Testament Literature
FRLANT	Forschungen zur Religion und Literatur des Alten und Neuen Testaments
FS	Festschrift
Ges-K	Gesenius/Kautzsch Hebräische Grammatik
GTA	Göttinger Theologische Arbeiten
HALOT	Hebrew & Aramaic Lexicon of the Old Testament
HAT	Handbuch zum Alten Testament
HSM	Harvard Semitic Monographs
HTAT	Historisches Textbuch zum Alten Testament
HThKAT	Herders Theologischer Kommentar zum Alten Testament
HTR	*Harvard Theological Review*
HUCA	*Hebrew Union College Annual*
ICC	International Critical Commentary

IECOT	International Exegetical Commentary on the Old Testament
IEJ	*Israel Exploration Journal*
JBL	*Journal of Biblical Literature*
JNSL	*Journal of Northwest Semitic Languages*
JSOT	*Journal for the Study of the Old Testament*
JSOTS	Journal for the Study of the Old Testament. Supplement Series
KAT	Kommentar zum Alten Testament
KuD	Kerygma und Dogma
LHBOTS	Library of Hebrew Bible/Old Testament Studies
NCBC	New Century Bible Commentary
NEB	Neue Echter Bibel
NIBC	New International Biblical Commentary
NIDB	New Interpreter's Dictionary of the Bible
NSKAT	Neuer Stuttgarter Kommentar. Altes Testament
OBO	Orbis biblicus et orientalis
OLA	Orientalia Lovaniensia Analecta
ORA	Orientalische Religionen in der Antike
OTL	Old Testament Library
OTS	Oudtestamentische Studiën
PBM	Paternoster Biblical Monographs
PEQ	*Palestine Exploration Quarterly*
PFES	Publications of the Finnish Exegetical Society
QD	Quaestiones disputatae
RB	*Révue Biblique*
SBLMS	Society of Biblical Literature Monograph Series
SGBC	Story of God Bible Commentary
SJOT	*Scandinavian Journal of the Old Testament*
SOTSMS	*Society for Old Testament Study Monograph Series*
StTh	*Studia Theologica*
TB	Theologische Büchrei
THAT	Theologische Handwörterbuch zum Alten Testament

ThSt	Theologische Studiën
ThWAT	Theologisches Wörterbuch zum Alten Testament
ThZ	*Theologische Zeitschrift*
TOTC	Tyndale Old Testament Commentaries
TThSt	Trierer Theologische Studien
TUAT	Texte aus dem Umwelt des Alten Testaments
UF	Ugarit-Forschungen
VT	*Vetus Testamentum*
VTJ	Vetus Testamentum Japonicum（VTJ 旧約聖書注解）
VTS	Vetus Testamentum, Supplements
WBC	Word Biblical Commentary
WMANT	Wissenschaftliche Monographien zum Alten und Neuen Testament
WStB	Wuppertaler Studienbibel
ZAW	*Zeitschrift für die alttestamentliche Wissenschaft*
ZBK.AT	Zürcher Bibelkommentare. Altes Testament
ZDPV	*Zeitschrift des deutschen Palästina-Vereins*
ZThK	*Zeitschrift für Theologie und Kirche*

（日本語聖書テキストの略号については、参考文献表の「聖書テキスト」の項参照）

〔聖書テキスト〕

『聖書 口語訳』日本聖書協会、旧約 1955、新約 1954。（略号：口語訳）

『聖書 新共同訳 旧約続編つき』日本聖書協会、1987。（略号：新共同訳）

『聖書 新改訳』日本聖書刊行会（第 3 版）、2004。（略号：新改訳）

『聖書 聖書協会共同訳』日本聖書協会、2018。（略号：JBS 共同訳）

『旧約聖書』旧約聖書翻訳委員会訳、全 15 巻、岩波書店、1997–2004。（略号：岩波訳。列王記担当：池田裕）

ヘブライ語底本：*Biblia Hebraica Stuttgartensia*. Deutsche Bibelgesellschaft, 1967/77.（略号：BHS. 列王記担当：A. Jepsen）

七十人訳（ギリシア語訳）：*Septuaginta: id est Vetus Testamentum graece*

iuxta LXX interpretes (ed. by Alfred Rahlfs). Stuttgart: 1935/79.

ウルガータ（ラテン語訳）：*Biblia Sacra: iuxta vulgatam versionem* (ed. by Robert Weber). Stuttgart: Deutsche Bibelgesellschaft, 1969/75.

〔列王記注解〕

木田献一／和田幹夫／雨宮慧 1996.「列王記上下」(『新共同訳 旧約聖書注解Ⅰ』日本キリスト教団出版局、581–664。

田淵結 2001.「列王記上下」木田献一編『新共同訳 旧約聖書略解』日本キリスト教団出版局、381–426。

Brueggemann, W 2000. *1 & 2 Kings* (Smyth & Hewys Bible Commentary). Macon: Smyth & Hewys.

Cogan, M 2001. *I Kings: A New Translation With Introduction and Commentary* (AB 10). New York: Doubleday.

Cogan, M/Tadmor, H 1988. *II Kings: A New Translation With Introduction and Commentary* (AB 11). New York: Doubleday.

Cohn, R L 2000. *2 Kings* (Berit Olam). Collegeville: Liturgical Press.

DeVries, S J 1985. *1 Kings* (WBC 12). Waco: Word Books.

Fretheim, T C 1999. *First and Second Kings* (Westminster Bible Companion). Louisville: Westminster John Knox Press.

Fritz, V 1996. *Das erste Buch der Könige* (ZBK.AT 10.1). Zürich: Theologischer Verlag.

Fritz, V 1998. *Das zweite Buch der Könige* (ZBK.AT 10.2). Zürich: Theologischer Verlag.

Gray, J ³1977. *I & II Kings*. Third, Fully Revised Edition (OTL). London: SCM Press.

Hens-Piazza, G 2006. *1–2 Kings* (Abingdon Old Testament Commentaries). Nashville : Abingdon Press.

Hentschel, G 1984. *1 Könige* (NEB). Würzburg: Echter-Verlag.

Hentschel, G 1985. *2 Könige* (NEB). Würzburg: Echter-Verlag.

Hobbs, T R 1985. *2 Kings* (WBC 13). Waco: Word Books.

Jones, G H 1984a. *1 and 2 Kings. Volume 1* (NCBC). London: Marshall

Morgan & Scott.

Jones, G H 1984b. *1 and 2 Kings. Volume 2* (NCBC). London: Marshall Morgan & Scott.

Knauf, E A 2016. *1 Könige 1–14* (HThK AT). Freiburg: Verlag Herder.

Knauf, E A 2019. *1 Könige 15–22* (HThK AT). Freiburg: Verlag Herder.

Konkel, A H 2006. *1 & 2 Kings* (The NIV Application Commentary). Grand Rapids: Zondervan.

Lamb, D T 2021. *1–2 Kings* (SGBC). Grand Rapids: Zondervan.

Leithart, P J 2006. *1 & 2 Kings* (BTCB). Grand Rapids: Brazos Press.

Long, B O 1984. *1 Kings, with an Introduction to Historical Literature* (FOTL 9). Grand Rapids: Eerdmans.

Long, B O 1921. *2 Kings* (FOTL 10). Grand Rapids: Eerdmans.

Long, Jr J C 2002. *1 & 2 Kings* (College Press NIV Commentary). Joplin: College Press.

McKenzie, S L 2019. *1 Kings 16–2 Kings 16* (IECOT). Stuttgart: Kohlhammer.

Montgomery, J A 1951. *A Critical and Exegetical Commentary on the Books of Kings,* ed. by Gehman, H S (ICC). Edinburgh: T&T Clark.

Nelson, R D 1987. *First and Second Kings* (Interpretation). Louisville: John Knox Press.（『列王記 上・下』現代聖書注解、田淵結訳、日本キリスト教団出版局、1998）

Olley, J W 2011. *The Message of 1 & 2 Kings* (Bible Speaks Today). London: InterVarsity Press.

Provan, I W 1995. *1 and 2 Kings* (NIBC). Peabody: Hendrickson.

Schmid, H 2000. *Das erste Buch der Könige* (WStB). Wuppertal: R. Brockhaus.

Sweeney, M A 2007. *I & II Kings* (OTL). Louisville: Westminster John Knox Press.

Thiel, W 2019. *Könige: 1 Kön 17–22* (BKAT IX/2). Göttingen: Vandenhoeck & Ruprecht.

Walsh, J T 1996. *1 Kings* (Berit Olam). Collegeville: Liturgical Press.

Werlitz, J 2002. *Die Bücher der Könige* (NSKAT 8). Stuttgart: Verlag Katholisches Bibelwerk.

Wiseman, D J 1993. *1 and 2 Kings* (TOTC 9). Nottingam: Inter-Varsity Press.（『列王記』ティンデル聖書注解、吉本牧人訳、いのちのことば社、2009）

Wray Beal, L M 2014. *1 & 2 Kings* (AOTC 9). Nottingam: Apollos.

Würthwein, E 1984. *Die Bücher der Könige. 1. Kön. 17–2 Kön. 23* (ATD 11.2). Göttingen: Vandenhoeck & Ruprecht.（『列王記 下』ATD 旧約聖書註解 9、山吉智久訳、ATD・NTD 聖書註解刊行会、2014）

〔研究書・論文等〕

大川玲子 2021.『リベラルなイスラーム——自分らしくある宗教講義』慶應義塾大学出版会。

大槻虎男 1992.『カラー版 聖書植物図鑑』教文館。

月本昭男 1994.『目で見る聖書の時代』日本キリスト教団出版局。

月本昭男・長谷川修一・小野塚拓造 2009.『エン・ゲヴ遺跡 発掘調査記録 1998–2004』リトン。

長谷川修一 2011.『旧約聖書の世界と時代』日本キリスト教団出版局。

長谷川修一 2013.『聖書考古学——遺跡が語る史実』（中公新書 2205）中央公論新社。

長谷川修一 2014.『旧約聖書の謎——隠されたメッセージ』（中公新書 2261）中央公論新社。

廣部千恵子 1999.『新 聖書植物図鑑』教文館。

山我哲雄 2003.『聖書時代史 旧約篇』（岩波現代文庫 学術 98）岩波書店。

山我哲雄 2012.『海の奇蹟——モーセ五書論集』聖公会出版。

山我哲雄 2013.『一神教の起源——旧約聖書の「神」はどこから来たのか』（筑摩選書 0071）筑摩書房。

山我哲雄 2017.「申命記史家（たち）の王朝神学」『旧約学研究』13、1–36。

山我哲雄 2022.『旧約聖書における自然・歴史・王権』教文館。

山我哲雄 2023.「奇跡行為者から預言者へ——エリシャの奇跡物語における伝承と編集」北海道基督教学会『基督教學』第 58 号、1–29。

Aharoni, Y 1967. *The Land of Bible: A Historical Geography*. Philadelphia:

The Westminster Press.

Ahlström, G 1993. *The History of Ancient Palestine*. Sheffield: Sheffield Academic Press.

Albertz, R 1992. *Religionsgeschichte Israels in alttestamentlicher Zeit 1: Von den Anfängen bis Ende der Königzeit* (ATD Erg. 8/1). Göttingen: Vandenhoeck & Ruprecht.

Albertz, R 2001. *Die Exilszeit: 6. Jahrhundert v. Chr.* (BE 7). Stuttgart: Kohlhammer.

Albertz, R 2006. *Elia: Ein feuriger Kämpfer für Gott* (Biblische Gestalten 13). Leipzig: Evangelische Verlagsanstalt.

Albright, W F 1945. The Chronology of the Divided Monarchy of Israel. *BASOR* 100, 16–22.

Alt, A 1912. Die literarische Herkunft von I Reg 19,19–21. *ZAW* 32, 123–125.

Alt, A 1935. Das Gottesurteil auf dem Karmel, in: Alt 1953: 135–149.

Alt, A 1951. Das Königtum in den Reichen Israel und Juda, in: Alt 1953: 116–134.

Alt, A 1952. Festungen und Levitenorte im Lande Juda, in: Alt 1953: 306–315.

Alt, A 1953. *Kleine Schriften zur Geschichte des Volkes Israel II*. München: Beck.

Alt, A 1954. Der Stadtstaat Samaria, in: Alt, *Kleine Schriften zur Geschichte des Volkes Israel III*, 1959, 258–302. München: Beck.

Ap-Thomas, D R 1960. Elijah on Mount Carmel. *PEQ* 92, 146–155.

Auld, A G 1994. *Kings Without Privilege: David and Moses in the Story of the Bible's Kings*. Edinburgh: T&T Clark.

Avioz, M 2006. The Analogies between the David-Bathsheba Affair and the Naboth Narrative. *JNSL* 32, 115–128.

Axskjöld, C-J 1998. *Aram as the Enemy Friend: The Ideological Role of Aram in the Composition of Genesis–2 Kings* (CB.OT 45). Stockholm: Almqvist & Wiksell International.

Baltzer, K 1975. *Die Biographie der Propheten*. Neukirchen-Vluyn:

Neukirchener Verlag.

Beck, M 1999. *Elia und die Monolatrie: Ein Beitrage zur religionsgeschichtlichen Rückfrage nach dem vorschriftprophetischen Jahwe-Glauben* (BZAW 281). Berlin/New York: Walter de Gruyter.

Becking, B 2007. *From David to Gedaliah: The Book of Kings as Story and History* (OBO 228). Göttingen: Vandenhoeck & Ruprecht.

Begerau, G 2008. *Elia vom Krit zum Jordan: Eine Untersuchung zur literarischen Makrostruktur und theologischen Intention der Elia-Ahab-Erzählung (1 Kön 16,29 bis 2 Kön 2,25)* (EH XXIII 884). Frankfurt a. M.: Peter Lang.

Begg, C T 1985. Unifying Factors in 2 Kings 1.2–17a. *JSOT* 32, 75–86.

Bergen, W J 1999. *Elisha & the End of Prophetism* (JSOTS 286). Sheffield: Sheffield Academic Press.

Bin-Nun, S 1968. Formulas from Royal Records of Israel and Judah. *VT* 18, 414–432.

Blum, E 2000. Die Nabotüberlieferungen und die Kompositionsgeschichte der Vorderen Propheten, in: Kratz et al. (Hg.), *Schriftauslegung in der Schrift: FS O. H. Steck* (BZAW 300), 111–128. Berlin/New York: Walter de Gruyter.

Bodner, K 2003. The Locution of 1 Kings 22:28: A New Proposal. *JBL* 122, 533–543.

Bodner, K 2013. *Elisha's Profile in the Book of Kings: The Double Agent*. Oxford: Oxford University Press.

Bodner, K/Johnson, B J M (eds.) 2020. *Characters and Characterization in the Book of Kings* (LHBOTS 670). London: T&T Clark.

Bohlen, R 1978. *Der Fall Nabot: Form, Hintergrund und Werdegang einer alttestamentlichen Erzählung (1. Kön 21)* (TThSt 35). Trier: Paulinus-Verlag.

Bosworth, D A 2008. *The Story within a Story in Biblical Hebrew Narrative* (CBQMS 45). Washington DC: Catholic Biblical Association of America.

Brekelmans, C/Lust, J (eds.) 1990. *Pentateuchal and Deuteronomistic Stud-*

ies: Papers Read at the XIIIth IOSOT Congress, Leuven 1989* (BETL 133) Leuven: Leuven University Press.

Burnett, J S 2010. "Going Down" to Bethel: Elijah and Elisha in the Theological Geography of the Deuteronomistic History. *JBL* 129, 281–297.

Burney, C F 1903. *Notes on the Hebrew Text of the Books of Kings*. Oxford: Clarendon Press.

Campbell, A F 1986. *Of Prophets and Kings: A Late Ninth-Century Document (1 Samuel 1–2 Kings 10)* (CBQMS 17). Washington DC: Catholic Biblical Association of America.

Campbell, A F/O'Brien, M A 2000. *Unfolding the Deuteronomistic History: Origins, Upgrades, Present Text*. Minneapolis: Fortress Press.

Carroll, R P 1969. The Elijah-Elisha Sagas: Some Remarks on Prophetic Succession in Ancient Israel. *VT* 19, 400–415.

Coggins, R 1991. On Kings and Disguises. *JSOT* 50, 55–62.

Cohn, R L 1982. The Literary Logic of 1 Kings 17-19. *JBL* 101, 333–350.

Crenshaw, J L 1971. *Prophetic Conflict: Its Effect upon Israelite Religion* (BZAW 124). Berlin/New York: Walter de Gruyter.

Cronauer, P T 2005. *The Stories about Naboth the Jezreelite: A Source, Composition, and Redaction Investigation of 1 Kings 21 and Passages in 2 Kings 9* (LHBOTS 424). New York/London: T&T Clark.

Crüsemann, F 1997. *Elia–die Entdeckung der Einheit Gottes: Eine Lektüre der Erzählungen über Elia und seine Zeit*. Gütersloh: Chr. Kaiser.

Dafni, E 2000. רוח שקר und falsche Prophetie in I Reg 22. *ZAW* 112, 365–385.

Day, J 2000. *Yahweh and the Gods and Goddesses of Canaan* (JSOTS 265). Sheffield: Sheffield Academic Press.

Debus, J 1967. *Die Sünde Jerobeams: Studien zur Darstellung Jerobeams und Geschichte des Nordreichs in der deuteronomistischen Geschichtsschreibung* (FRLANT 93). Göttingen: Vandenhoeck & Ruprecht

Dharamraj, H 2011. *A Prophet Like Moses? A Narrative-Theological Reading of the Elijah Cycle* (PBM). Milton Keynes: Paternoster.

Dietrich, W 1972. *Prophetie und Geschichte: Eine redaktionsgeschichtliche

Untersuchung zum deuteronomistischen Geschichtswerk (FRLANT 108). Göttingen: Vandenhoeck & Ruprecht.

Dietrich, W 2000. Prophetie im deuteronomistischen Geschichtswerk, in: Römer (ed.), *Future of the Deuteronomistic History* (BETL 147), 47–65. Leuven: Leuven University Press/Uitgeverij Peeters.

Dion, P E 1999. The Horned Prophet (1 Kings XXII 11). *VT* 49, 259–261.

Donner, H 1984. *Geschichte des Volkes Israels und seiner Nachbarn in Grundzügen, Teil 1* (ATD. Erg. 4/1). Göttingen: Vandenhoeck & Ruprecht.

Donner, H 1986. *Geschichte des Volkes Israels und seiner Nachbarn in Grundzügen, Teil 2* (ATD. Erg. 4/2). Göttingen: Vandenhoeck & Ruprecht.

Fensham, F C 1980. A Few Observations on the Polarization Between Yahweh and Baal in I Kings 17–19. *ZAW* 92, 227–236.

Fetherolf, C M 2017. Elijah's Mantle: A Sign of Prophecy Gone Awry. *JSOT* 42, 199–212.

Fohrer, G ³1968. *Elia* (AThANT 53). Zürich: Zwingli-Verlag.

Fox, E 2002. The Translation of Elijah: Issues and Challenges, in: Brenner/van Henten (eds.), *Bible Translation on the Threshold of Twenty-First Century: Authority, Reception, Culture and Religion* (JSOTS 353). London: Sheffield Academic Press, 156–169.

Franklin, N/Ebeling, J/Guillaume, P/Appler, D 2017. Have We Found Naboth's Vineyard at Jezreel? *BAR* 43/6, 49–54.

Frevel, Ch 1995. *Aschela und der Ausschließilichkeitsanspruch YHWHs* (BBB 94/1–2). Weinheim: Berz Athenäum Verlag.

Frevel, Ch ²2018. *Geschichte Israels*. Stuttgart: Kohlhammer.

Galling, K 1956. Der Ehrenname Elisas und die Entrückung Elias. *ZThK* 53, 129–148.

Geoghegan, J C 2006. *The Time, Place and Purpose of the Deuteronomistic History: The Evidence of "Until This Day"* (BJSt 347). Providence: Brown University.

Glover, N 2006. Elijah versus the Narrative of Elijah: The Contest between the Prophet and the Word. *JSOT* 30, 449–462.

Goldenberg, R 1982. The Problem of False Prophecy: Talmudic Interpretations of Jeremia 28 and 1 Kings 22, in: Polizin/Rothman (eds.), *The Biblical Mosaic: Changing Perspectives*, 87–103. Philadelphia: Fortress Press.

Grabbe, L L (ed.) 2007. *Ahab Agonistes: The Rise and Fall of the Omri Dynasty* (LHBOTS 421). London: T&T Clark.

Grabbe, L L 2017. *Ancient Israel: What Do We Know and How Do We Know it?* Revised Edition. London/New York: Bloomsbury T&T Clark.

Gregory, R 1990. Irony and the Unmasking of Elijah, in: Hauser 1990a: 91–169.

Hadjiev, T S 2015. Elijah's Alleged Megalomania: Reading Strategies for Composite Texts, with 1 Kings 19 as an Example. *JSOT* 39, 433–449.

Halpern, B 2009. *From Gods to God: The Dynamics of Iron Age Cosmologies* (FAT 63). Tübingen: Mohr Siebeck.

Halpern, B/Lemaire A. 2010. *The Books of Kings: Sources, Composition, Historiography and Reception* (VTS 129). Leiden: Brill.

Halpern, B/Vanderhooft, D S 1991. The Edition of Kings in the 7th-6th Centuries BCE, in: Halpern 2009: 228–296.

Hamilton, J 1994. Caught in the Nets of Prophecy? The Death of King Ahab and the Character of God. *CBQ* 56, 649–661.

Haran, M 1985. *Temples and Temple-Service in Ancient Israel: An Inquiry into Biblical Cult Phenomena and the Historical Setting of the Priestly School*. Winona Lake: Eisenbrauns.

Hasegawa, S 2012a. *Aram and Israel during the Jehuite Dynasty* (BZAW 434). Berlin/Boston: De Gruyter.

Hasegawa, S 2012b. Looking for Aphek in Kgs 20. *VT* 62, 501–514.

Hauser, A J (ed.) 1990a. *From Carmel to Horeb: Elijah in Crisis* (JSOTS 85), Sheffield: Sheffield Academic Press.

Hauser, A J 1990b. Yahweh Versus Death, in: Hauser 1990a: 9–89.

Hausmann, J 1987. *Israels Rest: Studien zum Selbstverständnis der nachexilischen Gemeinde* (BWANT 124). Stuttgart: Kohlhammer.

Hayes, J H/Hooker, P K 1988. *A New Chronology for the Kings of Israel and Judah and its Implications for the Biblical History and Literature*. Atlanta: John Knox Press.

Hayes, J H/Miller, J M 1977. *Israelite and Judaean History* (OTL). London: SCM Press.

Heller, R L 2018. *The Characters of Elijah and Elisha and the Deuteronomic Evaluation of Prophecy: Miracles and Manipulation* (LHBOTS 671). London/New York: T&T Clark.

Hentschel, G 2020. „Ich sah ganz Israel ...wie Schafe, die keinen Hirten haben." Beobachtungen zu 1 Kön 22,1–38, in: Müller/Nõmmik/Pakkala (Hgg.), *Fortgeschriebenes Gotteswort: Studien zu Geschichte, Theologie und Auslegung des Alten Testaments. FS C. Levin*, 185–198. Tübingen: Mohr Siebeck.

Höffken, P 1998. Einige Aspekte des Textes „Elia am Horeb" - 1 Könige 19. *BZ* 42, 71–80.

Hoffmann, H-D 1980. *Reform und Reformen: Untersuchung zu einem Grundthema der deuteronomistischen Geschichtsschreibung* (AThANT 66). Zürich: Theologischer Verlag Zürich.

Hossfeld, F L/Meyer, I 1973. *Prophet gegen Prophet: Eine Analyse der alttestamentlichen Texte zum Thema, Wahre und falsche Propheten* (BB 9). Fribourg: Verlag Schweizerisches Katholisches Bibelwerk.

Hyatt, J P 1971. *Exodus* (NCBC). London: Marshall, Morgan & Scott.

Irvine, S A 2001. The Rise of the House of Jehu, in: Dearman/Graham (eds.) *The Land that I will Show You: Essays on the History and Archaeology of Ancient Near East in Honour of J. Maxwell Miller* (JSOTS 343). Sheffield: Sheffield Academic Press.

Jepsen, A 1941-44. Israel und Damaskus. *AfO* 14, 153–172.

Jepsen, A 1970. Ahabs Buße: Ein kleiner Beitrag zur Methode literarhistorischer Einordnung, in: Kuschke/Kutsch (Hg.), *Archäologie und Altes*

Testament. FS K. Galling, 145–155. Tübingen: J. C. B. Mohr.

Jeremias, J ²1977. *Theophanie: Die Geschichte einer alttestamentlichen Gattung.* 2. überarbeitete und erweiterte Auflage (WMANT 10). Neukirchen-Vluyn: Neukirchener Verlag.

Jeremias, J 1983. *Der Prophet Hosea* (ATD 24/1). Göttingen: Vandenhoeck & Ruprecht.

Keel, O [1972] ⁵1996. *Welt der altorientalischen Bildsymbolik und das Alte Testament: Am Beispiel der Psalmen.* Göttingen: Vandenhoeck & Ruprecht.（『旧約聖書の象徴世界――古代オリエントの美術と「詩編」』山我哲雄訳、教文館、2010）

Kilian, R 1966. Die Totenerweckung Elias und Elisas – eine Motivwanderung? *BZ* 10, 44–56.

Kissling, P J 1996. *Reliable Characters in the Primary History: Profiles of Moses, Joshua, Elijah and Elisha* (JSOTS 224). Sheffield: Sheffield Academic Press.

Knauf, E A/Niemann, H M 2021. *Geschichte Israels und Judas im Altertum.* Berlin/Boston: Walter de Gruyter.

Koch, K ⁴1984. *Was ist Formgeschichte?: Methoden der Bibelexegese.* Neukirchen-Vluyn: Neukirchener Verlag.

Köckert, M 2003. Elia: Literarische und religionsgeschichtliche Probleme in Kön 17–18, in: Oeming/Schmid (Hgg.), *Der eine Gott und die Götter. Polytheismus und Monotheismus im antiken Israel* (AThANT 82), 111–144. Zürich: Theologischer Verlag Zürich.

Kratz, R G/Spieckermann, H (Hgg.) 2010. *One God–One Cult–One Nation: Archaeological and Biblical Perspectives* (BZAW 405). Berlin/New York: Walter de Gruyter.

Lange, J 2000. Die Gleichniserzählung vom Mordfall Nabot. *BN* 104, 31–37.

Lehnart, B 2003. *Prophet & König im Nordreich Israel: Studien zur sogenannten vorklassischen Prophetie im Nordreich Israel anhand der Samuel-, Elija- & Elischa-Überlieferungen* (VTS 96). Leiden: Brill.

Lipiński, E 2000. *The Aramaeans: Their Ancient History, Culture, Religion*

(OLA 100). Leuven: Peeters.

Lipiński, E 2018. *A History of the Kingdom of Israel* (OLA 275). Leuven: Peeters.

Long, B O 1985. Historical Narrative and the Fictionalizing Imagination. *VT* 35, 405–416.

Lust, J 1975. A Gentle Breeze or a Roaring Thunderous Sound? *VT* 25, 110–115.

Mazar, A 1992. *Archaeology of the Land of the Bible, 10,000-586 B.C.E.* New York: Doubleday.（『聖書の世界の考古学』杉本智俊／牧野久実訳、リトン、2003）

Mazar, B 1986. *The Early Biblical Period – Historical Studies.* Jerusalem: Israel Exploraion Society.

McKenzie, S L 1991. *The Trouble with Kings: The Composition of the Book of Kings in the Deuteronomistic History* (VTS 42). Leiden: Brill.

Miller, G 2014. The Wiles of the Lord: Divine Deception, Subtlety, and Mercy in Reg 22. *ZAW* 126, 45–58.

Miller, J M 1966. The Elisha Cycle and the Account of the Omride Wars. *JBL* 85, 441–454.

Miller, J M 1967. The Fall of the House of Ahab. *VT* 17, 307–324.

Miller, J M 1968. The Rest of the Acts of Jehoahaz. *ZAW* 80, 337–342.

Miller, J M/Hayes, J H ²2006. *A History of Ancient Israel and Judah.* London: SCM Press.

Minokami, Y 1989. *Die Revolution des Jehu* (GTA 38). Göttingen: Vandenhoeck & Ruprecht.

Moberly, R W L 2003. Does God Lie to his Prophets?: The Story of Micaiah ben Imlah As a Test Case. *HTR* 96, 1–23.

Moore, R D 1990. *God Saves: Lessons from the Elisha Stories* (JSOTS 95). Sheffield: JSOT Press.

Mullen, E T 1992. Crime and Punishment: The Sins of the Kings and the Despoliation of the Treasuries. *CBQ 54*, 231–248.

Na'aman, N 1986. Hezekiah's Fortified Cities and the LMLK Stamps, in:

Na'aman 2005: 153–178.

Na'aman, N 1992. Israel, Edom and Egypt in the Tenth Century BCE, in: Na'aman 2006b: 120–138.

Na'aman, N 1995. The Deuteronomist and Voluntary Servitude to Foreign Powers. *JSOT* 65, 37–53.

Na'aman, N 2005. *Ancient Israel and Its Neighbors: Interaction and Counteraction. Collected Essays Vol 1*. Winona Lake: Eisenbrauns.

Na'aman, N 2006a. The Temple Library of Jerusalem and the Composition of the Book of Kings, in: Lemaire (ed.), *Congress Volume: Leiden 2004* (VTS 109), 129–152.

Na'aman, N 2006b. *Ancient Israel's History and Historiography. First Temple Period. Collected Essays Vol 3*. Winona Lake: Eisenbrauns.

Na'aman, N 2008. Naboth's Vineyard and the Foundation of Jezreel. *JSOT* 33, 197–218.

Napier, B D 1959. The Omrides of Jezreel. *VT* 9, 366–378.

Nelson R D 1981. *The Double Redaction of the Deuteronomistic History* (JSOTS 18). Sheffield: JSOT Press.

Nelson R D 2014. *Historical Roots of the Old Testament (1200–63 BCE)*. Atlanta: SBL Press.

Nordheim, E von 1978. Ein Prophet kündigt sein Amt auf (Elia am Horeb). *Bib 59*, 153–173.

Nordheim, E von 1991. *Die Selbstbehauptung Israels in der Welt des Alten Orients: Religionsgeschichtlicher Vergleich anhand von Gen 15/22/28, dem Aufenthalt Israels in Ägypten, 2 Sam 7, 1 Kön 19 und Psalm 104* (OBO 115). Göttingen: Vandenhoeck & Ruprecht.

Noth, M [1943] ³1967. *Überlieferungsgeschichtliche Studien I. Die sammelnden und bearbeitenden Geschichtswerke im Alten Testament*. Tübingen: Max Niemeyer Verlag.（『旧約聖書の歴史文学──伝承史的研究』山我哲雄訳、日本キリスト教団出版局、1988）

Noth, M 1950. *Geschichte Israels*. Göttingen: Vandenhoeck & Ruprecht.（『イスラエル史』樋口進訳、日本キリスト教団出版局、1983）

O'Brien, M A 1989. *The Deuteronomistic History Hypothesis: A Reassessment* (OBO 92). Göttingen: Vandenhoeck & Ruprecht.

Oeming, M 1986. Naboth, der Jesreeliter: Untersuchungen zu den theologischen Motiven der Überlieferungsgeschichte von I Reg 21. *ZAW 98*, 363–382.

Oeming, M 1996. Das Alte Testament als Buch des Kirche?: Exegetische und hermeneutische Erwägungen am Beispiel der Erzählung von Elija am Horeb (I Kön 19), alttestamentlicher Predigttext am Sonntag Okuli. *ThZ* 52, 299–325.

Oeming, M 2016: "And the King of Aram was at War with Israel" : History and Theology in the Elisha Cycle 2 Kings 2–13. in: Sergi/Oeming/de Hulster (eds.), *In Search for Aram and Israel* (OLA 20). Mohr Siebeck: Tübingen, 401–412.

Olley, J W 1998. YHWH and His Zealous Prophet: The Presentation of Elijah in 1 and 2 Kings. *JSOT* 80, 25–51.

Oswald, W 2008. Ahab als Krösus: Anmerkungen zu 1 Kön 22. *ZThK* 105, 1–14.

Otto, S 2001. *Jehu, Elia und Elisa: Die Erzählung von der Jehu-Revolution und die Komposition der Elia-Elisa-Erzählungen* (BWANT 152). Stuttgart: Kohlhammer.

Ottosson M 1984. The Prophet Elijah's Visit to Zarephath, in: Barrick/Spencer (eds.), *In the Shelter of Elyon: Essays on Ancient Palestinian Life and Literature in Honor of G. W. Ahlström* (JSOTS 31), 185–198. Sheffield: JSOT Press.

Pakkala, J 2007. The Monotheism of the Deuteronomistic History. *SJOT 21*, 159–178.

Provan, I W 1988. *Hizekiah and the Books of Kings: A Contribution to the Debate about the Composition of the Deuteronomistic History* (BZAW 172). Berlin/New York: Walter de Gruyter.

Provan, I W 2020. An Ambivalent Hero: Elijah in Narrative-Critical Perspective, in: Bodner/Johnson 2020: 135–151.

Pruin, D 2006. *Geschichten und Geschichte: Isebel als literarische und historische Gestalt* (OBO 222). Göttingen: Vandenhoeck & Ruprecht.

Rad, G von 1960. *Theologie des Alten Testament II: Die Theologie der prophetischen Überlieferungen Israels*. München: Chr. Kaiser（『旧約聖書神学Ⅱ イスラエルの預言者的伝承の神学』荒井章三訳、日本キリスト教団出版局、1982）

Roberts, K L 2000. God, Prophet, and King: Eating and Drinking on the Mountain in First Kings 18:41. *CBQ* 62, 632–644.

Robinson, B P 1991. Elijah at Horeb, 1 Kings 19:1–18: A Coherent Narrative? *RB* 98, 513–536.

Robker, J M 2011. Satire and the King of Aram. *VT* 61, 646–656.

Robker, J M 2012. *The Jehu Revolution: A Royal Tradition of the Northern Kingdom and Its Ramifications* (BZAW 435). Berlin/Boston: Walter de Gruyter.

Rofé, A 1988a. *The Prophetical Stories*. Jerusalem: Magnes.

Rofé, A 1988b. The Vineyard of Naboth: The Origin and Message of the Story. *VT* 38, 89–104.

Rogland M F 2012. Elijah and the 'Voice' at Horeb (1 Kings 19): Narrative Sequence in the Masoretic Text and Josephus. *VT* 62, 88–94.

Roi, M 2012. 1 Kings 19: A 'Departure on a Journey' Story. *JSOT* 37, 25–44.

Römer, T 2005. *The So-Called Deuteronomistic History: A Sociological, Historical and Literary Introduction*. London: T&T Clark.（『申命記史書　旧約聖書の歴史書の成立』山我哲雄訳、日本キリスト教団出版局、2008）

Rowley, H H 1967. *Worship in Ancient Israel: Its Forms and Meaning*. London: SPCK.

Rudolph, W 1971. *Joel-Amos-Obadja-Jona* (KAT XIII/2). Gütersloh: Gütersloher Verlagshaus.

Sauerwein, R 2014. *Elischa: Eine Redaktions- und religionsgeschichtliche Studie* (BZAW 465). Berlin/Boston: de Gruyter.

Schäfer-Lichtenberger, Ch 1989. 'Josua' und 'Elischa'– eine biblische Argumentation zur Begründung der Autorität und Legitimität des

Nachfolgers. *ZAW* 101, 198–222.

Schipper, B U 1999. *Israel und Ägypten in der Königszeit. Die kulturellen Kontakte von Salomo bis zum Fall Jersalems* (OBO 170). Freiburg/ Göttingen: Vandenhoeck & Ruprecht.

Schipper, B U 2018. *Geschichte Israels in der Antike*. München: C. H. Beck. (『古代イスラエル史 「ミニマリズム論争」の後で――最新の時代史』山我哲雄訳、教文館、2024)

Schmid, K 2008. *Literaturgeschichte des Alten Testament: Eine Einführung*. Darmstadt: Wissenschaftliche Buchgesellschft.(『旧約聖書文学史入門』山我哲雄訳、教文館、2013)

Schmitt, A 1975. Die Totenerweckung in 2 Kön 4,8–37 Eine literaturwissenschaftliche Untersuchung. *BZ* 19, 1–25.

Schmitt, A 1977. Die Totenerweckung in 1 Kön XVII 17–24. Eine Form- und gattungskritische Untersuchung. *VT* 27, 454–459.

Schmitt, H-C 1972. *Elisa: Traditionsgeschichtliche Untersuchungen zur vorklassischen nordisraelitischen Prophetie*. Gütersloh: Verlagshaus Gerd Mohn.

Schmitz, B 2008. *Prophetie und Königtum: Eine narratologisch-historische Methodologie entwickelt an den Königsbüchern* (FAT 60). Tübingen: Mohr Siebeck.

Schmoldt, H 1985. Elias Botschaft an Ahab: Überlegungen zum Werdegang von 1Kön 21. *BN* 28, 39–52.

Schmoldt, H 1988. Elijas Begegnung mit Jahwä (1Kön 19,9–14). *BN* 43, 19–26.

Schniedewind W M 1993. History and Interpretation: The Religion of Ahab and Manasseh in the Books of Kings. *CBQ* 55, 649–661.

Schoors, A 1998. *Die Königreiche Israel und Juda im 8. Und 7. Jahrhundert v. Chr. Die assyrische Krise* (BE 5). Stuttgart: Kohlhammer.

Schweizer, H 1974. *Elischa in den Kriegen: Literaturwissenschaftliche Untersuchung von 2 Kön 3; 6,8–23; 6,24–7,20*. München: Kösel-Verlag.

Schweizer, H 1979. Literarkritischer Versuch zur Erzählung von Micha ben

Jimla (1 Kön 22). *BZ* 23, 1–19.

Seebass, H 1973. Micha ben Jimla. *KuD* 19, 109–124.

Seebass, H 1974. Der Fall Naboth in 1 Reg XXI. *VT* 24, 474–488.

Seidl, T 1993. Mose und Elija am Göttesberg: Überlieferungen zu Krise und Konversion der Propheten. *BZ* 37, 1–25.

Sekine, M 1975. Literatursoziologische Beobachtungen zu den Elisaerzählungen. *AJBI 1*, 39–62.

Sergi, O 2016. The Omride Dynasty and the Reshaping of the Judahite Historical Memory. *Bib* 97, 503–526.

Sergi, O 2023. *The Two Houses of Israel: State Formation and the Origins of Pan-Israelite Identity* (ABS 33). Atlanta: SBL Press.

Seybold, K 1973. Elia am Gottesberg: Vorstellungen prophetischen Wirkens nach 1. Könige 19. *EvTh* 33, 3–18.

Smelik, K A D 1990. The Literary Function of 1 Kings 17,8–24, in: Brekelmans/Lust 1990: 239–243.

Smelik, K A D 1992. *Converting the Past: Studies in Ancient Israelite and Moabite Historiography* (OTS XXVIII). Leiden: E. J. Brill.

Smend, R 1975a. Der biblische und der historische Elia, in: Smend, *Die Mitte des Alten Testament: Exegetische Aufsätze*. 2002, 188–202. Tübingen: Mohr Siebeck.

Smend, R 1975b. Das Wort Jahwes an Elia: Erwägungen zur Komposition von 1 Reg. XVII-XIX. *VT* 25, 525–543.

Smend, R 1978. Das deuteronomistische Geschichtswerk, in: Smend, *Entstehung des Alten Testament* (Theologische Wissenschaft 1), 111–125. Stuttgart: Kohlhammer.

Soggin, A 1993. *An Introduction to the History of Israel and Judah*. Valley Forge: Trinity Press International.

Spieckermann, H 1982. *Juda unter Assur in der Sargonidenzeit* (FRLANT 129). Göttingen: Vandenhoeck & Ruprecht.

Steck, O H 1967. Erzählung von Jahwes Einschreiten gegen die Orakelbefragung Ahasjas (2 Kön 1, 2-8. *17). *EvTh* 27, 546–556.

Steck, O H 1968. *Überlieferung und Zeitgeschichte in den Elia-Erzählungen* (WMANT 23). Neukirchen-Vluyn: Neukirchener Verlag.

Steck, O H 1983. Bewahrheitungen des Prophetnworts. Überlieferungsgeschichtliche Skizze zu 1. Könige 22,1–38, in: Geyer *et al.* (Hg.), *"Wenn nicht jetzt, wann dann?"* FS H.-J. Kraus, 1983, 87–96. Neukirchen-Vluyn: Neukirchener Verlag.

Stipp, H-J 1987. *Elischa-Prophten-Gottesmänner. Die Kompositionsgeschichte des Elischazyklus und verwandter Texte, rekonstruiert auf der Basis von Text- und Literaturkritik zu 1 Kön 20.22 und 2 Kön 2–7* (ATSAT 24). St. Ottilien: EOS Verlag.

Stipp, H-J 1995. Ahabs Buße und die Komposition des deuteronomistischen Geschichtswerks. *Bib* 76, 417–497.

Stipp, H-J 1999. Vier Gestalten einer Totenerweckungserzählung (1 Kön 17,17–24; 2 Kön 4,8–37; Apg 9:36–42; Apg 20:7–12, in: Stipp 2013: 323–355.

Stipp, H-J 2013. *Alttestamentliche Studien: Arbeiten zu Priesterschrift, deuteronomistischen Geschichtswerk und Prophetie* (BZAW 442). Berlin/Boston: Walter de Gruyter.

Strange, J 1975. Joram, King of Israel and Judah. *VT* 25, 191–201.

Stolz, F 1972. *Jahwes und Israels Kriege: Kriegstheorien und Kriegserfahrungen im Glauben des alten Israel* (AThANT 60). Zürich: Theologischer Verlag.

Stulac, D J D 2021. *Life, Land, and Elijah in the Book of Kings* (SOTSMS). Cambridge: Cambridge University Press.

Talmon, S 1958. Divergences in Calendar-Reckoning in Ephraim and Judah. *VT* 8, 48–74.

Thiel, W 1991. Deuteronomische Redaktionsarbeit in den Elia-Erzählungen, in: Thiel 2000, 139–160.

Thiel, W 1999. Der Todesrechtsprozeß Nabots in 1 Kön 21, in: Beyerle/Mayer/Strauß (Hgg.), *Recht und Ethos im Alten Testament: Gestalt und Wirkung. FS H. Seebas*, 73–81. Neukirchen-Vluyn: Neukirchener

Verlag.

Thiel, W 2000. *Gelebte Geschichte. Studien zur Sozialgeschichte und zur frühen prophetischen Geschichtsdeutung Israels*. Neukirchen-Vluyn: Neukirchener Verlag.

Tiemeyer, L-S 2005, Prophecy as a Way of Cancelling Prophecy: The Strategic Uses of Foreknowledge. *ZAW 117*, 329–350.

Tilly, M/Zwickel, W 2011. *Religionsgeschichte Israels: Von der Vorzeit bis zu den Anfängen des Christentums*. Darmstadt: Wissenschaftliche Buchgesellschaft.（『古代イスラエル宗教史――先史時代からユダヤ教・キリスト教の成立まで』山我哲雄訳、教文館、2020）

Timm, S 1982: *Die Dynastie Omri. Quellen und Untersuchungen zur Geschichte Israels im 9. Jahrhundert vor Christus* (FRLANT 124). Göttingen: Vandenhoeck & Ruprecht.

Ussishkin, D 2010. Jezreel: Where Jezebel Was Thrown to the Dogs. *BAR* 36/4, 32–42.

van Winkle, D W 1992. 1 Kings 20–22 and True and False Prophecy, in: Augustin/Schunk (Hg.), *Goldene Äpfel in silbernen Schalen: Collected Communications to the XIIIth Congress of the International Organization for the Study of the Old Testament, Leuven 1989* (BEATJ 20), 9–23. Frankfurt a. M.: Verlag Peter Lang.

Vaux, R de 1961. *Ancient Israel: Its Life and Institutions*. Darton, Longman & Todd.

Wagner, S 1991. Elia am Horeb. Methodologische und theologische Überlegungen zu 1 Reg 19, in: Liwak/Wagner (Hg.), *Prophetie und geschichtliche Wirklichkeit im Alten Israel. Festschrift für Siegfried Hermann zum 65*, 223–224. Stuttgart: Kohlhammer.

Wallace, H N 1986. The Oracles Against the Israelite Dynasties in 1 and 2 Kings. *Bib* 67, 21–40

Walsh, J T 1992. Methods and Meanings: Multiple Studies of I Kings 21. *JBL* 111, 193–211.

Walsh, J T 2006. *Ahab: The Construction of a King*. Collegeville: Liturgical

Press.

Weingart, K 2018. "My Father, My Father! Chariot of Israel and Its Horses (2 Kings 2:12//13:14): Elisha's or Elijah's Title? *JBL* 137, 257–270.

Weingart, K 2020. *Gezählte Geschichte.Systematik, Quellen und Entwicklung der synchronistischen Chronologie in den Königebüchern* (FAT 142). Tübingen: Mohr Siebeck.

Weippert, H 1988. Ahab el campeador? Redaktionsgeschichtliche Untersuchungen zu 1 Kön 22. *Bib* 69, 457–479.

Weippert, M 1972. „Heilige Krieg" in Israel und Assyrien: Kritische Anmerkungen zu Gerhard von Rads Konzept des „Heiligen Kriegs in alten Israel". *ZAW* 84, 460–493.

Wellhausen, J ^{3}1899. *Die Composition des Hexateuchs und der historischen Bücher des Alten Testaments*. Berlin: G. Reimer.

Wellhausen, J ^{6}1927. *Prolegomena zur Geschichte Israels*. Berlin u.a.: Walter de Gruyter.

Welten, P 1973. Naboths Weinberg (1. Könige 21). *EvTh* 33, 18–32.

Westermann, C 1962. *Grundformen prophetischer Rede*. München: Chr. Kaiser.

Westermann, C ^{5}1977. *Lob und Klage in den Psalmen*. Göttingen: Vandenhoeck & Ruprecht.

White, M C 1994. Naboth's Vineyard and Jehu's Coup: The Legitimation of a Dynastic Extermination. *VT* 44, 66–76.

White, M C 1997. *The Elijah Legends and Jehu's Coup* (BJSt 311). Atlanta: Scholars Press.

Whitley, C F 1952. The Deuteronomic Presentation of the House of Omri. *VT* 2, 137–152.

Wilson, R R 1980. *Prophecy and Society in Ancient Israel*. Philadelphia: Fortress Press.

Wolff, H W (Hg.) 1971. *Probleme biblischer Theologie: G. von Rad zum 70. Geburtstag*. München: Chr. Kaiser.

Wolff, H W 1977. *Obadja und Jona* (BKAT XIV/3). Neukirchen-Vluyn/

Neukirchener Verlag.

Wray Beal, L M 2020. Dancing with Death; Dancing with Life: Ahab between Jezebel and Elijah. in: Bodner/Johnson 2020, 103–120.

Würthwein, E 1967. Zur Komposition von I Reg 22,1–38. in: Maas (Hg.), *Das ferne und nahe Wort*. FS L. Rost (BZAW 105). Berlin/New York: Walter de Gruyter, 245–254.

Würthwein, E 1978. Naboth-Novelle und Elia-Wort. *ZThK* 75, 375–397.

Würthwein, E 1994. *Studien zum Deuteronomistischen Geschichtswerk* (BZAW 227). Berlin/New York: Walter de Gruyter.

Wyatt, S 2012. Jezebel, Elijah, and the Widow of Zarephath: A Ménage à Trois that Estranges the Holy and Makes the Holy the Strange. *JSOT* 36, 435–458.

Yadin, Y 1955. Some Aspects of the Strategy of Ahab and David (I Kings 20; II Samuel 11). *Bib* 36, 332–351.

Zakovitch, Y 1984. The Tale of Naboth's Vineyard: I Kings 21. in: Weiss (ed.), *Bible from Within: The Method of Total Interpretation*, 379–405. Jerusalem: Magnes.

Zevit, Z 2001, *The Religions of Ancient Israel: A Synthesis of Parallactic Approaches*. London/New York: Continuum.

Zohary, M 1982. *Plants of the Bible*. Cambridge: Cambridge University Press.

山我　哲雄（やまが・てつお）

1951 年、東京都生まれ。早稲田大学大学院文学研究科博士課程修了。現在、北星学園大学名誉教授。2013–2017 年、2021–2023 年日本旧約学会会長。

著書：『聖書時代史――旧約篇』（岩波書店、2003 年）、『総説 旧約聖書』（監修、日本キリスト教団出版局、2007 年）、『一神教の起源――旧約聖書の「神」はどこから来たのか』（筑摩書房、2013 年）、『キリスト教入門』（岩波書店、2014 年）、『VTJ 旧約聖書注解　列王記上 1 〜 11 章』（日本キリスト教団出版局、2019 年）、『VTJ 旧約聖書注解　列王記上 12 〜 16 章』（同、2024 年）他。岩波版『旧約聖書』では「出エジプト記」「レビ記」「民数記」を担当。『新共同訳旧約聖書注解』（日本キリスト教団出版局、1996 年）では「サムエル記 上・下」、「歴代誌 上・下」を担当。

訳書：M. ノート『モーセ五書伝承史』（日本キリスト教団出版局、1986 年）、M. ノート『レビ記』（ATD・NTD 聖書註解刊行会、2005 年）、Th. レーマー『申命記史書――旧約聖書の歴史書の成立』（日本キリスト教団出版局、2008 年）、O. ケール『旧約聖書の象徴世界――古代オリエントの美術と「詩編」』（教文館、2010 年）他。

VTJ 旧約聖書注解
列王記上 17 章〜列王記下 2 章

2025 年 2 月 25 日　初版発行　　　　　© 山我哲雄 2025

著　者　山　我　哲　雄
発　行　日本キリスト教団出版局
〒 169-0051　東京都新宿区西早稲田 2-3-18
電話・営業 03（3204）0422、編集 03（3204）0424
https://bp-uccj.jp

印刷・製本　精興社

ISBN 978-4-8184-1189-0 C1316 日キ販
Printed in Japan

日本語で書き下ろす聖書注解シリーズ

VTJ 旧約聖書注解
Vetus Testamentum Japonicum

NTJ 新約聖書注解
Novum Testamentum Japonicum

2017年、マルティン・ルターの宗教改革が始まって**500年**という節目を迎えた。
キリスト教が拠って立つ聖書を一般信徒の手に返したという意味で、
宗教改革はまさに画期的な出来事であった。
それによって、プロテスタント教会のみならず、カトリック教会においても
幾多の新しい流れが生まれ、新しい時代が準備されていった。
聖書には新しい時代を拓く力が宿っている。
私たちはそう信じ、宗教改革から500年を経た今日、
日本語で書き下ろされた聖書注解シリーズの刊行という旅路へ踏み出す。

5つの特長
1. 日本語で書き下ろされており、読みやすい
2. 原典の文書・文体・文法・語彙の特徴がわかる
3. 聖書各書の歴史的・文化的・社会的背景がわかる
4. 先入観に支配されず、聖書が提起している問題を理解できる
5. 聖書の理解を通して、現代社会への深い洞察を得ることができる

2017年 日本キリスト教団出版局より 刊行開始!

VTJ 旧約聖書注解

監修者
月本昭男／山我哲雄／大島 力／小友 聡

五書
創世記	月本昭男
出エジプト記	鈴木佳秀
レビ記	山森みか
民数記	竹内 裕
申命記	鈴木佳秀

歴史書
ヨシュア記	魯恩碩
士師記	山吉智久
サムエル記	勝村弘也
列王記	山我哲雄
歴代誌	山我哲雄
エズラ記・ネヘミヤ記	守屋彰夫

預言書
イザヤ書	大島 力
エレミヤ書	大串 肇／田島 卓
エゼキエル書	北 博
ホセア書	
ヨエル書	金井美彦
アモス書	小林 進
オバデヤ書	左近 豊
ヨナ書	水野隆一
ミカ書	金井美彦
ナホム書	左近 豊
ハバクク書	左近 豊
ゼファニヤ書	左近 豊
ハガイ書	樋口 進
ゼカリヤ書	樋口 進
マラキ書	樋口 進

諸書
ルツ記	加藤久美子
エステル記	高橋優子
ヨブ記	月本昭男
詩編	飯 謙／石川 立／加藤久美子
箴言	小友 聡
コヘレト書	小友 聡
雅歌	左近 豊
哀歌	守屋彰夫
ダニエル書	

NTJ 新約聖書注解

監修者
須藤伊知郎／伊東寿泰／浅野淳博／廣石 望／中野 実／辻 学

マタイ福音書	須藤伊知郎
マルコ福音書	
ルカ福音書	嶺 重淑
ヨハネ福音書	伊東寿泰
使徒行伝	今井誠二
ローマ書簡	浅野淳博
第1コリント書簡	村山盛葦
第2コリント書簡	廣石 望
ガラテヤ書簡	浅野淳博
フィリピ書簡	伊藤明生
第1、第2テサロニケ書簡	山口希生
フィレモン書簡	水谷 勤
エフェソ書簡	山田耕太
コロサイ書簡	山田耕太
第1、第2テモテ書簡・テトス書簡	原口尚彰
ヘブライ書簡	中野 実
ヤコブ書簡	東よしみ
第1ペトロ書簡	
第2ペトロ書簡・ユダ書簡	辻 学
第1、第2、第3ヨハネ書簡	三浦 望
ヨハネ黙示録	遠藤勝信

VTJ／NTJの特設ホームページをぜひごらんください!
https://bp-uccj.jp/company/cc2305.html
本注解書シリーズの特長や監修者のコメント、「VTJ旧約聖書注解」「NTJ新約聖書注解」の見本原稿など、豊富な内容を掲載。

日本キリスト教団出版局
〒169-0051 東京都新宿区西早稲田2-3-18 TEL03-3204-0422 FAX 03-3204-0457
ホームページ https://bp-uccj.jp　Eメール eigyou@bp.uccj.or.jp